# 人生三赢

## 赢在会做人

连山 张宏伟 著

中国出版集团　现代出版社

**图书在版编目（CIP）数据**

人生三赢 / 连山，张宏伟著 . -- 北京：现代出版
社，2024. 7. -- ISBN 978-7-5231-1067-6

Ⅰ . ① C912.3-49

中国国家版本馆 CIP 数据核字第 202455YZ77 号

# 人生三赢

著　　者　　连山　张宏伟

责任编辑　　陈佳懿
责任印制　　贾子珍
出版发行　　现代出版社
地　　址　　北京市安定门外安华里 504 号
邮政编码　　100011
电　　话　　(010) 64267325
传　　真　　(010) 64245264
网　　址　　www.1980xd.com
印　　刷　　唐山市铭诚印刷有限公司
开　　本　　880mm×1230mm 1/32
印　　张　　18
字　　数　　450 千字
版　　次　　2024 年 9 月第 1 版　2024 年 9 月第 1 次印刷
书　　号　　ISBN978-7-5231-1067-6
定　　价　　128.00 元（全三册）

　　做人是一门艺术，也是一门学问，更是个体生存的一种基本需求，无论是谁，为人处世都应遵循一定的规范和准则。会做人更是一个人生存立世之本，是说好话、办好事的基础和前提。说到底，做人的问题就是要处理好自己和他人、和社会的关系。就是因为每一个关系都涉及自己，所以学会做人就要从自身做起。做人是一门精深的学问，人生的成与败归根到底就在于做人的得与失。懂得做人的智慧，把人做到位，往往就会有事业的发达、家庭的美满、生活的顺畅；反之，不懂得做人的智慧，就可能导致人生的败局，任何事情都会以失败告终。本书对人们立身社会必须具备的做人智慧进行了系统的归纳和总结，从中得出做事先做人、低调做人、做人的方与圆、糊涂之道、中庸、诚信、忍让等具有普遍意义的做人方法和规律，让人们在如何做人上有章可循，而不至于迷惘无绪。

　　做人是一门博大精深的学问，从来没有人能达到大彻大悟的境界。你对人生有几分感悟，人生便赋予你几分收获，很多人的理想境界是受万人景仰、万人敬重，要想达到这个地步，必须做到相应的高度。

　　人往高处走，水往低处流。没有人愿意碌碌无为地虚度一生。

学会做人的哲学，会让你在为人处世的过程中讲究方法，讲究策略，讲究变通之道，从而建立良好的人际关系，灵活机智地应对人情世故，在纷繁复杂的社会环境中把握做人的准则，衡量处世的分寸，在人生舞台上走好每一步，扮好每一个角色，演绎精彩和辉煌，游刃有余地到达成功的彼岸。

　　他山之石，可以攻玉，借鉴他人的经验，成就自己的成功。这是本书的初衷，也是我们希望达到的目的。希望广大读者能够通过阅读本书增长做人的智慧，进而创下一番事业，成就更完美的人生。

# 目录

CONTENTS

## 第五章　心里多一分宽容，人生少一分阻碍

## 第六章　会说话，得天下

## 第七章　带着骨气做人，守着底线处世

# 第一章

## 做人大气，方成大器

## 放弃急功近利的想法

古语说："欲速则不达。"做人做事还需忍耐，步步为营。凡是想成大事者，都应力戒"浮躁"二字。只有踏踏实实地行动才可开创成功的人生局面。急躁会使你失去清醒的头脑。在你的奋斗过程中，如果浮躁占据着你的思维，便会使你不能正确地制定方针、策略，从而不能稳步前进。所以，任何一位试图成大事的人都要遏制住浮躁的心态，只有专心做事，才能达到自己想要的目标。

古代有个叫养由基的人精于射箭，且有百步穿杨的本领。据说连动物都知晓他的本领。一次，两只猴子抱着柱子爬上爬下，玩得很开心。楚王张弓搭箭要去射它们，猴子毫不慌张，还对人做鬼脸，仍旧蹦跳自如。这时，养由基走过来接过了楚王的弓箭，于是，猴子便哭叫着抱在一起，害怕得发起抖来。

有一个人很仰慕养由基的射术，决心要拜养由基为师，经过几次三番的请求，养由基终于同意了。养由基交给他一根很细的针，要他把针放在离眼睛几尺远的地方，整天盯着看针眼，看了两三天，这个学生有点儿疑惑，问养由基："我是来学射箭的，老师为什么要我干这莫名其妙的事，什么时候教我学射术呀？"

养由基说："这就是在学射术，你继续看吧。"

这个学生开始还好，能继续下去。可过了几天，他便有些烦了。他心想：我是来学射术的，看针眼能看出什么来呢？这个老师不会是敷衍我吧？后来，养由基教他练臂力的办法，让他一天到晚在掌上平端一块石头，伸直手臂。这样做很苦，那个徒弟又想不通了，他想：我只学他的射术，他让我端这石头做什么？于是很不服气，不愿再练。养由基看他不行，就由他去了。后来这个人又跟别的老师学艺，最终没有学成射术，空走了很多地方。

其实，如果他能脚踏实地，不好高骛远，甘于从一点一滴做起，他的射术肯定就会有很大的进步。

秦牧在《画蛋·练功》文中讲道："必须打好基础，才能建造房子，这个道理很浅显。但好高骛远，贪抄捷径的心理，却常常妨碍人们去认识这最普通的道理。"从处世谋略上讲，"是技皆可成名天下，唯无技之人最苦；片技即足自立天下，唯多技之人最劳。"

若什么都只是浅尝辄止，不肯钻研却又想马上取得成效，是不可能的。好高骛远者并非定是庸才，他们中有许多人自身有着不错的条件，若能结合自己的实际，制订切实可行的行动计划，是会有光明的前途的。如果一味追求过高过远的目标，就会成为高远目标的牺牲品。

现在有许多年轻人不满意现实的工作，不安心于本职工作，羡慕那些大款或高级白领人员，总是想跳槽。其实，那些令人羡慕的人大多看似风光，但其中的艰苦搏杀也非一般人所能承受。没有十分的本领，就不应做此妄想。我们还是应该脚踏实地，做好基础工作，一步一个脚印地走上成功之途。

到达顶峰没有什么捷径，成功之路，绝非坦途，急功近利可能会竹篮打水一场空。

## 修炼杰出的人格魅力

人格的力量是无穷的。古今中外的大人物为何能一呼百应？他们的人格魅力发挥了很大的作用。

人格是一个人品质、意志和作风的集中体现，优秀的人格具有强大的感召力和影响力。比如，周恩来总理就是一位拥有人格魅力的典型代表，他用自己的人格团结过同志，用自己的人格感化过敌人，用自己的人格化解过矛盾，用自己的人格促成过合作。1955 年万隆国际会议上，中国提出的"和平共处五项原则"之所以得到绝大多数国家的普遍认同，周总理居功至伟。一位西方国家的首脑在接受采访时说："是周恩来的人格力量说服了我。我觉得，一个拥有如此高尚品格的领导人的政党是值得信赖的。"

人格魅力并非只属于位高权重的领导者，任何一个拥有高尚人格者，都能有力地影响他周围的人。这是做大事业必不可少的素质。

人格中最能感动他人的一项内容是：遇危不避敢担当。

在战场上，如果军官躲在安全的地方，用枪逼着士兵往前冲，谁都不肯服从指挥。如果他勇敢地冲在最前面，大家就会舍生忘死地追随他。

遇危不避的鼓舞力，不仅在战场上能发挥作用，它也适用于任何需要团队协作的场合。

随流性转，只是常人。普通人的特点是：无可无不可，没有必须坚守的原则，见利而趋，见危则避。杰出人士则做自己认为必须做的事情，不因利害而改变自己做人处世的原则，就像磐石一样坚定。所以，别人敢把命运放心地交托在他手中，并忠诚地追随他。这样，在无形中他就积累了一股干大事的强大力量。

人格魅力中另一项重要内容是：坦率真诚。

据有关调查显示，成功的大商人都具有坦率真诚的特点。这正是他们让人信服的原因所在。

有一年，几位工会代表想和盖蒂谈判，要求提高工人们的工资。盖蒂私下认为，按工会代表们提出数目的一半给员工加薪才是合理的。

谈判前，盖蒂的劳工关系专家们教了他一招："开始时要把价钱压得很低，再一点儿一点儿提高，不到万不得已绝不往上加。"

盖蒂认为，这种讨价还价的做法是拍卖市场上惯用的方法，不但有损公司的尊严，也是对劳工代表的侮辱。他打算照自己的意见去谈判。

盖蒂走进会议室，带着公司上年一年的生产成本及售价、公司损益核算表、公司整体财政状况等文件。盖蒂耐心倾听劳工代表提出的要求后，把带来的文件交给工会发言人。

当工会代表们传阅过文件后，盖蒂坦率地说："我猜我们可能会在这里开好几天的会，争过来争过去！但是，据我所知，假如从我们能获得的结果开始出发，那是更合理的做法。公司负担不起你们要求的数目，文件可证明这一点。你们可以减少数目的一半，这是公司目前所能支付的最高额了。如果明年产量和利润能提高的话，我将很乐意再跟你们商量另一半。"

盖蒂的助手们都暗暗担心劳工代表会得寸进尺，那么谈判将陷入非常不利的局面。但是，劳工代表们被盖蒂的坦率折服了。工会发言人对盖蒂说："老实说，我们平常谈这种事，都认为要做长期舌战的准备。但是，你非常妥当地决定了一切，一开始就告诉我们真心话，所以没有什么再值得争的了。"

他停下来，同盖蒂握手："盖蒂先生，我们就一言为定吧！"于是，双方在友好的气氛下签订了合约，谈判顺利结束。

古人讲为帅要有五德：勇、毅、仁、智、信，缺一不可。这五德都是常人难以具备的。正因为不同寻常，拥有这五德的人才具有强大的人格感召力和征服力。道理很简单，我们不会完全信赖一个跟我们差不多的人，除非他具有某种我们特别欣赏又高不可及的品质，我们才会崇拜他，并乐于服从他。所以，想集合众人的力量干大事业，必须修炼杰出的人格魅力。

## 克服"暴发户"心理

宋代理学家程颢在《程氏遗书》中说："所见所期，不可不远且大，然行之亦须量力有渐，志大心劳，力小任重，恐终败事。"意思是说：一个人的见识和目标不能不远大，但在实行时还需要量力而行，循序渐进。志向大而才识小，力量小而任务重，恐怕终究会失败。

程颢不仅是一位思想家，也是一位实干家。他的这句话，不仅是理论推演，也是经验之谈。因为他就是这样做的，并且行之有效。

程颢少年时即志向远大，曾自言其志云："孟子没而圣学不传，以兴起斯文为己任。"意思是要成为一代宗师，承担起传播儒家道统的大任。他这个目标可谓"远且大"，但他没有急于求成，而是循序渐进，不断努力，到20岁时，就以博学而闻名。

程颢为官后，积极推行儒家政治路线。他任上元县主簿时，上元县赋税不均的现象十分严重，富民占有好田，赋税却很轻；

穷民拥有的远郊田,购价虽低,赋税却很重。程颢决心改变这一不合理现象。他帮助县令筹划良策,平均赋税。由于这一措施对富人有损害,引起他们的不满,便想方设法加以阻止。程颢既不让步,也不强进,积极进行宣传解说工作,对实施过程中发生的问题一一加以解决。后来,新的赋税政策终于得以推行,无人敢公开反对了。

县令去职后,程颢代其职务,当上了上元县令。他接任时,民情十分复杂,诉讼每月不下200起。程颢"处官有方",不到一个月,诉讼案件大大减少。他还发动民工进行水利设施改造,使粮食获得丰收,为地方办了一件大好事。

程颢积极向县民宣扬儒家礼教,"民以事至邑者,必告之以孝悌忠信,入所以事父兄,出所以事长上"。他还按照儒家政治理想管理政事,"度乡村远近为伍保",让乡民们互助协作,你我相帮,患难相扶。对孤寡残疾等弱势群体,他责成其亲戚、乡亲予以照顾,使他们不至于生活无着。他还在各乡兴办学校,有空时亲自去视察,召集父老乡亲座谈,以了解民情,并亲自为学生讲解课文。对不善教育的老师,他就予以更换。

后来,他调任晋城县令,任职期间,也实行了不少惠民措施,"在邑三年,百姓爱之如父母"。他离任那天,人们对他依依不舍,群情激动,以致"哭声震野"。这说明程颢在年轻时就忠实地实践儒家学说,并且始终不忘传播儒家道统的目标。他最后成为一代宗师,是长期努力的结果。

在生活中,有些人自认为有一个远大的人生目标,这个目标是发财、出名或当官。但他们从来不知道从贫穷到富有的路程有多远,从来不知道从凡人到名士的差距有多大,从来不知道从平民到政治家的界河有多宽，他们甚至根本不知道应该从哪个方向出发。

还有一些人急于求成，总想一开始就看见成果：做生意想马上发财，打工想马上受到老板重用……这是一种可怕的"暴发户"心理。事实上，多数工作需要有耐心。你一点一滴地去做，才能稳稳当当地获得工作成果，否则，便会陷入一种尴尬的境地：不甘心放弃，但又没力量前进。

俗话说：欲速则不达。恨不得马上成功的想法是不现实的。美国著名的专栏作家查理·库金先生说："成就伟业的机会并不像尼亚加拉瀑布那样倾泻而下，而是缓慢的一点一滴。"所以，一旦立定人生目标，就要点滴积累成功资源，如烧开水一般，让你的能量一点点升温。而且，当你向目标出发后，随之而来的是许多意想不到的困难和障碍，对你的智慧、意志和毅力进行各种挑战和考验。这时，你能够成功达到目标的唯一选择是：一步一步地走下去，没有任何借口。这样，你才能到达常人可望而不可即的境界。

## 事关成败要强行

老子说："强行者有志。"一个制定目标勉力而行者，是有志向的人。

在西方成功学中，有一句名言："只要你想，你一定行。"

在犹太格言中，有一句话："金钱只钟情于苦心追求它的人。"

在中国的豪言壮语中，有一句话："不怕做不到，就怕想不到。"

无论东方还是西方的智者，都意识到了信念在人生事业中的核心作用。人生短暂，一个人想在有限的生命中成就一番事业，确实需要耐得住寂寞、心无旁骛、专心致志、埋头苦干的执着精神和不达目的誓不罢休的坚定信念。

人生成功的关键因素，不是天赋，不是背景，不是祖上留下来的财产，而是持续不断的努力。古往今来，举凡事业有成者，无一不是事业的执着追求者。无论你的起点多么低，只要你制定目标，持续努力，你一定能心想事成。

战国时，宁越是中牟这个地方的一个普通农民，一字不识。人到中年时，精力不如以前健旺，他觉得耕田种地力不从心，就向朋友请教："怎样才能从这种苦差事中解脱出来呢？"

朋友说："最好的办法是读书。读20年书就可以达到目的了。"

宁越说："我想用15年实现这个目标。别人休息，我不休息；别人睡觉，我不睡觉。"

苦读15年后，宁越因学识渊博，被周威公聘为老师。

走得快的人，走两里就停下来，也没走多远；走得慢的人，走100里还不停下来，想走多远就能走多远。宁越资质一般，但能够持之以恒地学习，最后成为天子的老师，不是很合情理吗？

一个人在向目标进发的过程中，因外界环境不利，或自身条件所限，可能会遇到很多困难，甚至会遇到难以逾越的障碍，应该怎么办？没有什么好办法，唯有坚定目标而"强行"。好比两军交战，实力不足，就用智谋取胜；装备不良，就凭勇气作战。总而言之，都要达到胜利的目的。

但是，当你鼓起勇气挑战困难时，是否每次都能成功呢？未必！你可能挑战失败，你可能被困难打击得遍体鳞伤。怎么办？一个拳击运动员说："当你的左眼被打伤时，右眼还得睁得大大的才能够看清敌人，也才有机会还手。如果右眼同时闭上，那么不但右眼也要挨拳，恐怕连命都难保！"拳击是如此，人生任何追求都是这样，当你的左眼被打伤，要把右眼睁得大大的，继续战斗。这才叫"强行者有志"。

人生要取得成功，意味着要克服难以想象的困难，不能寄希望于一战而胜。大哲学家尼采说："受苦的人，没有悲观的权利。"已经受苦了，为什么还要被剥夺悲观的权利呢？因为受苦的人，必须克服困境才能生存。悲伤和哭泣只能加重伤痛，让境遇变得更糟，所以不但不能悲观，而且要比别人更积极。在冰天雪地中历险的人都知道，凡是在途中说"我撑不下去了，让我躺下来喘口气"的同伴，很快就会死亡，因为当他不再走、不再动时，他的体温就会迅速地降低，接着很快就会被冻死。在人生征途中也是这样，如果失去了跌倒以后再爬起来的勇气，你的事业就会"死亡"，你的志向也会被平庸的念头所取代。所以，越是困难的时候，越是要勉励自己，鼓起再战的勇气。

因此，请记住这句话：知难而退非有志，事关成败要强行！

## 好用智谋不如善用智谋

宋代理学家程颢认为："人之情各有所蔽，故不能适道。"就是说，人的观念中往往存有偏见，所以看不清真相，看不透真理。这是什么原因呢？他说："大率患在于自私而用智。"主要毛病出在自私和好用智谋上。为什么自私和好用智谋会形成偏见呢？他说："自私，则不能以有为为应迹；用智，则不能以明觉为自然。"自私，就不能让自己的行为合乎情理；用智，就不能让自己的心态顺其自然。

程颢的话，杂糅了道家无为、顺其自然等概念。他说的"有为"，大概是跟"无为"对应的一个概念，是指人所作的努力，包括说话、办事、思考等。"应迹"大概是合乎道理的意思。《道德经》说："善行，无辙迹。"古代的路，多为土路，马车走过去会留下两道辙印。会驾车的人，顺着前面的辙印走，不会留下新的痕迹；不会驾车的人，七歪八扭，"辙迹"就多了。"无辙迹"是隐喻依"道"行事。"不能以有为为应迹"的大概意思是：说话、做事不能合乎规律、规范，也就是说错话、做错事。"不能以明觉为自然"的大概意思是会失去平常心，内心经常为杂念所烦、所苦。

好用智谋，亦如程颢所言，确实会让人失去平常心。很多人为了证明自己不傻，在太平无事的地方也能搞出事来，无风能掀起大浪，有风能掀翻一条船。用了智谋，就有胜负，胜者穷追猛打，负者卷土重来，如此争斗不休。可是，他所做的一切，除了证明自己不傻之外，对事情本身一点儿好处也没有。

春秋战国时期，蔡国和息国是两个小国，为了在大国的夹缝中求生存，它们结成盟友，相互支援。后来，蔡侯和息侯娶一对漂亮姐妹为妻，成了亲戚，两国关系更密切了。

有一年，息夫人回娘家探亲，途经蔡国，顺便去看望姐姐和姐夫。没想到，蔡侯这个人很好色，见息夫人貌美如花，比自己的妻子更胜三分，顿时动了坏心思。他以探视为名，对息夫人言语挑逗，动手动脚。息夫人沉下脸，拂袖而去。

从娘家探亲回来后，息夫人将蔡侯调戏她的事告诉了息侯。息侯恨得牙痒痒，心里暗骂蔡侯："我与你相交多年，亲如兄弟，你居然想给我戴绿帽子，真不是个东西！"他绞尽脑汁，终于想出一招借刀杀人的"妙计"。

　　过了不久，息侯准备了一些贵重礼品来到楚国，拜会楚王，表示愿意与楚国合作，灭掉蔡国。他还向楚王献了一条计策：楚军先佯装攻打息国，蔡国必然发兵来救，这时，楚军可趁机设下埋伏，一举全歼蔡军。

　　楚王认为此计可行，当即应允。

　　后来的战局，一如息侯事前的判断：楚军攻打息国时，息侯派人向蔡国求援。蔡侯接到求救信后，不敢怠慢，当即倾全国兵力赶来相助，结果中了楚军埋伏，一败涂地。蔡侯率残部拼死突围，好不容易才逃到息城脚下，想进城避难。谁知息城四门紧闭，怎么也叫不开。这时楚军从四面八方杀来，蔡侯只好束手就擒。

　　蔡侯当了俘虏后，心里一琢磨，明白上了息侯的当。他怨愤不平，决心报复。一次，他陪楚王喝酒，趁机大肆吹嘘息夫人如何貌美，即使仙女下凡也不过如此。楚王也很好色，听得心里痒痒的。他索性一不做二不休，调集大军，一举攻占息国，掳走了息夫人。息侯也成为俘虏。幸亏息夫人重感情，向楚王求情，息侯才保住一条小命。

　　如何避免因自私、用智而带来的危害呢？程颢提出了方法："今以恶外物之心，而求照无物之地，是反鉴而索照也。"这段话很难理解，意思是大致是：要将心比心。"无物之地"是指空灵之心。用不存偏见的心做镜子，去照他人、他事，比较容易得到真情实理。比如，别人做了一件我不高兴的事，不妨想一想，我处在他的情况下，会不会这样做呢？我想对某人做某事，不妨想一想，如果我是他，能不能接受这件事呢？这样反照一下，心态就平和了，行为也正常了。

一般来说，自私的弊端是不易克服的，有时候，利害相关，热血上冲，顾不了那么多。情急之下用智谋的弊端是可以克服的。在绝大多数情况下，用了智谋对事情没好处，不用智谋对事情没坏处。只要认识到用了智谋跟没用智谋一样，用智谋的积极性就会降低。

但是，智谋并非不可以用。办事不动脑筋怎么行呢？但别在不需要用心机的地方用心，别在需要用才能、品德的问题上滥用智谋。把握了这些要点，就称得上善用智谋了。

## 先出成绩，再谈待遇

孔子说："不患无位，患所以立；不患莫己知，求为可知也。"（《论语·里仁第四》）意思是：不怕没有职位，就怕没有足以胜任职务的能力；不怕没有人重视自己，只求足以让人重视的本领。孔子的话道出了谋事创业的根本。他还有一句类似的话："不患人之不己知，患其不能也。"意思是：不担心别人不了解自己，只担心自己没有才能。

有的人天天抱怨没有人了解自己的本事，没有人重用自己的才能，抱怨"千里马常有，而伯乐不常有"。却从来不想想：自己到底是不是千里马呢？俗话说：是骡子是马，拉出来遛遛。曾经日行千里，别人自然认为你是千里马。从来没有哪天跑过百里，别人怎么敢信任你的速度呢？所以，要证明自己是千里马，就要拿出脚力来。老是躺在那里等草料，人家永远不会给你千里马的待遇。

有的人会想：领导从来不给我表现才能的机会，我怎么能证明自己的才能呢？这显然是一个错觉。宝石不是非得挂在美人的脖子才会闪光，把它放在任何地方都能显示其独特的价值。同样的道理，一个有才能的人，在任何工作岗位上都能显示其与众不同的才能，如果只能在特定的环境中才能证明自己，说明他没有才能，至少才能不像他自己想象的那么大。

假如你真的有承担重任的才能，如何证明自己呢？

### 1. 做得超出别人的期望

领导安排你在某个岗位上，他对你的最低期望值是做出一般水准。如果你做得比绝大多数人优秀，领导就会对你另眼相看。

有一个故事流传已久，可能读者朋友们已经很熟悉了：一位博士拿着学士文凭去应聘初级电脑程序员的职位。当老板发现他的水平高于初级程序员时，他拿出了硕士文凭。于是，老板让他担任中级程序员。当老板发现他的实际能力高于硕士水平时，他又拿出了博士文凭。老板很欣赏他谦逊而务实的作风，就任命他为主管。

很多时候，事情就是这么简单：你能做得超过别人的期望值，就证明你才能出众，就会得到重用。你不能做得比别人优秀，就说明你才能平庸，又怎么能要求被重用呢？

### 2. 获得至少一项专业技能

俗话说："千招要会，一招要好。"其实，会不会千招，不是关键，关键是"一招要好"。几乎每一个成功人士都是某个方面的专家，也许是管理专家，也许是经营专家，也许是技术专家。假使你什么都会，却没有一招镇得住人，你的事业就很难取得突破。相反，假使你只有一招绝活，其他的什么都不会，仍有可能事业有成。有位成功人士说："如果你具备了真正做好一枚别针的能力，那么，这要比你拥有生产粗糙的蒸汽机的能力强得多。"这就是说，精通一项"低级"技术，也胜于对一项"高级"技术一知半解。

### 3. 以敬业为修养

有人曾问一位成功人士："大学教育对年轻人的未来是不是必要的？"这位成功人士的回答值得我们思考："就商业来说，这不是最关键的。在商业中，最重要的素质是敬业精神。在最需要培养忠于职守的工作精神的时候，许多年轻人却在象牙塔中度过了人生中最快乐浪漫的时光。不幸的是，当他们学有所成，正当创业之时，却不能聚集精力投入工作，因而错过了许多成功的机遇。"

敬业精神的最直接表现是：干一行，爱一行，一心一意干好本职工作。对任何工作来说，专心致志都是你脱颖而出的关键。

曾有人向一位成功人士请教："你为什么如此成功？"这位成功人士回答："因为我奉行这样的原则，在某个时间段只集中精力做一件事，但要尽最大的努力把它做好。"他的方法很简单，但很少有人能做到。因为大多数人缺乏敬业精神，没有把工作干得尽善尽美的意愿。那么，他的才能再大，也不能表现得超群出众。

只要将"敬业"视作一种美德，在工作中尽心尽力，哪怕暂时能力有限，在不久的将来，也必能达到优秀的水准，并得到重视。

### 4. 以忠诚为才能

假如把智慧和勤奋看作金子那样珍贵，那么，比金子还珍贵的就是忠诚。

很多老板用人不仅看能力，更重品德，而品德之中最为核心的又是忠诚度。那些既忠诚又能干的人往往是老板梦寐以求的人才。

忠诚的人，即使能力有限，仍有可能受到老板重视，到任何地方都可以找到自己的位置。而那些朝秦暮楚的人，那些只管个人得失的人，即使能力无人可比，也不可能被老板器重。

在工作中，要用大智慧来作决策的大事毕竟很少，而要人脚踏实地地用行动去落实的小事却很多。少数人的成功靠的是智慧和勤奋，而绝大多数人靠的是忠诚和勤奋。

忠诚在现代社会尤为可贵。很多人工作一不如意就跳槽，看到可以多赚些钱跳槽，人际关系不和睦跳槽，甚至没有任何原因也跳槽。这都是缺少忠诚的表现。谁是最大的受害者呢？当然是自己。俗话说"滚动的石头"不长草，那些缺乏忠诚、不愿在任何一个地方长期干下去的人，就像滚动的石头一样，怎么可能事业有成呢？

请记住，忠诚不仅是对老板、对工作单位，更是对自己。只有保持忠诚的态度，你才会把职业当成事业，一心一意做到最好。只有这样，你才可能事业有成。

## 别让谋略成为自己的圈套

周瑜为了打败刘备使用美人计，派人给刘备说媒，劝刘备到东吴招亲。刘备怕此事有诈，诸葛亮却大笑说："周瑜尽管善于用计，但他岂能逃过我的神机妙算？主公但去无妨。"诸葛亮给了刘备三个锦囊，内藏三条妙计，让随同前去的赵云装在身上。结果，刘备不仅娶了孙权的妹妹，而且将东吴的兵将打得落花流水，这就是周瑜"赔了夫人又折兵"的故事。

要善于运用谋略，就需要把握谋略的特点。

谋略有针对性。所有的谋略都有其适用范围，都是针对某人或某事而进行的。超出其适用范围，谋略就不能称之为谋略，而成为什么都不是的空想、幻想。继续按这样的谋略去行事，失败是必然的。

谋略有时间和地点的局限性。谋略总是具体的，总是在特定的时间结合特定的场合，由特定的人针对特定的事才能起作用。否则，难免失败。拿破仑是世界上传奇式的军事家，很会用兵。在第一次世界大战中，法军效仿拿破仑的用兵之法，"除攻击之外不知其他"，但当时机关枪已盛行，一味进攻的法军在敌军的机关枪面前大吃苦头。第二次世界大战中，法军吸取"教训"，把取胜的希望全都寄托在呕心沥血构筑的号称固若金汤的马其诺防线上，但狡猾的德军避开锋芒，从防线背后绕过去了。

做人也是这样，要讲究谋略，要善于运用谋略，但不能把成功的希望全部寄托在谋略上。

## 从正道求福缘

富与贵，重不重要？孔子的看法是，富与贵很重要。他曾感慨地说：自从季孙氏送给我优厚的俸禄，朋友们更加亲近了；自从南宫敬叔送给我马车，我的仁道更容易施行了。所以，一个人坚持的道，遇上时机才会受到重视，有了权势然后才能推行。没有这两个人的赏赐，我的学说几乎没有用武之地。

孔子既然认为富贵重要，他也确实有很多得到富贵的机会，为什么他不肯改变自己的初衷求得富贵呢？因为他认为，富贵虽然重要，但没有他信奉的"道"重要。他认为："富与贵，是人之所欲也，不以其道得之，不处也。贫与贱，是人之所恶也。不以其道得之，不去也。君子去仁，恶乎成名？君子无终食之间违仁，造次必于是，颠沛必于是。"（选自《论语》）意思是说：富与贵，这是人人盼望的，不能用正当的方法得到它，君子就不接受。贫与贱，这是人人厌恶的；不能用正当的途径摆脱它，君子就不逃避。君子抛弃了仁德，怎样去成就他的声名呢？君子就连一顿饭的工夫也没有离开过仁德，即使在仓促匆忙的时候也一定和仁德同在，就是在颠沛流离的时候也一定和仁德同在。

因为孔子强调"以道得之"，所以，在机遇面前，他宁可选择道义而抛弃富贵，这正是他人格伟大的地方。

一般人经常权衡职业是否"高尚"，如果是"低贱"的工作，即使很赚钱也不干。孔子对职业却不抱成见。他曾说："富而可求也，虽执鞭之士，吾亦为之，如不可求，从吾所好。"只要能正当致富，拿着马鞭赶马车他也干。如果不正当，请他当官也不干。

《说苑》曾说：没有地位没有钱，不是贤士的耻辱，品格不突出，才是贤士的耻辱。贤士并不是喜欢死亡厌恶生存，也不是厌恶富贵喜欢贫贱，按照正当的方式，尊荣富贵落到自己身上，贤士也不会推辞。

这段话，体现了儒家富贵观的精髓。

儒家所谓正当，主要是一种自我要求。通常来说，儒家的自我要求高于社会行为规范。它对于"正当"的富贵，有如下三个要点：

1. 无功不受禄

对别人有贡献，接受别人的报酬，这是公平的；无功而受惠，在贤士看来不是正道，不屑于接受。

有一次，孔子去见齐景公，齐景公想把禀丘这个地方送给他。孔子辞谢不受。出来后，他告诉学生们说："我听说君子有功才受禄，现在我游说齐景公，他不接受我的主张，却把禀丘送给我，他真是太不了解我了！"于是辞别景公走了。

孔子的做法可能让人想不通，其实类比一下就不难理解。假设儒家思想是一种精神产品，孔子上门推销，如果人家接受产品又照价给钱，这是正常交易，孔子肯定很乐意。人家不要产品却给钱，这显然不是正常交易，有的人可能乐意，孔子就不做这种无本万利的交易。

2. 烫手的钱不拿

用违反法律、道德的方式赚钱，可能受到惩罚和谴责，这明显是烫手的钱，贤士肯定不拿。有的钱虽然没有突破法律、道德的红线，却隐藏着难测的风险，贤士也是不拿的。比如，贤士列子住在宋国时，非常贫穷，家里人都饿得面有菜色。有人劝宋国国君接济列子，国君就派人给列子送去一些粮食，列子却坚决不受。他的妻子很不理解，他解释说："国君既然能够依据别人的评价来馈赠我，他今后也可能根据别人的评价来加害于我。如今我不接受他的馈赠，就是为了表明自己独立的立场呀！"

3. 损害人格的事不干

君子不害怕贫穷，但害怕丧失自己的独立人格。曾参住在鲁国时，家里贫穷，每天穿着破旧的衣服，耕田种地。鲁国国君为了笼络他，派人送给他一块封地，说："请用封地的收入为您添置衣服吧！"

曾参不肯接受。使者来了好几次，他还是不肯接受。

使者劝道："先生没有向人家要，是人家主动送给您的，为什么不肯接受？"

曾参说："我听说，接受别人的东西，就会怕人；馈赠别人东西，就会轻视人。即使他送给我东西却不轻视我，我怎么能不怕呢？"他最终都没有接受封地。

孔子听说了这件事，夸道："曾参的话，足以保全他的人格。"

曾参不接受馈赠，为什么能保全人格呢？俗话说：吃人的嘴软，拿人的手短。接受了国君的馈赠，对国君施行的不合理政策就不好意思批评了，对国君提出的不合理要求就不敢拒绝了。这就丧失了独立人格。对君子来说，这是很可耻的事。

人生好比行路，要想到达目的地，最好是循着宽广平坦的大路而行。走所谓"捷径"，未必能节省时间，反而容易遭遇危险。我们追求成功也是这样，最好走大路，不要走"旁门左道"。

当然，现代的情况跟古代不同了，现代人追求成功，方式方法也可能跟古代有所区别。但以上三条仍然是现代人可行的正路。除此之外，还有一条大路：创新。这是现代人最好的成功之路。

第二章

锋芒毕露非好事，
低调内敛真英雄

## 错在明处，改在当时

每个人都会犯错误，但犯错误的方式和对待错误的态度都不一样。小人错在暗处，他知道这样做是错的，只要能掩人耳目，就毫无愧疚地去做。由于是知错犯错，若非为情势所迫，绝不会认错，更不会改错。君子错在明处，他做错了，是因为不知道这是错的，当他意识到错误，马上就会改正。正如子贡所说："君子之过也，如日月之食焉：过也，人皆见之；更也，人皆仰之。"君子的过错就像日食和月食一样，因为错在明处，别人都看得见；当他改正错误的时候，别人都敬仰他知错就改的品格。

孟子也有类似的说法："古之君子，其过也，如日月之蚀，民皆见之，及其更也，民皆仰之；今之君子，岂徒顺之，又从为之辞。"他这样说，是以古非今：古代的君子都是真君子，错在明处，改在当时。现在的君子都是伪君子，不仅知错犯错，还要为自己的错误狡辩。

其实，无论古代现代，都有真君子也有伪君子。真君子担心自己好人做得不够好，玷污了自己的德行，视错误如恶疾，急欲治愈之；伪君子担心自己坏人做得不够聪明，被人揪住尾巴，视错误为手段，有利则用。一旦被人识破，就狡辩不已，只求脱身。

如何做一个真君子呢？有两个要点：

## 1. 勿以大错掩盖小过

人非圣贤，孰能无过？犯点儿小错，并无大碍，如果刻意掩盖，可能铸成大错。所以做人要知轻识重，不要做以大错掩小过的糊涂事。

宋真宗时，鲁宗道在朝为官。有一天，宋真宗有急事找他，便派中使到他家去宣召。鲁宗道刚巧陪客人上街喝酒去了，中使在他家等了很久。鲁宗道回来后，中使说："皇上肯定等急了，会发脾气的，你打算怎么向皇上解释呢？"

鲁宗道说："照实说呗！"

"你因为喝酒而耽误皇上召见的大事，不怕皇上怪罪你吗？"

"陪朋友喝酒，是人之常情，不为大过！向皇上撒谎，却犯了欺君之罪。我有必要隐瞒小过而犯大过吗？"

当中使将鲁宗道的话向宋真宗如实汇报后，宋真宗很高兴，非但没有怪罪鲁道宗，反而夸他识大体。

在生活中，许多人由于担心受到责罚，极力掩盖过错，这可能错上加错。比如，上班迟到了，本来是睡过头了，他却谎称堵车。迟到是小事，不诚实却是大过。工作失误了，不找原因，先找理由，极力辩称自己无错，甚至把责任推诿到别人头上。这并不能掩盖过错，反而让老板看出他不负责任的态度。工作失误只是小过，不负责任却是大过。老板会重用一个不诚实、不负责任的人吗？答案不言自明。

## 2. 发现错误就立即改正

改正错误不如不犯错误，但坚持错误又不如改正错误。意识到错误后，最好立即就改，不必等到明天或后天。这是明智的做法。

春秋战国时，韩武子率众打猎，野兽已被赶到一起，围猎的车子已经合拢，眼看就能收获大批猎物。这时，信使忽然来报告说："晋国的国君去世了。"

按照礼仪，韩武子应该去吊唁，但他舍不得眼前的猎物，就对栾怀子说："你也知道我喜欢打猎，现在，野兽已被赶到一起，猎车已经合拢，我还是打完猎再去吊唁吧！"

栾怀子含蓄地回答说："范氏灭亡的原因是顺从的人太多，批评的人太少。现在，我是顺从您的人，蝨才是批评您的人。您为什么不去问问蝨呢？"栾怀子所说的蝨，是韩国一个敢于直谏的大臣。

韩武子明白了栾怀子的意思，说："您是想批评我吗？您想批评我就直说好了，何必要问蝨呢？"于是，他马上停止打猎，去晋国吊唁。

在生活中，我们并非意识不到自己的错误。困难在于每个人都有坚持错误的冲动。但杰出人士能克服这种冲动，知错就改。这就等于做了一件正确的事。

有人说："人非圣贤，孰能无过。"说这话是把犯错的人当君子，安慰安慰他，免得他心里难受；也为了劝慰那些有权力惩罚错误的人：他知道错就算了，不要太难为他吧！然而，有的人用这句话安慰自己：反正谁都会犯错，我犯错有什么不可以呢？于是有错就犯，坚决不改。做人还是少犯错为好。万一不小心犯错，还是改了的好。这么简单的道理，根本用不着搬出圣贤的理论就能证明，又何必强调犯错的合理性呢？

## 不要撒下仇恨的种子

老子说："和大怨，必有余怨。"意思是说：和解了大的仇怨，难免还有余恨在心。

这个道理，好比割肉成伤，伤好了，伤疤还在。所以，化解大怨并不是最好的方法，最好的方法是不要结怨，否则就可能给自己招灾惹祸，春秋时的曹共公就是一个最好的例子。

晋公子重耳逃亡到曹国时，曹共公不愿意接待他。大臣僖负羁劝他说，重耳的眼睛有两个瞳仁，肋骨连为一体，这是"贵相"，值得结交。曹共公一听，顿起好奇之心，想看看重耳的瞳仁和肋骨到底长成什么样，马上下令接待。

重耳被安排住在驿馆里，接待人员只给他送上一碗白饭，连一碟小菜都没有。重耳受到怠慢，很生气，没有吃。接待人员又安排他洗澡。重耳奔波多日，风尘仆仆，遂欣然同意。正洗着，突然房门大开，曹共公带着几个宠臣走进来，嘻嘻哈哈地指点着重耳的肋骨，大发议论。重耳又羞又恼，但人在矮檐下，不得不低头。

僖负羁建议曹共公厚待重耳，未被采纳，回到家里，闷闷不乐。妻子问他为什么不开心，他说出了原因。妻子劝他说："我早听说，重耳有万乘之主的气象，他身边的随从，都是将相之才。现在他们在曹国受到侮辱，将来一旦得势，一定会报复。您若不提前结交，将来一定要跟着倒霉。"

僖负羁听从夫人的劝告，连夜派人给重耳送去饭食和珍宝。重耳吃了他送来的饭菜，却把珍宝退了回去。僖负羁更加佩服重耳的人格。

后来，重耳结束流亡生涯，当上晋国国君。即位三年，他就出兵灭掉了曹国。曹共公及其亲信大臣基本被杀光，只有僖负羁安然无恙。

这个曹共公为了满足一点儿可怜的好奇心，竟然不惜得罪一国王子，真是愚不可及。僖负羁知道做人要留余地的道理，事先化解了怨恨，可谓深得自保之道。

在生活中，结怨的一个主要原因是利益竞争，这是没有办法的事，但在竞争过程中，自己求生存、求发展的同时，也该给别人留活路，否则就可能招致激烈的反击。

战国时，范雎在魏国大夫须贾门下当家臣，以才华闻名于诸侯。有一次，他陪同须贾出使齐国，齐襄王赠他黄金美酒表示厚爱，却对须贾很是冷落。须贾心里又嫉妒又气恼，回国后向相国魏齐进谗言：范雎里通外国，泄露国家机密，希望相国以国家大局为重，尽早将其除掉。

范雎被魏齐抓起来，严刑拷打，打得齿落骨折。范雎装死，须贾命人往他身上淋小便，然后抛尸荒野。范雎忍着身体伤残，逃到秦国，化名张禄。当时秦王正在广揽天下英才，范雎因才华出众，被聘为相国。

秦王采用范雎的"远交近攻"之策，欲派兵攻打韩、魏。韩王急忙整军备战，魏王则被吓得不敢上朝。相国魏齐按魏王的意思，派须贾出使秦国求和。

范雎听说是须贾来秦，就打扮成乡野村夫的模样，穿上破烂的衣服，将头发弄乱，在脸上抹了些土，顺着小道，直奔须贾歇息的馆驿。须贾倒还认得他，笑问："莫非你是来秦国讨官做的？"

范雎假装惨然一笑："我得罪魏国宰相，侥幸逃到这里，哪里还敢再去做官？"

须贾问："你在秦国，以何为生啊？"

"不过是在相国张禄家里扫院子，勉强糊口罢了。"

须贾认为，只有秦相张禄可以说服秦王，就请范雎引见。他却不知眼前之人就是张禄。

须贾来到张府，范雎早已换了一副样子，身着绸缎衣服，威严地坐在堂上。须贾这才明白是怎么回事，想逃走却来不及了，早就被卫兵团团围住。范雎冷笑道："当日你诬蔑我里通外国，今日我以其人之道还治其人之身，也让你尝尝蒙冤受屈的滋味。我问你，你私闯相府，到底想干什么？"

还不等须贾喊冤，范雎便叫人打了他一百大板，又喂他吃了一筐草料。须贾被折腾得气若游丝，差点儿丧命。范雎见报仇的目的已达，便请大夫替须贾医治，然后请秦昭王率兵攻打魏国。

须贾因为嫉妒心理作怪，不惜违背天理良心伤害自己的部下，最后给自己招来了灾祸。

## 先算账，后发火

程颢是宋代著名理学家，是程颐的哥哥，程颐和程颢世称"二程"。程颢认为，在人的各种情绪中，最难克制的是怒气。他说："夫人之情，易发而难制者，唯怒为甚。"怒气很容易发作，又很难制伏，所以最难对付。

怒气一旦发作，对他人的伤害极大。因为这时候有一泄为快的冲动，凡事易走极端，什么手段最容易伤害对方就用什么手段，根本不考虑后果。

"布衣之士"发怒还好一点儿，"流血五步"而已，如果是有权有势的人物发怒，可能造成"伏尸百万"的结局。

春秋时，楚国卑梁与吴国交界。两国边民相互往来通婚，关系很友好。有一天，一群姑娘在一起劳作、娱乐，一位吴国姑娘不小心弄伤了一位卑梁姑娘。这本是小事，卑梁姑娘的父亲却不服气，带着女儿去吴国姑娘家里评理。吴国姑娘的父亲非但不道歉，态度还很不友善。卑梁人一怒之下，将他杀了。

当地的吴国人闻讯后，群情激愤，你呼我唤，邀集了一大群人越过边境，将卑梁姑娘一家人都杀了。

卑梁的地方长官听到这个消息，大怒，亲自率领兵马，将这个村子里的吴国人杀得鸡犬不留。

吴王得到报告后，十分震怒，马上派大军进攻卑梁，并把它夷为平地。

自此，吴、楚两国展开了旷日持久的战争，互有胜负。最后，吴国的公子光率领大军在鸡父这个地方与楚军主力决战，大获全胜，乘胜攻占楚国的郢都，俘获了楚平王的夫人，把她带回了吴国。这场战争总算告一段落。日后双方还进行过多起战争，当年埋下的仇恨很可能也在其中起了一定作用。

一件鸡毛蒜皮的小事，居然导致多人死亡、两国成仇、国母受辱，这笔账怎么算都划不来。可是，当初怒气发作的时候，谁会去算这笔账呢？

假如一个人能克制自己的怒气，就很少做后悔之事了。正如程颢所说："第能于怒时，遽忘其怒，而观理之是非，亦可见外诱之不足恶，而于道亦思过半矣。"意思大致是说：只要能在愤怒的时候让怒火顿然熄灭，而审度道理的对错，就会发现，诱发怒火的事情，其实没有那么坏，没有那么讨厌，没有那么可恶。这时候，差不多也能做出正确反应了。

问题是，愤怒的时候怎样才能"遽忘其怒"呢？要先算账再发火，不要先发火再算账。先把火气发出来了，到最后才来算账，往往越算越后悔。不如在火气发出来之前，先把账算一算：如果我这样做，会有什么好处呢？会有什么坏处呢？如果我不这样做，会有什么好处呢？会有什么坏处呢？如果我什么都不做，会有什么好处呢？会有什么坏处呢？这样算账，不一定能算得一清二楚。但你能想到要算算账，头脑已经冷静下来了，就不会做出后悔莫及的事了。

## 你的容貌就是最美的景物

容貌，是与生俱来的，是父母给的。有的人漂亮，有的人丑陋，也有的人，既不美丽，也不丑陋。

一个人的容貌本来也没什么，可是人是一种追求完美的高级动物。况且，人还有意识，总希望自己眼前的东西能够"赏心悦目"，因此，容貌的美丑就极为重要了。

然而，很多人都承认，无论容貌好与坏，带给人的烦恼往往是一样多的。容貌美丽者有容貌美丽的烦恼，容貌平平者有容貌平平的烦恼。大家都应该欣赏自己的容貌，无需为此烦恼。英国文学家兰伯曾说过："人的面貌是世界上最美的景物。虽然它只是一个小小的椭圆体，只有几英寸见方的面积，可是外形也好，神采也好，都是如此生动。"

我们过去是怎么样的，现在又是怎么样的，以及我们的长处和短处如何，都在我们脸上那千百条皱纹中表露出来。脸的轮廓、表情，就是一个人心灵的真实写照。

因而，人们常说，可以从一个人的面部了解这个人的性格。

在都市的大街上，我们可以看到千万张脸，在每一张脸的背后都有一段故事，它也许是可喜的，也许是可悲的；有的极痛苦，有的很忧郁，有的十分和善，有的神采奕奕。我们说的话有好多种语调，什么样的心情就会用什么样的语调说话。同样的，我们也有好几副面孔，在团体中是一副什么样的面孔，在街上走又是一副不同的面孔，做生意又是另外一副面孔。在什么样的性情下，就会有什么样的面孔。

伦敦的一份报纸说过这样一个故事：

有一个人，早年失明，后来突然恢复视力。他说：这个世界同他的想象似乎不同，特别是人的面孔。因为以前他只听过他们说话的声音，可是现在当他看到说话的那个人的脸时，觉得那张脸似乎同说话的语调不相称。使他感到最惊奇的是人们脸上所表露出来的渴望、疲倦、忧虑等各种表情，好像他们都被恐惧和悔恨的情绪所击倒，很少见到快乐、平和的脸。人们都觉得人生很艰苦、很沉重、充满忧愁，仿佛他们对这些都已厌倦。在他眼盲的时候，虽然看不见东西，但心里却是快乐的。

假使我们仔细观察人的脸，看到深处，就不止看到其轮廓和美丑，还能看到这个人的精神和性格，因此我们常常能看到许多可爱可喜的东西。

有一次，一位爵士到一家照相馆照相，他对摄影师说："我的脸很不好看，你尽量照得漂亮些，可是不要抹除我脸上的皱纹，这是我活了这么多年才获得的！"每一个人脸上的皱纹都是这样得来的，不管这皱纹是温柔，还是严酷，或者像美国幽默大师马克·吐温的脸一样，纵横交叉，布满困惑。

外貌如何，一个人自己做不得主，可是表情却是我们自己的。我们的脸在别人眼里看起来是快乐，是忧伤，都得由我们自己负责。如果哪一天一个人脸上满是忧伤慌忙的神色，那么这一天他便可能虚耗过去，毫无成就。相反地，如果表情坚毅、温和，这一天就是幸福的。

菲利浦·伯洛克斯牧师，一直住在美国的一个小镇上，他在那里住了好多年。后来他退休了。有一份报纸建议：这个小镇可以照样给他一份薪水，只希望他每天都能面带微笑地在街上来回走一走。

一张单纯而善良的脸，对旁人有多大的贡献啊！

## 忠言不可超过三遍

有一次，子贡向老师请教交友之道。孔子说："忠告而善道之，不可则止，毋自辱焉。"意思是说，朋友有错，要耐心地提出忠告，并用恰当的方式加以引导。他不肯听的话就算了，不要自取其辱。

有人说："良药苦口利于病，忠言逆耳利于行。"这话的确不假。但是，谁爱喝苦药呢？小孩常把吃苦药当成折磨，大人常把逆耳忠言视为人身攻击。所以，进"忠言"的结果常常是"好心没好报"。

那么，朋友或上司有错该不该进"忠言"呢？应该！眼睁睁地看着别人往陷阱里跳，却不伸手拉一把是说不过去的。关键要把握好进"忠言"的度，这个度就是孔子所说的"不可则止"：把自己的观点说出来，对方不愿意听，就闭上嘴巴。

　　如何确定"不可"呢？汉朝刘向的《说苑》里提出了一个进言的尺度："君有过失，危亡之萌也。见君之过失而不谏，是轻君之危亡也。夫轻君之危亡者，忠臣不忍为也。"意思是：君王有过失，是危亡的先兆；看见君王有过失却不劝谏，是不顾君王的危亡，这是忠臣不忍心做的事。劝谏几次不被采纳就要离开，不离开就会有送命的危险。轻易送命是仁人不愿做的事。

　　三次则止的原则既适用于劝谏领导，也适用于劝说亲人、朋友。这里所说的"三次"是概数，只是一般而言。对某些固执己见、独断专行的人来说，劝他一次也是多余。比如，隋炀帝曾对大臣宣称："我天性不喜欢听相反的意见，所谓敢直谏的人，都自说其忠诚，但是我最不能忍耐。你们如果想升官晋爵，一定要听话。"遇到一个这样的人，不妨把所有的忠言都锁进保险箱，以免给自己招灾惹祸。

　　对朋友也是这样，有时劝说一次也是多余。如果他铁了心，什么都不必说了，说了也是白说。

　　湖南才子王湘绮是曾国藩的幕友，当曾国藩率领湘军在前方作战开始显露败象的时候，王湘绮想请假回家。有一天晚上，曾国藩因事去找他。看见他正坐在房间专心看书，就站在后面不打扰他。差不多半个时辰，王湘绮还不知道曾国藩就站在自己身后，曾国藩又悄悄退出去了。第二天早上，曾国藩就送给王湘绮很多钱，诚恳地安慰一番，让他立刻回家。有人问曾国藩，为什么突然把王湘绮打发回去？曾国藩说：王先生去志已坚，无法挽留了，何必勉强呢？那人又问，何以知道王湘绮去志已坚？曾国藩说，那天晚上去王湘绮屋里，他正在看书，可是半个时辰没有翻页，可见他的心思不在书上，在想疑难问题。这时候的疑难问题无非是回不回去罢了。

所以，还是让他回去的好。

跟朋友打交道，劝告的次数多了，对方就会恼羞成怒，朋友的交情就没有了，变成冤家了。所以，不如及时闭上嘴巴。

假如对方是我们非常看重的人，我们必须让他接受正确意见，又该怎么办呢？那就要"善导之"，即用恰当的方式让他看清利弊。对此，我们要把握三个原则：

第一个原则是：多说顺耳忠言，不要贬低对方。我们说忠言之前，先以甘言冲淡其刺激性，多肯定对方的优点，然后再说规劝的话，人家也就容易接受了。

《菜根谭》说："攻人之恶毋太严，要思其堪受；教人之善毋过高，当使其可从。"在任何时候，我们都要顾及对方的自尊心，不能因为自己的意见是对的就理直气壮地坦率陈言。比如父母对孩子说："你看隔壁的小明，又勤快成绩又好，你咋不学学人家呢？"又比如妻子对丈夫说："你瞧人家大刘，房子有了，车子有了，票子也有了，你有什么呢？"像这样的所谓"忠言"，不论是大人还是小孩，都是听不进去的，说了不如不说。

第二个原则是：让对方明白你的好意。你说忠言，到底是为了贬低他抬高自己，还是为他好？他也许并不明白。所以，要设法让他感受到你的好意。此外，讲话态度一定要谦和诚恳，用语不能激烈，否则对方以为你在教训他；也不必过于委婉，否则他会认为你惺惺作态。

第三个原则是：选择适当的场合。原则上讲，最好避开第三者，以一对一的方式进行，以免让对方产生当众出丑的感觉。

把握了以上三个原则之后，还要讲究劝说的技巧。总之，经营人际关系要有耐心，不能全依自己的想法来。尊重别人的想法，关心别人的感受，这是经营人际关系的要点。

## 少说话多做事

孔子说："君子讷于言而敏于行。"所谓的"讷于言"，就是慢言少言，所谓的"敏于行"，就是多做事快做事，简言之，就是少说话，多做事。爱说漂亮话的人能在人前博得一时的好感，可时间一长，大家就了解这个人的本来面目了。

古代许多成就功业者，大多都是言讷行敏的典范，西汉名将霍去病就是其中的一员。

据《史记·卫将军骠骑列传》记载，霍去病"为人少言不泄"，但之于行，"凡六出击匈奴，其四出以将军，斩捕首虏十一万余级"。由此可见，霍去病，言讷行敏者也。

《曾子·修身》曰："行欲先人，言欲后人。"说话，要经过深思熟虑，才不会因胡言乱语招惹是非；做事，要说做便做，不拖泥带水，以养成雷厉风行之性。

常言道，病从口入，祸从口出。做人若常津津乐道于传递小道消息，喜欢谈论东家长西家短，乐于神侃吹牛，都不是一种好习惯，这种习惯若不及早纠正革除，总有一天，会自食苦果。

坐着谈，不如起来行。任何事情、任何目标、任何策略，嘴上说说，不可能解决，不可能实施，而是要靠自我的身体力行，去工作，去奋斗！嘴上的功夫千好百好，不如行动上的一好。

行敏，有利于言讷；言讷，可以促进行敏。任何只把事情挂在口头上而不落实到行动上的人，终将会一事无成。

少说话，不等于不说话。做人就应该言出必行，行必有果，所谓君子一言，驷马难追！要么不说，要么说了就要守诺，就得让自己所说的话变成现实。

言讷而行敏，少说话多做事，将自己慢慢培养成一个谨言慎语、在言语上颇有修养的人。

## 想胜人一筹，先低人一等

老子说："知其雄，守其雌。"意思是：知道什么是刚强，却谨守着柔弱。老子又说："知其荣，守其辱。"也就是说，知道什么是荣耀，却谨守着屈辱。

老子这两句话，值得那些生活在社会底层却胸怀大志的创业者用来做座右铭。创业是一个艰难漫长的过程，不可能马上改变弱势地位并得到尊重。但是，只要你不放弃努力，终有一天，你能满怀豪情地拥有属于你的光荣。

对一个创业者来说，要想将来胜人一筹，先要学会"低人一等"。我们不妨观察一下那些已经站在人生金字塔尖上的人，在他们的成长过程中，一定有过坎坷的经历，一定尝受人轻视的滋味。只不过，他们没有因为前途坎坷而止步不前，没有因为受人轻视而自暴自弃。他们不甘现状，比常人付出了双倍努力，最后才攀上人生巅峰。

美国"汽车大王"亨利·福特的成长经历，就是一个很好的例子。年轻时，他应聘到一家汽车公司当修理工。领到第一个月薪水后，他决定去餐馆好好吃一顿，为自己的就业成功祝贺。正好路边有一家豪华餐馆，他便走进去，坐在餐桌边，像个绅士似的安安静静地等侍者来为他服务。没想到，他坐了整整一刻钟，没有一个侍者过来搭理他。这也难怪，他身上那件有些油污的工作服泄密了，人家觉得稍稍怠慢他一下不会有问题。

福特等得不耐烦了，终于顾不上风度，用手在桌子上重重敲了几下。

一位侍者走过来，不冷不热地问："先生，你好像想要点什么？"

福特点点头。

侍者递上菜单，然后歪着头，冷漠地望着天花板。福特一门心思钻研菜单，没留意到侍者的脸色。菜单的左边是菜名，右边是价格。福特发现，越是他想吃的菜，价格越是贵得离谱。这时，侍者不耐烦了，建议他说："不用看得太详细。你只需看右边的部分，左边的部分就不必费神去看了！"言下之意：你只配挑选比较便宜的价格，没有资格挑选比较喜欢的菜。

福特惊愕地抬起头，看到了侍者脸上的嘲笑、冷漠、轻蔑和厌烦。他心里的火气腾地升上来，真想将口袋里的薪水全掏出来点一道最贵的菜，好证明自己并不是一个穷光蛋。但他很快冷静下来，心想：别人轻视我，并非毫无道理。我本来就是一个穷光蛋，他不过实话实说而已！我希望得到别人的尊重，除非我真的值得别人尊重。

于是，他合上菜单，平静地说："请给我来一份汉堡包。"

侍者从鼻孔里发出一声冷笑，那意思似乎在说：我早知道你不过点一份汉堡包而已！

福特毫不理会。吃完汉堡包，他就立下了一个志向：成为一个真正值得别人尊重的人。

后来，福特果然成为一个值得全美国乃至全世界尊重的人。他生产出了价廉物美的T型车，使美国人人买得起小汽车。因此，他被誉为"把美国带到汽车轮子上的人"。

当一个人身处社会底层时，受到某些人的轻视几乎在所难免。

假如任何人都可以无条件地享受到尊荣，谁愿意流血流汗、追求出人头地？对一个有志者来说，别人的轻视就像一条鞭子，能驱使他努力提升自己，向人生目标进发。

对一个身处社会底层的创业者来说，受人轻视只是次要的损失，不过使自己一时心情不愉快而已。有时候，还要受到不平等对待，不仅影响心情，还会使物质利益受损。在这种情况下，强求公平往往是不明智的，只有咬紧牙关，以弱图强，才有可能在夹缝中抓住发展的机会。

## 孔子的三项看家本领

孔子说："不知命，无以为君子也；不知礼，无以立也；不知言，无以知人也。"意思是：不知道命运的规律，就不配做君子；不懂得礼仪，就无法立身处世；不善于说话，就无法了解别人。

为什么说"不知命，无以为君子也"？人生有顺境有逆境，这是"命"，有的人不知道这是"命"，顺境时得意扬扬，无限看高自己，自以为无所不能；逆境时灰心丧气，一味看低自己，自认为一无是处。这就失去了君子风度。

如果"知命"，上山时能想到下山的结局，涨潮时能想到落潮的必然，在事业顺利时，就不会有虚骄之气。不利时能想到有利的变化，困境中能想到顺境的到来，在事业受挫时，就不会有颓废之气。这不就是君子的风度吗？

为什么说"不知礼，无以立"呢？在孔子生活的时代，"礼"是一个笼统的概念，包括礼仪、礼貌、礼法等一切行为规范。"礼"用来协调人际关系，如果"不知礼"，放纵自己的行为，会对别人造成不便，引起别人的厌恶和痛恨，一个这样的人，走到哪里都行不通，必然到处受挫，又如何立得住身呢？一旦触犯刑律，还有身陷囹圄、命丧黄泉的危险。

孔子本人是一个特别懂"礼"也特别讲"礼"的人，"礼"已经渗透到他的一言一行之中，变成了他终生不变的习惯，甚至可以说是他生命的一部分。无论遇到什么人、什么事，他都能很自然地做得恰到好处。

他是如何讲"礼"的呢？比如，他乘车出门，遇到二人以下，他会站在车上行礼；遇到三人以上，他就会下车行礼。"升车，必正立，执绥。车中，不内顾，不疾言，不亲指。"上车时，一定会端正身子，拉住扶手的带子，稳稳地上去。坐在车里面，不东张西望，不大声说话，不指指点点。

在日常交往中，他根据不同交往对象决定言行方式，"孔子于乡党，恂恂如也，似不能言者。其在宗庙朝廷，便便言，唯谨尔。"他跟亲戚朋友、街坊邻居在一起的时候，很谨慎的样子，好像不会说话一样。在宗庙或朝廷讲话时，口才流利、善于辞令，但神态不失恭谨。"乡人饮酒，杖者出，斯出矣。"参加乡亲的家宴时，老年人退席后，他才退席，否则一直陪坐，以示敬意。

他的一言一行也要做得符合礼仪要求，"朝，与下大夫言，侃侃如也；与上大夫言，訚訚如也。君在，踧踖如也。与与如也。"跟下级说话时，从容不迫；跟上级说话时，和颜悦色。如果国君在场，说话轻声细语，走路轻缓安详。

在日常生活中，他也有很多讲究，"食不厌精，脍不厌细。食馑而餲，鱼馁而肉败，不食。色恶，不食。臭恶，不食。失饪，不食。不时，不食。割不正，不食。不得其酱，不食。肉虽多，不使胜食气。惟酒无量，不及乱。沽酒市脯，不食。"

关于孔子"讲礼"的内容还有很多，由此我们可以看出，他是将做人、办事、享乐、养生等一切行为都融于"礼"中，不愧是一个真正的绅士。

为什么说"不知言，无以知人"呢？不会说话的人，一开口就让人不愉快，别人不愿意跟他交往，他又如何了解别人呢？有的人活了一辈子，没有几个熟人，一个很大的原因是"不知言"。

"知言"与"知人"的因果关系也可以倒过来说：不知人，无以知言。俗话说，到什么山唱什么歌，对什么人说什么话。你必须了解对方的性格、喜好，才能说话到位。一个人不会说话，往往是对了解别人不感兴趣，只关心自己的感受。所以，要想说话到位，应该尝试站在他人的角度思考问题，设身处地为他人着想。当你知道对方喜欢什么、讨厌什么，并懂得有所迎合，有所趋避时，很容易就能激发对方交往的兴趣。

## 打造实力派形象

"马善受人骑，人善受人欺。"过于软弱和老实的人常常会成为别人拿捏和欺负的对象，所以在必要时必须给对方以痛击，让别人知道你并不是好欺负的。

"柿子拣软的捏"，生活中一些蛮横霸道的恶人之所以能得意一时，就因为社会上老实人太多。他们作威作福、发火撒气往往找那些软弱善良者，因为他们清楚，这样做并不会招致什么值得忧虑的后果。在我们周遭的环境里到处都有这样的受气者，他们看起来软弱可欺，最终也必然为人所欺。一个人的软弱事实上助长和纵容了别人侵犯你的欲望。

人是应该有一点儿锋芒的，虽然不必像刺猬那样全副武装、浑身带刺，至少也要让那些蛮横霸道的恶人感到无从下手，得不偿失。

树立一个不好惹的形象，是确保自己不受欺侮的一条很重要的处世技巧。这一形象在时刻提醒那些恶人，招惹我是要承担后果并付出代价的。

在社会中生存，事实上，只要你显示出你是一个不轻易受欺侮的人，你就能够做到不受气。也许你不必处处睚眦必报，只要你能抓住一两件事，让冒犯者知道你的厉害，就立刻能收到一种警示的效果，起到某种普遍性的威胁作用。

哪些形象最不易受欺侮呢？这里不妨略举一二：

1. 泼辣的形象

所谓的泼辣，便是敢说别人不好意思说出口的话，敢做出别人不好意思表现出来的举动。谁敢让自己受气，就会当面让他下不来台。敢哭敢闹、敢拼敢骂，口才好，又敢揭老底儿，所以，见到这样的人，很少有人敢引火烧身，自讨没趣。

2. 实力派形象

塑造实力派形象就是在平时注意展示你雄厚的力量，比如，令人敬慕的专业本领、广泛的人际关系网等，这些都会在周围的人群中造成一种印象，即，你是一个能量巨大的人，不发威则已，一旦发威则后果难当。所以，人们一般不敢招惹这类人物，这种形象的人也很少受气。

人类社会跟动物界相似，"弱肉强食"的现象时有发生，一类人总爱处处占别人的便宜，凌驾于弱者之上；而另一类人就是所谓的"受气包"，很自然地成了前者嘴里的"肉"。

许多人选择忍气吞声的生存方式，往往是由于他们患得患失，怕这怕那，在主观上吓倒了自己。而无数的事实证明，挺身而出，捍卫自己的正当权益其实是再自然不过的事了，跨过这道门槛，你会发现，没有什么大不了的，卸掉了精神包袱，你反而会活得更加自在。

## 培养实力要靠学习

有一个卖气球的老人，拿着把五颜六色的气球，每当生意不好的时候，他就放出一只艳丽的气球。于是招来了一大批踊跃的购买者。老人在一阵忙碌之后，又放出一只黑色的气球。一个小男孩好奇地问："老爷爷，怎么黑色气球也能飞上天呀？"老人慈爱地摸着小男孩的头说："孩子，气球飞上天，跟颜色是红是黑没有关系，要紧的是它肚子里有一口气呀！"

气球要飞，必须要有口气；人要做事，肚子里也不能空空如也。

这个世界是个竞争的世界，有人的地方就有竞争。你要问人："竞争靠什么？"十个人有九个会告诉你："靠实力。"但实力不是凭空而来的，也不会自己生长，它就像是一棵树、一盆花，需要你不断地给它浇水、施肥，不断地为它补充成长所需要的养分。这个过程，对于我们而言，就是学习。

古往今来，成功的人无不重视学习，也大都勤于学习、善于学习。晋平公是春秋末期晋国的君主。他晚年的时候想学一些知识，可是总觉得自己已经老了。有一天，他向乐师师旷求教说："我现在已经 70 多岁了，很想学些知识，恐怕太晚了吧？"师旷回答："晚了，为什么不点蜡烛呢？"晋平公没有听懂他的话，生气地说："哪有为臣的这样戏弄君王的！"师旷说："我怎么敢跟您开玩笑！我记得古人说过：少年时爱好学习，就像日出的光芒；壮年时爱好学习，就像太阳升到天空时那样明亮；到老年还能爱好学习，就像点燃蜡烛发出的亮点。蜡烛的亮光虽然微弱，但同没有烛光在昏暗中愚昧地行动相比较，哪一个更好一些呢？"晋平公点了点头说："你说得真好！我已经明白了。"

第二章

给别人留余地，
就是给自己留后路

## 以尊重为修养

别人也许真的错了，但他们自己并不这么认为。或者，他虽然明知错了，也希望得到足够的尊重。所以，别去指责他们，因为那是愚人的做法。尝试着去理解他们，只有真正智慧、宽容的人才能做到这一点。

一个人犯了错误，有时候不是因为他不知道这是在犯错误，而是因为他想犯错误。宣传教育对于想犯错误的人基本无效。防止犯错的方法有两种，一种是让人不敢犯错，一种是让人不想犯错。前者是强制手段，见效快而难服人心；后者是沟通艺术，见效较慢而作用力持久。一个人能对自己的行为真正负责，依赖于他的自尊和良知的觉醒。那么，此时首先要设法帮他保住面子，以免他自暴自弃。

有的人脾气粗野狂暴，把任何事都搞得像滔天大罪那样不可饶恕。他们夸张地非难别人以至于能把原本是芝麻大小的一个问题渲染得像西瓜那样大，并借此将其全盘否定。

有智慧的人绝不如此处理问题，他把别人的自尊放在第一位，然后才设法将事情导向好的方面。

当一个人犯了错误时，往往能找到上百个理由为自己辩护，其中一个最常用的理由是："换了是你，不见得比我做得更好。"当一个人心里有了这种想法时，你说得再多，他也不会心悦诚服。这时候，最有效的说服是言传身教，把你要求他做好的事做给他看。

日本大企业家、三洋公司创始人井植薰，喜欢既遵守规则又敬业的员工。而他本人也绝对遵守公司的各项规章制度并且勤奋敬业，绝不因为自己是老板而打半分折扣。比如，他每天早上7点准时到达公司，而且几十年如一日，若非出差，绝无误差。他如此自律，所以他的公司几乎没有不勤奋敬业而遵守规章的员工。

一个人能做到他提倡的事，比他唠唠叨叨说一万遍更有说服力。

有的人并非有意伤人面子，只是说话时表达不当，造成了实际伤害的效果。

比如，有些领导提倡"在总结成绩的基础上找差距"这种批评方式，目的就是为了照顾下属的面子，效果却不见得好。

比如，老板对一个业绩不佳的员工说："我对你的工作表现非常满意，但是如果你能在工作方法上注意一点儿，业绩肯定会提高。"

员工开始会觉得受到了鼓励，直到他听到"但是"两个字。他很可能因此而对最初的表扬产生怀疑，对他来说，这个表扬也许只是后面批评的引子而已，可信度遭到质疑。

如果老板这样说："我对你的工作表现很满意，而且你的进步也很明显，说明你在这方面有潜质。如果在工作方法上作一些改进，我相信你的进步会更快。"

这样员工便不会感到批评的暗示，同时也能够受到鼓励，并尽力做得像老板期待的那样好。

## 小心呵护他人的面子

有的人把自己的面子看得贵如金，却把别人的面子看得贱如草。他们为了自显高明，无视他人尊严，甚至将对方逼到非反抗不可的地步。其结果，也不过自取其辱罢了。

在人际交往中，只要维持住双方的面子，则一切争端都有回旋的余地；一旦撕破脸皮，就极可能转入火星四溅、双方都无力控制的局面。为了自己的面子，不给别人留余地，绝对是在做蠢事。

此外，在人际交往中，由于知识缺陷，每一个人都会说蠢话、做蠢事；由于价值观不同，每个人都有自己的偏见。在别人说蠢话、做蠢事或者坚持自己的偏见时，为了保住他的面子，最好是给他一个"台阶"下。这对维持双方的关系是非常重要的。

1961年6月，英国退役陆军元帅蒙哥马利访问中国。在洛阳参观访问时，他在中国外交部工作人员陪同下在街上散步。走到一个小剧场，他好奇地闯了进去。台上正在演豫剧《穆桂英挂帅》，蒙哥马利了解到剧情之后，连连摇头，说："这个戏不好，怎能让女人当元帅？"

中方陪同人员解释："这是中国的民间传奇，群众很爱看。"

蒙哥马利说："爱看女人当元帅的男人不是真正的男人，爱看女人当元帅的女人不是真正的女人。"

在英国人的观念中，"人类的文明是从尊重女性开始的"，男人应该为女人上前线拼命，岂能让女人以柔弱之躯应付战争？

中方人员未考虑到蒙哥马利的文化理念，不服气地说："我们主张男女平等，男同志能办到的事，女同志也办得到。中国红军里就有很多女战士，现在解放军里还有位女将军。"

蒙哥马利说："我一向对红军、解放军很敬佩，但不知道解放军里还有一位女将军，如果真是这样，会有损解放军声誉的。"

中方人员针锋相对地反驳说："英国女王也是女的。按英国的政治体制，女王是英国国家元首和全国武装部队总司令，这会不会有损英国军队的声誉呢？"

蒙哥马利一下给噎住了。

事后，中方人员向周恩来总理汇报这件事，没想到周总理严肃地批评说："你讲得太过分了，你解释说，《穆桂英挂帅》是民间传奇，这就行了。你不同意他的看法，也不必非得去反驳他。你做了多年的外交工作，还不懂求同存异？弄得人家无话可说，就算你胜利了？"

接着，周恩来总理审阅为蒙哥马利安排的文艺演出节目单，看到没有蒙哥马利最喜欢的杂技和口技，却有一出折子戏《木兰从军》，便说："瞧，又是一个女元帅！幸亏知道蒙哥马利的观念，不然他会以为我们故意刺激他了。"

随即吩咐撤掉这出折子戏，另外增加杂技、口技等节目。

周恩来总理的安排平息了蒙哥马利的怨气，使他挽回了面子，两人的友谊与两国的友好关系都得到了加强。

## 避开言语的"雷区"

在待人处世中，场面话谁都能说，但并不是谁都会说，一不小心，也许你就踏进了言语的"雷区"，触到了对方的隐私和痛处，犯了对方的忌，对听话者造成一定的伤害。其实，每个人都有所长，亦有所短，待人处世的成功，一个很重要的因素就是善于发现对方身上的优点，夸奖对方的长处，而不要抓住别人的隐私、痛处和缺点，大做文章。切记：揭人之短，伤人自尊！

"揭短"，有时是故意的，那是互相敌视的双方用来作为攻击对方的武器。"揭短"，有时又是无意的，那是因为某种原因一不小心犯了对方的忌讳。有心也好，无意也罢，在待人处世中揭人之短都会伤害对方的自尊，轻则影响双方的感情，重则导致友谊破裂。

有这样一个真实的例子：

有一群人在看电视剧，剧中有婆媳争吵的镜头。张大嫂便随口议论道："我看，现在的儿媳真是不知道好歹，不愿意和老人住在一起，也不想想以后自己老了怎么办？"话未说完，旁边的小齐马上站了起来，怒声说："你说话干净点儿，不要找不自在，我最讨厌别人指桑骂槐！"原来小齐平素与婆婆关系失和，最近刚从家里搬出另住。张大嫂由于不了解情况，无意中得罪了小齐。所以只有了解交际对象的长处和短处，为人处世才不会伤人也伤己。

俗话说得好，"打人不打脸，揭人不揭短"，要想与他人友好相处，就要尽量体谅他人，维护他人的自尊，避开言语"雷区"，千万不要戳人痛处！

## 永远别说"你错了"

在人际交往中，破坏力最强的莫过于这三个字：你错了。它通常不会造成任何好的效果，只会带来不快和争吵，甚至能使朋友变成对手，使情人变成怨偶。

跟别人相处的时候，要记住，和我们来往的不是度量不凡、修炼到家的圣人。和我们来往的都是感情丰富的常人，甚至是充满偏见、傲慢和虚荣的怪人。圣人能够虚怀若谷地对待别人的批评，但常人不能，怪人更不能。所以，当我们想说"你错了"时，应该明白，对方十有八九不会虚怀若谷地接受。就像我们自己不会虚怀若谷地接受"你错了"的评价一样。

一个人说错话或做错事总是有原因的，所以我们即使明知自己错了，也会强调客观原因，认为错得有理。

当我们犯了错误时，并非意识不到犯了错误，只是顽固地不肯承认而已。所以，当你对一个人说"你错了"时，必然撞在他固执的墙上。

张先生请一位室内设计师为他的居所布置窗帘。当账单送来时，他大吃一惊，意识到在价钱上吃了很大的亏。

过了几天，一位朋友来看他，问起那些窗帘时，说："什么？这么贵太过分了。我看他占了你的便宜。"

张先生为了面子不肯承认自己做了一桩错误的交易，他辩解说："一分钱一分货，贵有贵的价值，你不可能用便宜的价钱买到高品质又有艺术品位的东西……"

结果，他们为此事争论了一个下午，最后不欢而散。

不论我们用什么方式说"你错了"，不论是一句话，一个眼神，说话的声调，还是一个手势，只要让他听出或看出"你错了"的意思，他就绝不会有好脸色给你！因为你直接打击了他的智慧、判断力和自尊心。这只会使他想反击，但绝不会使他改变心意，因为你伤了他的感情。

永远不要这样做：你的确错了，不信我证明给你看。这等于是说："我比你更聪明。我要告诉你一些事，使你改变看法。"

假如对方真的错了，你必须让他承认并纠正错误，也应该回避"你错了"或类似的词语。你有必要运用一些技巧，使对方认识到自己错了。正如一位哲人所说："必须用若无似有的方式教导别人，提醒他不知道的好像是他忘记的。"

有一位王先生，花三天时间写了一篇演讲稿，他认真地撰写、修改并润色，其精心程度绝不亚于鲁迅或朱自清写一篇文章——据说鲁迅写完一篇文章后，通常要改7遍，而朱自清每天只写500字。

这位王先生认为演讲稿写得十分到位，得意地读给妻子听。妻子认为这篇演讲稿写得并不出色，但她没有直接说："你写得太差劲了，都是老生常谈，别人听了一定会打瞌睡的！"

这真是个再明白不过的人了，她说："如果这篇文章是投给报社的话，肯定算得上是一篇佳作。"换句话说，她在赞美的同时巧妙地表达出它并不适合演讲。丈夫听懂了其中的含义，立即撕碎了精心准备的讲稿，并决定重写。

伟大的心理学家席莱说："我们极希望获得别人的赞扬，同样的，我们也极为害怕别人的指责。"

既然如此，在我们觉得需要说"你错了"时，要用最大的耐心和最大的智慧，郑重对待"你错了"三个字。

## 伤人莫伤脸

俗话说："人活脸，树活皮。"此话道出了人性的一大特点：爱面子。可是我们不能只爱自己的面子，而不给他人面子。每个人都有一道最后的心理防线，一旦我们不给他人退路，不让他走下台阶，他人只好使出最后一招——自卫。因此，当我们遇事待人时，应谨记一条原则：别让人下不了台。

一两句得体的话，可以减少对别人的伤害，保住他人的面子。

让他人保全面子，这是多么重要呀，关键时刻，却很少有人想到这一点。有时候，我们残酷地抹杀了他人的感情，又自以为是，不去考虑是否伤害了别人的自尊。然而，一两分钟的冷静思考，一两句体谅的话，对他人宽容一些，都可以减少对别人的伤害。

玛桑小姐在一家食品包装公司当市场调查员，她刚接下第一份差事——为一项新产品做市场调查。她说道："当结果出来的时候，我几乎崩溃，由于计划工作的一系列错误，整个结果当然完全错误，必须从头而来。更糟的是，报告会议即将开始，我已经没有时间同老板商量这件事了。"

"当他们要求我做报告的时候，我吓得发抖。我尽量使自己不至于哭出来，免得又惹得大家嘲笑，因为这样会显得太过于情绪化了。我简短地说明了一下情形，并表示要重新改正过来，以便在下次会议时提出。坐下后，我等待老板大发雷霆。"

"出乎意料的，他先感谢我工作勤奋，并表示新计划难免都会有错。他相信新的调查一定会正确无误，会对公司有很大助益。他在众人面前肯定我，相信我已尽了力，并说我缺少的是经验，而非能力。我挺直胸膛离开会场，并下定决心不会再有这种情形发生。"

法国作家安托安娜·德·圣苏荷依写过："我没有权利去做或说任何事以贬抑一个人的自尊。重要的并不是我觉得他怎么样，而是他觉得他自己如何，伤害他人的自尊是一种罪行。"

## 大路留出三分给人行

人生好比行路，总会遇到道路狭窄之处。每当此时，最好停下来，让别人先行一步。即使终身让步，也不过百步而已，能对人生造成多大影响呢？你经常让人一步，别人心存感激，也会让你一步，一条小路对你来说也是坦坦通道。你事事不肯让人，别人心怀怨恨，就会设法阻碍你、损伤你，即使是一条大路，对你也充满阻碍。人与人之间往往是心与心的交往，诚心换来的是真情，坏心换来的是歹意。

在战国时代，有一个叫中山的小国。一次，中山的国君设宴款待国内的名士。当时正巧羊肉汤不够了，无法让在场的人都喝上。没有喝到羊肉汤的司马子期感到很失面子，便怀恨在心，到楚国劝楚王攻打中山国。中山国很快被楚国攻破，国君逃到了国外。在逃亡途中，中山国君发现有两个人拿着武器跟在他的后面，便问："你们来干什么？"

两人回答："从前有一个人曾因得到您赐予的一点儿食物而免于饿死，我们就是他的儿子。我们的父亲临死前嘱咐，不管中山国以后出什么事，我们必须竭尽全力，甚至不惜以死报效国君。"

中山国君听后，感叹地说：仇怨不在乎深浅，而在于是否伤了别人的心。我因为一杯羊肉汤而亡国，却由于一斛食物而得到两位勇士。

人的自尊比金钱还重要。一个人如果失去了少许金钱，尚可忍受，一旦自尊心受到损害，就无法预测他将会干出什么事来。有时候，本无存心伤人之意，却可能因为一句无意的话伤害别人，甚至可能为自己树立一个敌人。言行谨慎是很重要的。

如果遇到必须取胜、无法让步的事，又该怎么做呢？那也要给别人留一点儿余地，就像下围棋一样，"赢一目是赢，赢一百目也是赢"。只要能赢就行了，何必让人家满盘皆输？比如与人争辩，以严密的辩论将对方驳倒固然令人高兴，但也没必要将对方批驳得体无完肤。这样做对自己毫无好处，甚至会遭到对方的反击。当我们和他人发生摩擦时，首先要了解他的想法，然后在顾及对方颜面的前提之下，陈述自己的意见，给对方留有余地。这一点在处理人际关系时非常重要。

## 会做人更重要

有的家长把孩子的学业和成绩看成最重要的事，只要成绩好，其他方面一概从宽，甚至有的孩子念到高中毕业，连一双袜子都没有洗过。

孔子对学习的看法不一样，他说："弟子入则孝，出则弟，谨而信，泛爱众，而亲仁。行有余力，则以学文。""弟"即"悌"，敬爱的意思。这句话的意思是，在家里能够孝敬父母，在外面能够敬待朋友，对其他人能够秉持一颗好心，友善对待，主动跟品行好的人交往，如果还有多余的精力，再来读书学习。这意思是说，先学习做人，再学习知识。做人方面没学好，一味学习知识，就是本末倒置了。

一位作家曾说，一个人一辈子能把身边七八个人的关系处理好，一生的幸福就有保障了。这七八个人都是自己最亲近的人，如父母、兄弟、妻儿，或关系最密切的人，如朋友、上司、同事、下属。意思就是说，只要把圈子内极少数人的关系处理好，必然事业顺利，生活和美；反之，绝大多数烦恼、痛苦都是身边人带来的，其原因是没有把关系理顺。关系没有理顺的原因是做人功夫没有学好。难怪有人说：世事洞明皆学问，人情练达即文章。

孔子的"入则孝，出则弟"，其意也是要把身边几个人的关系搞好。应该如何做呢？我们不妨看一个故事：

曾子是孔子的弟子，"孔门十哲"之一，公明宣在他门下学习，三年没有摸过书本。曾子说："你在我家里，三年不学习，为什么？"

公明宣说："我哪敢不学习？我看见老师在家里，只要有长辈在，连牛马也没有训斥过，我很想学习您对待长辈的态度，可惜还没有学好。我看见老师接待宾客，始终谨慎谦虚，从来没有松懈过。我很想学习您对待朋友的态度，可惜还没有学好。我看见老师在朝廷办公事，对下属的要求很严格，但从不伤害他们的自尊心。我很想学习您对待下属的态度，可惜还没有学好。"

曾子离开座位，向公明宣道歉说："我不如你。我只会读书罢了！"

曾子说自己"只会读书"，无疑是自谦。从他的表现看，无疑做到了"入则孝，出则弟"。

能够处理好与身边人的关系，生活会过得比较舒服，但对一个有志向的人来说，这还不够。孔子又进而说"泛爱众，而亲仁"。

"泛爱众"不仅是一种道德修养，也是一种做人智慧。西方成功学中有一句名言：你以怎样的态度对待别人，别人也会以怎样的态度对待你。有一个大家都比较熟悉的故事：某人开车来到一座城市，问一个加油站的工人："你们这个城市的人友善吗？"加油站的工人反问："你们那个城市的人友善吗？"某人说："不！他们冷漠自私，糟糕透了。"加油站的工人冷淡地说："我们这儿的人也一样。"过了一会儿，又有一个人开车来到加油站，问了这个工人同样的问题。加油站工人还是问他："你们那个城市的人友善吗？"那人说："是的！他们真诚友善、热情大度。"加油站工人微笑着说："我们这儿的人也一样。"俗话说：好心换好心。一个人

"不"爱众，得到的无疑是冷漠自私、糟糕透了的对待；一个人"泛爱众"，就能得到真诚友善、热情大度的对待。

"而亲仁"的意思是跟好人交往。这是最好的学习。孔子说："与君子游，如入芝兰之室，久而不闻其香，则与之化矣；与小人游，如入鲍鱼之肆，久而不闻其臭，亦与之化矣。"经常跟有学问的人交往，久之就多了几分书香气，经常跟善良的人交往，久之就多了几分慈悲之心。相反，经常跟懒惰、不负责任的人打交道，久之会变得懈怠起来。所以说，跟一个好人交往一天，胜过读一本好书。

## 做人的五件大事

古人论述了对待亲朋好友的五项原则："一者见之作罪恶，私往于屏处，谏晓呵止之；二者小有急，当奔趣救护之；三者有私语，不得为他人说；四者当相敬难；五者所有好物，当多少分与之。"

"见之作罪恶，私往于屏处，谏晓呵止之"，意思是说，看见亲朋好友干坏事，应该在私下里、无外人在场时，尽一切努力制止他的行为。"谏"是直言相劝，"晓"是讲清道理，"呵"是大声斥责。"谏晓呵止"四个字简洁却含意丰富，准确地表达了劝诫朋友的步骤和合理方式。首先是以尊重为先，劝他不要做这种坏事。如果对方懂道理，一劝即听，那是再好不过了，目的达到了，又省了许多口舌。如果对方不懂道理，就要耐心地分析利弊，使对方知道这样做的后果。如果对方明知不对，仍然要去做，这时就顾不上他的面子，应该大声呵斥，严厉制止。假设对方不顾利害，仍然执意去做，那就没办法了。

在劝告时，如果只到"谏"这一步，轻描淡写地说最好别那么干，对方最后仍然那样干了，那么还没有完全尽到做朋友的义务。只到"晓"这一步，把道理讲明了，仍然不能算尽到了义务。要到"呵"这一步，才算完全尽到了义务。

但是，也不能一开始就"呵"，这样会伤害对方的自尊心。也不能一开始就"晓"，把对方看成一个不懂道理的人。先把对方看成一个聪明人，点到为止，不行了再加大力度。所以说，"谏晓呵"的前后顺序是不能错乱的。

"小有急，当奔趣救护之"，就是说，亲友有急事需要帮忙，应该赶紧设法予以帮助。"小有急"是稍有急难的意思。这不是说，有小的困难就帮忙，大的困难就不管了。而是说，小困难就该帮忙，有大的急难更该帮忙。当然，帮助亲友也要量力而行。比方说，人家住院急需10万元，我拿不出，拿出几千、一万，也算尽了力。

"有私语，不得为他人说"，意思是，关于对方的隐私、机密，不得告诉第三者。对方信任你，才跟你分享隐私、机密，泄露给别人，就会辜负对方的信任，甚至会给对方造成伤害，是严重的不义行为。这一条现在已经被列为法律条文，大家都清楚，不必多谈。

"当相敬难"，就是说，对亲友要相互敬重。"难"有拣难事做的意思。打个比方，路上相遇，点点头，问声好，比较容易。停下来，握握手，嘘寒问暖，难度较大。亲友结婚，发个贺电，寄个礼物去，就比较容易。亲自去参加婚礼，难度较大。如果身在外地，搭飞机去参加婚礼，就更难了。不过，你尽礼的方式越难，越能表明对方在你心目中的重要性，双方的情谊会越深厚。

据《说苑》记载，古时候遇到亲友办喜事，在50里以内要前往祝贺；如果是办丧事，即使百里以外也要赶去吊唁和馈赠送葬物品。当时交通不发达，从百里之外赶去，是很困难的。而礼仪的要诀就是不能避难就易。

"所有好物，当多少分与之"。就是说，自己得到了好东西，应该分润一些给亲友。这一条适于当时，现代基本不适用。不过，如果自己条件好，适当接济亲友中的贫弱者，还是应该的。在这方面，犹太人的"慈善法则"值得借鉴：先救助自己。自己足以自立时，再救助亲友。尚有余力，当救助本乡。尚有余力，当救助本国。在慈善方面，光有好心没有用，拿出行动才有价值。这首先需要自己具备帮助他人的能力。

## 夫妻之道敬为首

女作家琼瑶在论夫妻关系时说："失去了敬意，这婚姻便不能维持了。"因敬而生爱，是真爱。没有敬意的爱，不过是肉体之欲罢了，哪能长久呢？

古人认为，丈夫对待妻子，有五件大事："一者出入当敬于妇；二者饭食之，以时节与衣被；三者当给予金银珠玑；四者家中所有多少，悉用付之；五者不得于外邪畜传御。"

"出入当敬于妇"，就是说，无论在外面还是在家中，都应该尊重自己的妻子。有的人一面向妻子表白爱情，却又不尊重她的人格和自由权利，平时做决定，不尊重妻子的意见；人前人后，殊少礼仪。凡此种种，都不利于夫妻关系的和谐。

"饭食之，以时节与衣被"，要保障妻子的饮食、衣被等基本需求。过去男主外、女主内，男人有义务赚钱养家。养不活老婆，是最没出息的男人。妻子饿得受不了，要离婚，丈夫也应无话可说。因为他还不具备当丈夫的资格。现在男女都工作，也有女主外、男主内的，谁具体该为家庭承担多少内务，不再有约定俗成的标准。这就难免发生你埋怨我不顾家，我埋怨你不负责任的争吵。所以，夫妻之间最好商定各自的责任范围，然后自尽其责。这对维持夫妻关系和谐大有好处。

"给予金银珠玑"，意思是说要尽量让妻子打扮得漂亮一点儿，使她在人前有面子。"金银珠玑"是指贵重饰物。现代的贵重饰物比过去丰富，除首饰外，其他如名牌香水、名牌时装、各种化妆品，等等。当然，这方面需量力而行。

有的人认为，爱情应该重精神而轻物质，但有时候，不重物质不行。获得尊重是人的本质需求之一。与人相处时，穿着打扮若太糟糕，难获尊重。作为丈夫，没钱给妻子买豪华饰物不要紧，最低限度，不应该让妻子会客时连一件漂亮衣服也没有。

"家中所有多少，悉用付之"，就是把家完全交给妻子管理。只让妻子做事，不给她支付钱财的权力，那她就不是女主人，而是女佣。即使女佣，也得给她工钱才肯干活啊！现代的经济格局与古代不同，也有的人在结婚前就订协议，夫妻各自管理自己的财产。这类似于同居关系，弄不好就一拍两散。作为男人，如果有白头到老的诚意，应该将家财交给妻子管理。

"不得于外邪畜传御"，用现代话来说，就是不得在外面"包二奶""养小秘"，也不得嫖娼宿妓，应该对妻子一心一意。有的男人，"有钱就变坏"，没钱也学坏，这种男人是靠不住的。还有的男人，心理阴暗，像防贼一样防范妻子，自己却在外面拈花惹草。遇到这种男人，女性应该像不小心踩着一堆狗屎，赶紧洗涮干净，根本用不着恋恋不舍。

上面是丈夫对待妻子的五件大事，妻子对待丈夫也有五件大事："一者夫从外来，当起迎之；二者夫出不在，当炊蒸扫除待之；三者不得有贰心于外夫，骂言不得还骂作色；四者当用夫教诫，所有什物不得藏匿；五者夫休息，盖藏乃得卧。"

"夫从外来，当起迎之"，就是说，丈夫从外面回家，妻子应该起身迎接。电影里经常有这样的镜头：丈夫回家时，妻子便满怀欣喜地迎上前，接过丈夫的衣帽，挂在固定的地方。虽然是很简单的礼仪，夫妻间的亲切和谐却自然洋溢。可惜，在现代大多数中国家庭，这种场面已经见不到了。人们表达感情，需要借助一定的表现形式，如语言、神态、举止等，礼仪是一种复合语言，它是用智慧设计出来的一种表达感情的高级方式。比如妻子满面春风地迎接丈夫，好比是说：你平平安安地回来了，我真的很开心；你辛苦了，快进来歇歇吧！随着神态的变化，还可以表达更多内容。掌握这种语言，其价值不低于学会一门外语。

有的人为什么忽略夫妻间的礼仪呢？在一些妻子看来，现在男女平等，用不着在丈夫面前表现出低人一等的样子。这显然是对礼仪的误解。按照礼仪，妻子比丈夫晚回家，丈夫也应该起身迎接。这对双方来说不是平等的吗？还有的人认为，夫妻天天见面，表现得这么客气，多此一举。这也是对礼仪的误解。夫妻感情需要经常表达，否则就会变得淡漠。用礼仪进行表达，不是更简便、内涵更丰富吗？

"夫出不在，当炊蒸扫除待之"，就是说，丈夫出门工作，妻子应该做好饭食、把家里收拾得干净整洁以等待丈夫回来。

现代夫妻都出门工作，应该由谁做饭、做清洁，最好事先商定，由两人分担，免得到时候互相推诿，不但夫妻感情显得生分了，还可能引起家庭矛盾。经营家庭跟经营企业一样，需要分工负责。责任不明，就会问题丛生。划分责任，并不是很难解决的问题。

"不得有贰心于外夫，骂言不得还骂作色"，就是说，妻子不得移爱于其他男人。丈夫骂她不得回骂和发怒。

外遇对夫妻关系的伤害毋庸置疑。为什么丈夫骂妻子，妻子不得还嘴呢？难道妻子低人一等吗？前面不是讲丈夫无论在外面还是在家中，都应该尊重妻子吗？在这里，我们谈论的不是夫妻地位，而是在特殊情况下夫妻相处的技巧。每个男人都有脾气，偶尔也会发作出来。当丈夫发火骂人时，理智已经为情绪所左右，什么道理也听不进去。妻子若再针锋相对，不等于火上浇油吗？聪明的妻子，遇到这种情况，必然是和颜悦之，温言慰之，等丈夫火气消了，再来讲道理，使他认识到自己的错误。如此，自己做一个通情达理的贤妇，丈夫做一个知错就改的贤夫。这不是最好的结果吗？

有的妻子不知变通，丈夫骂一句，她要回骂三句。最后丈夫动起粗来，让她皮肉受苦。事情闹大了，不但左邻右舍来瞧热闹，还可能惊动各方亲戚。如此，自己像个泼妇，丈夫像个虐待狂，这不是最坏的结果吗？

古人认为妻子不要以硬碰硬，就是提倡追求最好的结果而不是最坏的结果。

当然，男女平等，妻子发脾气时，丈夫也当轻言细语地宽解，不要针锋相对、激化矛盾。

"用夫教诫，所有什物不得藏匿"，就是说，妻子应该听从丈夫的劝告，一心办好家事，不要把好东西藏起来留给自己享用。

在过去的大家庭，有些妻子会为了小家庭而藏匿财产。比如《红楼梦》里的王熙凤，她就特别会搞"小金库"。现在多为小家庭，这种现象并不多见。但持家理财是一门学问，有的妻子不善此道，也有学习的必要。

"夫休息，盖藏乃得卧"，就是说，到休息时间了，丈夫睡觉了，妻子盖好米缸、锅盖等，免得老鼠偷吃食物；关好房门，免得小偷溜进来。总之，把家务拾掇好了，才能休息。

## 强求别人不如要求自己

曾子说："无内人之疏而外人之亲，无身不善而怨人，无刑已至而呼天。"不应该跟关系亲近的人很疏远，却跟关系疏远的人很亲近；不应该自己不好却埋怨别人；不应该等到刑罚上身的时候再来呼天抢地。他的意思是：做人要求其根本。什么是根本呢？跟身边人搞好关系就是根本；管好自己就是根本；遵纪守法就是根本。

曾子又说："内人之疏而外人之亲，不亦远乎！"跟亲近的人搞不好关系，却去设法交结关系疏远的人，不是舍近求远吗？

所谓亲近与疏远，一般是以自己为原点，由关系远近来衡量亲疏。大致上，父母兄弟妻儿是最亲近的，其次是亲戚朋友，再次是上司、同事、下属，再次邻居、同乡，再次是一般人。按曾子的观点，搞关系应该从近到远，而不是从远到近。如果跟亲近的人搞不好关系，说明做人没有做到位。为什么呢？人与人存在共性，往往是一个招人喜欢的人，大家都喜欢他；一个让人讨厌的人，大家都讨厌他。跟亲近的人有一定感情基础，比较容易搞好关系，如果和亲人的关系不好，说明不善于搞好关系，又怎么可能跟关系疏远的人搞好关系呢？

但是，也有例外的情况：有些人很善于跟人打交道，但他们对亲近的人很冷淡，却跟"外人"关系融洽。因为跟亲近的人打交道无利可图，却能从"外人"那里捞到好处。这大概属于小人一类。小人唯利是图，总是把感情投向回报丰厚的地方。由于他们长袖善舞，巧于打点，很容易被误认为好人，只有智慧之人才能识别他们的伎俩。

春秋时，齐桓公喜爱美女，竖刁为了接近齐桓公，竟引刀自宫，替齐桓公管理后宫，并物色到了不少美女。齐桓公认为他忠心耿耿，很信任他。

易牙是个出色的厨师，有一次，齐桓公开玩笑说："我什么山珍海味都吃过，就是没有吃过人肉！"易牙就将自己的小儿子杀了，做成美味献给齐桓公。齐桓公极为感动，将他视为头号忠臣。

卫国的公子开方在齐国做官15年，从未回过家，连父亲死了也没有回去祭拜。齐桓公夸他是难得的忠臣。

管仲重病垂危时，齐桓公去探望他，问："您如果弃我而去，竖刁可以执政吗？"

管仲答道："不可以！竖刁连自己的身体都不爱惜，怎么会爱惜您呢？"

齐桓公又问："易牙可以吗？"

管仲答道："易牙对自己的儿子都能狠得下心肠，对您还有什么狠不下心的？"

齐桓公又问："卫公子开方如何？"

管仲答道："卫公子开方对自己的父亲都不忠心，怎么会忠于您呢？这三个人似忠实好，您如果任用他们，将来一定会成为诸侯的笑柄。"

　　齐桓公觉得有道理。管仲死后，他将这三个人全赶走了。可是过了一段时间，他又将他们重新招回来，予以重用。

　　后来，齐桓公病重，竖刁、易牙作乱，紧闭宫门，禁止别人给齐桓公送饭送药，卫公子开方不管齐桓公的死活，只顾自己逃走了。于是，齐桓公被活活饿死。死了60天，身上的蛆虫爬到门外，也没有人替他收尸。

　　竖刁、易牙、卫公子开方都是"内人之疏而外人之亲"的人，归根结底，他们除了爱惜自己，对谁都不亲。这是我们在生活中需要特别留心防范的小人。

　　曾子说："身不善而怨人，不亦反乎！"自己不好却埋怨别人，不是反本求末吗？在这里，"不善而怨人"二字，含意很深。从浅层次理解，是品行不够好却埋怨别人对自己不好的意思。打个比方，我自己很小气，却埋怨别人对我不大方；我自己不讲信用，却埋怨别人不相信我；我自己能力有限，却埋怨别人不重用我；我自己孤高自傲，却埋怨别人不喜欢我，诸如此类，都是舍本求末的行为。

　　从较深的层次来讲，"不善而怨人"，还有自己处境不好、事业不利、生活不顺，却抱怨别人不尊重自己、不亲近自己、不喜欢自己。我们生活在世界上，别人对我们的态度，经常由我们自己的成败来决定，人情如天气，时冷时暖。一个明智的人，应该努力去追求成功，赢得别人的尊敬和爱。如果不能成功，也只能怪自己做得不够好，或者时运不济，用不着抱怨"人情似纸张张薄"。这种抱怨也是舍本求末的行为，对自己毫无益处，也会破坏别人的心情。所以，当事业、生活不顺利时，明智的做法是默默承受一切，努力改善一切，用不着怨天尤人。

战国时，齐国的孟尝君田文是一位天下闻名的大贤士，得到国君宠爱，被封为相国。各地有才能的人纷纷来投奔他，谋求一份差事。不料，国王对田文起了疑心，撤掉了他的职务。无奈，田文只好离开国都，回到自己的封地去。让他万万没有想到的是，那几千个平时口口声声仰慕他、愿意终生追随他的食客一下子走得没影了，只有冯谖愿意继续跟着他。

后来，在冯谖的策划下，国君对田文重新产生了信任，让他官复原职，尊荣更胜从前。那些弃他而去的食客又想重新回来。田文听说这件事后，恨恨地对冯谖说："他们当初弃我而去，现在还有脸回来？谁好意思走到我面前，我一定要将唾沫吐在他脸上！"

冯谖不以为然地说："事物有它必然的规律，事情有它本来的道理，您何必生气呢？富贵了，宾客自然多；贫贱了，宾客自然少，这是事情本来的道理。您一定见过菜市场的情景吧？早上，人们争先恐后挤进去，因为里面有他们需要的东西；傍晚，人们甩开大步走过去，不会多看一眼，因为里面没有他们需要的东西了。这是很正常的事情。以前，人家争先恐后地来投奔您，是因为您这儿有他们需要的东西；后来他们离开您，是因为您这儿已经没有他们需要的东西了，有什么可抱怨的呢？"

田文恍然大悟，心里的怨恨顿消。后来，那些食客陆续前来投奔，他一如既往地接待他们，毫无芥蒂。

有一句话说得好："世上没有无缘无故的爱。"你爱一个人，是因为他有你需要的东西——容貌、财富、权势、品德……最好他什么都有，能满足你的一切需求。假如那个人什么都没有，你可能恨不得从未见过他。你从自身需要出发对别人作取舍，当然不应该反对别人从自身需要出发对你作取舍。无论别人喜欢你还是讨厌你，都是你自己的原因，没有什么可抱怨的。想通了这个问题，就不会对人情冷暖、世态炎凉那么在意了。

曾子说："刑已至而呼天，不亦晚乎！"这句话很好理解，世上没有卖后悔药的，等到刑罚加身再来懊悔，不是太晚了吗？如果害怕受到惩罚，唯一可靠的做法是遵纪守法。这个道理很简单，可是世上仍然有不少"刑已至而呼天"的蠢人。

人都是痴愚的，被欲望拴住了，就像一头牛被长绳拴住了鼻子，挣不脱也不想挣脱。除非到了梦醒那天，才会有所觉悟。而学习的最大价值就是破除痴愚，聪明地驾驭自己的欲望，以获得心灵的大自由。

## 别板着面孔说话

人际交往中，与别人谈话，无论双方意见是否一致，我们都不能板着面孔说话。首先，这是对双方交谈的一种不尊重；其次，也会招致对方的反感；最后，此次谈话很容易导致不欢而散的结局。

我们与人交往、谈话无非有两种人：一种是早已熟悉的人，如亲人、朋友和同事；一种是陌生人。和熟悉的人谈话板着面孔，或许还可以得到理解和谅解。和陌生人谈话第一印象是非常重要的，它的好坏直接关系到谈话的结果，只有给人家一个好印象，才能顺利交谈，发展友谊，取得交际的成功。

从前，有个年轻人骑马赶路，累了想找一家客店休息，遇到一位老农，他在马上喊："喂，老头儿，这有旅店吗？还有多远？"老农说："无礼！""五里？"他快马加鞭跑去，跑了十几里，也不见人烟，心中纳闷，猛然醒悟过来，拨转马头又往回赶。这次他再见到那位老农，急忙下马，诚恳地道歉说："老伯，请你原谅，我刚才太没礼貌了。麻烦您能告诉我，附近哪儿有旅店吗？"老农笑说："年轻人，知错改错就好，你已经错过旅店，我也不让你白跑，如不嫌弃，今晚就到我家住吧？"年轻人满心欢喜地跟老农走了。

从这个故事中，我们可以看到，不同的言谈情态会引起对方不同的反应和对待。这种情况在我们的日常生活中十分常见，每个人都会碰上。

人是有感情的动物，你尊重别人，热情待人，谁会驳你的面子呢？

斯诺的夫人韦尔斯也是一名记者，她第一次采访毛泽东时先热情洋溢地拿出一张斯诺给毛泽东拍的照片，有了这张照片，一下子拉近了她和毛泽东的距离，陌生感化为乌有，谈得十分亲切、随便和融洽。韦尔斯在西安采访王震时，一见面她就微笑着说："我记得咱们俩是同年的。当年我在延安时是28岁，现在已经72岁了。你是不是也是72岁呢？"王震一听，顿时笑了，直爽地回答了她的问题。于是他们像两个"老熟人"在拉家常一样，采访得以顺利进行。

我们每个人与人交谈一定要开朗、热情、生动，亲切的话语、温暖的微笑，可以让人感受到说话者的真诚态度，这样能一下子拉近心理的距离。

## 态度决定人生高度

有两个秀才一起去赶考，路上他们遇到了一支出殡的队伍。看到那一口黑乎乎的棺材，一个秀才心里立即"咯噔"一下，凉了半截，心想：完了，今天这事儿可不是什么好兆头，赶考的日子居然碰到这个倒霉的棺材。于是，心情一落千丈，走进考场，那个"黑乎乎的棺材"一直挥之不去，结果，文思枯竭，果然名落孙山。

另一个秀才也同时看到了，一开始心里也"咯噔"了一下，但转念一想：棺材，棺材，噢！那不是有"官"又有"财"吗？好，这可真是个好兆头，看来今天我要鸿运当头了，一定高中。于是心里十分兴奋，情绪高涨，走进考场，文思如泉涌，果然一举高中。

回到家里，两人都和家人讲了自己赶考途中的经历，都感慨道："棺材"真的好灵。

世界上从来没有绝对完美的人和事。每个人和每件事都有优缺点，关键是我们选择怎样的角度来看问题，是以积极的方式还是消极的方式来处理问题！

同样的境况，不同的态度会产生不同的结果。当你经常往坏的或消极的方面去想的话，必将错失许多"成功的机会"。相反，如果你一直能够往好的、积极的方面去思考的话，就会看到其他人看不到的店，从而发现很多令人想不到的机会，即使是危机也可能藏着一线机会。

失之毫厘，谬以千里。积极和消极就像是一条道上的两个岔道，刚开始就那么一点点偏差，但走到后来，则天差地别。实际上，积极心态是积极乐观的人生态度的生活化，积极心态能使一个懦夫成为英雄，能使一个人从心智柔弱变为意志坚强，由软弱、消极、优柔寡断变成积极向上。

所以我们说：态度决定人生高度。

第四章

为人处世圆融通达，
自可一帆风顺

## 能高能低是好汉

在人生的大舞台上，不论是上台，还是下台，都能自如自在，便是难得的大境界了。

某公司有这样一位小伙子，有文化，有事业心，工作非常努力，人也很有才干，大家都知道他很想当科长，同时也都认为他有当科长的能力。后来他真的被提拔了，看他每天办公、开会、忙进忙出，兴奋溢于言表，大家都替他高兴，也希望他能更上一层楼。可是过了一年，他"下台"了，被调到别的部门当专员。据说，得知消息的那天，他锁上办公室的门一整天没有出来。当了专员后，大概难忍失去舞台的那种落寞，他日渐消沉，后来变为一个牢骚满腹的人，再也没有升迁过……

事实上，人生的舞台本就如此，如果你的条件适合当时的需要，当机缘一来，你就上台了。如果你演得好演得妙，你可以在台上待得久一点儿，如果唱走了音，演走了样，老板不叫你下台，观众也会把你轰下台；或是你演的戏已不合潮流，或是老板就是要让新人上台，于是你就下台了。

上台当然自在，可是下台呢？难免神伤。这是人之常情，可是我们认为还是要"上台下台都自在"。所谓"自在"指的是心情，能放宽心最好，不能放宽心也不能把这种心情流露出来，免得让人以为你承受不住打击。你应"平心静气"，做你该做的事，并且想办法精练你的"演技"，随时准备再度上台，不管是原来的舞台或别的舞台，只要不放弃，终会有机会。

另外还有一种情形也很令人难堪，就是由主角变成配角。

由主角变成配角的时候不必悲叹时运不济，也不必怀疑有人暗中搞鬼，你要做的就是平心静气，好好扮演你"配角"的角色，向别人证明你主角、配角都能演。这一点很重要，因为如果你连配角都演不好，那怎么能让人相信你能演主角呢？如果自暴自弃，到最后就算不下台，也必将沦落到跑龙套的角色，人到如此就很悲哀了。如果能把配角扮演好，一样会获得掌声。

顺其自然是一种成功的性格模式，它不仅能使一个人适应各种环境，在无法改变客观条件的前提下，通过改变自己的主观状态来求得人生的发展。

著名艺术家韩美林曾经谈起他的炼狱之苦，因为难以忍受饥饿，为了生存，韩美林在众目睽睽之下吃掉了别人扔掉的5个包子皮。

他写道："20多年后的今天，这5个包子皮在我身上产生了多大能量？它成就了我多少事业？壮了我多少胆？它让我成了一条顶天立地的好汉，它练就了我一身铮铮铁骨，它让我悟出了人生最最深邃的活着的真理。我虽然沉入了这无边的人生苦海，我却摸到了做人的真谛。"

韩美林曾对学生讲："你们可知道什么是一条汉子吗？一个多么高多么大的男子汉，就要有多么高多么大的支撑架。但这个支撑架全部都是由苦难、辛酸、羞辱、失落、空虚和孤独组合起来的。……你得踢着石头打着狗，你得忍无可忍地一忍再忍，难舍难分地一舍再舍……"

学会适当地顺应，是生活与生存的必然需要，否则容易导致"出师未捷身先死"的悲凉。而唯有能上能下，方能有效地保存实力，寻找机会，再展宏图。

## 做人要方圆兼备

"方"，方方正正，有棱有角，指一个人做人做事有自己的主张和原则，不被人所左右。"圆"，融通老成，指一个人做人做事讲究技巧，既不超人前也不落人后，或者该前则前，该后则后，能够认清时务，使自己进退自如，游刃有余。

一个人如果过分有棱角，必将碰得头破血流；但是一个人如果八面玲珑，圆滑透顶，总是想让别人吃亏，自己占便宜，也必将众叛亲离。因此，做人必须方外有圆，外圆内方。

外圆内方的人，有忍的精神，有让的胸怀，有貌似糊涂的智慧，有世事洞明的清醒……

"方"是做人之本，是堂堂正正做人的脊梁。人仅仅依靠"方"是不够的，还需要有"圆"的包裹，无论是在商界、官场，还是交友、情爱、谋职等等，都需要掌握"方圆"的技巧，才能无往不利。

秦朝末年，匈奴内部政权变动，人心不稳。邻近一个强大的民族东胡，借机向匈奴勒索。东胡存心挑衅，要匈奴献上国宝千里马。匈奴的将领们都说东胡欺人太甚，国宝绝不能轻易送给他们。匈奴单于冒顿却决定："给他们吧！不能因为一匹马与邻国失和嘛。"匈奴的将领们都不服气，冒顿却若无其事。东胡见匈奴软弱可欺，竟然向冒顿要一名妻妾。众将见东胡得寸进尺，个个义愤填膺，冒顿却说："给他们吧，不能因为舍不得一个女子与邻国失和嘛！"东胡不费吹灰之力，连连得手，料定匈奴软弱，不堪一击，根本不把匈奴放在眼里。这正是冒顿单于求之不得的。不久之后，东胡看中了与匈奴交界处的一片茫茫荒原，这荒原属于匈奴的领土。东胡派使臣去匈奴，要匈奴以此地相赠。匈奴众将认为冒顿一再忍让，这荒原又是杳无人烟之地，恐怕会答应割让了。谁知冒顿此次突然说道："千里荒原，杳无人烟，但也是我匈奴的国土，怎可随便让人？"于是，下令集合部队，进攻东胡。匈奴将士受够了东胡的气，这一下，人人奋勇争先，锐不可当。东胡做梦也没想到那个软弱的冒顿会突然发兵攻打自己，所以毫无准备。仓促应战，哪里是匈奴的对手。战争的结局是东胡被灭，东胡王被杀于乱军之中。

其实，冒顿的这一手实际上就是"绵里藏针"。试想，冒顿如果一点儿实力都没有，匈奴早晚会被东胡吞并。但如果一味强硬，不但迷惑不了对手，更激不起将士的士气，那么这一仗的输赢也就难料了。

"鹰立似睡，虎行似病。"真正的"方圆"之人是大智慧与大包忍的结合体，有勇猛斗士的武力，有沉静蕴慧的平和；面对大喜与大悲泰然不惊，前进时干练、迅速，不为感情所左右，退避时能审时度势，全身而退；他们没有失败，只有面对挫折与逆境时积蓄力量的沉默。

老子在《道德经》中说："曲则全，枉则直，洼则盈，敝则新，少则得，多则惑。"意思是说："受得住委屈，方能保全自己，经得起冤屈，事理才能得到伸张，低洼反能盈满，凋敝反得新生，少取反而多得，贪多反而痴迷。"确实，在强大的对手高压下，在面临危机的时候，采取藏巧于拙、装糊涂的策略，往往可以避灾逃祸，转危为安。

## 协调而不讨好

现实社会无时无刻不充满着权利的较量，利益的纷争，性格差异的摩擦，你即使一点儿不去争，也有人与你争。甚至还有那么一种得寸进尺，想骑在别人脖子上的人，你退一尺，他欲进一丈。在这样的环境中，一个人若想成就一番事业，花费的代价无疑是巨大的。良好的人际关系，融洽的环境氛围有助于一个人脱颖而出，发挥自己的聪明才智，实现自己的人生价值。对此，不同的人采取了不同的方法和策略：一种是讨好，一种是协调。

协调是着眼于自我调整，主观适应客观，个人适应集体，不断使自己与周边的环境保持一种动态平衡。而讨好与协调不是一般方式方法上的区别，首先是它的着力点错位，不是强调主观，不是调整自我来适应客观，而是迁就和迎合他人的需要，来换取别人对自己的宽容或姑息。

讨好者的目的与动机并不单纯，它不是通过调节个人与群体的关系，而是为了谋求狭隘的个人利益和需求，去讨好那些与自身利益有关的人特别是那些有权有势的人。人都有一个弱点，喜欢听恭维话。对人说一些赞誉之辞，如果能言者由衷，恰如其分，适合其人，相当有分寸，而不流于谄媚，将是一种颇为得人欢心的处事方法，听者自然十分高兴，这未必不是好事。如果不问对象，夸大其词，竭尽阿谀奉承之能事，不仅效果不佳，有时还会被别人称为马屁精，落个坏名声，而且，花费的代价大，成本高。因为他不能做到同时去讨好所有的人，为了不得罪人，他必须不断地讨好，这不仅加大了成本，而且活得很累，更主要的是会毁了自己的前程。

习惯于讨好的人，是不讲究做人原则的，当面一套背后一套，在人前讲人话，在人后讲胡话，为个人私利所左右，为讨好他人而不择手段。大凡有正义感的人，对两面三刀的人都是非常反感的。

我们说要善于协调，不是当面一套、背后一套，当着张三说李四，碰到李四又说张三，而是一个人如果能在坚持大原则的情况下适当对一些无关大局的事做一点让步也是可以的，如果你能做到让大家都喜欢你，那么在你的世界就是以你为中心的，你并未失去什么，却会有意想不到的收获。而且，你生活的环境气氛融洽，自个儿心中也会快乐得多。

善于协调的人，一般人际关系都十分融洽，在生活中常常看到这样一种人，他既不拉帮结派，也不是独来独往，他是介于二者之间，很奇怪的是，这种人往往能同时为两派所接受。所以，办起事来才能左右逢源，得心应手，效率很高。因此，要谋求生存和成功，营造良好的人际氛围，讨好不是良策，协调才是好办法。

## "人怕敬，鬼怕送"

好多人是冰棍做的性子，能折不能弯，要他服软不行。他们的口号就是：文打官司武打架，软的硬的全不怕。

其实，这种人也不是真的什么都不怕，他也有一样怕的东西，怕什么呢？怕敬。你看《水浒传》里的霹雳火秦明，砍他的脑袋他也不服软，可是宋江往地上一跪，口称将军，自称罪因，吓得他立马滚在地上叫哥哥。

俗话说得好：人敬我一尺，我敬人一丈。这是很普遍的心理。

因为每个人都希望得到别人尊敬自己。但是，那些聪明的人，不会先要求别人尊重自己，而是首先"敬人一尺"，然后自然会得到"人敬一丈"的回报。

大卫·史华兹初创罗兰奴真服装公司时，只有3000美元，聘不起服装设计师，只能生产一些很普通的衣服。一天，史华兹去一家零售商店推销成衣。店老板不屑一顾地说："你的衣服是三流设计师设计的，也许你的公司里根本就没有设计师。"

史华兹见他一语说中要害，顿时来了兴趣，便坐下来，同他攀谈起来。原来，此人名叫杜敏夫，是一位服装设计师，曾在三家服装公司打过工。由于老板没眼光，对他的设计总是不满意，他干不多久就只好走人。后来，他一气之下，索性不搞设计，做起了服装销售生意。

史华兹相信杜敏夫是一个好设计师，便邀请他到自己的公司工作。谁知杜敏夫竟大叫起来："宁可饿死，也不做服装销售设计师。"史华兹只得暂时作罢。

后来，史华兹一次又一次地拜访杜敏夫，终于使他接受了邀请。尽管杜敏夫脾气古怪，很不易相处，但史华兹却以包容之心真心实意地接受他。后来，杜敏夫设计出了许多极具创意的时装，帮助公司一举打开了市场。现在，罗兰奴真已成为美国最大的服装公司之一。

闻名全球的时代华纳公司创始人罗斯，年轻时曾在一家殡仪馆任总裁，后来才投资娱乐业，并收购了多家电影、唱片及艺术公司。作为一个外行，要经营一份专业性极强的事业，难度可想而知。但他能够用内行代他经营，所以他的事业做得很成功。

罗斯求贤若渴，千方百计地将各种人才网罗到华纳旗下。即使暂时用不上，他也要请进来，这个部门不行，就调到另一部门，而且绝不轻易解雇人。

有一次，罗斯收购了大西洋唱片公司，并希望该公司总裁厄地根继续担任原职。厄地根听说罗斯出身于殡葬业，顿生轻视之心，打算挂冠而去。罗斯求贤心切，他特地邀请了厄地根的一位好朋友一起去拜访厄地根。厄地根以为罗斯是个大老粗，用法语对朋友说："我不可能与这些人共事！"罗斯也学过法语，立即用流利的法语回敬道："我将保证你拥有现在的一切权力。"

罗斯的诚意终于使厄地根改变主意，决定留在华纳效力。

在生活中，大部分人都怕别人敬，不怕别人贬低。正像有些人说的：怕表扬，不怕批评。为什么会有这种心理呢？这是因为，要把事情做得漂亮是很难的，马马虎虎对付却很容易。你把他看低，他正好拣容易的做，马马虎虎对付你一下。你把他看高，他却不过你的好意，只好勉为其难地往好里做。

所以，在生活中，为了让对方的表现合乎你的期望，最好是敬着点儿，千万不要随便贬低别人。

## 吃什么也不吃"哑巴亏"

在浙江某市的一场中高级人才招聘会上发生了这样一件事：一位祖籍义乌，拥有计算机仿真专业博士文凭的博士生，面对人事经理要他做个自我介绍的简单要求，除了一个劲儿地要求人事经理看简历外，所做的只是不断地重复诸如自己是哪里人、哪个大学毕业等一些基本信息，结果，很多公司都婉言谢绝了这位博士。瑞笛恩科技有限公司的人事经理说："我们不会招聘一位沉默寡言，连自我介绍都讲不清楚的员工，哪怕他是博士。"确实，如果一名员工无法清楚地表达自己的想法，就很难与其他同事沟通，也就谈不上协作完成一个团队的任务。

其实，不论是个人还是整个社会，都是一个各种因素平衡交织相互作用而形成的系统。系统必须是开放的，不能与其他系统进行沟通的系统只能是垂死的系统。连与他人交流都成问题，即使是博士又能怎么样呢？

善于沟通，是每一个想要成功的人必须具备的首要本领。

几年前，有一对从外地来的夫妻新开了一个铺子卖蒸菜：蒸猪肉、牛肉、排骨、扣肉之类。那女人对每一个顾客都笑容可掬："老顾客，我们是自然要优惠的。"明明是第一次看见她，双方心知肚明。"估计她把每一个人都叫作老顾客吧！"人家买她一碗扣肉，她送人家一碗土豆。"买一送一。"她笑嘻嘻地说。一位新客带着她的菜回了家，新客的妻子说她卖的土豆好吃，于是隔几天这新客又去买她的。这一回她可能真的认得了，笑得更殷勤。这新客买了一碗牛肉，再次获赠一碗土豆。新客说："我们是觉得你的土豆好吃才买的呢。"她马上接口："是呀是呀，老顾客嘛，下次你不买肉光来拿一碗土豆也可以。"菜好吃，人会说，一来二去熟悉了，这"新客"成了回头率较高的老顾客之一。但凡家里来客人，总要去买点儿。

那位博士不如这个卖蒸菜的女人，卖蒸菜的女人把自己的能力发挥到了极致，提升了自己的生活质量；博士空有一身本领，却成了摆设。

现代社会是一个竞争与合作的社会，有的人在竞争中失败，有的人在合作中成功，这其中奥妙何在？生意场上有"金口玉言""利言优先"之说；政治场上有"领导过问了""一言定升迁"

之说；文化界有"点睛之笔""破题之语"；生活中常有"酒逢知己千杯少，话不投机半句多""生死荣辱系于一言"之说。可见，在现代社会生活中，是否能说，是否会说，以及与言谈交际相关知识能力的多寡，实在影响着一个人的成功和失败。

历史上，孔子运用口语艺术开展教育；晏子使楚口才不凡；苏秦以雄辩之才挂起六国相印；张仪四处游说建功立业；范雎说秦王；触龙说赵太后；蔺相如"完璧归赵"；诸葛亮联吴抗曹，舌战群儒……到了近代和现代，也出了梁启超、孙中山、鲁迅、毛泽东、周恩来、闻一多等能言善讲的大师巨擘。

卡耐基说过："一个人的成功只有15%是依靠专业技术，而85%却要依靠人际关系、有效说话等软科学本领。"可见，想要成功，说话这种技能不可或缺。

总而言之：千亏万亏吃得，"哑巴亏"绝对吃不得。

## 脸皮不妨稍厚一点儿

中国民间有句俗话："脸皮厚，吃个够；脸皮薄，吃不着。"虽然有点儿市侩，但也不能说一点儿道理也没有。

其实不止中国人才爱面子，外国人也一样，也会因为面子太薄而遭遇困扰。

实际上，只有你的脸皮厚了，你才能不被人一眼看穿，藏住你该藏的东西；才会在别人不给你面子的时候仍然泰然自若（爱给不给，咱有的是面皮）；才能在人际交往和激烈的竞争中毫不吝啬地大给别人面子，迷惑对手、赢得支持。

美国推销员协会曾经对推销员拜访客户做过长期的调查研究，结果发现：48%的推销员在第一次拜访遭遇挫折之后，就退缩了；

25% 的推销员在第二次遭受挫折之后，也退却了；12% 的推销员在第三次拜访遭到挫折之后，也放弃了；5% 的推销员在第四次拜访碰到挫折之后，也打退堂鼓了；只剩下 10% 的推销员锲而不舍，毫不气馁，继续拜访下去。结果 80% 推销成功的个案，都是这 10% 的推销员连续拜访 5 次以上所达成的。

细思之，厚脸皮其实是"胜固欣然败亦喜"的平常心，是"走自己的路让别人说去吧"的勇气，是愈挫愈奋、百折不挠的坚忍，抱负远大、志在高远的胸襟，还有志在必得的自信，归根结底，就是心理素质好。

## 练就一身软硬功夫

人生在世，待人接物，应当说更多的时候是"软"的，所谓有话好好说，遇事好商量，遇事让人三分，等等，都是人们待人接物中常有的态度和常用方法。但不是所有的时候软的手段都灵验，有的人就欺软怕硬，敬酒不吃吃罚酒，好话听不进，恶语倒可让他清醒。这样，强硬的态度与手段就成为必要。

到江州渔船上抢鱼的李逵，全无道理，好话听不进，硬是碰到"浪里白条"张顺。张顺把他诱进水里，利用一身水上的硬功夫，把一个铁汉子"黑旋风"淹得死去活来，他才不敢冒失了，也才真正领教了逞强的苦头。"浪里白条"张顺，对李逵也是软的办法用尽，才来硬的，并且用计把李逵引到水里，让他英雄无用武之地，这样，张顺才可以发挥自己的硬功夫。

就客观情况而言，在人们的交际活动中，软与硬的两手是相辅相成、密不可分的。如果有所偏倚，自己便要吃亏。也就是一个人如果太软，则易给人留下弱者的印象，觉得你好欺负，于是经常受到别人行为、言语、态度的戏弄与不恭。这种现象是普遍的，因为不可能指望人人修养都那么好，公正无欺地待人，而恰恰相反的是，更多的人总多多少少有点儿欺软怕硬的毛病。因此，不可一味地软。

当然，与人交际，也不可一味不转弯地强硬。一个人太强必然使人觉得他头上长角、浑身长刺，别人对他的态度是："人狠了不逢，茶酽了不喝。"换句话说就是，人太狠我不惹你，惹不起你躲得起！这是一般时候的态度。到节骨眼上，别人忍无可忍，墙倒众人推，如张顺和众多渔夫对付李逵，李逵就难逃厄运了。李逵在水中淹得死去活来，要不是宋江来得及时，只怕李逵就要被张顺丢到江中喂鱼了。

所以，为了生活平安，办事顺利，初入社会的人，或者过分软弱、过分单纯的人，务必要了解软硬两手的效用，有点儿软硬两手交替着用的谋略与准备。

软硬兼施，随机应变，甚至在情场上，对自己所钟爱的人，也要表现得灵活、果断、态度鲜明，而在男女双方，男子更须具备这种心理。

在夫妻之间，也须恰当地有软硬两手。闹矛盾了，翻脸了，须有一方主动和解，抚慰对方，这是软的一手。但如果是原则问题，感情危机，则必须坚持原则，有勇气批评自己从心底爱着的人，不可让步，这是硬的一手。严格地说，只有经得起摔打的爱情才是牢固的，在原则上和稀泥，这不是勇者、智者和胜利者的心理状态与行为风格。

所以，软与硬，作为一种谋略，或者作为一种交际手段，无论何种场合，不可偏废。从理论上讲，软，体现着友善、修养、通情理；硬，则显示出尊严、原则和力量。作为软硬谋略的两个方面，存在的基础应是真实与合理，否则，软硬兼施便成了狡诈，虽得逞于一时，终究必吃大亏。

## 圆润一些好做人

老子说："方而不割，廉而不刿，直而不肆，光而不耀。"意思是：方正而不生硬、死板，正直而不伤人，率直而不过分，光亮而不耀眼。

老子认为，物极必反，凡事要讲"度"。世上的事，无不验证了这个道理。比如，好人做过了头，就变成了坏人；好事做过了头，就变成了坏事。所以，为人处世，凡事不要过度。

如何让自己变得圆润一些呢？老子已经告诉了我们四个要点：

1. 方正而不生硬、死板

也就是说，做人要讲原则也要讲变通，办事要讲品格也要讲圆通。古人说："随流性转，乃是常人。"没有自己做人做事的原则，一味随大流，顺从时势，不过是一个普通人罢了。但是，一味讲原则，不看风向，不看势头，不讲方法，也少了几分智慧。俗话说得好："方的不滚，圆的不稳。"做人要有方有圆，才能行得正，坐得稳，吃得开。

查理在一家大公司当人事部经理。有一次，一位名叫马克的部门经理办错了一件事，惹得老板大发雷霆。老板交代查理，马上写一份辞退通知书将马克辞退。查理知道，因为一件小事而辞退部门经理不符合公司制度。但是，老板盛怒之下，查理也不便跟他争执。查理答应马上去办，却迟迟不动。

过了几天，老板觉得这件事处理得有点儿草率，他便找到查理，担心地问："马克的事你是怎样处理的？"

查理说："实在抱歉！这几天我忙于员工培训的事务，还没来得及办理这件事。不过没关系，如果您确信这样做对公司有好处的话，我马上就办……"

"不！"老板松了一口气，开玩笑说，"这件事暂停，直到我觉得那个家伙让我再也无法忍受。"

假如查理只圆不方，按老板的吩咐把马克辞退，他等于帮老板办了一件错事，那么，老板会欣赏他的办事智商吗？如果他只方不圆，当面跟老板据理力争，可能自己也成了被"炒鱿鱼"的对象，哪可能有后来圆满的结果？

2. 正直而不伤人

一个正直的人，视天下道义为自己的责任。对符合道义的事，他尽力扶持；对违反道义的事，他坚决反对。但是，正直的目的是维护公共利益，而不是伤害别人。所以，在主持正义时，也要尽量照顾到当事者的尊严和感情。

一个真正成熟且有教养的人，应该懂得收敛自己身上的棱角和锋芒，也应该懂得摆正自己的良知和责任，让两者融合无间，这才是"直而不肆"。

3. 率直而不过分

率直的人，坦坦荡荡做人，公公道道做事，没有害人之心，没有损人之意，事无不可对人言。但这并不意味着想到什么就说什么，把隐私、秘密都挂在嘴边就过分了。这是很简单的道理，用不着多谈。

4. 光亮而不耀眼

什么是"光亮而不耀眼"呢？意思是说，要有好的名声，但不能过于显赫。假如你是太阳，也要让月亮和星星有发光的机会。你的名声过于显赫，让所有人黯淡无光，必遭众人所忌。

晋国大夫伯宗因才华出众而闻名朝野。有一天，他退朝后，喜气洋洋地回到家中。妻子问他："你今天喜形于色，是什么原因啊？"

伯宗答道："我在朝廷中发言，大夫们都称赞我像阳处父一样机智善辩。"

妻子说："阳处父这个人华而不实，能言善辩却没有谋略，因此遭到杀身之祸。他们拿你跟阳处父相比，有什么值得你高兴的呢？"

伯宗不以为然地说："明天我在家宴请大夫们，你不妨听一听我跟他们的交谈。"

第二天，伯宗果然将大夫们请到家里喝酒。席间，伯宗口若悬河，字字珠玑，让其他人相形见绌。送走客人后，妻子说："他们的才识确实不如你。但你要知道，人们不愿拥戴高高在上的人，灾难必然会降临到你头上，赶快为我们的儿子寻找保护人吧！"

伯宗认为妻子的话有道理，就听从劝告，请贤人毕阳做自己的儿子伯州梨的保护人。后来晋国发生内乱，那些平日嫉妒伯宗的大臣诬陷他参与谋反，将他害死了。幸亏伯宗的妻子有先见之明，他们的儿子才得以保全。

大哲学家休谟说："人性就是自私。"无论你多么有理由获得良好的名声，别人也会从私利出发，对你提出质疑。当年乔丹声名鹊起时，他的队友会为他带来的胜利鼓掌欢呼吗？没有。他们故意不给他传球，或者传出很刁钻的球，让他失误，让他丢脸。后来，乔丹意识到自己不能独享光荣，就努力帮助队友获得欢呼和掌声，这样，他才成了球队真正的领袖。

我们生存在这个世界，每个人都需要立足之地，每个人都需要荣誉和利益。所以，做人圆润一点儿吧，不要老是思考自己想做什么和将会得到什么，同时还应该想一想，自己的言行会给别人带来什么好处或坏处？当你学会站在对方的立场上考虑问题，并尽量做有益于他人的事，那么，你必然成为一个到处受欢迎的人，你的事业也会更成功。

## 好用小智是惹祸的根苗

老子说："不自现，故明；不自是，故彰；不自夸，故有功；不自矜，故长。"这句话的大意是，一个人不自我表现，反而显得与众不同；一个不自以为是的人，会超出众人；一个不自夸的人会赢得成功；一个不自负的人会不断进步。

这世上最聪明的人，真正有本事的人，虽然有才华学识，但平时像个呆子，不自作聪明；虽然能言善辩，但好像不会讲话一样。无论是初涉世事，还是经验颇丰，无论是做大事，还是一般人际关系，锋芒不可毕露。有了才华固然好，但在恰当的时机运用才华而不遭人忌，才算是更大的才华。相反，如果锋芒毕露，好用小智，喜欢跟人争长论短，最容易招惹是非。

东汉孔融是孔子的二十世孙，小时候聪慧过人，后来被汉献帝征至朝廷为官，十分受倚重。孔融对曹操垄断朝中大权、"挟天子以令诸侯"十分不满，经常冷嘲热讽。曹操打败了对手袁绍，将袁绍的儿媳甄氏送给自己的儿子曹丕为妻，孔融便写信给曹操道：

"当年武王伐纣，将纣王的妃子妲己赐给了周公。"曹操问他这件事什么典籍上有记载，孔融回答："以今天的事情去推测，那时大概当然会这样了。"既自以为是，又明显地表示出对此事的反对。

曹操主张禁酒，说酗酒可以亡国，孔融回答说："夏、商两朝是由于妇人而失天下，现在却不禁止婚姻；看来阁下之所以极力主张禁酒，只是因为打仗需要军粮，并不是怕什么亡国吧！"揭露了曹操以大帽子唬人的手段。

对孔融的屡屡讥讽，曹操自然十分恼火，早就欲除之而后快，可考虑到他的名声太大，随便杀掉，必然使自己落下个"害才""杀才"的恶名，一直隐忍下来，后来实在难以忍受，便指使他手下一个名叫路粹的人出面告发孔融，罪名有两条：一是不忠，看到天下大乱，想要图谋不轨，声称自己是圣人之后，应当取刘氏天下而代之；二是不孝，说父亲对儿子有什么可亲的，他当初只不过为了发泄情欲才弄出来孩子，还说儿子对母亲也不必那么孝顺，人托生母体，只不过像是一个物体装在瓶子中一样，生出来以后也就断绝关系了。有了不忠不孝的大罪名，曹操杀起孔融来便名正言顺了。

于是，孔融就这样空有才华未得施展就死于曹操之手。看来，不会隐忍，看哪儿都不顺眼，横加指责，的确不是明智之举。

一个聪明而富于洞察力的人身上经常隐藏着危险，那是因为他喜欢批评别人。雄辩而学识渊博的人也会遭遇相同的命运，那是因为他暴露了别人的缺点。因此，做人要谨记这一点：深藏不露才是最好的自保之道。

第五章

心里多一分宽容，

人生少一分阻碍

## 尊重他人的意见

罗斯福任美国总统的时候曾承认，每天有 75% 的时候是对的，是他能够达到的最高标准。

如果这是 20 世纪一位伟人的最高标准，那么，你我又该如何呢？

有人说，如果你能确定一整天有 55% 的时间是对的，你可以到华尔街一天赚近百万元买游艇了。

你能不能确定你的正确率能够达到 55% 呢？不管达到达不到，总之你肯定会有出错的时候。你出错的时候被人指责，会有什么样的反应呢？如果你不喜欢被别人指责，推己及人，你也不要轻易指责别人。

富兰克林年轻的时候不仅善辩，而且十分好辩。只要听到身边的人说出不正确的话，做出不正确的事，他就忍不住要给人指出来。如果那个人不服气，他一定把人家辩得体无完肤。结果得罪了不少人。

后来，他接受了教训，完全改变了以前的行事作风。他在传记中这样写道："我替自己定了一项规则，我不让自己在潜意识上跟任何人有不相符的地方，我不再固执地肯定自己的见解。凡有肯定含意的字句，就像'当然的''无疑的'等话，我都改用'我推断''我揣测'或者是'我想象'等话来替代。当别人指出我的错误时，我克服了立刻就反驳对方的冲动，而是婉转地作出回答。

"不久，我就察觉到由于态度改变所获得的益处：我参与任何谈话的时候，感到更融洽，更愉快了；我谦虚地提出自己的见解，他们会快速接受，很少有反对的；当人们指出我的错误时，我并不感到懊恼。在我'对'的时候，我更容易劝说他们放弃他们的错误，接受我的见解。这种做法，起先我尝试时，'自我'很激烈地趋向敌对和反抗，后来很自然地形成习惯了。在过去50年中，可能已没有人听我说出一句武断的话来。在我想来，那是由于这种习惯的养成，使我每次提出一项建议时，都能得到人们的支持。我不善于演讲，没有口才，用字艰涩，说出来的话也不得体，可是大部分有关我的见解都能获得人们的赞同。"

富兰克林对待反对意见的方法，在商业上同样适用。请看一个例子：

纽约自由街114号的玛霍尼制造并出售煤油业专用设备。长岛一位老主顾向他定制了一批货。那批货的制造图样已获得对方批准，机件已开始制造。可是一件不幸的事发生了。

这位买主跟他的朋友们谈到这件事，那些朋友们提出了多种见解和主意，有的说太宽，有的说太短，有的说尺寸不合适。听到朋友们这样讲，顿时烦躁不安起来。这个买主立即打了个电话给玛霍尼，说绝对拒绝接受那批正在制造中的机件设备。

玛霍尼先生说了当时的情形：

"我很细心地查看，发现我们并没有错误……我知道这是由于他和他的朋友们不清楚这些机件的制作过程。可是，如果我直率地说出这些话来，那不但不恰当，反而对这项业务的进展有负面影响。所以我去了一趟长岛。

我刚走进他的办公室，他马上从座椅上跳了起来，声色俱厉地指责我，要跟我打架似的。最后，他说："现在你打算怎么办？"我心平气和地告诉他，不管他有什么打算，我都照办不误。

我这样对他说：你是出钱的人，当然要给你适用的东西。如果你认为你是对的，请你再给我一张图样。虽然由于进行这项工作，我们已花去 2000 美元。我情愿牺牲这 2000 美元，把正在进行中的工作取消，重新开始做起。不过我必须把话先说清楚，如果按你现在给我的图样生产，有任何错误的话，那责任在你，我们不需要负责。可是，如果按照我们的计划，在制造的过程中如果有任何差错，则由我们全部负责。

他听我这样讲，怒火渐渐平息下来，最后说：'好吧，照常进行好了，如果有什么不对的话，只能求上帝帮助你了。'

结果，终于是我们做对了，现在他又向我们订了两批货。

当那位主顾侮辱我，几乎要向我挥拳，指责我不懂业务时，我尽力克制，尽量不跟对方争论。那需要有极大的自制力，可是我做到了，那也是值得的。当时如果我告诉他，那是他的错误，并开始争论起来，他说不定还会向法院提出诉讼。而其结果不只是双方会承受经济上的损失，同时我还会失去一个极重要的主顾。我深深地体会到，如果直率地指出别人的错误，那是不值得的。"

我们应该牢记：尊重别人的意见，不要轻易指责对方的错误。

## 抛弃好为人师的习惯

孔子说："三人行，必有吾师。"这句话非常实在，因为人各有所长，智慧也各有高低，因此我们可以在人群中寻找启发自己智慧的人。对自我成长而言，孔子的这句话是相当有价值的。

你以别人为师，除可促进自己成长之外，也可以满足对方的优越感及虚荣心。

不过，"好为人师"却不是一件好事。

这里的"好为人师"指的不是"喜欢当老师"，而是喜欢指点、纠正别人。

有一种人，喜欢在工作上指出别人的错误，并"贡献"自己的意见，也喜欢在言语上指正别人的缺点，如交友方式、衣服发型、教育子女的方法……

这种人有的纯粹是一片善心，对旁人的错误无法袖手旁观，有的则是自以为是，认为别人的做法、观念有问题，只有他的才是对的。

这种做法不管基于什么心态，也不管其意见是对是错，是好是坏，一旦主动提出来，就侵犯了人性里的"自我"！

要知道，每个人都在努力建立一个坚固的自我，并经由外在的行为来检验其坚固的程度，你若不了解此点而去揭露他人的错误，他会明显地感受到他的"自我"受到侵犯，有可能不但不接受你的好意，反而还采取不友善的态度。尤其是在工作中，你的热心根本就是在否定他的智慧，甚至他还会认为你是在和他抢功劳，总之，他是不会领情的。

所以，"好为人师"是人际关系的障碍。如果你非要"为人师"不可，则必须建立在以下三个基础上：

——两人关系密切。你基于"义"而提出，他有可能接受你的意见，但不接受的可能性相当高。这是人性使然，没什么道理好说。

——你在他心目中够分量。所谓"人微言轻"，如果他一向敬重你，那么他有可能接受你的意见，但表面听从，私下不理的可能性也很高。如果分量不足，那就别自讨没趣。

——你是他的长辈或上司。基于伦理及利害关系，你的意见他有可能会接受，但也不尽然……

总而言之，人都有排他性，有"虽然知道不对也要做下去"的自我意识，这是他个人的选择，因此，与其"好为人师"招惹麻烦，不如"拜人为师"求自己成长。

## 把别人放在心上

每个人都觉得自己很重要，或者说，每个人都希望被别人认为很重要。如果对方感觉到他在你心目中很重要，他一定会对你产生好感——没有人会讨厌一个喜欢自己、尊重自己的人。

有些人自视甚高，他们觉得自己很重要，却忘了别人也需要这种感觉。他们在不经意间流露出对别人的轻视，于是被大家疏远。只有使别人产生良好的感觉，你才会受到他们的欢迎。

如何使对方产生良好的感觉呢？礼貌上的尊重是毫无疑问的，关键是你要把他放在心上，同时还可以采用一些让人产生好感的方法，比如：关心对方关心的事。他关心自己的利益，关心自己的健康，关心自己的家人，等等，你只要对他的利益、他的健康、他的家人表现出足够的关心，他就会把你当成自己人。

欣赏对方欣赏的事。他欣赏自己的成就，欣赏自己的能力，欣赏自己的风度，等等，你只要对他的成就、他的能力、他的风度表现出真诚的欣赏，他一定会欣赏你，把你当成难得的知音。

请教对方擅长的事。自己不懂的问题、不清楚的事情，不妨向对方求教，既可增长见识，又能得到对方的好感，何乐而不为？

"你以怎样的态度对待别人，别人也会以怎样的态度对待你。"这是成功学家拿破仑·希尔的一句名言。

你轻视一个人，就不会把他放在心上，对他的一切都漠不关心。你重视一个人，你就会关心他的感受，关心他所处的情况。当他感受到你的轻视或重视后，也会报以同样的态度。当你想改善和巩固跟某个人的关系时，把他放在心上，无疑是一条捷径。

美国前国务卿奥尔布赖特曾是 BON 电影公司的公关部经理。她面临着巨大的职业挑战，同时又必须面对许多现实问题，如人际关系的处理、家庭生活的和谐等，但她巧妙地使这些烦琐的事情顺畅起来。

比如，她的下属总会在某一个繁忙的下午突然收到一张上面写着诸如"你辛苦啦""你干得非常出色"之类的小卡片。而在她丈夫生日的那一天，她总会努力举办一个家庭小舞会，而且是一个人事先布置好，就这样，在繁忙工作的间隙，她并没有花太多的时间，却给他人送去了一份又一份快乐。

她对这一做法，饶有兴趣地解释说："大家的节奏都那么快，大部分人都忘了一些最基本的问候，认为这些是无足轻重的小细节。其实正是这些细小的方面使人与人之间的情感变得不那么紧张，那我就想：为什么我不能做得更好一些呢？"

她又说："一份小小的问候就能体现出一个人的真挚和诚意，使他人感到温暖。人与人之间渴望沟通和交流，而这些细小的方面是最能体现出你的那一份心意的。这是对我个人形象、风度的一个最佳传播，当他们看到那张卡片的时候，就一定会想起我，而且在他们心中隐含着对我的一份谢意，会使他们更认为我是一个完美无缺的人，他们总会想到我好的地方，不会注意我的缺陷。"

奥尔布赖特的这一番言论有许多值得我们借鉴的地方，人与人的关系不一定非要在大事中才能体现出来，在日常生活的琐碎中更能体现你的友善。

既懂得工作的重要，也深谙生活的乐趣，随时把心中最真诚的愉悦带给大家，这正是处理人际关系的要诀。

维也纳著名心理学家亚佛·亚德勒说："不对别人感兴趣的人，他一生中的困难最多，对别人的伤害也最大。所有人类的失败，都出自这种人。"

亚德勒的这句话真是意味深长。

生活中很多很多的问题，就是因为一方不把另一方放在心上，或者双方互相不把对方放在心上引起的，种种仇视和敌意也因此而生，并带来数不清的麻烦。如果每个人都对别人多一份关注，多一份重视，这个世界将变得更加温馨和谐。

## 努力使人产生尊严感

有一条十分重要的为人处世的准则，如果你足够重视这条准则，它能帮助你赢得大家的喜爱，能帮助你摆脱困难的处境。能成大事的人往往十分重视这条准则。

这条准则就是："努力使人感到他的尊严。"

如何实行这条准则呢？其要点是：肯定他人，尊重他人的意见，承认他人的优点。

你想得到他人的赞扬，你想让别人承认你的优点，你想闯出自己的一片天吗？

别人也是如此，所以有必要让对方明白，你承认他的优势并肯定他的存在，并且真诚地承认和肯定——这是打开对方心扉的钥匙。

回想爱默生的话："我遇到的每一个人都在某方面超过了我，我努力在这方面向他学习。"

但这里需要注意的是，也有一些人毫无根据地以为自己是杰出的人，凭空狂妄自大。

如果你想让夫妻和睦，家庭和谐，在家里，任何时候都不要批评你的妻子不会做家务，更不要把她是否擅长做某项家务同你的母亲作对比。记得要夸奖妻子，并为自己娶了这样的妻子而感到骄傲。如果她肉煮得过火、面包烤焦了也不要唠叨，只需要说一声，这次做得不如往常香。这样，她将努力做好一切，使你保持以往对她的良好看法。经常给她买一束鲜花或一盒糖果，不能只在口头上说"对，我应这样做"，而是要付诸行动。对妻子要时常微笑，要温柔地对待她。如果夫妻双方都这样做，婚姻肯定幸福，家庭必然美满。

一个成功的男人背后定有一位贤惠的女人，当然也有一个温馨的家庭，你从家庭方面入手能做到很好，外界的人际关系自然也就不难解决。

如果，你想让人们高兴，不妨这样做：

其一，不在争论中占上风。成大事的人是很少与人争吵的。

请好好思考思考，你更想得到什么呢？是想得到表面的胜利还是别人的支持？

在争论中你的意见可能是正确的，但要改变一个人的看法却并不容易。

其二，不坐满整张椅子。假如你正在很认真地向一个人解说某件事，对方却深深地靠入沙发中，并且还把上半身也深深地陷入其中，你会有什么感受？如果对方是上司，那还没什么话说；如果是同事，你可能就会对他说："你能不能认真地听我说？"你为什么生气呢？因为将身体深深地陷入沙发这一姿势，在别人看起来就是一种极不认真的态度。特别是连上半身也深深地陷入沙发中，给人的印象会更为恶劣。

相反地，挺直腰背只坐椅面的前 1/3 部分，给人的印象会更好。尤其是采用这种坐姿时，身体的上半身会自然地前倾，会给对方聚精会神的感觉，因此会给对方留下做事积极的印象。好好利用这一效果，可以更有效地表现自我，给对方留下好印象。

其三，边听边记笔记。在你讲演时，或许有一些听众拿着笔记本边听边记，你就会不由得对这些人产生好感。

因为记笔记不但表示想要留下一份记录，还显示了想吸收对方思想中的精华的积极态度。

当然任何人都不想把没用的话记下来，也就是说，我们做笔记表示已经认同对方所说的内容，是尊重对方的一种表现。

好好利用这种心理，可以使对方感受到我们的诚意。通常上司对我们说话时，就是再无聊的话我们也不得不听，此时若能采用记笔记的方式，可以给上司留下好印象。

## 该道歉时立即道歉

道歉并非耻辱，而是真挚诚恳的表现。

真心道歉意味着你很在乎彼此的关系，传递着希望重归于好的信息。认错可以冰释前嫌、恢复感情，但你必须马上行动。

我们都需要学会道歉的艺术。扪心自问，想想你是否曾毫不留情地妄下断言，说出伤人的话，伤害了朋友之间的情谊；再想想看，有哪几次你诚心坦然地表示了歉意？想到这里是不是觉得有些惶恐？惶恐的原因正在于我们良心不昧，知道除非道歉，否则会内疚于心。

承认自己不对，心里会难以接受，面子上也过不去，做起来更不容易。不过一旦面对现实，不再倔犟，便会发现认错对于冰释前嫌和恢复感情确有奇效。

切记道歉并非耻辱，而是真挚和诚恳的表现。你想把错误纠正，这是值得尊敬的事情。须知，伟人有时也会道歉。丘吉尔起初对杜鲁门的印象很坏，但后来他告诉杜鲁门自己以前低估了他，这是以赞美的方式做出的道歉。

如果觉得道歉的话说不出口，你可以用别的方式来代替。吵架后，一束鲜花能够顿释前嫌；把一件小礼物放在餐碟旁或枕头底下，可以表示悔意，并表示爱心不渝；大家不交谈，触摸也可传情达意，千万不要低估这"尽在不言中"的妙处。

假如你认为有人得罪了你，而对方又没有致歉，你应该冷静对待，不要闷闷不乐，更不要生气。写一封短笺，或由友人传话，向对方解释你不快的原因，并向他表明你很想消除这烦恼。

应该道歉时就马上道歉，耽搁愈久就愈难启齿，有时甚至追悔莫及。当然，你如果没有错，也不必为了息事宁人而认错。这是没骨气的做法，对任何人都没有好处。但如果你想向某人道歉，就应该立刻想办法，写封信、打个电话、有所表示；送一本书、一盒糖果，表达歉意，或者用其他任何足以传递心声的东西来代你表示人间最能化干戈为玉帛的三个字："对不起。"

## 像水一样柔而不弱

"柔弱胜刚强"这句话确实包含了为人处世的一切道理。假如一个人能在任何时候都保持柔和的心态、柔和的神态、柔和的语言，柔和的办事方式，他将无往不利。

在生活中，我们可能遇到别人无礼的对待，这时候，以无礼反击无礼，只会引起更强烈的人际冲突，最后结果如何，难以预料。即使你最后赢了，对方也难免在心里留下怨恨。如果你保持温和的态度，就能有效化解别人强硬的态度，立于不败之地。因为在你面前，别人的强硬就像一块石子投于水池，会消失得无影无踪。

有一个例子：1969 年，美国巨商哈默在利比亚租用了两块油田，他跟利比亚政府在开采数量和价格问题上产生了分歧。双方为此举行了谈判。哈默的谈判对手是利比亚的第二号人物贾卢德。

为了迫使哈默就范，贾卢德居然将一挺机关枪带到了谈判桌上，还有意无意地将枪口对准哈默。对此，哈默视而不见，他平静地站起来，走到正在大声辱骂自己的贾卢德面前，将双手友好地放在贾卢德的肩上，表现出父辈对年轻人粗鲁无礼的谅解。结果，贾卢德像泄了气的皮球，收起了强横的态度。最后，双方互作让步，终于达成协议。

哈默没有说一句狠话、硬话，却让对方表示愿意合作，作出让步，由此可见柔弱的力量。

有人问：假如对方蛮不讲理，用粗暴的态度伤害我，我的柔弱还有用吗？这个问题很难回答，关键在于，他为什么要粗暴地对待你呢？你的言行是否恰当呢？他是否是一个正常人呢？假如你的言行没有给对方造成伤害，你的态度没有使对方受到刺激，对任何一个正常人都可以达到"柔弱胜刚强"的结果。

请看一个故事：第二次世界大战后，留下大批孤儿。他们在严寒的冬天缺衣少食，处境十分令人同情。有一位善良的老人成立了一个基金会，向好心人募捐，救助那些可怜的孤儿。他每天东奔西走，劝说人们为这项慈善事业奉献一点儿爱心。人们对此态度不一，有的人慷慨解囊，有的人捂紧口袋，有的人交口称赞，有的人笑他多管闲事。

有一天，老人来到一家饭店，向几个正在里面打牌的闲客募捐。其中一个人大概是输了钱，情绪很激动，冲老人大骂道："滚开，你这个老骗子！"骂完，还将一口浓痰吐在老人脸上。

老人取出手帕，平静地擦去脸上的浓痰，然后，对那个无礼的家伙说："属于我的那一份，我已经得到了。先生，我的孤儿们又能从您这儿得到什么呢？"

那个人羞得无地自容，很久没有作声。然后，他低着头，将身上的钱全部掏出来，默默地放在老人手上。

这位老人面对突如其来的羞辱，居然能心平气和地承受，已达到"瘁然临之而不惊，无故加之而不怒"的境界，令人钦佩。他为什么有此定力呢？因为他从事的是一项舍己为人的事业，问心无愧。所以说，真正的"柔弱"功夫要从正道上做，才容易提升境界。

## 虚可以承受百实

老子说："夫唯不盈，故能蔽而新成。"（《道德经》第十五章）意思是：正因为不自满，方能在旧的基础上有新的成就。

如何达到"蔽而新成"的境界呢？

**1. 地位越高，越宜谨慎**

古时有个叫正考父的人，当上小官后，走路总是低着头，见了人就礼貌地让在一边；升为大官后，走路时头低得更厉害；当上宰相后，走路就像在地上爬似的，总是靠墙而行，尽量不走路中间。

这个正考父，为什么官越大越谨慎呢？打个比方就比较容易明白了：人生好比攀登高峰，当我们站在平地上时，低头而行也可以，昂首阔步也可以。不小心被石头绊住，摔一跟头，伤害有限，没什么大不了的。若是走在独木桥上，昂首阔步就不妥当了。若是站在悬崖边上，能在地上爬着走几步就已经很幸运了。官当到很大后，就像站在悬崖边上，谨慎胆小是自然的。

但是，有的人为什么官越大越是趾高气扬呢？有的人身处高位，发现是站在悬崖边上，危险得很；有的人身处高位，以为躺在自家的床上，安逸得很。有道与无道的差别就在这里。

**2. 名声越响亮，越要尊重别人**

社会上有一种现象很让人奇怪：地位越崇高的人，态度越谦逊，尽量软其言、温其貌、悦其意，好像生怕对方受到惊吓似的。反而是那些地位低下的人，若有机会展示手中的一点儿小权力，就尽量表现出高高在上的样子，好像生怕镇不住对方似的。这个现象似乎可以这样理解：狮子若不尽量友善，谁敢接近他？小狗汪汪叫，不是想咬人，而是害怕受到伤害。所以，我们看见某个小人物表现出高高在上的姿态时，要有同情心，尽量别伤他的自尊心。

**3. 智慧越高，越是坦率赤诚**

普通人爱耍个小聪明、说个小谎话、做几件自作聪明的小事，并为之沾沾自喜，以为做人做事就应该放聪明一点儿。但真正的大人物却不是这样，他们有一个共同特点：说话坦诚直率。想成功就要走正道、得人心、扩充实力。靠小招数成不了大器。大人物都悟通了这一点，所以他们抛弃了自作聪明的算计，回到依道而行的自然之境，这就显得纯朴起来了。

4. 志向越大，越是心地宽广

有大器量者方能成大器。这跟人生目标有关。比方说，你的志向是治理一个国家，就要容得下这个国家的所有人。在一个国家里，必然有好人坏人，你心里承认好人坏人都是一种必然存在，就比较容易想得通、看得破，心地自然宽广起来了。假如你的志向是管理一家大公司，在一家大公司里，必然有勤奋敬业的员工，也必然有得过且过混日子的员工——按盛田昭夫、玛丽·凯什等大企业家的说法，这两种人各占 1/4 左右。你心里承认好员工和坏员工都是一种必然存在，就比较容易接受这个事实了，心地自然能宽广起来。

## 老子的三件"神奇宝贝"

老子说："我有三宝，持而保之：一曰慈，二曰俭，三曰不敢为天下先。"（《道德经》第六十七章）意思是说：我有三件宝贝，始终持有并运用它们：一是柔弱，二是俭朴，三是不敢跟天下人争先。

老子"三宝"中的"一曰慈"，似应作"雌"，是柔弱的意思。因为仁慈虽是一种美德，但并不是老子弘扬的道。故本处以柔弱解，是否妄解，以待识者自辩。

对于"三宝"，老子还有一大段解释：只有柔弱，才勇于退让；只有节俭，才生活宽裕；只有不敢争先，才会受人尊重。

老子还说：如今的人，舍弃柔弱而逞勇斗狠，舍弃节俭而求生活宽裕，舍弃谦逊而求受人尊重，这是自寻死路啊！大凡柔弱的人，战可以攻无不克，守可以固若金汤，上天也会救助他，因为他的柔弱而庇护他。

老子的三件"宝贝"，很有实用价值。这些都是"软兵器"，智者运用它们，就像神话中的"捆仙索"一样灵验。

1. 柔弱之宝，可避免无谓的争斗

在生活中，很多人恃强而不示弱，遇到一点儿小事也会争执不休。比如，在公交车上，有的女士被人轻轻碰一下，也要骂骂咧咧老半天；在街头巷尾，有的男士因一语不合，也要跟人抡上几拳。其结果，不仅搞坏了自己的心情，还可能产生更严重的后果。为一些鸡毛蒜皮的小事，将自己陷身在麻烦中，不是很不明智吗？

如果身怀柔弱之宝，并且知道柔弱的妙用，就可以大事化小，小事化了。

2. 节俭之宝，可化解生活压力

经济拮据，心里就有无穷的压力；生活宽裕，心情就轻松得多。但是，生活是否宽裕，不仅取决于收入多寡，也取决于是否有节俭的习惯。有些人收入一般，却过得很富足；有的人收入不菲，生活却很拮据。比如那些大企业的高级白领，收入比一般人高好几倍，却常有缺钱花的苦恼，原因是太过奢侈。正如老子所说，不求节俭而求生活宽裕，是根本办不到的。所以，明智的人，量入为出，无论收入多寡，都以俭朴为宝，这样就可以避免陷入"经济危机"的旋涡。

苏东坡是我国北宋时期著名的文学家，他在任何情况下都注意节俭。在朝廷担任高官的时候，收入不菲，但生活从不讲究奢华。在饮食上，他给自己定了这样一个规矩：每顿饭只能是一饭一菜，如有客人来同他一起进餐，也只能增加两个菜，不能再多。如果有人请他去吃饭，他也要事先告诉主人：不许铺排，否则，他就拒绝前往。

后来，苏东坡遭到贬谪，收入减少，生活困难，他更是节俭度日，从不乱花一分钱。为此，他还制订了一套特殊的开支计划：首先把所有的收入和手边的钱算出来，然后将这些钱平均分成12份，每月用一份；每份中又平均分成30份，每日只用一份。这些钱全部分好后，苏东坡把它们统统按份挂在屋梁上，然后每日清晨取下一包。拿到一包钱后还要计算开支，能不买的就不买，一日下来，最终开支只准节余，不准超支。节余下的钱，苏东坡把它们放到一个竹筒中，专门用于家中的意外开支。

就这样，他的生活虽清苦，精神却很充实。他的一位朋友担心他收入菲薄，支持不到年底。苏东坡说："我估计手中的钱还可支持一年有余，到那时再做计划，水到渠成，不需预虑。因此心里没有什么负担。"

做人能做到"心里没有什么负担"，生活品质就比较有保障了。这全是节俭的功劳啊！

### 3. 谦逊之宝，可赢得尊敬

谦逊的用途最广，无时无地不可用。尤其是那些取得一定成就的人，更应该将这个宝贝随时带在身边。有的人以故意炫耀自己来抬高身价，殊不知，谦逊之德更足以证明自己的强大。

布克是一位黑人教育家。他为人谦逊、衣着简朴，从外表上，谁也看不出他是一位知名人士。他出任杜斯凯吉大学校长时期，有一天，他下班后步行回家。路过一座富人家的别墅时，房子的女主人招手叫他："喂！你过来一下好吗？"

布克抬头一看，他并不认识这位妇女。不过，他还是走过去，彬彬有礼地问："夫人，有什么需要我帮忙的吗？"

女士说："你能帮我劈一点儿柴火吗？我会付给你三美元。如果你干得又快又好，我会多给你半美元。"很显然，她将布克当成了一个打杂工人。

布克说："好的！"他卷起袖子，卖力地干起来。他干得又快又好，不到一小时，就劈了一大堆。他把劈好的柴火送到厨房，整整齐齐地码好，然后悄悄离开了。

女士觉到很奇怪：那个黑人为什么不领工钱就走了呢？

这时，邻家的女主人走过来问她："你是用什么方法让布克校长亲自替你劈柴火的？"

女士大吃一惊，这才明白自己犯了一个愚蠢的错误：她居然将一位体面的绅士当成了粗使工人。第二天一大早，她便来到杜斯凯吉大学，诚心诚意地向布克道歉。

布克温和地说："这没什么，夫人！我喜欢工作，也喜欢为朋友做点儿事情。"

女士为布克不凡的人格所折服。为了间接地帮布克的忙，她说服一些有钱的朋友，给杜斯凯吉大学捐了一大笔钱。

在这个故事中，布克被人看成社会名流时，他虚心地接受；被人看成粗使工人时，他也虚心地接受，不摆高姿态，不刻意证明自己的身价。这正是一种谦逊的作风。

有些人非常在意别人是否尊重自己，非常反感别人看低自己，这虽是人之常情，实质上却没有什么意义。一个人不是被别人看

低的，也不是被别人看高的。这主要取决于他本身的高度。与其
要求被人看高，不如加倍努力，自我提高。

## 真正的高手看似平平常常

老子说："善为士者，不武；善战者，不怒；善胜敌者，不争；
善用人者，为之下。"意思是说：善于为帅者，看不出武勇的样
子；善于作战者，不轻易动怒；善于克敌者，不跟敌人舍命搏斗；
善于用人者，对别人总是很谦逊。

在这里，老子并非纯粹讲兵法，它不仅可以用到军事上，也
可以用到人生竞争的各个方面。

在生活中，我们经常能看到这样的领导人：

从外表看，平平常常，既谈不上英俊，也谈不上丑陋，倒是
慈眉善目、和蔼可亲，并不令人讨厌。

从才能看，平平常常，或者干脆说，你根本不知道他到底有
无才能。因为你极少看见他亲自办理具体事务，也很少听见他发
号施令。

从个性看，平平常常。你根本看不出他有什么明显的倾向，
搞不清他到底喜欢什么、讨厌什么，也从未见他发过脾气。

从工作看，平平常常。他每天就是坐在那里打打电话，签个
字，偶尔召开一个会议，也没见他做多少事。奇怪的是，在他的
领导下，整个团队的工作却一切运转正常，业绩良好。

这样的领导看起来平平常常，其实是真正的高手，属于老子
所说的"不武""不怒"一类。虽然"不武""不怒"，却善于"胜
敌"。在团队竞争方面，由于他为人谦逊，乐意让下属表现才干，
"善为之下"，所以，下属乐于效力，潜力充分发挥，整个团队的

竞争力很强；在个人冲突方面，他也同样善于"胜敌"。比如某个员工心怀不满，气势汹汹地跑来找碴，他一路"太极拳"打下来，这位员工马上消了气，眉开眼笑地走了。至少也被他搞得晕晕乎乎，对自己的做法是否正确产生怀疑。

请看一个故事：唐朝某宰相担任刺史时，本州参军与其关系不睦。参军总想找机会给刺史制造麻烦。有一天，刺史的家童骑着马匆匆从参军身边经过，没有下马行礼。这在当时是失礼行为。参军大怒，追上去，将家童拉下马，用皮鞭一顿猛抽，打得家童皮开肉绽。然后，他提着马鞭来见刺史，叙述了经过后，说："我打了您的家童，请让我走吧！"

这就将了刺史一军：如果刺史不同意他辞职，等于输了一招；如果同意他辞职，又有公报私仇之嫌，反而被他抓住把柄。这时，刺史不动声色，淡淡地说："奴才见了官人不下马，打也可以，不打也可以；官人打了奴才，走也可以，不走也可以。"

参军不知所措，站在那里想了半天，不知道刺史认为他打得对还是不对，不知道刺史让他走还是不走。他默思半晌，说不出一句话，只得躬身告退。自此，他再也不敢找刺史的麻烦了。

这位刺史可以说是一个处理问题的高手，他既没有大发雷霆，也没有运用某种聪明的手段，三言两语，就达到了"胜敌"的效果。

那些善于处理问题的高手，往往有某种超凡之处，只是我们不容易看到罢了。那些优秀领导者，表面看起来脾气温和，但涉及原则问题时却是寸步不让，甚至不惜身家性命来坚持原则。这就不是一般人能做到的了。

晏子是齐国名相，别看他只是一个文弱书生，但在大是大非面前却有超常的勇气。那时齐国权臣崔杼谋反，控制了国政，并召集朝中大臣在自己家歃血为盟。他指天发誓说："不亲附崔氏而亲附齐国公室的人，将遭天打雷劈！"

不少大臣都按照崔杼的话发了誓。轮到晏子时，他低下头含了血，也指天发誓："不依附齐国公室而亲附崔氏的人，将遭天打雷劈！"

崔杼勃然大怒，用矛顶住他的胸膛，用戟勾住他的脖子，威胁道："你还是把话改回去吧，这样我就会和你共享齐国。你要是不改的话，哼哼，你应该知道后果！"

晏子面不改色心不跳，镇定地说："崔杼，你难道没有学过《诗》吗？《诗》上说：'密密麻麻的葛藤，爬上树干枝头。和悦近人的君子，不以邪道求福。'君子不以邪道求福，那我更不能如此。你考虑一下我的话吧！"

崔杼想了想，叹息道："这是个贤德的人，我不能杀他！"于是把晏子放了。

晏子以为人机智、善于变通著称，历史上留下了他不少智慧故事。为什么他面对崔杼时，却以硬碰硬，不思变通呢？因为原则问题不是可以变通的。

总之，优秀领导者胜在结果上，而不是胜在傲气上。这正是他们最可贵的地方。

## 把尊重放在首位

老子说："圣人处上而不重，处前而不害。"意思是：圣人站在百姓上面，百姓却感觉不到他的压迫；圣人站在百姓前面，百姓却感觉不到他的危害。

怎样才能"处上而不重，处前而不害"呢？老子解释说：地位在百姓上面，言语却要谦逊卑下；身份在百姓前面，却要把利益放在百姓后面。也就是说，把尊重放在首位。

获得尊重是人的本质需求之一。这种需求往往要由地位较高的人来满足地位较低的人。《易经》说："地位高的人尊重地位低的人，他的事业就远大光明。"《易经》又说："尊贵的人尊重低贱的人，就能深得民心。"

老子的《道德经》深受《易经》的影响，他提倡谦逊和尊重，跟《易经》的观点是一脉相承的。但他的表述更具体化。他用"重"和"害"两个字形象地说明了谦逊和尊重必要性。人们的承受力有限，如果感到负担太重，就必然产生放下担子的心理冲动；人们的追求是趋利避害，如果受到侵害，必然产生抵抗的心理冲动。很多飞扬跋扈的领导者，让人感到"太重"，被当成重担扔下了；许多横征暴敛的统治者，让人感到"有害"，被当成敌人消灭了。

所以，只有让百姓感到"不重"，感到"无害"，才会受到衷心拥护。

第六章

会说话，得天下

## 获得令人喜悦的"超能力"

要是有人问你："你会说话吗？"你怎么想？会不会觉得这个问题很幼稚？可若往深了想，这个问题还有点儿不好回答。

唐太宗李世民曾经有过一段评论说："语言者，君子之枢机，'谈'何容易！"

确实，语言不仅是交际的工具，更是一门学问，一门艺术。有的人缺少"嘴"上功夫，说话乏"术"，因此，言谈表达往往"话不投机"，以致很难把事情办好，有时甚至还会将好事办砸；而有的人则能得体地运用语言，准确地传递信息、表情达意，有的人甚至能点"语"成金，收到奇佳的表达效果。

解缙陪明太祖朱元璋在金水河钓鱼，不料一上午一无所获，朱元璋深感失望，即命解缙"以诗记之"。这可是个风险极大的事。没钓到鱼乃是一件地地道道的憾事，如果直录其事激怒皇上，岂不是脑袋不保？但既然皇上有令，如果不录，岂不是有意抗旨？不过这难不倒解缙，只见他稍加思索，便念出了一首漂亮的小诗："数尺纶丝入水中，金钩抛去永无踪。凡鱼不敢朝天子，万岁君王只钓龙。"明太祖听了开怀大笑。请注意这首小诗，前两句的确是"遵旨而行"的实写，后两句则是巧妙的劝慰——钓不到鱼，那是因为皇上至尊至贵，"凡鱼"不敢上钩。于是就这么一"劝"，皇上乐开了花。

试想，如果解缙没有出色的应变力，不善于用语言将其准确迅速地表达出来，是不可能取得既直陈其事又劝慰皇上并且保全自己性命这样"一箭三雕"的效果的。

大哲学家老子曾经说过："美言可以市尊。"意思是：如果一个人善于驾驭语言，便可以用之换来别人对你的尊重。不擅"说"道的人，可能一辈子平庸，深谙说话之"术"的人，常常能在最不可能处扭转乾坤。

元代的关汉卿因为编演《窦娥冤》得罪了统治者，官府要捉拿他治罪。关汉卿得知消息后，连夜逃走。途中，他遇到几名捕快。

班头问："你是干什么的？"

关汉卿顺口答道："三五步走遍天下，六七人统领千军。"班头明白了："原来你是唱戏的。"关汉卿又吟道："或为君子小人，或为才子佳人，登台便见；有时欢天喜地，有时惊天动地，转眼皆空。"班头见他如此口齿伶俐，出口成章，便问道："你是关……"关汉卿笑道："看我非我，我看我，我亦非我；装谁像谁，谁装谁，谁就像谁。"班头本来爱看戏，特别爱看关汉卿编演的戏。知道眼前这人便是关汉卿，捉他吧，于心不忍；不捉吧，500两赏银便没了。关汉卿看透了他的心理，便顺口吟道："台头莫逞强，纵得到厚禄高官，得意无非俄顷事；眼下何足算，到头来抛盔卸甲，下场还是普通人。"可能是这首诗打动了班头，他便对另几名捕快说："放他去吧，这是个疯子。"

关汉卿就这样脱了险。

可见，学会运用语言的威力，掌握说话的艺术，不仅是人际交往增进感情的催化剂，更是我们摆脱困境达到事业成功的保证。

有位西方哲人说过："世间有一种成就可以使人很快完成伟业，

并获得世人的认识，那就是讲话令人喜悦的能力。"让我们记住他的话吧！

## 回避不愉快的话题

亲朋好友会聚一堂，你言我语，有问有答，好不热闹。但是并不是什么问题都可以拿来问朋友，否则会引起朋友不愉快，影响聚会的和谐。

具体说来，在聚会时问问题应注意以下五项：

1. 避免问别人为什么做某事

一般人通常也不知道自己为什么会这么做，即使知道，也不见得会承认。因此，类似的问题会使他们感到不安而且在潜意识中就开始排斥，如以下问题最好不要问：

"你为什么这么做？"

"你为什么和这种人做生意？"

"你为什么会说这些事情呢？……"

"你为什么每天早餐都吃一样的东西呢？"

"你为什么骑那辆车呢？"

2. 避免圈套式的问题

有些问题，好像是给别人下的套，如：

"如果我告诉你一些赚钱的方法，你有兴趣吗？"

"你希望减减肥，对不对？"

"你对你的家人有一份责任感和关心吧？"

"你对那些不懂得体贴人的人有什么看法？"

3. 不要问迫使别人同意的问题

有些问题有理所当然及迫使人默许的意思。如：

"你难道不认为我所说的是正确的吗？"

"你难道不同意，如果买了我的那辆自行车，对你很有用吗？"

"你难道不知道注意安全是为你自己好？"

如果你的问题改成："你觉得怎么样？你同意不同意？"就对了，这样的问题让别人有表达不同意见的机会。

4. 避免个人隐私或攻击性的问题

有些问题是个人隐私或具有攻击性，如：

"你多重？"

"你多大了？"

"你每个月挣多少钱？"

"你为什么不结婚？"

"你们两个吵得很厉害吗？"

"你的丈夫有外遇吗？"

5. 避免空泛式的问题

有些问题过于空泛，如：

"你最喜欢这本字典中的哪一部分？"

"你觉得现在的世界局势怎么样？"

"你读过很多书，都是关于哪一方面的？"

"你最相信哪些哲理？"

如果你希望和别人的谈话能够继续下去，就必须提出明确一点儿的话题。不妨以"闲聊"的方式来打开话匣子。

无论如何，你的问题必须平实不尖锐，让别人觉得很舒服，没有压力，使你和别人的关系自然地建立起来。你应小心选择没有攻击性的问题。

你不妨从一些容易回答的问题开始着手。最好不要问是或不是的问题，而要问一些让别人能够继续说话的问题。下面的问题，既简单又能打开别人的话匣子。

"你喜欢蓝色吗？"

"你的公司有多少职工？"

"你的早餐都吃些什么？"

"你的孩子几岁了？"

"你在这个工厂工作多久了？"

"你喜欢看电视吗？"

这些问题可以使话题一直继续下去，因为这些问题都既明确又有趣，而且也是你和陌生人谈话时，彼此认识的必然问题的一部分。这个陌生人可能是你将来结婚的对象，也可能是你的同事。

你所提出的问题，最好是别人都很喜欢回答的。因为每个人都喜欢表达意见，而不喜欢让别人知道隐私；虽不介意告诉别人他们在做什么，却不喜欢透露做这件事的原因。

如果你觉得有些问题必须知道，最好先解释提这些问题的原因，这样可以减少别人的怀疑和反抗心理。

"下星期我们开会讨论有关停车场修建的问题，你有什么意见？"

"你爸和我今天下午要去参加家长会，是关于升学报志愿的事，你和你的同学们有些什么想法吗？"

有时，你也可以问一些刺激别人思考的问题。他们即使没有回答你，也没有什么关系。

当你真正做到了以上这些，你就会成为受人欢迎的人，你们的聚会也会更加愉快和谐。

## 妙用"花言巧语"

在人际交往中，妙用"花言巧语"，常可收到奇效。

罗斯福是美国历史上极有声望的总统。在他尚未成为总统但事业正如日中天时，他通过"花言巧语"使自己同一些普通的女性保持着友好关系，并因此赢得了极大的声誉。

有一天，罗斯福到白宫去拜访总统夫妇，碰巧塔夫脱总统和他太太不在。此时，他善于和不同的人进行沟通的特点便表现出来了，因为他向所有白宫的工作人员打招呼，他能叫出他们的名字来，甚至厨房的小妹也不例外。亚奇巴特写道：

当他见到厨房的欧巴桑·亚丽丝时，就问她是否还烘制玉米面包，亚丽丝回答他，她有时会为工作人员烘制一些，但是楼上的人都不吃。"他们的口味太差了，"罗斯福有些不平地说，"等我见到总统的时候，我会这样告诉他。"

亚丽丝端出一块玉米面包给他，他一面向办公室走去，一面吃，在经过园丁和工人的身旁时，还跟他们打招呼……

他对待每一个人，就同他以前一样。艾克福眼中含着泪说："这是将近两年来我们唯一有过的快乐日子，我们中的任何人都不愿意把这个日子跟一张百元大钞交换。"当然，罗斯福这么做绝不只是为了做做样子，而是发自内心的真诚。即使后来做了美国总统，他依然还是如此细心、平等地对待女性，表达自己的"浓情蜜意"。实际上，这正是罗斯福异常受欢迎的秘密之一。

他的那位男随从詹姆斯·亚默斯写了一本关于他的书，取名为《罗斯福，他仆人的英雄》。在那本书中，亚默斯讲了一个富有启发性的事件：

有一次，我太太问总统关于一只鹑鸟的事。她从没有见过鹑鸟，于是他详细地描述一番。没多久，我们小屋的电话铃响了（亚默斯和他太太住在牡蛎湾罗斯福家宅的一栋小屋内），我太太拿起电话，原来是总统本人。他说，他打电话给她，是要告诉她，她窗口外面正好有一只鹑鸟，又说如果她往外看的话，可能看得到。

他时常做出像这类的小事。每次他经过我们的小屋，即使他看不到我们，我们也会听到他轻声叫出："安妮！"或"詹姆斯！"这是他经过时一种友善的招呼。

一名堂堂的大国总统，能对他身边的平凡的人如此细心、关爱，适时地运用"花言巧语"，无怪乎他那么受人爱戴。

## 听懂言外之意

说话交流有一种情况非常令人尴尬，那就是说者有心，听者却无意。任你费尽心机，磨破口舌，对方总是不明白你真正的意思，结果是听者着急，说者更着急，极度尴尬。当然了，我们这里所说的"意"，指的是"言外之意"。

毫无疑问，我们是需要"言外之意"的。毕竟在很多时候，我们说话不能太直接、太明了。比方说，批评人，你不能伤了人的自尊；给领导提建议，你不能让人觉得你比领导的能力都强；面对别人的提问，你有难言之隐，你不能说但也得让人有个台阶下；事情紧急，但涉及商业机密，只有你的亲信才能明白的"暗语"是最好的选择……

公元前 371 年，楚国派大军入侵齐国，齐威王决定派能言善辩的淳于髡去赵国搬救兵。他让淳于髡驾上马车 10 辆，装上黄金 100 两。淳于髡见了放声大笑。

齐威王就问："先生是嫌这些东西少吗？"

淳于髡说："我怎么敢嫌少呢？"

齐威王又问："那你刚才笑什么呀？"

淳于髡说："大王息怒，今天我从东面来时，看见有个农民在田里求田神赐给他一个丰收年，他拿着一只猪蹄和一坛子酒，祈祷说：'田神啊田神，请你保佑我五谷成熟、米粮满仓吧！'他的祭品那么少，而想得到的却是那么多。我刚才想到了他，所以禁不住想笑。"

齐威王领悟了他的隐语，马上给他装了黄金 1000 两，车马100 辆，白璧 10 对。淳于髡于是出使赵国，搬来了 10 万精兵。

淳于髡运用"言外之意"的本领确实很高明。但我们也可以想到，如果齐威王听不明白他的话，他的苦心不仅白费了，而且有可能落下个对君王不敬的罪名。但反过来，如果淳于髡不是一个善于运用"言外之意"的高手，恐怕再给他几个脑袋，他也不敢说出这样的话来。

"说者有心，听者无意"是一种尴尬，"说得巧妙，听得聪明"是一种艺术，其间的界限判若云泥，看你怎么理解，怎么把握。当然了，首要的一点，是你千万不能小看了它的作用。

## 没话找话说的本领

有人说："交谈中要学会没话找话说的本领。"这在求人办事的说话过程中相当重要。没话找话说的关键是要善于找话题，或者根据某事引出话题。因为话题是初步交谈的媒介，是深入细谈的基础，是纵情畅谈的开端。没有话题，谈话是很难顺利进行下去的。那么，怎么找到话题呢？

### 1. 中心开花

面对众多的陌生人，要选择众人关心的事件为话题，把话题对准大家的兴奋点。这类话题应是大家想谈、爱谈、又能谈的，人人有话，自然能说个不停，以致引起许多人的议论和发言，引发"语花"飞溅。

### 2. 即兴引入

巧妙地借用彼时、彼地、彼人的某些材料为题，借此引发交谈。有人善于借助对方的姓名、籍贯、年龄、服饰、居室等即兴引出话题，常能收到好的效果。"即兴引入"法的优点是灵活自然，就地取材，其关键是要思维敏捷，能作由此及彼的联想。

### 3. 投石问路

向河水中投一块石子，探明水的深浅再前进，就能有把握地过河；与陌生人交谈，先提一些"投石"式的问题，在略有了解后再有目的地交谈，便能谈得更为自然。如"老兄在哪儿发财？""您孩子多大了？"

### 4. 循趣入题

问明他人的兴趣，循趣发问，能顺利地进入话题。如对方喜爱足球，便可以此为话题，谈最近的精彩赛事、某球星在场上的表现等。

### 5. 变"生"为"故"

孔子说，"道不同，不相为谋"，只有志同道合，才能谈得拢。我国有许多"一见如故"的美谈。陌生人之间要能谈得投机，要在"故"字上做文章，变"生"为"故"。下面是变"生"为"故"的三个方法：

看准情势，不放过应当说话的机会，适时插入交谈，适时地

"自我表现"，能让对方充分了解自己。

　　寻找自己与陌生人之间的媒介物，以此找出共同语言，缩短双方距离。如见一位陌生人手里拿着某件什么东西，可问"这是什么？……看来你在这方面一定是个行家。正巧我有个问题想向你请教。"对别人的一切显出浓厚兴趣，通过媒介物引发话题，赞美对方，表露自我，交谈也会顺利进行。

　　留些空缺让对方接口，使对方感到双方的心是相通的，交谈是和谐的，进而缩短距离。

## 应对冷言冷语的技巧

　　"这个工作是你一个人完成的？不会吧，想不到你居然可以独立完成这个工作。"

　　"你真是笨得可以，谁告诉你这份文件要这样做的。你脑子里装的是什么？"

　　在职场上，不可避免地会听到各种伤人的冷言冷语。这种尖酸刻薄的话常令人感到难堪和不悦。说这类话的人的心态，或嫉妒或蔑视，但目的都是要让你难以忍受，刺伤你的自尊，打击你。如果你听到这样的冷言冷语就气上心头，并且激烈地反唇相讥，就正中了对方的下怀，他正好对你更加肆无忌惮地中伤诽谤，双方免不了一番唇枪舌剑，弄得两败俱伤。

　　其实，听到冷言冷语就火冒三丈、失去理智是极不明智的。这样不仅会让自己动了肝火，遂了对方的意，还不能解决问题，反而伤了彼此的和气。

　　要化解冷言冷语带来的伤害有很多很好的方法，你大可不必与对方唇枪舌剑、针锋相对。因为对你冷言冷语的人通常是出于某种目的。你不妨先分析他话中的用意，找出言外之意，再针对重点做出反击。你可以故作不解地问对方："你这样说是什么意思？我不大理解。"或装傻说："你这个玩笑真有意思。"总之，你要忍耐，不要当面翻脸。

如果有位同事总是对你冷嘲热讽，你最好和他保持距离，不要惹他。偶尔听到一两句闲言闲语，你就装作没听见，千万不要动怒，否则，你就会自讨没趣，惹火烧身。

## 突破他人心理防线的妙招

说服别人最大的一个关键就是攻克对方的心理防线，消除对方由于对你的诚意表示怀疑而产生的戒备。否则，这道防线将像一堵墙，使你的话说不到他的心里去，甚至让他产生反感。

那么，怎样说话才能突破对方的心理防线呢？不妨用用下面四种方法。

1. 利用同步心理

同步心理就是，凡事想跟他人同步调、同节奏，也就是"追随潮流主义"，是那种想过他人向往的生活、不愿落于潮流之后的心理。正是由于存在这种心理，那种不顾自身财力、精力，甚至是否真心愿意而豁出去做的念头，就很容易乘虚而入，支配人们的行为，促使人们盲目地做出与他人相同的举动。

通常人们在受到这类刺激后就很容易变得没有主见，掉入盲目附和的陷阱中。所以推销员或店员经常会搬出"大家都在用"或"有名的人也都用"等推销话语，促使人们毫不犹豫地接受。

2. 利用逆反心理

当别人告诉你"不准看"时，你就偏偏想看，这就是一种"逆反心理"。这种欲望被禁止的程度愈强烈，它所产生的抗拒心理也就愈大。如果能善于利用这种心理倾向，就可以将顽固的反对者软化，使其固执的态度发生180度的大转变。

3. 利用对方的危机感

在一定的条件下，每个人都会产生某种危机感，这种意识使他心生恐惧，并由此激发出强烈的要求上进的愿望。如果你能把握住他的这种危机感，就能有针对性地采用相应的对策。

在交流中，如果你能洞悉对方的内心，巧妙地刺激对方的隐衷，使他内心的想法完全暴露出来，就能找到他的危机感。这个危机感就是你说服他的一把利器。

4. 树立共同"敌人"

在说服别人时，要懂得将小的共同点扩大，树立"共同的敌人"，使对方有同仇敌忾的感觉。《孙子兵法》中有"吴越同舟"这么一句话，其原意是讲吴国和越国本是敌对的双方，但因同时面对魏国的威胁，在不得已的情况下，两国只好尽释前嫌，以对付共同的敌人。

一旦出现了强大的共同敌人，即使是敌对的双方也会摇身一变，而成为合作的对象。

只要善于突破对方的心理防线，就可以争取对方的理解和支持，为自己赢得助力。

## 探访病人时的语言技巧

亲友患病住院治疗，人们免不了要去医院探视。探视病人时的言语是否得当，会对患者的心理和情绪产生颇大影响。倘若探视者的语言运用得好，将会使病人精神振作，进而积极配合治疗，有利于其恢复健康。它是抚慰患者心灵的一剂"良药"。若探视者言语失当，将会对患者构成颇大的心理压力，影响其治疗效果。那么，在探视患病的亲友时，该如何说呢？

1. 运用安慰性语言

探视者对患病的亲友病痛的安慰是沁人心脾的。这时候，安慰性语言的力量比任何时候都显得重要。有一个初患胆囊疾病的患者，因为疾病发作时疼痛难忍，加之一时未得到确诊而心理恐慌，大喊大叫。这时，患者的一个同事闻讯前来探望，并安慰说："请你冷静一下，医生正准备给你做 B 超检查。你放心，这个部位不会有大病，我的一个亲戚和你有过相似病症，一查才知道不过是胆囊炎，很容易治疗。"一席安慰话，似乎是一剂灵丹妙药，患者的情绪很快稳定了下来。

2. 运用鼓励性语言

当某些患者对自己疾病的治疗丧失信心时，若适时地给予真诚和符合客观事实的鼓励，就能在患者身上产生"起死回生"的作用。

有一个年轻的建筑工人在高空作业时不慎摔伤，处于昏迷状态。患者在医院苏醒后，觉得下肢不听使唤，遂怀疑自己将终身残疾，萌生了轻生念头。患者的一个友人发现这一苗头后及时鼓励他："你年轻力壮，生理机能强，新陈代谢旺盛，只要积极配合治疗，日后加强锻炼，肯定会痊愈的，这是医生说的，请你相信我！"

短短几句鼓励的话，使患者放弃了轻生的念头，增强了治疗的信心。以后的日子，患者不但积极配合治疗，而且坚强地投入了生理机能的恢复锻炼，数月后即伤愈出院。后来他跟友人说："要不是你适时给予我鼓励，我是无论如何也不会对恢复健康抱有信心的。"

3. 运用劝说性语言

一些患者在治疗过程中，往往会因为手术的疼痛或怀疑有危险而产生恐慌心理，进而拒绝治疗。面对患者的这一心理障碍，人们去医院探望时，应该积极地做些说服工作。尤其是一些颇具现身说法的劝说性语言，说服力更强，效果最好。有一个老年胃癌早期患者，因为害怕剖开腹腔而拒绝手术。其家属虽一再劝说，都不奏效。一个做过胃切除手术的老朋友前来探视，他通过自己的亲身经历劝慰道："你看我做了手术后恢复得多好。你还是早期，手术后更容易复原。所以，你不用害怕。"通过朋友的劝说，这个患者终于接受了手术。

4. 运用暗示性语言

有些患者往往因自己的疾病好转缓慢而灰心。这时，探视者如果能抓住患者在治疗过程中出现的某些症状缓解的依据，适时予以积极的暗示，将会消除患者的悲观心理，使其鼓起希望的风帆，积极配合治疗。有一个患黄疸型肝炎的患者通过一段时间的住院治疗，总以为自己的病没有好转，产生了悲观情绪，丧失了治疗信心。这时，一位亲戚前来探视，遂暗示说："你的脸色比以前好多了，听医生说，你的黄疸指数已有所下降，这说明你的病情在好转！"这句暗示性语言客观实在，使患者的精神倏然振作，于是，他乐观地接受治疗，加快了康复进程，不久便病愈出院了。

总之，探望住院治疗的亲友时，应该多说些有利于患者振奋精神、增强信心、促进疾病治疗和恢复健康的语言。倘若面对病情较重而丧失治疗信心的亲友，你说："哎呀，你病得不轻啊，看你都瘦成这般模样了。"这无疑会使患者的情绪"雪上添霜",结果不言而喻。只要你言语得当,定会使患者在愉悦中走上健康之路。

## 怎样安慰遇到不幸的朋友

人生的道路坎坷不平,逆境常多于顺境。不幸的事,人人难免。身处逆境,面对不幸,当事者不仅本人需要坚强起来,也迫切需要别人的安慰。人是社会的、合群的和有感情的高等动物。痛苦再加孤寂,使人痛苦倍增;痛苦有人分担,痛苦减半。"患难见真情",安慰如"雪中送炭",能给不幸者以温暖、光明和力量。给予不幸者以安慰,是为人处世的一种美德;当朋友遭到不幸时,及时送上真诚的安慰,更是你应尽的责任。

在探望身患重病的朋友时,你不必过多谈论病情。有关的医疗知识,医生已有所交代和说明,无须你再多言。如果对方本来就背着重病的精神包袱,你再谈及过多,势必包袱加重。你应该多谈谈病人关心、感兴趣的事,以转移对方的注意力,减轻精神负担。如能尽量多谈点儿与对方有关的喜事、好消息,使他精神愉快,更有利于他早日康复。医生送去治疗身体的良药,挚友送去温暖人心的情感,这都是根治重病必不可少的。

对于因生理缺陷或因出身、门第被人歧视的朋友,由于不幸的原因有些是先天的,并非全是人为的,你劝慰他时应多讲些有类似情况的名人的成功事迹,鼓励他不要向命运屈服,争取人生的幸福,实现人生的价值。

在安慰失去亲人的朋友时,你不要急于劝阻对方的恸哭。强烈的悲痛如巨石积压在心头,愈久愈重,不吐不快,让其宣泄、释放出来,反而如释重负,有利于较快恢复心理平衡和平静的状态。你应当注意倾听对方的回忆、哭诉，并多谈谈死者生前的优点、贡献，人们对他的敬仰、怀念。死者的生命价值越高，其亲属就愈感宽慰。

对于胸怀大志而又在事业上屡遭挫折、失败的朋友，最需要的是你对其强烈的事业心的充分理解、支持。对于他们，理解应多于抚慰，鼓励应多于同情，怜悯是变相的侮辱，敬慕是志同道合的表现。你不必劝慰对方忘掉忧愁、痛苦，更不要说服对方随波逐流，放弃他的理想、追求。最好的安慰，是帮助对方总结经验教训，分析面临的诸多有利和不利的条件，克服灰心丧气的情绪，树立必胜的信念，并共同探讨到达事业顶峰的光明之路。这就要求你对他所从事的事业有一定的了解。

## 赞美他人的五种基本方法

赞美他人也须讲究方法，若在赞美别人时。不掌握一定的技巧，不审时度势，即使是真诚的赞美，也不会达到预想的结局。

赞美的方法很多，现在就常用的几种方法分述一下：

1. 直言夸奖法

夸奖是赞美的同义词。直言表白自己对他人的羡慕，这是平常用得最多的方法。老朋友见面说："啊！你今天精神真好啊！"

年轻的妻子边帮丈夫结领带边说："你今天看上去气色好多了。"一句平常的体贴话，一句出自内心的由衷赞美，会让人一天精神愉悦，信心倍增。

2. 反向赞美法

指责与挑剔，每个人都难以接受。把指责变成赞美，看来是难以想象的，能真正做到更是不易。

### 3. 意外赞美法

出乎意料的赞美，会令人惊喜。因为赞美的内容出乎对方意料，会大大引起对方的好感。卡耐基在《人性的弱点》中写了一个他曾经历过的故事：

一天，他去邮局寄挂号信，办事员服务质量很差，很不耐烦。当卡耐基把信件递给他称重时，说："真希望我也有你这样美丽的头发。"闻听此言，办事员惊讶地看了看卡耐基，接着脸上露出微笑，服务变得热情多了。

### 4. 肯定赞美法

人人都有渴望赞美的心理需求，在一些特定的场合更是如此。例如，在报上发表了文章，成功地完成了论文，苦心钻研多年的项目通过了鉴定等，都希望得到别人的肯定。这时，不失时机地给予真诚的赞美会使被赞美者高兴万分。

### 5. 目标赞美法

在赞美别人时，为他树立一个目标，往往能让他坚定信念，为这一目标而奋斗。

第七章

带着骨气做人，
守着底线处世

## 身贫道不贫

《永嘉真觉禅师证道歌》曰："穷释子，口称贫，实是身贫道不贫。贫则身常披缕褐，道即心藏无价珍。"

出家人自称"贫僧"，不仅是自谦，也是自信：身贫道不贫。

没有一个人喜欢贫穷，但道义所在，如果需要贫穷的话，能否安贫乐道，决定了一个人的品格。"身贫道不贫"，有以下四种情形：

### 1. 贫不失志

具备这种品格的人，无论家计如何艰难，无论遭遇如何坎坷，仍始终如一地追求人生目标。孔子就是一个"贫不失志"的人。其实，孔子很有机会获得富贵，只是他不想要罢了。

孔子这么穷，却不接受齐景公的馈赠，因为他的志向不是求富贵，而是为天下人谋福祉。假如随意接受馈赠，就像僧人破戒一样，那是他不可忍受的。一般僧人都能严守戒律，孔圣人怎么会"破戒"呢？所以他说："富而可求，虽执鞭之士，吾亦为之；富而不可求，从吾所好。"意思是说：如果富贵可以强求，即使拿着马鞭替别人赶车，我也乐意；如果富贵不可强求，我还是照自己喜欢的方式去做。

一个人能够按自己喜欢的方式去做事、去生活，他的灵魂是自由的。而灵魂自由的价值，难道是金玉珠宝能够比拟的吗？

### 2.贫不失德

具有这种品格的人，无论生活多么艰难，都不会丧失自己的美德。

汉朝刘向在《说苑》中说："卑贱贫穷，非士之耻也。夫士之所耻者，天下举忠而士不与焉，举信而士不与焉，举廉而士不与焉；三者在乎身，名传于后世，与日月并而不息，虽无道之世不能污焉。然则非好死而恶生也，非恶富贵而乐贫贱也，由其道，遵其理，尊贵及己，士不辞也。"

这段话的意思是：没有地位没有钱，不是贤士的耻辱，如果忠诚、守信、廉洁等方面的品德不突出，才是贤士的耻辱。只要具备这三大美德，就可名传后世，与日月同光，无论怎样的浊世也不能污染自己的操行。既然这样，那么贤士并不是喜欢死亡而厌恶生存，也不是厌恶富贵而喜欢贫贱，按照合理的方式，尊荣富贵落到自己身上，贤士也不会推辞。

这就是说，如果求取富贵的方式会玷污自己的美德，就宁可舍弃富贵而保有美德。这样的人，无论财富多少，都是令人敬佩的。

### 3.贫不失节

具备这种品格的人，生活再困难，也要活得有尊严，活得有骨气，决不会为名利而屈就。

子思是孔子之孙，也是儒学之大成者。他住在卫国时，穿的是没有外衣的破棉袄，20天只吃了9顿饭。田子方听说了这件事，派人给他送去用白狐皮做的衣服，担心他不肯接受，就说："我借东西给别人，马上就忘记了；我送东西给别人，好像丢掉了一样。"

子思还是辞谢不受。

田子方说："我有你没有，为什么不接受？"

子思说:"我听说随便给人家东西,不如丢到水沟里。我虽然贫穷,还不忍心把自己当水沟,所以不敢接受。"

子思这么穷,他却要靠自己解决困难,解决不了就甘心忍饿受冻,绝不肯接受别人的施舍。他的骨气,颇有乃祖之风。

4. 贫不失乐

具有这种品格的人,无论多么贫穷,仍然活得潇洒,活得快乐。这样的人,是最了不起的人。

有一次,子贡问孔子:"贫穷而不谄媚,富贵而不骄纵,这种人怎么样?"孔子回答说:"还可以吧。但不如贫穷而快乐,富贵而好礼义的人。"相对来说,富贵而好礼义,比较容易做到,贫穷而快乐,更是了不起的境界!

## 人到无求品自高

老子说:"圣人为腹不为目。"意思是说:圣人追求内心幸福而不贪求肉体的享受、感观的享乐。

对这句话,现代学者陈鼓应在《老子注释与评价》中说:"为'腹',即求建立内在宁静恬淡的生活。为'目',即追逐外在贪欲的生活。一个人越是投入外在化的旋涡里,则越是流连忘返,使自己产生自我疏离,而心灵日愈空虚。"

幸福是人的本质追求。它需要一定的物质享受,但并不是物质享受越多越幸福。两者有一定关系,却不是互为因果的关系。古代人的物质享乐没有现代人多,是不是现代人比古代人更幸福呢?不一定。山区农民没有都市白领的物质享乐多,是不是都市白领比山区农民更幸福呢?也不一定。美国一些学者研究了世界许多地方的生活状态,发现人的幸福指数跟物质丰富程度并无必然关系。人是否幸福，主要取决于心态。

从幸福的角度来说，现代人其实很可怜：收入提高了，我们的生活压力并没有因此减轻，甚至压力更大了；物质丰富了，我们并没有感受到生活的精彩；娱乐增多了，我们并没有得到多少愉悦的享受；我们的活动范围扩大了，心中却并没有留下多少美好的记忆。

为什么呢？因为我们的做法跟圣人相反，"为目不为腹"，被动地接受物质刺激，并没有学会如何追求内心的幸福。

这是现代人经常干的傻事：大吃大喝，看着镜子里胖乎乎的脸蛋发愁，拼命吃减肥药消除多余的脂肪；周游世界，然后带着一身失落回家；拼命赚钱，连父母亲人都没时间去看一眼……总之，人们追寻自己的感觉，让自己变得忙忙碌碌，却根本不知道要到哪里去；人们用各种稀奇古怪的东西装饰自己、用各种稀奇古怪的言行美化自己，想证明自己的存在，却根本不知道自己是谁。

在这种迷乱的状态下，如何能找到真正的幸福呢？

幸福是一种心灵感受，它需要借助一定的物质基础，却不是物质手段能够简单制造出来的。真正的幸福，来自于心灵的觉醒。

有智慧的人，把幸福建立在"道"的追求上，而不依赖物质享受。他们心中坚定某个信念，并以保有这个信念为幸福。这并不是说，他们拒绝财富，拒绝物质享受。只不过，当财富和享受跟他心中的信念发生冲突时，他们会毫不犹豫地坚持自己的信念而舍弃其他。

有一次，墨子派弟子公孙让去向越王宣传墨家的政治主张。

越王听了很高兴，说："如果您的老师愿意来到敝国的话，我愿把阴江沿岸三百里的土地送给他。"

公孙让回来向墨子报告此事，并问："您愿意接受越王的封赏吗？"

墨子反问："你认为越王会实行我的政治主张吗？"

公孙让想了想，答道："据我观察，恐怕不能。"

墨子说："那我就不能接受越王的封赏了！"

公孙让问："如果得到封地，不是就可以在这里实践您的政治主张吗？"

墨子说："唉！不仅是越王不了解我的心意，连你也不了解。如果越王愿意听从我的主张，我自然会酌情去做。如果越王不接受我的主张，即使把整个越国都给我，又有何用？既然越王根本不会采纳我的主张，如果我接受他的封赠，就是拿原则做交易。如果要拿原则做交易，又何必舍近求远跑到越国去呢？我早就在中原地区有所收获了。"

公孙让惭愧地说："多谢老师教导，学生实在有些浅薄！"

那些得道之人对于道的执着，以及对于财富和物质享受的态度，确实是常人难以理解的。明明他们有机会轻松地提高生活品质，他们却宁可固守贫穷，也不舍弃自己的"道"。

我们普通人，很难达到圣人的境界。但是，我们想追求幸福的话，必须有一个人生目标。有了目标，你就能忍受辛劳、困苦、挫折，不顾一切地向目标进发，并在过程中品味到真实的幸福感觉。如果没有目标，哪怕坐在黄金盖成的屋子里，吃着世界上最好的饮食，你也只能得到短暂的快乐，而不是真正的幸福。

所以，追求幸福，要从心开始。

## 咬得菜根，百事可为

历代儒家都讲"义利"，虽然观点各有差异，但有一个共同点：富得有道，穷得有理。

程颐说："不愧屋漏，则心安而体舒。"如果不怕贫穷，就会心灵安逸、身体舒畅。别人都住高宅大院，我住在一所雨天必漏的破屋子里，仍然没有一点儿不好意思的感觉，仍能坦然对人，这种境界就不是一般人比得上的。但是，这里所说的贫穷，是指穷得有理的穷，如果是因为懒惰而致穷，仍然面无愧色，就不是境界高。

理学大师张载也说过类似的话："天下事，大患只是畏人非笑。不养车马，食粗衣恶，居贫贱，皆恐人非笑。不知当生则生，当死则死；今日万钟，明日弃少；今日富贵，明日饥饿，亦不恤，唯义所在。"意思是说：天下事，最大的麻烦是怕别人非议嘲笑。没有车马，吃粗粮，穿破衣，都怕人非议嘲笑。一般人不知道当生则生、当死则死的道理，也就是说顺其自然。如果懂得顺其自然，那么，哪怕今天俸禄万钟，明天粒米皆无；今天富贵过人，明天忍饥挨饿，这么大的变化，也不感到失落，始终与义同在，做恰当的事。

一个人如果一开始就贫穷，那么，他忍受贫穷的能力就比较强。像张载所说，"今日万钟，明日弃少；今日富贵，明日饥饿"，这么大的变化，没有多少人受得了。如果受得了，天下就没有受不了的事。有的人一夜暴富，兴奋发狂，所行之事都跟以前不同了，像换了一个人似的。有的人一夜赤贫，痛苦得受不了，其失落的心情可能要持续好几年。

　　但这种贫富落差，有一个人肯定受得了，那就是道家大师庄子。

　　有一次，庄子穿着一身补了又补的破衣裳，鞋子也破得套不住脚，只好拧了一股麻草将鞋子绑在脚上，然后去拜访魏王。魏王看到他的样子，吃惊地问："先生为什么会潦倒成这个样子呢？"

　　庄子纠正道："是贫穷而不是潦倒。读书人有事业，有德行，却实行不了，这就是潦倒。衣服破了，鞋子破了，是贫穷而不是潦倒。这就是常说的不遇时啊。大王难道没见过既会爬树、又跳得很高的猴子吗？当它找到了楠竹、楸树、樟树等高大乔木，便能攀缘着树枝，在林中荡来荡去，既惬意又自如，即使是后羿和逢蒙这样的古代射手，也不能轻视它。这是它遇到适合的环境时的情景。等到落到黄桑林、丛生的小枣树，乃至枳壳、枸杞这类低矮的林木中时，那它就只有小心翼翼地步行，连眼也不敢斜视。这并不是它的筋骨变得僵硬、不柔韧、不灵活了，而是环境不利，不能施展它的技能了。"

　　庄子说了这一大堆话，就是说明自己穷得有理，用不着愧疚。但是，庄子并非没有享受富贵的机会，只是他不愿意罢了。

　　有一次，楚威王派几位大夫充当使者，领着一队壮士，抬着猪羊美酒，带着千两黄金，驾着华丽的车马来到庄子家，想请他去楚国当卿相。

　　庄子对这意外的惊喜不放在眼里，洋洋洒洒地说了一套话："千金是重利，卿相是尊位，多谢你家大王。然而，诸位难道没有瞧见过君王祭祀天地时充作牺牲的那头牛吗？想当初，它在田野里自由自在，只是它的模样生得端庄一点儿，皮毛生得光滑一点儿，就被人选入宫中，给予很好的照料，生活是好多了，然而正所谓'喂肥了再宰'。到时，牛的大限已到，当此关头，这牛倘想改换门庭，再回到昔日劳苦的生活中去，还有可能吗？还来得及吗？那么，去朝廷做官，与这头牛有什么差别呢？天下的君王，在他势单力孤、天下未定时，往往招揽海内英雄，礼贤下士，一旦夺得天下，便为所欲为，视百姓如草芥。对于开国功臣，则怕其功高震主，无不杀戮，真所谓'飞鸟尽，良弓藏；狡兔死，走狗烹'。你们说，去做官又有什么好结果？放着大自然的清风明月、荷色菊香不去观赏享受，偏偏费尽心机去争名夺利，岂不是太无聊了吗？"

几位使者见庄子对世情功名的洞察如此深刻，也不好再说什么，只得怏怏告退。其中一位使者如受当头棒喝，决定上奏君王告老还乡。

庄子仍然过着洒洒脱脱的生活，或登山临水，笑傲烟霞，或冥思苦想，发为文章，在贫穷中享受人生的快乐和尊严。

道家的观念是视功名富贵如粪土，所以在名利面前，他们总是能保持平常心。但儒家不同，儒家并不厌弃富贵，只是厌弃非道而得的富贵。不厌富贵的人忍受贫穷当然比厌弃富贵的人更难。但真正的儒家仍能忍受。这种品格就非常值得敬佩了。

## 宁受损失，不弃信用

老子说："信不足焉，有不信焉。"别人不那么相信你，是因为你做过不守信用的事。老子在很多章节提到守信的重要性，例如"悠兮贵其言""希言自然"等。

为人处世，大概没有什么比诚笃守信、取信于人更为重要的了。《淮南子》说："人先信而后求能。"一个人有才能而少信用，难有作为；一个人才能平平而信用足备，却有可能成大器。中国古代历史上的一些政坛巨擘，比如刘邦、刘备、朱元璋这些人，学问并不高，也没有过人的智谋，却能成就丰功伟业；一些商界巨贾，如胡雪岩、王永庆这些人，读书并不多，也没有什么背景，却能富甲天下，一个很重要的原因是，他们具有很雄厚的信用资本。

大凡杰出人士，在谈论成功经验时，都认为做人的优秀品格比做事能力重要；在做人品格中，信用又列在首位。

信用是一个凝聚人心的磁场。事业越大，对信誉度的要求越高。这是因为，任何伟业，都不是独自一人能够完成的，必须有他人的参与，而且参与者人数越多、素质越高，事业就做得越大。但是，每个人做事都要求回报。你想让别人帮你做事，除非他们确信能从你这里得到回报。大家把智谋、体力交托给你，就像将钱存在银行一样。你这家银行光收钱不兑现，大家怎么敢往你这里存钱呢？如果大家对你确信无疑，就会全力以赴地为你做事，众志成城，什么大事不成？

信用具有难求易失的特点，一次失信，就像大厦坍塌了一样，重建非常困难。相反，办了蠢事，或许会蒙受局部损失，却不至于导致根本性危害。正因为如此，有时宁可办蠢事，也别丢掉信用。

三国时，诸葛亮四出祁山伐魏。魏明帝曹睿御驾亲征，率大军迎战。魏军有30余万，兵力众多，连营数里。面对兵多将广、来势凶猛的魏军，诸葛亮不敢轻敌，命令部队占据山险要塞，严阵以待。魏、蜀两军，旌旗相望，鼓角相闻，战斗随时可能发生。在这紧要关头，蜀军中有8万人服役期满，正整装待返故乡。如果这8万老兵离开，蜀军的实力会大打折扣，众将领都为此深感忧虑。那些服役期满的士兵们也在忧虑，生怕盼望已久的回乡愿望不能实现。

不少将领向诸葛亮建议，将8万老兵的退役期延长一个月，等打完这一仗再走。诸葛亮断然拒绝："统帅三军必须以绝对守信为本，我岂能以一时之需，而失信于军民？何况远征的兵士早已归心似箭，家中的父母妻儿终日倚门而望，盼望他们早日归家团聚，我怎能不考虑大家的感情呢？"于是，他下令各部，催促兵士登程。此令一下，那些退役士兵感激得涕泪交流，纷纷说："丞相待我们恩重如山。"他们都要求留下来参加战斗。那些现役士兵也受到极大鼓舞，士气高昂，摩拳擦掌，准备痛歼魏军。

诸葛亮在紧要关头不失信用，使还乡命令变成了战斗动员令。不久后，一战大败魏军，魏军被迫全线撤退。犒劳三军之时，诸葛亮尤其褒奖了那些放弃回乡、主动参战的士兵。

大战当前，让前线士兵复员回家，会大大削弱军队的战斗力，无疑是在办蠢事。诸葛亮这么聪明的人，为什么要做这种蠢事呢？这是因为，一时战斗失利，以后还可以再战；失掉了民心，以后如何凝聚众力？所以，诸葛亮宁可冒战斗失利的风险，也要对士兵、百姓讲诚信。这确实是一种大政治家才有的气度。

在生活中，我们不被人信任，肯定是做过不守信用的事。正如老子所说，"信不足焉，有不信焉"。因为信用这种东西难求易失。十次守信，可能被某一次不守信全部抵消。大多数人，并不是每一次都不守信，可能只是某几次没有兑现诺言就在他人心目中留下了不守信用的印象。一次不守信，可能使我们获得某种利益或可解决暂时的危机，但失去信用所隐伏的损失和危机更大。

所以，明智的人宁可蒙受眼前的损失，也不愿失去长期的信用。

## 好事坏事都不可做过头

君子和小人都有一个习惯：以己度人。君子以为别人都跟自己一样好，所以想做得更好，总是委屈自己、成全别人；小人怀疑别人都跟自己一样坏，所以想做得更坏，总是满足自己、损害别人。程颐说："君子常失于厚，小人常失于薄；君子过于爱，小人过于忍。"言之当也。

小人坏得过头，所使用的手段往往很卑劣，所造成的后果也是十分可怕的。战国时，春申君有个爱妾名叫余，一心想成为正室。如何让丈夫废掉原配妻子呢？她动起了歪脑筋。有一天，余哭哭啼啼地去找春申君，并揭开上衣，露出青一块紫一块的腰部给他看。春申君大吃一惊，忙问怎么回事。余说："我能够为您做妾，真是三生有幸。可是，我想侍候好夫人，就侍候不好您了；想侍候好您，就侍候不好夫人了。既然我无能，侍候不好两个主子，与其死在夫人手中，不如让您赐死，这样我也死得瞑目了。"

余的表演很逼真，春申君信以为真，立即废了正妻，立余为正妻。

后来，余生了儿子，又想废掉春申君的大儿子甲，好立自己的儿子为继承人。有一天，她把自己的内衣撕破，然后哭着去找春申君，说："我受您的宠爱这么久了，还为您生了孩子，甲不是不知道。今天早上我在后花园散步，他却要调戏我。我不敢玷污您的名声，拒绝了他，谁知他竟敢强行非礼，连衣服都被他撕破了。"

春申君怒火中烧，立即命侍卫把甲杀了。

余为了一己之私，竟不惜害人性命。这种心机，太恐怖了。

那么，君子好得过头，是否只有好处，没有坏处呢？不然。君子一味做好人，只管付出，不讲回报，看起来高风亮节，其实也是毛病。为什么呢？道理很简单：你付出了很多，却不追求应得的利益，并不是公平的结果。好比卖东西，一分货只卖半分钱，能说是公平买卖吗？你的慷慨大方搞乱了市场规则，对人对己对社会都没有好处。这绝不是"一个愿打，一个愿挨"的问题，将影响到大家共同的生存环境。

好得过头和坏得过头，都是在制造不公平。

这个世界的确需要同情，但更需要"等价交换"的规则。过多的同情心可能培养懒惰和不负责任，也可能使自己陷入困境。只有按"等价交换"的规则，让"多劳者多得"，让"不劳动者不得食"，才能维持人际关系的正常化和推动世界前进。

俗话说："一斗米养个恩人，一石米养个仇人。"过度的同情心会让人放弃做人的原则，放纵不理智的贪婪。所以，请慎用你的好心，不要帮别人启开贪欲之门。当有人需要帮助时，你可以适当施以援手，否则，他会将你的慷慨视为理所当然，绝无感恩戴德之心；一旦馈赠停止，仇恨便油然而生。正如《菜根谭》所云："千金难结一时之欢，一饭竟致终身之感，盖爱重反为仇，薄极反成喜也！"

帮助朋友，是否得到回报，不是大问题，开心即是回报。如果他讲感情，讲义气，有才能，又肯上进，帮助他何乐不为？但有两种人绝不可帮：一种是极端自私的人；一种是依赖心理特别强的人。

极端自私的人，总是以"我"为先，记过忘恩。他把朋友的帮助看成自己的权利。无论你给予他多少温暖，都不能融化他心中的坚冰，只需一点点伤害，就能点燃他心中的怒火。他对于侵害朋友的利益，从来问心无愧。

依赖心理特别强的人，一旦你决定帮他，他就把自己应该挑的担子全压在你身上。他的作风是，利在情在，利走情亡，"有奶就是娘"。他不愿背叛你，但如果背叛你有利可图的话，他也不会客气。

这两种人绝不可帮，甚至应该回避交往。如果你因为帮他们惹上麻烦，那是你识人不明。

## 勿以一己好恶论是非

程颐说："常人之情，爱之则见其是，恶之则见其非。"一般人的心理是，喜欢一个人，就觉得他什么都对；厌恶一个人，就觉得他什么都不对。事实确实如此。如果问一个男人或女人喜欢恋人的什么，答案通常是：我喜欢他（她）的一切。难道恋人的一切真的那么好吗？不一定。因为爱，即使不好也觉得很好。等到某一天情爱转淡，理智地看，好就是好，不好就是不好，看得明明白白。等到某一天关系转恶，眼睛可能变成"放大镜"和"哈哈镜"，不好的愈见其坏，好的也扭曲变形。

很少有人能不带情绪地对他人他事作出判断。所以程颐说："故妻孥之言，虽失而多从；所憎之言，虽善为恶也。"妻子、情人的话，虽然是错的，也经常听从；讨厌的人说的话，再对也像谬论。"妻孥之言"，犹如我们现在所谓的"枕边风"，很多聪明人被"枕边风"一吹就昏头昏脑，办事也糊涂起来。有的人被"枕边风"吹成了贪官，有的人被"枕边风"吹进了监狱，有的人被"枕边风"吹掉了性命。俗话所谓"家有贤妻，不受孤凄"，不无道理。

人的好恶情感不是恒定不变的，也许一件小事就能让一个心情不快的人开心起来，也许一句话就能让一个人的好感变成恶意。这样一来，对人的看法也会随时而变。

古时，有个名叫祁射子的贤士去见秦惠王，交谈之后，秦惠王很欣赏他的才能，想重用他。有人心里嫉妒，就在秦惠王面前讲祁射子的坏话。当祁射子第二次去见惠王时，秦惠王的态度变得很不友好，祁射子只好识趣地离开了。不是祁射子有什么改变，也不是他说的话不同，而是对方的心情不同了。

因此，程颐说："苟以亲爱而随之，则是私情所与，岂合正理？"如果因为喜欢某人而听从他的意见，这是私情往来，哪合正理呢？其实，当一个人受情绪左右时，理智的力量已经变得很弱小，哪管得了什么正理，甚至连显而易见的危机也看不见了。

吴起是一位出色的军事家，他帮助魏王治理西河时，秦军不敢越雷池一步。秦王为了实现统一天下的野心，派人向魏王实施离间计，说吴起占据西河，意图谋反。魏王相信了，立即召回吴起。

吴起离开时，望着西河，泪流满面。车夫不解地问："您志向高远，把放弃天下看得像抛弃一只破鞋子一样。现在您离开西河这么一个小地方，却哭起来。这是为什么呢？"

吴起说："唉！你不知道啊！国君如果真的了解我，让我把才能都发挥出来，一定可以灭掉秦国，凭着西河就可以成就霸业。但国君并不了解我的志向，却听信小人的谗言。西河不久就会成为秦国的领土，魏国也将从此衰弱了！"

果然，吴起一离开魏国，秦军就攻占了西河，并进而灭掉了魏国。

当初，魏王只需稍稍动一下脑子，就知道吴起对自己是多么重要。可是他受到挑拨后，对吴起的好感全都变成恶感，连想一想他的好都不愿意了，又哪能想到国破身亡的结局呢？

孔子曾说："浸润之谮，肤受之愬，不行焉，可谓明也已矣。浸润之谮，肤受之愬，不行焉，可谓远也已矣。"意思是：防止谗言、诽谤左右自己的好恶情感，确实是保持理智的可用之方。如果做不到的话，不妨采用变通的办法：当你对一个人充满喜爱时，就要考虑是否忽略了他的缺点；当你对一个人充满厌恶时，就要考虑是否忽略了他的优点。如此，就能有效降低好恶情绪对自己的伤害。

## 有一颗守规矩的心

一个曾在德国留学的学生讲过这样一件事，她说："1993 年的除夕之夜，我在德国的明斯特参加留学生的春节晚会。晚会结束后，整个城市已经熟睡了，在这种时候，谁不想早点儿到家呢？我和先生走得飞快，只差跑起来了。"

"但没想到的是，刚走到路口，红绿灯就变了。面向我们的行人灯变成了'止步'：灯里那个小小的人影从绿色的、甩手迈步的形象变成了红色的、双臂悬垂的立正形象。"

"如果在别的时候，我们肯定停下来等绿灯。可这会儿是深夜了，马路上没有一辆车，即使有车驶来，500 米外就能看见。我们没有犹豫，走向马路……"

"'站住！'身后，飘过来一个苍老的声音，打破了沉寂的黑暗。我的心悚然一惊，原来是一对老年夫妻。我们转过身，歉然地望着那对老人。老先生说：'现在是红灯，不能走，要等绿灯亮了才能走。'"

"我的脸忽地烧了起来。我喃喃地道：'对不起，我们看现在没车……'"

"老先生说：'交通规则就是原则，不是看有没有车。在任何情况下，都必须遵守原则。'"

"从那一刻起，我再也没有闯过红灯。我也一直记着老先生的话：'在任何情况下，都必须遵守原则。'"

俗话说：没有规矩，不成方圆。社会是以原则为纲的，做人有做人的原则，做事有做事的原则，不遵守原则，不按规矩办事，必然导致整个社会系统功能紊乱，社会也就不成其为社会了。

人与人之间的交往也是有其特定的原则的。虽然大多数人都清楚这些规矩和惯例，但并不是所有的人在所有的时候都能够很好地遵守。他们就像那位留学生一样，常在自认为是无关紧要的时候忽略这些原则的重要性，不仅给别人添堵，也给自己制造麻烦。

## 守住做人底线

做人，要讲究原则。原则是为人处世的最底线，没有这条线，就好像长跑运动员起跑的时候没有起跑线，该结束时又不知道在什么地方结束一样，前进没有了目标，后退也乱了分寸。做人，应该守住自己人生的底线。

在这个世界上，我们不可做的事实在太多，如不投机取巧，不感情用事，不忽冷忽热，不滥发脾气，不标榜自己，等等。如果你非要去做不可，别人就会冷漠你、疏远你，把你抛进人际关系的孤寂冰缝中，试问你还能做得成"人"吗？

谁都无法为你设计规定出应该去做什么、怎么做的蓝图，因为每个人的条件、处境、志趣、价值选择有很大不同。但是我们至少可以建议他们不要去做什么，不要去做蠢事坏事，不要去做逞一己之私愤而置后果于不顾的不负责任的事，等等。

以下是一些做人需守住底线的最起码的要求，只是一点儿建议，或许对你判断什么能做有所帮助和启迪。

一是不要反科学、反常识、违反客观规律地一厢情愿地做，即蛮干，如企图用群众运动来破百米短跑的世界纪录。

二是不要为了自身的需要而乱做。前不久，我看到过一篇微型小说，讲的是一个老人病了，他的几个孩子为了表达孝心，纷纷找一些江湖术士给老爷子治病，结果把老爷子吓跑了。说的就是这个意思。

三是不要过度地做。一件事也许你只需要找几个人帮忙就可以办成。但如果你找了十几个、上百个呢？你能保证这些人都处在同一条战线上吗？这只能引起大反感、大麻烦，能办成的事最后反而办不成了。

四是不要斤斤计较、得不偿失地做。为了一点儿蝇头小利而大动干戈，徒然贻笑大方，造成的后遗症则更是不堪设想。

五是不要做那些丢人现眼的事，如钻营、吹嘘、卖弄、装疯卖傻……

六是不要放肆张扬、咋咋呼呼地做……

人生苦短，百年一瞬，大家不可能都取得一样的成就，普通人可以把生命和精力，把有限的时间放在应该有的行为上，认真工作，用心享受生活，心安理得地过完一生。

## 失去诚信最可怕

恪守诚信，是一个非常重要的交际原则。没有人际交往就无所谓信用，只有在人与人的交往中才出现信用问题。人离不开交往，交往离不开信用，只有坚持诚信原则的人，才能赢得良好的声誉，他人也才愿意与其建立长期和稳定的交往关系。

东周时期，晋国晋文公重耳即位之后，有些诸侯小国不愿意臣服他。原国虽然是小国，可是因始封之君是周文王的儿子，怎么甘愿承认从国外逃亡归来的重耳成为他们的霸主呢？于是不断挑起边衅，制造事端。晋文公为了平息动乱，为自己的霸业打好基础，决定讨伐原国。

战前，晋文公亲自部署作战方案，并作战前动员。他与士兵约定："根据我们的军事力量和原国的战斗实力，我们能够速战速决。以七天为限，降服原国。"

但这次战争的结果却出乎预料。原国的将士们在强大的晋国面前英勇顽强，沉着应战，尽管他们伤亡惨重，给养困难，但仍有拼死决战的势头。

七天期限已到，原国仍然十分顽强。晋文公为遵守诺言，便坚定地下达了撤离的命令。眼见原国已经接近绝路，军官们纷纷向晋文公进谏，请求再坚持一下，大家一致表示："只要再坚持三天，原国军队就会完全崩溃，只有投降臣服的路了。"

面对原国即将陷入绝境以及军官们纷纷请战的局面，晋文公坚定地说："君主应当言而有信，遵守诺言是国家得以昌盛的珍宝，也是军队能够立于不败之地的珍宝，为了降服原国而失掉如此贵重的东西，我们值得吗？我们合算吗？"

这一次，晋文公虽然没有征服原国，但他言出必践的事情却传遍了周边的国家。

第二年，晋文公又一次发兵攻打原国。这次他与士兵约定并向外宣布："这一次，我们必须坚持到底，达到彻底征服原国的目的后再返回。"

原国人听到这个约定，知道晋文公不达目的是不会罢休的。于是战幕还没有拉开，就投降了。另外一个一直不肯臣服的卫国，也归顺了晋国。

"诚信者，天下之结也"，这是中国古人从帝王到百姓都信奉的处世立世之本。孔子说"民无信不立""与朋友交，言而有信"，就是强调人们必须把守信用作为人生的重要信条。

要想建立良好的声誉，获得别人的好感，你必须看重诺言的价值。一旦失信，你失去的可能不仅仅是一笔巨大的财富，更可能是你的人品。

狼来了不可怕，失去诚信最可怕。确实，在人际关系越来越复杂，越来越重要的社会里，诚信必须恪守，必须永远铭记。

## 不要输掉"精气神"

英雄可以被毁灭，但是不能被击败；英雄的肉体可以被毁灭，可是英雄的精神和斗志则永远在战斗。

大部分人在一生中都不会一帆风顺，难免会遭受各种挫折和不幸。但是成功者和失败者一个非常重要的区别就是：失败者总是把挫折当成失败，因而每次挫折都会动摇他胜利的信念；成功者则从不言败，在一次又一次的挫折面前，总是对自己说："我不是失败了，只是还没有成功。"一个暂时失利的人，如果继续努力，打算赢回来，那么他今天的失利，就不是真正的失败。相反的，如果他失去了再战斗的勇气，那就是真输了！

美国著名电台广播员莎莉·拉菲尔在她30年的职业生涯中，曾经被辞退18次，可是她每次都放眼最高处，确立更远大的目标。最初由于美国大部分的无线电台认为女性不能吸引观众，没有一家电台愿意雇用她。

她好不容易在纽约的一家电台谋到一份差事，不久又遭辞退，说她跟不上时代。莎莉并没有因此而灰心丧气。她总结了失败的教训之后，又向电台推销她的节目构想。国家广播公司电台勉强答应了，但提出要她先在政治台主持节目。"我对政治所知不多，恐怕很难成功。"她也一度犹豫，但坚定的信心促使她去大胆地尝试。她对广播早已经轻车熟路，于是她利用自己的长处和平易近人的性格，大谈即将到来的7月4日国庆节对她自己有何意义，还请观众打电话来畅谈他们的感受。听众立刻对这个节目产生了兴趣，她也因此而一举成名。

如今，莎莉·拉菲尔已经成为自办电视节目的主持人，曾两度获得重要的主持人奖项。她说："我被辞退18次，本来可能被这些厄运吓退，做不成我想做的事情。结果相反，是它们鞭策我勇往直前。"

有些人总把目光拘泥于遭受挫折的痛感上，这样就很难再抽出身来想一想自己下一步如何努力，最后如何成功。

所以，无论遭受多少挫折，无论输多少次，也不能输掉自己的"精气神"。

## 天道无亲，常与善人

老子在《道德经》中说："天道无亲，常与善人。"意思是说：天道没有偏心，却经常帮助好人。

既然天道没有偏心，为什么经常帮助好人呢？难道这不是对好人偏心吗？非也！天道帮助好人，是"不帮之帮"，是"无为之爱"。也可以说，是"道"在自然运行的过程中，使好处自然而然地流到好人这里，就像水自然而然地流到比较低洼的地方一样。

天道的运行，确实存在某种玄妙之处，它在若有若无、若隐若现中，无声无息地发挥着作用。

有时候，人们认为"好心有好报"，可是等了许久，没看见"好报"在哪里。

有时候，人们认为"好心无好报"，事后却惊讶地发现，"好报"大得惊人。

这其中的"道"，不是人们能够完全看透的。但是，人们看不透，不等于"道"不存在。不管能否看透，相信"好人有好报"，总是不错的。

当我们帮助别人时，也许是在以一种看不见的形式帮助自己。正因为看不见，就好像是在做一件只有付出没有收获的傻事。事后才可能看清做好事与得好报之间的内在逻辑。

一天，旅行家辛格和一位朋友正穿越喜马拉雅山脉的某个山口。在跟一场暴风雪搏斗了将近 3 个小时之后，他们筋疲力尽，又冷又饿。

忽然，他们看见雪地上躺着一个昏迷不醒的人，半个身子已被雪掩埋。辛格顿生恻隐之心，蹲下来一检查，发现这个人还活着，只是被冻晕了。辛格跟朋友商量要不要设法带走这个倒霉的家伙？朋友惊叫起来："别干傻事，辛格！我们自身难保，带上一个累赘，我们都会丧命的。"

辛格略一犹豫，决定帮助这个半死不活的人。他叫朋友将此人扶到自己的背上。朋友冷冷地说："既然你执意要救他，那么好吧，这是你的事，跟我无关！"说完，朋友独自走了。

辛格费了很大的劲儿才把这个昏迷的人扛起来放在自己背上，一步一步地往前走。这个人很重，尽管是在冰天雪地里，但走不了多久，辛格已浑身发热。他的体温使背上那个冻僵的躯体温暖起来。那人活过来了。没过多久，两人便并肩前进了。

当他们走到另一个山口时，辛格发现他那位独自离去的朋友正躺在雪地上，已经冻死了。

当辛格和他的朋友遇到一个冻得半死不活的人时，他们哪能知道救不救这个人跟自己能否活下来有很大关系呢？朋友以为不救这个人才有生机，谁知却冻死了；辛格为一个需要帮助的人提供了温暖，他也因为这温暖而存活。这就说明，只有互相帮助，才符合天地之道啊！

有时候，好事做过了，好报得到了，事后也不一定知道自己已经得到了好报。如果不是因缘巧合，得到好报的人也许一辈子都不知道自己竟是"天佑善人"的受益者。

第二次世界大战期间，艾森豪威尔出任盟军统帅。他的军队将法西斯军队打得节节后退，形势一派大好。一天，艾森豪威尔带着随从，冒着纷飞的大雪，驱车赶往总部开会。

在刚刚解放的法国，一切百废待兴，正常的交通尚未恢复，路上几乎没有什么车。忽然，艾森豪威尔看到路边有一对年老夫妇，他们满面愁容，相拥而坐，在寒风中瑟瑟发抖。艾森豪威尔立即命令停车，让翻译官下去了解情况。一位参谋劝阻道："我们得赶回总部开会，这种小事还是交给当地警方处理吧！"

艾森豪威尔不以为然地说："等警察赶到，他们早就冻僵啦！"

翻译官走过去一问，原来这对老夫妇准备去巴黎投奔儿子，由于车子抛锚，不知如何是好。翻译官向艾森豪威尔汇报了情况，也建议通知地方警察来处理。

但艾森豪威尔知道，在这种恶劣的天气里，警察需要好几个小时才能赶到，谁也无法保证两位老人在这几个小时里不会发生什么事。他想，如果让司机把车开快一点儿，即使绕道去一趟巴黎，也不会耽误开会。于是，他当即请老夫妇上车，将他们送到了他们想去的地方。

事情到此，艾森豪威尔算是做了一件好事，他得到好报了吗？他在战争中赢得的巨大声誉，能算在这件好事的账上吗？恐怕谁也不会这么认为。

然而盟军在打败德军后，缴获到一份情报，才发现了一个惊人的秘密：就在这一天，几个纳粹狙击手埋伏在艾森豪威尔常走的那条路上，他们精确算好了时间，校正了准星，只要艾森豪威尔出现，他们准能敲碎他的脑袋。没想到，艾森豪威尔却因为两位老人，临时改了道。

在生活中，每个人都做过好事，是否得到了回报呢？不知道。也许你就像艾森豪威尔一样，早就在不知不觉中得到了回报呢！只不过你做的好事不够多，回报不明显罢了。那个你曾经帮助过的人，也许正是你的救命天使呢！

不管做坏人有没有恶报，做坏人的滋味都不好受；不管做好人有没有好报，做好人的感觉都很好。

所以，安心做一个好人吧！

第八章

达观生活，乐观立世

## 幸福来源于简单的生活

幸福来源于"简单生活"，文明只是外在的依托，成功、财富只是外在的荣光，真正的幸福来自于发现真实独特的自我，也就是要永远保持心灵中的那份宁静。

有一个女孩子，她生性乐观积极，也很懂得将日子过得有声有色，更知道如何排解自己的不快。

清晨醒来，她会对镜中的自己大声说："今天是个好日子。"

然后刷牙，想着刷牙是一件多么令人愉快的事，牙齿将变得洁白干净，不会受到蛀虫的侵袭，口气清新。

洗脸也是一件非常愉快的事，因为清水的浸润，会使脸上的皮肤感到无比的舒畅。这都使她的脑细胞感到无比快乐。

她把细胞快乐论告诉人们，如果我们身上的每一个细胞都很快乐，我们自身当然也会非常快乐。因为人的身体是由无数兆个细胞组成的，所以让所有细胞和睦相处，是生活中最重要的一桩大事。

女孩的细胞快乐论正是告诉人们必须从内心深处去爱自身的每一个细胞，不停地与它们对话，让这些原本就健康、活跃的细胞发挥正常的功能。

虽然有人觉得这种与细胞对话的方式有些可笑，不过既然是一个不错又简便的方法，就值得试试。渐渐地，你的生活模式就会发生改变。

每天清晨起床，对镜中的自己说："今天将是美好的一天。"

总是保持着笑容，变得比以前开朗，不再把事情看得太严重，反正天塌下来还有别人顶着，无论何时、何地，总是积极地挑战明天。开始懂得与大家和睦相处，而不是明争暗斗，从心底去爱人，而不是做做表面文章……

不要过于以自我为中心，不要将工作、赚钱的行为视作生活的全部。

当消极心情出现时，要让自己的心情转换成积极心态；当忧郁心情出现时，要立即想办法将自己的心情调适到开朗的节奏。

人生只有一次，无可取代，为什么要因身外之物而烦恼，无缘无故地损伤了自己的细胞。

## 快乐人生靠自己

不论外在环境是狂风还是暴雨，只要心中有阳光，人生永远充满希望。

心理学家指出，每个人都具备使自己幸福快乐的资源，像谦虚、合作精神、积极的态度，还有爱心，这些特质几乎都可以在每个人的身上找到，只是许多人没有把这些"幸福快乐的资源"运用好。

每一个人都可以通过改变思想去改变自己的情绪和行为，从而改变自己的人生。我们每天遇到的事物都包含成功快乐的因素，取舍全由个人决定。因为所有事情和经验里面，正面和负面的意义同时存在，把事情和经验转为绊脚石或者是踏脚石，由你自己决定。

幸福快乐的人所拥有的思想和行为能力，都是经过一个过程培养出来的。在开始的时候，他们与其他人所具备的条件是一样的。

情绪、压力或困扰都不是源自外界的人、事、物，而是由自己内心的信念和价值观产生出来的。能给自己制造出困扰的人，当然也有能力替自己消除困扰。

## 点亮心灵之灯

在生命的旅途中，一定会遇到各种挫折和困境。这时，只要心里有坚定的信念，就一定会渡过难关。

一艘在大海上航行的船遇上了突如其来的风暴，不久就沉没了，船上的人员利用救生艇逃生。在大海中他们被海风吹来吹去，一位逃生者迷失了方向，救援人员也没能找到他。

天渐渐地黑下来，饥饿、寒冷和恐惧一起袭上他的心头。然而，他除了这个救生艇之外一无所有，灾难使他失去了所有，甚至还即将夺去他的生命，他的心情灰暗到极点，无助地望着天边。忽然，他似乎看到一片阑珊的灯光，他高兴得几乎叫了出来。他奋力地划着救生艇，向那片灯光前进，然而，那片灯光很远，天都亮了，他还没有到达那里。

他继续艰难地划着救生艇，他想那里既然能看到灯光，就一定是一座城市或者港口，生的希望在他心中燃烧着，死的恐惧在一点点地消失。白天时，灯光自然没有了，只有在夜晚，那片灯光才在远处闪现，像是在对他招手。

一天过去了，食物和水已经所剩无几，他只能尽量少吃。饥饿、干渴、疲惫更加严重地折磨着他，好多次他都觉得自己快要坚持不下去了，但一想到远处的那片灯光，他又陡然增添了许多力量。

第四天，他依然在向那片灯光划着，最后，他支持不住昏了过去，但他脑海中依然闪现着那片灯光。

晚上，他终于被一艘经过的船救了上来。当他醒来时，大家才知道，他已经不吃不喝在海上漂泊了三天三夜。当有人问他，是怎么样坚持下来的，他指着远方的那片灯光说："是那片灯光给我带来的希望。"

大家望去，其实，那只不过是天边闪烁的星星而已！

在每个人的生活中，都需要燃起这样的"灯火"，当我们被失败和挫折所打击时，抬头看看前面的灯火，便会心生勇气和力量，因为那是我们日夜企盼的目标，我们是那样地希望得到它，又怎会随便放弃呢？因为，它已在我们的眼前，它已并不遥远了啊！

## 换个角度，换种心情

新婚夫妇旅游结婚。在列车上，丈夫无意中将灌满开水的杯子碰翻了，"啪"的一声，杯子摔了个粉碎。新娘把嘴噘得老高，埋怨新郎："多不吉利呀！"两人为此事争吵，惊动了列车员。列车员弄清缘由后，笑着说："咳！我以为出了什么大不了的事，这叫岁岁（碎碎）平安。"新娘仍在嘟哝，列车员说，"那'啪'的一声，是为你们送行的，这叫一鸣惊人。你们一定会比翼双飞，事业有成。"这样一说，新娘破涕为笑。可见，同一件事情换一个角度看就会有不同的效果。

苏轼也以"横看成岭侧成峰，远近高低各不同"诠释了换个角度看这一法则。静止的山尚可以从那么多的角度去看，何况不断运动、变化、发展的事物？做人就该时时换个角度，人生才会更丰富。

　　生活中，这一方式还是很实用的，很能给自己带来好处。

　　好处一：使自己获得心理平衡。换个角度，你不仅会拥有一颗平静的心，更会拥有一分宽容与真诚。试想，面对强大的对手，弱小的你冲上去，必死无疑，转回去，就又有些失"体统"，只有换个角度，才能在不失身份的前提下获得一种平衡。生活中这样的事情很多，假如你事事都要刨根问底，弄出个此是彼非来，能顾得过来吗？这不就是"双赢"战略吗？

　　好处二：助自己成名。举凡名人，都对这一人生原则心照不宣。就如秦皇汉武，你知道的只是他们拥有文韬武略、济世安邦之才，以及豪迈壮观的风度。有没有想过孟子的话，"天将降大任于斯人也，必先苦其心志，劳其筋骨，饿其体肤，空乏其身，行弗乱其所为"。大意是：成就一番事业的人，是经历了众多磨难的。如果那时，他们没有换个角度看，在挫折中寻找成功的话，必然是无法通过老天的考验的。

　　好处三：使自己安然度日，不被烦恼所困。郑板桥不就有一套得心应手的"糊涂哲学"吗？无非是要人什么都别计较，一团和气地过日子，也是一个高明的角度。日常生活中磕磕绊绊的事总是接连不断，你若要认死理，事事较真，那一生恐怕没有几天安宁日子。相反，对于家事、琐碎事，常从对方的角度想想，或者干脆就接受对方的想法，毕竟家和万事兴，稳定压倒一切。

　　好处四：说服他人。撰写过多本世界畅销书的卡耐基曾遇到过这么一件事。一次，卡耐基租用某家大礼堂来讲课，对方提出要增加三倍租金。卡耐基与其经理交涉说：我接到加价的通知，有点儿惊讶，不过这不怪你。因为你是经理，你的责任是尽可能盈利。紧接着，他为经理算了一笔账，将礼堂用以举办舞会或者晚会当然会获大利，但你撵走了我，也等于撵走了成千上万有文化的中层管理人员，而他们光顾贵处，是你花钱也买不来的活广告。那么哪样更有利呢？经理被他说服了。

如此这般，不胜枚举。由此可见这一生活原则的巨大魅力。

时光易逝，经历本就是一种财富，换个角度，想想对方，想想不如自己的人，你会惊喜地发现，自己的生活原来也是充满欢乐的，甚至忧愁、烦恼也成了幸福生活中的调味品，令人难忘。

换个角度，就会换个心情。用宁静的心看看周围的熙熙攘攘，你会在热闹中享受心灵的宁静。

换个角度，也就会换个活法。退一步海阔天空，换个角度，就能理解环卫工的辛苦，就能体谅营业员的繁忙，就能少一分不满而多一分宽容，少一点儿牢骚而多一点儿爱心。

## 守住生活的阳光

一个人要想活出自己的风采，就要守住自己心中那片灿烂的阳光。这里所说的阳光就是指自己的尊严。曾经听过这样一句话：喜欢自己，就要学会善待自己、欣赏自己，使自己像阳光那样热情奔放，不可或缺，让自己的尊严高高飞扬，活出真正的自我。

如果你不明白，你可以读一读安迪的故事。

纵使在美女如云的深圳，安迪也算得上一个天生丽质、秀外慧中的女孩。所以，她轻而易举地找到了一份好工作——在一家合资公司任总经理秘书。

而现在，安迪却辞职到一家酒店餐饮部去工作，成了普通的服务生。这种落差让人惊诧。"你该知道的，我的上司是一个衣冠楚楚的人，但遗憾的是他也就仅仅衣冠楚楚罢了。"安迪淡淡一笑，"所以我辞职的时候什么都没带走，我只要回了我自己。"

或者，安迪应该说，她只是捍卫了她做人的尊严，或者她守护了她理想中那片粲然的阳光。

安迪说她永远忘不了这个小故事：从前，一个国王看见一个躺在马路上的乞丐，这个国王一时恻隐心起，问乞丐："你需要得到我的帮助吗？"那衣衫褴褛、蓬头垢面的乞丐望了望国王，说："需要，请站到一边去，别挡住我的阳光。"

"所以，"安迪说，"一个自尊自强的人总会活出自己的风采。因为纵使身处逆境时他还有资格对别人说：'别挡住我的阳光！'"

在乐观的期待中，拥有坚定的信仰；拥有了坚定的信仰，再努力向上，必定会有美满的成功。让我们相信明天更美好！

## 用微笑驱散愁云

没有什么东西能比一个灿烂的微笑更能打动人的了。

微笑具有神奇的魔力，她能够化解人与人之间的坚冰；微笑也是一个人身心健康和家庭幸福的标志。

无论你在什么地方，无论你在做什么，在人与人之间，简单的一个微笑是一种最为普及的语言，她能够消除人与人之间的隔阂。人与人之间的最短距离是一个可以分享的微笑，即使是你对自己微笑，也可以使你和自己的心灵进行交流。

一旦你学会了阳光灿烂地微笑，你就会发现，你的生活从此变得更加轻松，而人们也喜欢享受你那阳光灿烂的微笑。

百货店里，有个穷苦的妇人带着一个约4岁的男孩在转悠。他们走到一架快照摄影机旁，孩子拉着妈妈的手说："妈妈，让我照一张相吧。"妈妈弯下腰，把孩子额前的头发拢在一旁，很慈祥地说："不要照了，你的衣服太旧了。"孩子沉默了片刻，抬起头来说："可是，妈妈，我仍会面带微笑的。"

当我们读到这则故事，相信每一个人的心都会被那个小男孩的话所感动。

如果你在生活的摄像机前也像那个贫穷的小男孩一样，穿着破烂的衣服，一无所有，你能坦然而从容地微笑吗？

面对亲人，你的一个微笑能够使他们体会到在这个世界上，还有另外一个人和他们心心相连。

面对朋友，你的微笑能够使他们体会出世界上除了亲情，还有同样温暖的友情。

阳光般的微笑是你畅行无阻的通行证。

不仅如此，你的笑容，甚至能带来巨大的成功。

美国旅馆大王希尔顿于1919年把父亲留给他的1.2万美元连同自己挣来的几千美元进行了投资，开始了他雄心勃勃的经营旅馆的生涯。当他的资产奇迹般地增值到几千万美元的时候，他欣喜而自豪地把这一成就告诉了母亲。

出乎意料的是，他的母亲淡然地说："依我看，你和以前根本没有什么两样……事实上你必须把握比5100万美元更值钱的东西：除了对顾客诚实之外，还要想办法使来希尔顿旅馆的人住过之后还想再来，你要想出这样一种简单、容易、不花本钱而行之久远的办法去吸引顾客。这样做的旅馆才有前途。"

经过长时间的摸索，希尔顿找到了具备母亲说的"简单、容易、不花本钱而行之久远"四个条件的东西，那就是：微笑服务。

这一经营策略使希尔顿大获成功，他每天对服务员说的第一句话就是："你对顾客微笑了没有？"即使是在最困难的经济萧条时期，他也经常提醒职工们记住："万万不可把我们心里的愁云摆在脸上，无论旅馆本身遭受的困难如何，希尔顿旅馆服务员脸上的微笑永远是属于旅客的阳光。"就这样，他们度过了最艰难的经济萧条时期，迎来了希尔顿旅馆业的黄金时代。

经营旅馆业如此，其他行业又何尝不是如此呢？生活中遇到的一切烦恼，又何尝不能用你的微笑化解呢？

## 放松生命之弦

一块发条永远上得很足的表不会走得长久；一辆马力经常加到极限的车不会开得长久；一根绷得过紧的琴弦易断；一个心情日夜紧张的人易病。所以善用表的人不会把发条上得过足；善驾车的人不会把车开得过快；善操琴的人不会把琴弦绷得过紧；善养生的人不会使心情日夜紧张。

使心情轻松的第一要诀是"知止"。懂得适可而止，于是心定，定而后能静，静而后能安，静且安，心情还有什么不轻松的呢？

使心情轻松的第二要诀是"谋定后动"。做任何事情，要先有周密的安排，安排既定，然后按部就班地去做，就能应付自如，不会既忙且乱了。在这瞬息万变的社会里，当然也免不了会出现偶发事件，此时更要沉住气，详细地安排。事事都要谋定后动，就一定能像谢安那样，在淝水之战最紧张时还能有闲情逸致下棋了。

使心情轻松的第三要诀是不做不胜任的事。假如你身兼数职，顾此失彼；或用非所长、心余力绌，心情又怎能轻松呢？

使心情轻松的第四要诀是"拿得起，放得下"。对任何事都不可一天 24 小时地念念不忘，寝于斯，食于斯。否则，不仅于身有害，且于事无补。

使心情轻松的第五要诀是心情轻松地工作。尽管工作紧张，但心情须轻松。在你肩负重担的时候，千万记住要哼几句轻松的歌曲。在你因工作疲惫写文章写累了的时候，不妨听听音乐。要知道，心情越紧张，工作越做不好。

使心情轻松的第六要诀是多留出一些富余的时间。好多使我们心情紧张的事都是因为时间短促，怕耽误事。若每一样事都多腾出些时间来，就会不慌不忙、从容不迫了。最好的办法就是把表拨快一定的时间。时时刻刻用表面上的时间提醒自己，如此则既不误事，又可轻松。

## 看开而不看破

真正看开的人，生死祸福等闲视之。万物皆有生有死，这是生命的自然规律。一个人的生是遵循自然界的运动法则而产生的，而一个人的死亡也是生命历程的自然终结，它是世界万物转化的结果，生好像是浮游在天地之间一样，死则恰似休息于宇宙怀抱之中，这一切实际上没有什么大惊小怪的，生也罢，死也罢，都是非常正常的。生有何欢，死又何惧。

庄子生命垂危时，他的弟子们商量如何为他进行厚葬。庄子知道后，幽默地对他的弟子们说："我死了以后，就用蓝天作棺椁，用光辉的太阳和皎洁的月亮当殉葬品，这些还不够吗？何必还要搞什么厚葬呢？"他的弟子们哭笑不得，解释说："老师呀，即使这样，我们还是担心乌鸦把您给吃了呀！"庄子说："扔在野地里你们怕乌鸦、老鹰吃了我，那埋在地下就不怕蚂蚁吃了我吗？你们把我从乌鸦、老鹰嘴里抢走送给蚂蚁，为什么那么偏心眼呢？"

如果能这般把生看得开，把死悟得透，才会活出生命的本真。生命诚然是宝贵的，然而它又是短暂的，因此活着就应当顺应自然，面对现实，笑对生活。

真正看开的人都不会执着于权势的追逐、金钱的获得、名利的获取，而是返璞归真顺应自然，保持人原有的质朴、纯真的自然之性，也即看庭前花开花落，望天边云卷云舒，宠辱不惊，物我两忘的恬适、超然的心态。

## 有力地驾驭自己的情绪

情绪是最难驾驭的，它因情随景，自然而生，还没等人想它，它自动就来了。打个比方，看见危险的事，自然会害怕；面临利害相关的事，自然会紧张；遇到伤心的事，自然会难过；遇到开心的事，自然会高兴；第一次在大庭广众之下登台，自然会紧张。

如果一个人能驾驭情绪，那他的心理素质就特别好，走到哪里都从容不迫，落落大方。我们常说"领导风度"，当领导的人，往往比普通人更善于控制情绪，这是他们最强的地方。把情绪控制住了，自然从容镇定，风度就显现出来了。

如何控制情绪呢？有三个要点：

1. 不怕丢脸

人有各种情绪，大部分可归结于怕丢脸。只要不怕丢脸，情绪就减少了一半以上。所以，不妨把脸皮磨厚一点儿。首先，不要把自己看得太重要，我说的某句话、做的某件事，也许根本不会引起别人的注意，更不会长期记在心上。想到这一点，说话、做事就不会处处要求自己表现出色了，胆子也就大起来。其次，不妨用一点儿反向思维。有人曾问爱因斯坦为什么穿一件旧大衣，他说："反正这个地方的人都不认识我。"过了一段时间，那人又问他为什么还穿着旧大衣，他说："反正这个地方的人都认识我了。"这种思维方法我们也可以借用：在陌生的地方，反正别人都不认识我；在熟悉的地方，反正别人都认识我，有什么可怕呢？

### 2. 保持镇定

不管是真镇定还是故作镇静，都要保持镇定。久了你会发现这项习惯让你获益甚多。

镇定是治事之要。它比才干更重要。一个人才干不凡，却没有一点儿临大事不动如山的镇定气象，难成大器。反之，一个人才干有所不及，只要足够镇定，仍足以担当重任。

镇定功夫要靠长期修炼，想一开始就达到"泰山崩于前而色不变""卒然临之而不惊，无故加之而不怒"的境界，是不可能的。修炼之法，最简便的莫过于故作镇定。遇到事情，再慌也别乱，先待在那里，等一等，看一看，不乱说，不乱动。这样的经历多了，自然不慌也不乱。当然也可以运用心理暗示法，比如，在心里告诉自己："难道他会吃了我？""天塌下来有地接着！"等。自我暗示有迅速消除恐惧之效。

### 3. 放低姿态

遇到任何人，都认为他比自己强、比自己厉害。这不是虚伪，更不是自惭形秽，而是一种调整心态的方法。大凡人站在高处才害怕摔下来；站在平地上，就不会有这种担心。放低姿态，就是把自己摆到最低处，就没什么可怕的了。这是老子推崇的方法，他说："夫唯不争，故天下莫敢与之争。"我把自己摆到最低处，并不跟人争高论低，还怕被人看低吗？我不跟别人争胜论负，还怕别人打败我吗？掌握了这种方法，心理素质立即提高三个等级。

第九章

在现实中处世，在人情中做人

## 交朋友的学问

孔子说："主忠信，毋友不如己者，过则勿惮改。"

孔子提倡"毋友不如己者"，就是不跟不如自己的人交朋友。这难道是说，应该设法抱权势人物的大腿、扯名流富豪的衣袖，而不把无权、无钱、无名的"三无人员"放在心上？如果这样理解孔子的话，就大错特错，错成势利小人了。孔子所谓"不如己"，是指品德、修养不如，而不是名利、权位、学问不如己。

在孔子看来，交友不仅是一种人际活动，也是一种自修方法。他说："与君子游，如入芝兰之室，久而不闻其香，则与之化矣；与小人游，如入鲍鱼之肆，久而不闻其臭，亦与之化矣。"这说明，他交友的选择对象侧重于品行方面。老是跟品德、修养胜于自己的人交往，就越来越接近君子了；老是跟品德、修养不如自己的人交往，就越来越接近小人了。当然，要向君子靠拢，还有一个要点：过则勿惮改。把别人的好处学到手，把自己的毛病改掉，这是最好的自修。

至于名利、权位、学问等方面，跟品德、修养并无必然联系，并不是孔子考虑的问题。他所交的朋友，并非个个地位崇高，贫贱者也不在少数。只要品德好、修养好，就值得一交。如果品行不端、人格有缺陷，别的方面再优秀，也不值得一交。

不过，交朋友是一个双向选择的过程，我想跟胜于自己的人交往，别人也可能有同样的想法。我想结交的人不想跟我结交，想跟我结交的人我不想结交，这不是矛盾吗？如何解决这个矛盾呢？要用诚心正道来解决，其要点有四：

1.以道交友，追求共同的人生目标。双方追求的目标相同，就可结伴而行，相互扶助。如果目标不同，自然只能各走各的路。三国时管宁和华歆绝交的故事，是大家都熟悉的。两人年轻时在一所私塾里求学，交情很好，经常在一起劳动、学习，形影不离。有一次，两人坐在同一张席子上读书，这时有一位大官乘车经过，管宁依旧读书，好像没事一般，而华歆却抛下了书本，跑出去看热闹，好像很羡慕的样子。管宁认为华歆贪慕富贵，跟自己志向不同，就把垫席割成两半，宣布绝交。管宁的做法虽然有点过火，但两人选择的人生道路不同，事实上也只能维持泛泛之交，很难做真心朋友。

如果双方道义相通、目标相同，哪怕身份地位悬殊，哪怕学问多寡不同，也能成为很好的朋友。"伯牙摔琴酬知己"的故事也是流传久远的。作为一个知名音乐家，却去跟一个樵夫交朋友，并且引为知己，是因为爱好相同、趣味相投。在革命战争年代，各方面相差悬殊的人，从五湖四海而来，集结到一起，同心同德，从事一项共同的事业，是因为目标相同、道义相通。

2.以礼交友。我们对任何人都要保持尊重、注意礼仪。对人轻率不恭，别人根本不愿走近，更谈不上成为真心朋友。

我们应该有这样的理念：每一个人都有可尊敬之处。不了解一个人而轻视他，是狂妄自负；了解一个人而轻视他，是愚昧无知。所以，对任何人都应该以礼相待。

3.以诚交友。与朋友结交，要真诚相待。但是，我们不能强求对方的真诚，如果我们重视对方，首先要向对方表达诚意。

4. 以义交友。做人要讲义气，"有福同享，有难同当"才是真朋友。管鲍之交传颂数千年，是值得我们学习的。鲍叔牙深知管仲有谋划大计、图成霸业的雄才伟略，他们共同做生意，管仲每次都要多分得些财物。鲍叔牙知道管仲家贫，并非出于贪心。他们一起办事，管仲经常惹麻烦，鲍叔牙知道这是运气不好，从不认为他愚笨；他们参加战斗，管仲多次逃跑回家，鲍叔牙知道他有高堂老母需要奉养，从不认为他怯懦。他们一起当官，管仲多次被炒鱿鱼，鲍叔牙知道这是因为没有遇到明君，并不认为管仲无能。后来，鲍叔牙将管仲推举给齐桓公，管仲才得以施展雄才伟略，助齐桓公图成霸业。难怪管仲感慨地说："生我者，父母也；知我者，鲍子也！"

交朋友时，如果见别人发达了就去趋奉，失意了就弃而远之，这不过是小人之交，是很难交到真朋友的。

5. 以信交友。朋友信服你，才愿意跟你保持友谊。这就要求你对朋友守信用。

老子说："大信不信。"意思是说，别人不相信你，是因为你不守信用。在生活中，有些人不知道信之重要，经常用虚言假意敷衍别人，久之必然失去别人的信任。这样怎么能交到真心朋友呢？

6. 以智交友。这不是说要用狡猾的手段骗取信任，而是要聪明地了解别人的个性，适应别人的个性。这样就能避免矛盾，保持友好的关系。

孔子就是一个特别懂得尊重他人个性的人。有一次，他想出门，却没有伞盖。一位学生说："子夏有伞盖，可以向他借。"

孔子说："子夏的为人，在钱财方面很小气。我听说与人交往，要发挥他的长处，避开他的短处，这样关系才能够长久。"

是啊，我们与人相交，最好顺而不逆，人家比较小气，何必要求他慷慨呢？人家性子比较急，何必顶撞他呢？人家沉默寡言，何必逼他开口呢？一个懂得顺应他人个性的人，他在人群中必然如鱼得水，关系顺畅。

## 交际中十条重要规则

在人际交往中要想成功，要想成就大事，必须遵循以下原则，这是专家学者们的精辟见解。

第一，切忌背后议论人。在与人接触交往中，要竭力避免背后议论人。不负责任的议论，不仅达不到交往的目的，而且会伤害感情。特别是在大庭广众之下，尽可能不揭别人的短处。

第二，说话要有分寸，有条理。与朋友、同事相处，有人总是抢话头，且说起话来没完没了，令人讨厌，时间长了就会被大家疏远。

第三，不显露有恩于别人。同事、朋友之间总会有互相帮助的时候，可能你帮别人多一些，但是，切不可表现出有恩于人，以免使对方难堪。

第四，不忘别人的恩德。别人对自己的恩德要时刻记在心上。无论谁的帮助，不论得益大小，都应适度地向人家表示感谢，这样既增进了感情，又发扬了"受恩不忘"的美德。

第五，做不到的就不要说。因对朋友说谎失去信任，这是极大的损失。所以，新老朋友相交，都要诚实可靠，避免说大话。要说到做到，不放空炮，做不到的宁可不说。

第六，不揭穿别人的秘密。不说穿别人的秘密是与人交往时的一条重要法则。每个人都有一些稳私，知道的不要说，不该你知道的不要问，因为这是于你于人都无益的事。

第七，要谦虚待人。在同事、朋友面前，不要把自己的长处挂在嘴边，老在人前炫耀自己的成绩，无疑是在抬高自己又贬低了别人，结果被人看不起。

第八，不要憨言直语。要广纳各方面的意见，不要只凭自己的一时冲动，说出冒犯对方的话，只有言词委婉得体，才能融洽感情，办成事情。

第九，要有助人为乐的道德感。

良好的道德观，是塑造成大事者形象和取得交际成功的重要环节。这要求成大事者有正义感，善于区别真善美、假丑恶。当别人有困难的时候，应该毫不犹豫地伸出援助之手，去关心、支持和帮助别人。既是互相交往，就应当相互尊重，相互帮助，这样才会受到别人的尊重。

第十，要有宽容的待人态度。同人打交道、交朋友，就需要设身处地为别人着想，要与人为善，宽容大度。要热情有度，真心待人，以此来赢得大家的信任、尊重和友爱，从而获得更多的朋友，历来的成大事者无不如此。

## 怎样结识新朋友

朋友是每个人都需要的，但是由于种种原因，很多人的朋友圈子都有一定的局限性。比方说，你身为教师，身边只有一帮当教师的朋友；你是一名工人，在身边活跃的只是一群工人。其实人生不应该这样。人生应该是绚烂多彩的，你可以拥有各种各样的朋友，关键是你要找对方法。通过朋友介绍朋友就是很不错的方法。当然并不是一经介绍你们就会成为朋友，你还要付出自己的努力。

与朋友介绍的朋友交往时，不可能一下子就进入状态，而是在交往过程中渐渐地融合到一起。俗话说，"一回生，二回熟"，只要你善于把握，就不难与对方建立起情感。

不论是害羞或是对陌生人没有安全感，大部分的人都不擅于与初次见面的人交往。在这种情况之下，不妨先从朋友的朋友开始交往，因为这时有已经熟悉的朋友在场，就比较容易从轻松的话题开始，说些笑话或调侃自己的话都是很有效的方法。事实上，这种方法也的确很有效。

经朋友介绍后，与新朋友第一次见面的印象，对日后的交往非常重要。在第一次见面时，仍然要坚持自然而又大方的原则，任何忸怩作态都是要不得的。交往是长期持续下去的，矫情的表现方式将不利于日后的交往，最好还是自然而真情流露。为了让陌生的对方能够了解自己，最好是先让朋友把自己的情况向对方作些介绍。

有了朋友的介绍和铺垫，可以及早完成"安全感—信任—了解"的交往过程。

在与新朋友交往中，为了打开对方的心胸，必先打开自己的心胸，以温馨的人情味将对方迎入自己的心中。

经由朋友介绍的朋友，比较容易在轻松的气氛下交谈。当然，朋友交往就是在有需要时能够互相协助，这并不是互相利用。在需要的时候，透过彼此熟识的朋友引见更容易见效。

此外，你也可以自己与对方联系，再把彼此交往的情况告诉彼此共同的朋友。但是，可不要超越了介绍的朋友，有些人就是因为忽视了原先的介绍者而遭到批评。如果处理得不好，你可能同时失去两个朋友。朋友交往时，有些礼仪还是要遵守的。

你也有受人之托代为照顾他的亲戚或朋友的经验吧！虽然是受人之托，但还是要忠人之事才行。因为这不但代表了你对托付的朋友所尽的一份心力，也是你拓展自己人际关系的大好时机。只要你躬身而行，你的朋友就会"满天下"。

## 跟不喜欢的人巧妙相处

我们都愿意和自己喜欢的人交往，而不愿意和自己不喜欢的人来往。但现实生活却不可能满足我们这一愿望。我们的邻居有可能正是我们不喜欢的：我们愿意安静，邻居则可能成天把音响开得震耳欲聋；我们喜欢清洁，邻居则总是把破破烂烂的东西堆满过道；我们不愿被人打扰，但邻居却经常喜欢到我们家里来借根葱要头蒜。在单位，也有我们不喜欢的同事，我们虽然尽量回避他们，但由于工作关系，我们不得不与他们打交道。我们为此而烦恼。

其实，这种烦恼是不必要的。人的一个主要特性就是社会性。马克思说过，人的本质是社会关系的总和。我们不可能离群索居。笛福笔下的鲁滨逊漂流到荒岛上，还会有一个"星期五"陪着，最后他还是回到了人群中。可见，人是不能脱离人群、脱离社会的。而如老话所讲："人上一百，形形色色。"生活中什么人都有。除了亲人、知己和朋友，我们还要学会和各种人打交道，包括我们不喜欢的人。

明人陈继儒说：居家不一定非要没有坏邻居的地方不可，聚会也不一定要避开不好的朋友。关键是自持，能够从"恶邻"和"损友"中汲取有益的东西。

陈继儒谈到了为人处世的一个重要原则，就是"自持"——自我控制欲望和情绪。能自持，就不怕"近朱者赤，近墨者黑"，即使生活在污浊的环境里，也能保持自己清白的人品。如果有一个恶邻或品德不好的朋友与同事，正可以锻炼自己的修养和定力。再说，"恶邻"和"损友"毕竟不是敌人，我们可以设法感化他们，他们身上也许还有一些东西值得我们借鉴。

从另一方面讲，人都有自己的生活习惯、做人方法，只要不是违法乱纪，我们也要尊重别人的选择，宽容别人。拿做邻居来说，当楼上在装修时，我们会为传来的刺耳的噪声而心烦意乱，对楼上人家非常有意见。但也有可能我们自己也要装修，噪声一样会打扰别人。这时我们就会体会到邻居之间相互担待、相互谅解的必要性。有些朋友（其实是熟人、老乡、老同学或同事）是有一些或许多我们看不上的毛病，但我们自己就没有毛病让对方也看不上吗？我们可以不喜欢"朋友"的毛病，包括品德上的缺点，但我们不应该排斥他这个人。

那么，该如何和自己不喜欢的人打交道呢？

一是"忍让"。宁可自己受些委屈或吃点亏，也不要为小事而与对方争个脸红脖子粗，甚至头破血流。清代时，当朝宰相张英与一位姓叶的侍郎都是安徽桐城人，两家毗邻而居。两家都要起房造屋，为争地皮，发生了争执。张老夫人便修书北京，要张英出面干预。这位宰相立即作诗劝导："千里修书只为墙，让他三尺又何妨？万里长城今犹在，不见当年秦始皇。"张家见书明理，立即把院墙主动退后三尺，叶家深感惭愧，也把院墙让后三尺。这样，让一让，出来一个六尺巷。

二是主动接近对方。你可以先伸出友好之手，主动和对方打招呼。对方原来可能怀有的对你的戒备心或敌意或将化解。你很客气地提出的一些问题，他们就可能会加以注意和改进。

三是把你想象成对方。站在对方的角度考虑问题，你就可能体会他们的想法，从而修正自己的一些不正确的做法。这有助于双方关系的改善。

四是接受他人的独特个性。人人都有特点，不要试图改变这个事实。接受他的本来面目，他也会尊重你的本来面目。不要强迫别人接受你的观念。

五是去想对方做对了的事。对方也有好的一面，试着去发现这一点。

六是以自己的言行去感化对方，影响对方。

## 与领导保持良好关系

领导是一个单位企业的实权人物，是办公室里的核心人物。如果你是办公室里普通一员，你就必须学会如何处理跟领导之间的关系。跟领导的关系处理不好，将可能影响到你的工作、薪资待遇，甚至前途等；处理好了与领导之间的关系，你办任何事情就容易多了。领导之所以成为领导，他有你所不及的地方，有你所没有的权力，有其特别之处，这些就是你办事的最好资源。

那么，怎样才能与上司保持良好的关系呢？任何一个领导都力争使自己主管的单位、部门做出卓越的成绩，拿出一些光彩的东西来，这样，他就自然而然地需要几个乃至一批兢兢业业、埋头苦干的下属为他创出业绩。所以，要想成为领导的得力助手，那就需要我们首先做好本职工作，有较强的敬业精神。

### 1. 对工作要有耐心、恒心和毅力

时常听到一些老同志告诫说"年轻人要能吃苦，沉住气"，的确有一定道理。经常为眼前利益所动的人能安心工作吗？有些人凭热情工作，情绪来了就好好干一阵，但坚持不久，三分钟热度，没兴趣时应付了事，或者是三天打鱼两天晒网。在领导眼中，这样的下属是靠不住的。偶尔表现一把，"过把瘾就死"的下属是成不了大事的。

### 2. 苦干要加巧干

勤勤恳恳、埋头苦干的敬业精神很值得提倡，但必须注意效率，注意工作方法。有很多人不能不说他工作认真、兢兢业业，但忙忙碌碌一辈子就是没干出多少成绩，不仅没得到领导的提拔，反而在领导和同事中留下了"笨"的印象，实在是太可惜。苦干是领导喜欢看到的，但领导更喜欢巧干高效率的下属。不妨设想一下，领导有同一项任务，交给甲需要一个月才能完成，交给乙可能仅需两周时间就完成，那么领导在用人时首先考虑的就可能是乙而不是甲。所以说苦干还要加上巧干，必须善于动脑子想办法，提高工作效率。

### 3. 敬业也要能干会"道"

"道"就是经过自己表白让领导知道或感受到你所付出的努力。工作中只干不会"道"的人实在是太多了。领导所能目睹的你的工作最多限于"八小时以内"，在下属与领导分开办公的地方，领导对下属的工作了解就更少了。有些人只顾埋头工作，工作完成后一交了事，与领导交流很少，缺乏沟通。有很多情况你不说出来，没有人会知道，而且领导一般都很繁忙，有这样

那样的事包围着他。你加了几个班、费了多大劲、流了多少汗水等，如果自己不主动说，领导一般都不会知道。而同事很少会在领导面前提你的情况，你所付出的汗水也就默默无闻地白白流掉了。这与老牛耕地情况不一样，老牛的一举一动，每一个步伐都能直接展现在扶犁者的眼前，哪头牛偷懒马上就会挨鞭子，哪头牛努力，扶犁者也很清楚。聪明的下属要既会做又会说，这样你的能力和付出才会被你的领导所知晓，他才会给你机会，让你展示实力。

### 4. 维护领导的权威

人都爱面子，这是人的天性使然。领导者则尤爱面子，很在乎下属对自己的态度，自己在下属面前是不是很有面子，很有权威。他们往往以此作为考验下属对自己尊重不尊重、会不会办事的一个重要"指标"。

从历史上看，因为不识时务、不看领导的脸色行事而触了霉头的人并不在少数，也有一些忠心耿耿的人因不会变通、不会迎合冲撞了领导而倍受冷落。现实中一些人有意无意地伤领导面子、损害领导的权威，这样做就刺伤了领导的自尊心，因而经常遭受冷落。即使很英明、宽容、随和的领导也很希望下属维护他的面子和权威，而对刺激他的人感到不顺眼。

唐太宗李世民是以善于"纳谏"著称的贤君，但也常常对魏征当面指责他的过错感到生气。一次，唐太宗宴请群臣时酒后吐真言，对长孙无忌说："魏征以前在李建成手下共事，尽心尽力，当时确实可恶。我不计前嫌地提拔任用他，直到今日，可以说无愧于古人。但是，魏征劝谏我、不赞成我的意见时，我说话他就默然不应。他这样做未免太没礼貌了吧？"长孙无忌劝道："臣子认为事不可行，才进行劝谏；如果只是随口附合，恐怕给陛下造成其事可行的印象。"太宗不以为然地说："他可以当时随声附和一下，然后再找机会陈说劝谏，这样做，君臣双方不就都有面子了吗？"唐太宗的这番话流露出他对尊严、面子和虚荣的关注，反映了领导的共同心理。

面子和权威之所以如此重要，根本原因在于他们与领导的能力、水平、权威性密切挂钩。一位牌技不高的科长在同下属打扑克时，常因输得一败涂地而对玩牌的人破口大骂，很明显地暴露出对下属"手下不留情"的不满，渐渐地，下属们不再同他一起打扑克，怕刺伤科长的自尊心。像这位科长一样小心眼的领导比比皆是，可谓防不胜防。平时娱乐时，一些人不喜欢和领导在一起，这方面的因素无疑是个障碍。得罪领导与得罪同事不一样，轻者会被领导批评或者大骂一番；遇上素质不高、心胸狭窄的人可能会打击报复，暗地里给你"穿小鞋"，甚至会一辈子钳制一个人的发展。扬雄在《法言·修身》中谈到"四轻"的危害时讲"言轻则招忧，行轻则招辜"，从与领导相处的角度讲，不慎言笃行，一旦冲撞了领导，就会影响你的进步和发展。

5. 服从第一

"恭敬不如从命"，这是条中国古老的至理名言。对领导，服从是第一位的。下级服从领导，是上下级开展工作，保持正常工作关系的前提，是融洽相处的一种默契，也是领导观察和评价自己下属的一个尺度。当然，服从也有善于服从，善于表现的问题。细心的人都可能会发现这样一个事实：在单位里，同样都是服从领导、尊重领导，但每个人在领导心目中的位置却大不相同，为什么会这样呢？这一问题的关键是能否掌握服从的艺术。有的人肯动脑子，会表现，主动出击，经常能让领导满意地感受到他的命令已经圆满地执行，并且收获很大。相反，有的人却仅仅把领导的安排当成应付公事，被动应付，不重视信息反馈，甚至"斩而不多奏"，结果往往事倍功半。

善于服从、善于表现要掌握火候，机会来临时，一定要紧紧把握。当领导交给的任务确实有难度，其他同事缩手缩脚时，你要有勇气出来承担，显示你的胆略、勇气及能力。敬业与服从，应该大力提倡。相比善于敬业、服从，巧于敬业、服从更为重要，因为，在丰收的田野上，农夫有理由让人们记住他挥洒的汗水和不辍的辛劳。这不是虚荣，是实实在在的人生需要，也是你迈向成功的平台。

人生三赢

赢在会应酬

连山　张宏伟
〵著

中国出版集团　现代出版社

**图书在版编目（ＣＩＰ）数据**

人生三赢 / 连山，张宏伟著 . -- 北京：现代出版社，2024. 7. -- ISBN 978-7-5231-1067-6

Ⅰ . ① C912.3-49

中国国家版本馆 CIP 数据核字第 202455YZ77 号

# 人生三赢

| 著　　者 | 连　山　张宏伟 |
|---|---|

| | |
|---|---|
| 责任编辑 | 陈佳懿 |
| 责任印制 | 贾子珍 |
| 出版发行 | 现代出版社 |
| 地　　址 | 北京市安定门外安华里 504 号 |
| 邮政编码 | 100011 |
| 电　　话 | (010) 64267325 |
| 传　　真 | (010) 64245264 |
| 网　　址 | www.1980xd.com |
| 印　　刷 | 唐山市铭诚印刷有限公司 |
| 开　　本 | 880mm×1230mm 1/32 |
| 印　　张 | 18 |
| 字　　数 | 450 千字 |
| 版　　次 | 2024 年 9 月第 1 版　2024 年 9 月第 1 次印刷 |
| 书　　号 | ISBN978-7-5231-1067-6 |
| 定　　价 | 128.00 元（全三册） |

人际关系学大师卡耐基说："一个人成功的因素，归纳起来，15％得益于他的专业知识，85％则得益于其良好的社交能力。"会应酬，大困难也会迎刃而解；不会应酬，小问题也会让你焦头烂额。应酬是一门深奥的学问，微妙而复杂，关涉心理、文化、传统、风俗、民情、禁忌等，要细细揣摩，更要不断积累和训练。一个应对老练、酬酢自如者，必定熟谙应酬的特征，并能灵活运用应酬的变通智慧。

应酬中有规则、有方法、有技巧，需要讲策略、讲变通。一个真正的应酬高手，应该掌握应酬的艺术，将应酬做得恰如其分，滴水不漏。这就如同自然界的优胜劣汰法则，不懂应酬的规则、方法和技巧必将被淘汰出局。应酬中，有些规则是显性的，明明白白，清清楚楚，人人都可以看得见，照着做就可以；也有些规则并没有明文规定，没有人说出来，但若不去遵守，必定会吃亏，就如同海底的暗礁，不知者容易触礁遇险，甚至船毁人亡，功亏一篑，这方面尤其要注意。

掌握应酬的规则、方法与技巧，是搞好人际关系的关键。懂得与客户应酬，自然能够源源不断地获得订单；懂得与上级应酬，能够轻松获得上级的赏识和支持，不仅开展工作顺利，更容易获得晋升机会；懂得与同事应酬，自然能够广泛借力，至少不会给自己的工作带来外在的障碍。生活中，人情往来、求人帮忙办事也用得上应酬功夫。应酬到位，不仅能广建人脉，维系好各种人际关系，办事也能达到事半功倍的效果。反之，可能导致事事难成。

本书将揭示应酬高手高情商应酬的核心秘诀，为你呈现应酬高手所深谙的应酬规则、所拥有的比普通人更高超的应酬技巧，帮你打破平庸的应酬模式，停止无效应酬，让你在职场、处世、情感、商谈、演讲等各种场景中游刃有余，轻松斩获应酬战果。书中汇集大量生动事例，结合不同场景，对应酬中的各种问题和关键点进行介绍，精辟透彻地分析其中的得失，让读者快速掌握交际应酬中的高超技巧，灵活机智地应对各种社交活动，在建立良好人际关系的同时，抓住机遇，成就事业。

# 目录

## 第三章　把握做人的分寸感，别让直性子害了你

## 第四章　学会说"不"的艺术，拒绝也不伤感情

第一章

天下没有陌生人，

一见面就让人喜欢你

## 第一印象塑造好，便可在对方心中留下深刻印象

日常生活中，我们都有过这样的体验，初次与人见面时，对方的容貌、举止、言谈、风度等某些方面会迅速地映在你的脑海中，形成最初感觉，即第一印象。第一印象主要源于人的直觉观察，根据直觉观察到的信息加以综合评判，然后以某种形式固定下来。

卡耐基认为，在社交活动中，第一印象很重要。它是在没有任何成见的基础上，完全凭着你的"自我表现"来建立的，因而第一印象直观、鲜明、强烈而又牢固。如果你的容貌俊美，举止端庄大方，言语机智，谈吐风趣幽默，风度翩翩，谦虚而不自卑，自信而不固执，倔强而不狂妄，你就会给人留下美好而难忘的印象。

当然，人无完人，所有的优点和美德不可能都集中在一个人身上，但你若具有其中某一方面或某一方面的某一点，再扬长避短，将其发扬光大，也同样可以获得最佳效果。

第一印象的好坏，决定着社交活动能否继续下去。第一印象好，人家就愿意和你进一步来往，通过一段时间的了解，人家觉得你的确不错，你们的关系就会顺畅发展。如果对方是你的客户，你在事业上就多了一个合作伙伴；如果对方是你的同事，你在工作中就多了一个支持者；如果对方是你的邻居，你在生活里就多

了一个朋友。第一印象不好，你与人家的交往便可能就此止步了，因为人家不想再见到你，纵然你有多么好的动机，多么宏伟的蓝图构想，也只能化成泡影了。

第一印象直接影响着对一个人的评价。一个人的言谈举止，是构成人们对他直接评价的主要因素。

第一印象的烙印是非常深刻的，很长时间都不容易被改变。在许多回忆录中，我们常常可以读到这样一段话："他还是老样子，像我第一次见到他的时候……"多年以后，历史的变化再加岁月的沧桑，一个人怎么会没有变化呢？但在讲述者眼里，对方还是他初次见到的模样。事实上不是对方依然如故，而是作者脑中的第一印象太深刻了，没有随着时间的流逝而改变。

中国老百姓中流传着这样一句话："到了新环境，头三脚踢开，以后就容易了。"与人交往也是同样的道理，在他人心中的第一印象塑造好了，日后才容易走得长远。

## 巧说第一句话，陌生人也能一见如故

假如在一个严冬的夜晚，与一位现在很陌生，但希望将来能成为朋友的人见面，你想说些什么作为初次见面的开场白呢？

大多数人都认为从谈天气切入最好，如"今晚好冷啊"。可是，单纯地使用它，虽然能引出彼此的一些话来，但这些话往往对拉近彼此的关系无关紧要，于是，再深一步的交谈也就会出现困难。不过，如果你这样说："哦，今晚好冷！像我这种在南方长大的人，尽管在这里住了几年，但对这种天气还是难以适应。"相信，对方若也是在南方长大的，就会引起共鸣，接着你的话头说出一些有关的事；对方若是在北方长大的，他也会因为你在寒暄中提到了自己的故乡在南方，而对你的一些情况产生兴趣，有了想要进一步了解你的欲望，从而可让你们的交谈进一步深入。

要知道，人都是独立的个体，都具有思维能力，与陌生人打交道时，你与对方都会存有一定的戒心，这也是初次交往的一种障碍。而初次交往的成败，关键就要看你们如何冲破这道障碍。如果你用第一句话就吸引了对方，或是讲对方比较了解的事，那么，第一次谈话就不仅仅是形式上的客套了。如果运用得巧妙，双方会因此感到亲切，变得容易接近。

实际交往过程中，采用一种很自然的、叙述型的谈话开头，也能给人一种亲切感，同时还能让人想继续询问一些细节。

总之，说第一句话的原则就是亲热、贴心、消除陌生感。常见方式主要有以下三种。

1. 问候式

"您好"是向对方问候致意的常用语。如能因对象、时间的不同而使用不同的问候语，效果则更好。对德高望重的长者，宜说"您老人家好"，以示敬意；对方是医生、教师，说"李医师，您好""王老师，您好"，有尊重意味。节日期间，说"节日好""新年好"，给人以祝贺之感；早晨说"您早""早上好"则比"您好"更得体。

2. 攀认式

赤壁之战中，鲁肃见诸葛亮的第一句话是："我，子瑜友也。"子瑜，就是诸葛亮的哥哥诸葛瑾，他是鲁肃的挚友。短短的一句话就定下了鲁肃跟诸葛亮之间的交情。其实，任何两个人，只要彼此留意，就不难发现双方有着这样或那样的"亲""友"关系。

例如，"你是××大学毕业生，我曾在××进修过两年。说起来，我们还是校友呢！""您来自苏州，我出生在无锡，两地相近，今天能遇到同乡，令人欣慰！"

3. 敬慕式

对初次见面者表示敬重、仰慕，这是热情有礼的表现。用这种方式必须注意：要掌握分寸，恰到好处，不能胡乱吹捧，不说"久闻大名，如雷贯耳"之类的过头话。表示敬慕的内容也应该因时因地而异。

例如，"您的大作我读过很多遍，受益匪浅。想不到今天竟能在这里一睹作者风采！""桂林山水甲天下。我很高兴能在这美丽的地方见到您这位著名的山水画家。"

不过，说好了第一句话，仅仅是良好的开端。要想谈得有味，谈得投机，你还得在谈话的过程中寻找新的共同感兴趣的话题，这样才能吸引对方，使谈话顺利地进行下去。

## 熟记名字，更容易抓住他的心

人们在日常应酬中，如果一个并不熟悉的人能叫出自己的名字，就会产生一种亲切感和知己感；相反，如果见了几次面，对方还是叫不出你的名字，便会产生一种疏远感、陌生感，增加双方的心理隔阂。一位心理学家曾说："在人们的心目中，唯有自己的姓名是最美好、最动听的。"许多事实也表明，在公关活动中，记住人名，有助于活动的展开和成功。

美国前总统罗斯福在一次宴会上看见席间坐着许多不认识的人，他找到一个熟悉的记者，从记者那里一一打听清楚了那些人的姓名和基本情况，然后主动和他们接近，叫出他们的名字。当那些人知道这位平易近人、了解自己的人竟是著名政治家罗斯福时，大为感动。以后，这些人都成了罗斯福竞选总统的支持者。

记住对方的名字，最好时而高呼出声，这不仅是起码的礼貌，更是交际场上值得推行的一个妙招。你想一想，对于能轻易记住你的名字的人，我们怎能不顿觉亲切？仿佛双方是老友相逢。这时，他有什么事情求助于我们，我们怎好不竭尽全力予以帮助呢？

在社交场上，如果第一次见面时你留给对方一个良好的印象，可是第二次见面时，你却嗯嗯啊啊地叫不出名字来，对方心里肯定会不舒服，认为自己如此不具分量，让你连名字都记不住。那么，即使原来想好好谈谈，或谈生意，或谈人情，这一下全变得兴味索然了。

在对方面前，你一张口就叫出他的名字，会让对方为之一振，对你顿生好感。即使是原本不利的情势，也往往会因为你的这一呼喊而顿时"化险为夷"。

一位著名作家说："记住人家的名字，而且很轻易地叫出来，等于给了别人一个巧妙而有效的赞美。因为我很早就发现，人们把自己的姓名看得惊人的重要。"

如果你不重视别人的名字，又有谁来重视你的名字呢？如果有一天你把人们的名字全忘了，那么，你也很快就会被人们遗忘。

记住别人的名字，对他人来说，这是所有语言中最甜蜜、最重要的声音。

如果你想获得良好的人际关系，请不要忘记这条准则："请记住别人的名字，名字对他来说，是全部词汇中最美好的词。"

熟记他人的名字吧，这会给你带来好运！

## 别出心裁称赞他人，增进彼此好感

与人交流的过程中，尤其是面对陌生人，适时、适当地称赞对方，不仅能让对方感到高兴，激发他的交谈兴趣，而且更容易打开对方的心扉，拉近彼此的好感，甚至使他成为你的挚友。

法国前总统戴高乐 1960 年访问美国时，在一次尼克松为他举办的宴会上，尼克松夫人费了很大的劲儿布置了一个美观的鲜花展台：在一张马蹄形的桌子中央，鲜艳夺目的热带鲜花衬托着一个精致的喷泉。精明的戴高乐将军一眼就看出这是女主人为了欢迎他而精心设计制作的，不禁脱口称赞道："女主人为举办一次正式宴会要花很多时间来进行这么漂亮、雅致的计划和布置。"尼克松夫人听了十分高兴。事后，她说："大多数来访的大人物要么不加注意，要么不屑为此向女主人道谢，而他总是能想到别人的劳动付出，并给予衷心的赞美。"在以后的岁月中，不论两国之间发生什么事，尼克松夫人始终对戴高乐将军保持着非常好的态度。

别人都没注意到的地方，戴高乐却注意到了，并热情地将他的赞美表达出来，这怎能不让尼克松夫人高兴呢？因此，我们在对陌生人加以赞美时，如果能悉心挖掘那种鲜为人赞的地方真诚赞美，对方会非常开心，陌生人很快就会变成挚友。这一点，你完全可以向一位聪明的女人学习，她就是以电影《音乐之声》而红遍天下的影星茱莉·安德鲁丝，她除了演技好、容貌美、歌声令人陶醉之外，还有一张伶俐善谈的嘴。

有一天，茱莉·安德鲁丝去聆听鼎鼎大名的指挥家托斯卡尼尼的音乐会，在音乐会结束之后，她和一些政要名流一起来到后台，向大指挥家恭贺演出的成功。

大家都夸奖指挥家："指挥得实在是棒极了！"

"抓住了名曲的神韵！"

"超水准的演出！"

大指挥家一一答谢，由于疲累，而且这种话实在是听得太多了，所以脸上不禁有些敷衍的表情。忽然，他听到一个高雅温柔的声音对他说："你真帅！"

抬头一看，是茉莉·安德鲁丝。

大指挥家眼睛亮了起来，精神抖擞地向这位美丽的女士道谢。

事后，托斯卡尼尼高兴地到处对人说："她没说我指挥得好，她说我很帅！"恐怕大指挥家还是头一回听到有人赞美他帅呢！

就这样，大指挥家把茉莉当成挚友，时时去为她捧场，还时常抱怨与她"相见太晚"。

人人都有自己的长处，也都有短处。人们一般都希望别人多谈自己的长处，不希望别人多谈自己的短处，这是人之常情。跟初见者交谈时，如果以特有的方式赞扬对方的长处作为开场白，就更能使对方对你产生好感，交谈的积极性也就得到了激发。

所以，赞美要具体化，"言而无物，其言必拙"。赞美的用语越具体，越说明你对他了解，这不失为一种特殊的赞美方式。

## 幽默，让对方更加向你靠近

幽默使生活充满了情趣，哪里有幽默，哪里就有活跃的氛围。

在人际交往中，幽默是心灵与心灵之间快乐的天使，拥有幽默就拥有爱和友谊。

一个秃头者，当别人称他"理发不花钱，洗头不费水"时，他当场变了脸，使原本比较轻松的气氛变得紧张起来。一位经常演讲的教授，也是一个秃头，他在自我介绍时说："一位朋友称我聪明透顶，我微笑地回答：'你小看我了，我早就聪明绝顶了。'"然后他指了指自己的头说，"我今天演讲的题目是外表美是心灵美的反映。"教授就这样开始了自己的演讲，整个会场充满了活跃的气氛。

幽默不仅反映出一个人随和的个性，还显示了一个人的智慧以及随机应变的能力。但需要注意的是，幽默既不是毫无意义的插科打诨，也不是没有分寸的卖关子、耍嘴皮子。幽默要入情入理地引人发笑，给人启迪。

在生活中应用幽默，可缓解矛盾，调节情绪，使心理处于相对平衡的状态。著名的喜剧大师卓别林曾说："通过幽默，我们在貌似正常的现象中看不出不正常的现象，在貌似重要的事物中看不出不重要的事物。"

幽默并非天生就有，而是需要自己用心培养。那么，怎样培养幽默感呢？

1. 要领会幽默的真正含义

幽默不是油腔滑调，也非嘲笑或讽刺。正如有位名人所言："浮躁难以幽默，装腔作势难以幽默，钻牛角尖难以幽默，捉襟见肘难以幽默，迟钝笨拙难以幽默，只有从容、平等待人、超脱、游刃有余、聪明透彻，才能幽默。"

2. 扩大知识面

幽默是一种智慧的表现，它必须建立在丰富的知识基础上。一个人只有具有审时度势的能力、广博的知识，才能做到谈资丰富，妙言成趣，从而做出恰当的比喻。因此，要培养幽默感，必须广泛涉猎，自我充实，不断从浩如烟海的书籍中搜集幽默的浪花，从名人趣事的精华中撷取幽默的宝石。

### 3. 陶冶情操

幽默是一种宽容的体现，要学会幽默，就要宽容大度，克服斤斤计较的毛病，同时还要乐观。乐观与幽默是亲密的朋友，生活中如果多一点儿趣味和轻松，多一点儿笑容和达观，多一分乐观与幽默，那么就没有克服不了的困难。

### 4. 培养敏锐的洞察力

提高观察事物的能力，培养机智、敏捷的能力，是提高幽默的一个重要方面。只有迅速地捕捉事物的本质，以诙谐的语言做出恰当的比喻，才能使人们产生轻松的感觉。

当然，在幽默的同时还应注意，重大的原则是不能马虎的，不同问题要不同对待，在处理问题时要极具灵活性，做到幽默而不俗套，使幽默为人们的精神生活提供真正的养料。

## 表达你的好感，让对方也有好感

认同别人，就是认同自己。表达你对别人的好感，就会赢得别人对你的好感。

在朋友圈中，李波是一个极有魅力的人，大家总会不知不觉地受他的影响。他走到哪儿，就会给哪儿带来快乐与活力。当你讲话时，他会全神贯注地倾听，让你感觉在他看来，你讲的话对他如此重要。

人们都喜欢接近他，愿意与他在一起工作、休闲和聊天。

一个阳光灿烂的秋日，小明和李波坐在办公室闲谈，忽然看见陈平向他们走来。

"讨厌的人过来了，我可不想碰到他。"小明说着，就想出去避开。

"为什么？"李波问。

小明解释说："到这个单位以来一直感觉和他关系不太好，我不喜欢他提出的一些问题，他也不满意我所做的事情。""除此之外，"小明又说道，"那家伙就是不喜欢我，跟我不喜欢他一样。"

李波看着陈平，说："他看上去没有那样讨人厌啊，至少不像你说的那样，或许你想错了。"他接着说，"或许只是你在逃避他。你这样做，只因为你害怕，而他可能也觉得你不喜欢他，因此对你也就不那么友善了。人们都喜欢那些喜欢自己的人，如果你对他表示出好感，他就会以同样的方式对待你，去主动跟他说说话吧。"

于是，小明试着迎向前去，热情地问候陈平刚刚过去的周末怎么样，是否过得愉快。陈平听到小明的问候，表现出十分惊讶的样子，而此刻李波正微笑地看着他们。

人与人的沟通有时候并没有想象中那样难，如果你愿意表达自己的好感。

人都是喜欢听一些表扬的话，让自己高兴的话，当然，这种表扬和高兴不是有目的拍马屁之类的话语，不是有意美化别人的献媚，而是实实在在地真诚地表达你的赞美。

表达你的好感，是人际交往的润滑油，推动着人际关系向美好的方向发展。况且，这种表达不用投资，不需本钱，只要你发自内心的一个微笑，一个欣赏的眼神，一句轻轻的赞许，就行了。

有人说："生活是一面镜子。你对别人表达好感，别人回报给你的也必是好感。"

善待他人也是在善待自己。正像站在镜子前一样，你怒他也怒，你笑他也笑，一切取决于你的态度。不妨试试看，用感激去装扮你的人生，点缀你的生活吧。从今天开始，多些感激，勇敢地向他人表达你的好感吧！

## 微笑，赢得他人好感的法宝

微笑是人际交往的通行证，是打开心门的钥匙。在与人交流的过程中，主动报以微笑不仅能迅速拉近心与心的距离，还能赢得他人好感。

飞机起飞前，一位乘客请求空乘服务员给他倒一杯水服药。空乘服务员很有礼貌地说："先生，为了您的安全，请稍等片刻，等飞机进入平稳飞行状态后，我会立刻把水给您送过来，好吗？"15分钟后，飞机早已进入平稳飞行状态。突然，乘客服务铃急促地响了起来，空乘服务员猛然意识到：糟了，由于太忙，忘记给那位乘客倒水了。空乘服务员来到客舱，看见按响服务铃的果然是刚才那位乘客。她小心翼翼地把水送到那位乘客跟前，面带微笑地说："先生，实在对不起，由于我的疏忽，延误了您吃药的时间，我感到非常抱歉。"这位乘客抬起左手，指着手表说道："怎么回事，有你这样服务的吗？"无论她怎么解释，这位挑剔的乘客都不肯原谅她的疏忽。

在接下来的飞行途中，为了补偿自己的过失，每次去客舱为乘客服务时，空乘服务员都会特意走到那位乘客面前，面带微笑地询问他是否需要帮助。然而，那位乘客余怒未消，摆出一副不理睬的样子。

临到目的地前，那位乘客要求空乘服务员把留言本给他送过去。很显然，他要投诉。当飞机安全降落，所有的乘客陆续离开后，空乘服务员紧张极了，以为这下完了。没想到，她打开留言本，惊奇地发现，那位乘客在留言本上写下的并不是投诉，相反却是一封热情洋溢的表扬信："在整个过程中，你表现出的真诚的歉意，特别是你的 12 次微笑，深深打动了我，使我最终决定将投诉信写成表扬信。你的服务质量很高，下次如果有机会，我还将乘坐你们这趟航班。"空乘服务员看完信，激动得热泪盈眶。

在人际交往中，我们要赢得他人的好感，必须学会微笑，像故事中的那位空乘服务员一样，用自己迷人的微笑来赢得他人的好感。微笑就像温暖人们心田的太阳，没有一块冰不会被融化。要带着真心、诚心、善心、爱心、关心、平常心、宽容心去微笑，别人就会感受到你的心意，被你的这份真心感动。微笑可以使你摆脱窘境，化解误会，可以体现你的自信和大度。

在现实生活中，微笑能化解一切不愉快，容易获得他人的好感。比如朋友、同事之间的吵架、误解，家人、邻居之间的矛盾，恋人、兄弟之间的隔阂等，都可以一笑了之，一笑泯恩仇。所以，人际交往中，不管遇到什么困难，不管遇到多么尴尬的事情，要常常告诉自己"微笑"，没有什么事情不能用微笑化解的，只要你是真心的！

俗话说，"伸手不打笑脸人"，微笑能够化解矛盾和尴尬，取得意想不到的效果。微笑是人与人之间最短的距离，纵使再远的时空阻隔，只要一个微笑就能拉近彼此的心灵距离。

微笑是人际交往的通行证，没有一个人不喜欢和微笑的人打交道！

## 适当的打扮是对他人的尊重

著名的形象大师认为，化妆是为了对自己的容貌进行修饰，以期扬长避短，使自己光彩照人、精神焕发，从而在人际交往中更为自尊、自信、自爱。

在现实生活中，每一个人，尤其是女性，都会面临化妆的问题。所谓化妆，即通过使用美容用品，来修饰自己的仪容，美化自我形象的行为。中国有句话说："欲把西湖比西子，淡妆浓抹总相宜。"只有掌握了恰到好处的技巧及浓淡相宜的美学原则，才能使美的修饰映照出一个人蓬勃向上的精神风貌，才能有助于我们提高人际交往能力。

为此，有必要了解一下化妆的基本原则。

首先，要注意避短与藏拙。世界上没有人在仪表方面是十全十美的。任何人都会有或多或少、或大或小的仪表缺陷。但每个人都可以通过化妆的技巧、来突出自己的优势所在，修饰自己的一般之处，弥补自己的明显缺陷，从而达到美化形象的目的。

在化妆技巧与方法的合理选择与搭配中，想要做到避短藏拙，重要的是先认识自我。每个人都有互不相同的身体条件，如年龄、身材、肤色、容貌等。对此，人们对自身都必须有正确、客观的认识和评价，要明确自己的优势与不足。只有在此基础上，才能正确、有效地化妆，做到扬长避短。

合理化妆。在对自己的身体条件有了整体的把握与认识后，就应根据自身各部位的具体特点有针对性地进行化妆。同样的部位，在不同人身上，往往需要选择不同的化妆技巧与方法才能达到美化的效果。如果不考虑个人身体条件的不同，采用千篇一律的化妆方法，或者盲目仿效时下流行的化妆技巧，往往会贻笑大方。

其次，要注意整体的协调。"浓淡相宜"是说修饰不能片面追求某一局部的奇特变化，而应注意统一协调，否则会失去比例平衡，以致俗不可耐。一个人如果想受人尊敬，必须注意衣着的整齐清洁，让人觉得自己为人端庄、生活严谨。况且化妆的本意是为了掩饰缺点以表现优点，如果为了掩饰缺点而化妆过浓，优点反而被破坏无遗。因此，欲将良好的风度、气质呈现在众人面前，应持淡雅宜人的妆容，不可把脸当作调色盘，不可把身体当作时装架，妆饰是在表现本身的修养，同时也表现人格，因此必须使看的人感到清爽和产生好感才行。

虽然身体各部分的化妆是一个按部就班、逐次进行的过程，但是化妆的目的在于表现个人的整体美，而不是追求局部的靓丽。因此，身体各部分的化妆需要协调统一、整体考虑。要体现出健康的形体、优美的仪表以及充满活力的精神面貌，就必须在化妆时遵循协调性与整体性的原则。

化妆与部位。一个人化妆的效果是其各部位化妆后的整体显现。各个局部的化妆即使再成功，如果相互之间难以协调在一起，那么化的妆也是失败的。这与着装时色彩、款式的搭配是一个道理。例如，单纯的眼部化妆，只有同腮红、口红配合起来，才能有美的效果。如果要突出唇部的魅力或口红的色彩，则应节制对眼部的化妆。浓重的眼影显然不利于唇部优势的发挥。

化妆与服饰。在化妆时，应充分考虑所化之妆的颜色、浓淡是否与所着服饰相匹配。不同色调系列的服装往往需要不同色调的化妆品，不同款式搭配的服饰往往需要不同的化妆手法。只有当服饰与化妆适当地组合在一起时，才会显现出整体的协调美。

化妆与环境。着装有"应景"的原则，其实化妆也需要"应景"。不同的环境，或者不同的场合往往有不同的自然条件、社交气氛，这就需要所化之妆与其相协调、相适应。只有当化妆与环境相统一，人与环境才能相容，才能处于一体，个人的良好形象也才能最充分地体现出来。

在化妆时遵循以下原则，有助于体现良好教养和高雅品位，也有助于达到美化自身的目的。

1. 修饰避人

应当处处维护自身形象，这是无可厚非的，但这并不意味着可以随时随地为自己化妆补妆。修饰避人，是应当严格遵守的重要常规之一。

2. 适可而止

以香水为例，人们除了要选择适合自己的香型，还应掌握具体、正确的使用方法。一般而言，使用香水应以少为宜。涂抹香水的适当部位仅限于手腕、下颌、耳垂、肘部等易于使之"正常发挥"的几处。其实，不同的化妆品有不同的使用技巧和方法，必须对此加以熟练掌握，从而使化妆成为有效的修饰手段。

## 让别人从你的眼神里读出真诚

一对恋人在一起，一言不发，仅靠含情脉脉的眼神就能表达双方的爱慕之意。在人际交往中，眼睛可以发挥很大的作用。

例如，直觉敏锐的客户初次与推销人员接触时往往仅看一下对方的眼睛就能判断出"这个人可信"或"要当心这小子耍花样"，有的人甚至可以透过对方的眼神来判断他的工作能力强否。

在与他人的交往中，能否博得对方好感，眼神可以起主要的作用。同样以推销人员为例，言行态度不太成熟的推销员，只要他的眼神好，有生气，即可一优遮百丑；反之，即使能说会道，如果眼睛不发光或双眼无神，也不能博得客户的青睐，反而会让人以为"光会耍嘴皮子"。不少推销人员在聊天时眼神温柔，但在商谈时却毛病百出，尤其在客户怀疑商品品质或进行价格交涉时，往往一反常态甚至与之争吵起来。一本正经的脸色和眼神有时虽也能证明他不是在撒谎，但是，这种情况仅在客户争相购买的时候才会起好的作用。一般情况下，一本正经往往容易伤害对方的感情而导致商谈失败。作为一位推销人员不论如何强烈地反驳对方都必须笑容满面，如果不笑就无法保持温柔的眼神。在推销员的辞典里，没有嘲笑的眼神、怜悯的眼神、狰狞的眼神或愤怒的眼神等字眼。下面这些都是遭人反感的不当眼神，一定要注意在实际工作中尽量避免，以免产生不必要的麻烦。

1. 不正眼看人

不敢正眼看人可分为：不正视对方的双眼，不断地改变视线以避开对方的视线，低着头说话，眼睛盯着天花板或墙壁等地方说话，斜着眼睛看一眼对方后立刻转移视线，直愣愣地看着对方，当与对方的视线相交时立刻慌慌张张地转移视线，等等。大家都知道，怯懦的人、害羞的人或神经过敏的人是很难成事的。

2. 贼溜溜的眼神

当你找人办事时，要是有一双贼溜溜的眼睛可就麻烦了。有的人在找别人办事时常有目的地表现出柔和的眼神，可是一旦紧张或认真起来则原形毕露，瞪着一双可怕的贼眼，反吓别人一大跳。

这种人必须时时刻刻注意自己的日常生活，养成使自己的眼神柔和的习惯。

### 3. 冷眼看人

如果有一颗冷酷无情的心，那么眼睛也会给人一种冷冰冰的感觉。有的人心眼虽然很好，可是两眼看起来却冷若冰霜，例如理智胜过感情的人、缺乏表情变化的人、自尊心过强的人或性格刚强的人身上往往有上述现象。这种人很容易被人误解，这是十分不利于工作和生活的。

这些人完全可以对着镜子，琢磨如何才能使自己的眼神变得柔和、亲切及惹人喜欢，同时也要研究一下心理学。如果对自己的矫正还不太放心，可请教朋友。

## 不要过分表现自我

虽然说人要想得到别人的认可，就得善于表现自我，但是表现过分反而会使别人反感，以至于让你寸步难行。因此，适当地低调一些，适度地隐藏自己的实力是明智之举。

例如，柳萍好不容易让理发店老板同意留下自己来工作，她觉得应该主动找事做。于是，她每天赶在大家到来之前就把地拖了，把所有的理发工具也擦得一尘不染。

柳萍没想到的是，自己的"过分表现"却引起了别人的不痛快。原先负责搞清洁的女孩，虽然表面跟柳萍客客气气，常说"做得不好的地方还请多多批评"一类谦虚的话，背地里却和柳萍过不去，总打她的小报告。幸好后来有了个机会，才使两人消除了误会。柳萍这才意识到自己无意中把别人的工作抢了。

还有一个与之类似的事例。

王伟是某政府机关办公室主任，对下属非常和蔼，总喜欢说"有什么意见大家尽管提"。不过，谈起新人在单位急于表现的话题，他却摇头叹气。他举例说，有一年招了一个中文系毕业生，人是很用功，但劲儿总是使不到点子上。

毕业生来上班的第三天，看见王伟桌上有一份领导发言稿，他觉得文章结构不够合理，于是，也没问过王伟就自己把稿子拿回去改了。改完以后，还直接把稿子交到了领导手里。

那篇稿子的初稿是王伟写的，已经给领导看过，并根据领导的意思做了修改，文章的结构也是领导惯用的。

开会时，领导读起稿子来很不顺，与自己习惯的风格相去甚远，会后，领导对王伟大发雷霆。

事后，王伟把毕业生叫到办公室，那位毕业生不但不觉得自己做错了事，而且还辩解说是为领导好，最后导致同事都有点儿讨厌他。

无论是刚从校门走进社会的毕业生，还是在跨国公司之间跳槽的资深职业经理人，到了一个全新的工作环境，总会希望尽快展现自己的才华，以求得到别人的了解与认同。急于显露自己的能力，是很多新人的通病，也是人之常情。

当然，对于刚来的新人，上司对他的工作表现一般都会比较宽容。虽然他们与新人见面时都会谈及公司的不足，并说些鼓励的话，比如"希望你的到来能为公司注入新的活力"等。但实际上他们不会指望新人一进公司就能马上出成绩，反而会通过一些小事来观察新人的为人、品性、工作态度等，据此形成一个基本判断。这个判断会影响上司将来是否对这位新人重用。此外，作为上司，他们并不希望新人的到来一下子打破原有的平衡，就算他们有计划用新人来替代原来的员工，也希望能平稳过渡。

很多刚走出校门的毕业生，都有大干一番事业的豪情壮志，所以到了新单位，干什么事都想冲在前面，希望给别人留一个好印象，尤其是遇到谦虚的上司。实际上，这样高调张扬的表现反而容易弄巧成拙。

不仅是在职场，商场、情场等亦是同理。与他人打交道，就要做一个有心计的人，在刚开始相互接触或接手某些事情的时候，学会低调，适当地隐藏自己的实力，对方再怎么谦虚，也不应该过分表现自己。只有这样，才能行稳致远。

第二章

好好接话、聪明回话，

会表达不尴尬

## 危急关头，不妨转换话题

在交谈中出现紧急状况时，以周围的环境为媒介，迅速转移话题便是一种普遍有效的应急措施，但必须做到转得巧妙。

人际关系中，人们之间总会有一些认识上的分歧，或者发生一些不愉快的事，甚至还有被人故意刁难的尴尬时刻。在这种情况下，继续谈论已经发生争议的话题会发生更多的不愉快，两个人即使是默默不语，也不能缓解尴尬的局面。最好的办法就是转移话题，紧张的场面会立刻轻松下来。

1981年，里根遇刺的消息传到白宫后，总统办公厅一片慌乱。这时，富有经验的国务卿黑格被推荐站出来维持局面。黑格曾任美国驻欧洲部队司令，脱下军装后又当上国务卿，一向以果断、稳重而知名。但他听到里根被刺的消息也慌了手脚，甚至还闹了个笑话。

一个记者问黑格；"国务卿先生，总统是否已经中弹？"

黑格回答："无可奉告。"

记者又问："目前谁主持白宫的工作？"

黑格答道："根据宪法规定，总统之后是副总统和国务卿，现在副总统不在华盛顿，由我来主持工作。"

这一回答引起了轩然大波，记者们议论纷纷。另一个记者马上又问："国务卿先生，我记得美国宪法上写明总统、副总统之后，是众议院议长和参议院议长，而不是国务卿。我想问美国宪法是不是修改了？"

黑格听后明白是自己失言，急中生智反问道："请问在两院议长后又是谁呢？他们都不在白宫现场，当然由我来主持了。刚才为了节约时间，少说了一句话而已。"

黑格几句话便自圆其说为自己解了围。

社交场合中，有时会遇到自己不想公开，而别人又偏偏要打听的事；或是自己偶然触及对方的伤痛、忌讳及隐私，出现尴尬局面。这时我们不妨转换话题。

## 非常场景，机敏应答

机敏，即机智、敏捷，体现的是人们对矛盾的感受能力以及由此产生的变通能力。这就要求我们必须善于发现问题，判定相应的对策，而且还要随着事情的变化不断调整应变策略。

在交际中遇到的尴尬场面或遭遇他人的故意为难时，我们要做到随机应变，灵活应答并化解尴尬，维护交际活动的正常进行，这往往体现了一个人的内在修养和气度。

在美国第35任总统候选人的提名过程中，肯尼迪的年轻和孩子般的外表成了一个不利条件。众议院发言人萨姆·雷伯恩就攻击肯尼迪是乳臭未干的几个民主党领导人之一。肯尼迪哈哈一笑，把问题抛到一边："萨姆·雷伯恩可能认为我年轻。不过对一位已是78岁的人来说，他眼中的大部分人都十分年轻。"

可是这个问题始终纠缠着肯尼迪。哈里·杜鲁门在一次全国性演讲中向肯尼迪挑战，并说道："我们需要的是一个极其成熟的人。"

肯尼迪用逻辑和机智回敬了他的挑战。他说:"如果年龄一直被认为是一个标准的话,那么美国将放弃对44岁以下所有人的信任。这种排斥可能阻止杰弗逊起草《独立宣言》、阻止华盛顿指挥独立战争中的美国军队、阻止麦迪逊成为起草宪法的先驱、阻止哥伦布去发现新大陆。"

在社交活动中,不时会碰到一些突发情况,这需要当事人机智反应,化解突发情况带来的不良影响。在此,我们略举几种技巧。

### 1. 以虚对实

如果碰到别人实实在在的指责,不要从实际情境出发,而是侧重联想,将话题转向与问题没有直接关联的其他事情上,暂时中断对方原来的意念,这种中断必然引起对方对两个看似不相关的问题的思考,应对其中的不协调。

例如,妻子对丈夫说:"你经常说梦话,还是去医院检查一下吧。"丈夫笑着说:"还是不用了吧,要是治好了这病,我就没有一点儿说话的机会了。"

这里,妻子本是从关心丈夫的角度出发,真心实意劝丈夫看医生,而丈夫故意装作不懂,把话题引到妻子话多的问题上,说梦话是生理现象,话多是习惯,丈夫以虚对实的幽默表达着他淡淡的抱怨,从而让妻子在幽默中领悟丈夫的潜台词。

### 2. 妙答怪问

乾隆皇帝突然问了刘墉一个怪问题:"京城共有多少人?"

刘墉虽猝不及防却非常冷静,立刻回了一句:"只有两人。"

乾隆问:"此话何意?"

刘墉答曰:"人再多,其实只有男、女两种,岂不是只有两人？"

乾隆又问："今年京城里有几人出生？有几人去世？"

刘墉回答："只有一人出生，却有十二人去世。"

乾隆问："此话怎讲？"

刘墉妙答曰："今年出生的人再多，也都是一个属相，岂不是只出生一人？今年去世的人则十二种属相皆有，岂不是去世十二人？"乾隆听了大笑，深以为然。

确实，刘墉的回答极妙——皇上发问，不回答显然不妥；答吧，心中无数又不能乱说，这才急中生智，转眼间机智趣对皇上的提问。

3. 即兴发挥

中国人民的老朋友——美国记者安娜·路易斯·斯特朗80周岁的庆祝会上，周总理就巧妙地抓住西方女士喜欢别人说她们年龄小的特点，并与中国称"斤、里"时是"公斤、公里"数值半数的情况联系起来，于是就笑着要大家为斯特朗的40"公岁"举杯庆贺。满座来宾听后皆捧腹大笑，斯特朗则笑出了眼泪。

## 自嘲解围，娱人娱己

我们若能将自己的弱点借由巧言妙语表现出来，在谈话中"趣中见智"，则必能换取听者的开心笑声。

在日常生活中，常有人由于不慎而使我们身处窘境，向我们提出一些非分的请求，或是问一些我们不好回答和暂时不知道答案的问题。此时，我们如果直接表明"不满意""不可能"或"无可奉告"，往往会给彼此带来不快。如果我们想从窘境中脱身而出，不妨采用自嘲的方法。

一个人借自嘲常常能带给别人无限的欢乐。每个人都有弱点、缺点，但若能带着洞察力、自我谦抑、自我解嘲来衬托出他人的优越感，使人哈哈一笑，则是大智若愚的幽默高手。

所以，"自己先笑自己，总比被人取笑要好得多"。

美国前总统克林顿曾经有一次被记者围攻。记者问："总统对媒体关于您与××小姐绯闻的报道有什么评价？"面对这个令人尴尬的问题，克林顿却从容不迫地回答："取笑我的话已经被世人说尽了，再也没人能说出新鲜的了。"

克林顿的语言既尖锐又圆润，自嘲的同时也没记忘反攻，一下子把球抛到了记者手中，弦外之音就是：你们哪个有本事说出来点儿新花样？我洗耳恭听。果然记者们顿时语塞。克林顿的回答真称得上经典和巧妙。

此种方法比较适用于处境窘迫的场合。有了过错，或受到别人的过分嘲讽，可以顺着对方的思路通过自嘲来化解。同时也不应忘记抓住对方的弱点，反守为攻，攻其不备。当然，这需要拿捏到位、反应敏捷、恰到好处。

善于自嘲的人，必须有豁达的胸襟和宽广的胸怀。有一句老话叫作"静坐常思己过，闲谈莫论人非"，同样的道理，只知道从别人身上寻找笑料的人是不会太受人欢迎的，适当的时候"幽默"一下自己，这样的人会更有人缘，这样的说话方式别人也更爱听。

在有些尴尬的场合，运用自嘲能使自尊心通过自我排解的方式受到保护，而且还能体现出说话者宽广大度的胸怀。善于自嘲者不仅娱人还能娱己，掌握了正确的娱己方法，不但能化解尴尬、缓和气氛，让彼此在笑声中增加了解和信任，还能让别人因为你的勇敢和幽默对你的印象加分不少。

## 避重就轻绕着说

说话要学会"绕"，正所谓"曲径通幽"，在大海中航行的轮船只有"绕"才能避开险滩暗礁，确保一帆风顺。人们说话也要学会采取绕道而行的曲线策略，这样能为自己减少许多不必要的麻烦。

生活中常有这样的事，有人求自己帮忙，但自己实在是办不到，此时若直言拒绝，一定会使对方难堪或伤害对方，那么该怎么办呢？这就提醒我们说话办事都要讲究方法，尤其要懂得绕弯，别直来直去，事情反而容易成功。

古时候，有一个县官很喜欢附庸风雅，尽管画画的技艺不佳，对此却极有兴致。他画的画看起来虎不像虎，反而像猫。并且，他还自我感觉良好，每画完一幅作品，都要在厅堂内展出示众，让众人评价。而且大家只能说好话，不能说不好听的话，否则，就要遭受惩罚，轻则挨打，重则流放他乡。

有一天，这个县官又画成了一幅"虎"，悬挂在厅堂，召集全体衙役来欣赏。

县官得意地说："各位瞧瞧，本官画的虎如何？"

众人低头不语。县官见没有人附和，就点了一个人说："你来说说看。"

那人战战兢兢地说："老爷，我有点儿怕。"

县官："怕？怕什么？别怕，有老爷我在此，怕什么？"

那人："老爷，你也怕。"

县官："什么？老爷我也怕。那是什么？快说。"

那人："怕天子。老爷，你是天子之臣，当然怕天子呀！"

县官："对，老爷怕天子，可天子什么也不怕呀！"

那人："不，天子怕天！"

县官："天子是天老爷的儿子，怕天，有道理。好！天老爷又怕什么？"

那人："怕云。云会遮天。"

县官："云又怕什么？"

那人："怕风。"

县官："风又怕什么？"

那人："怕墙。"

县官："墙怕什么？"

那人："墙怕老鼠。老鼠会打洞。"

县官："那么，老鼠又怕什么呢？"

那人："老鼠最怕它！"来人指了指墙上的画。

在这里，新来的差役并没有直接说县太爷画的虎像猫，而是从容周旋，借题发挥，绕弯子似的达到了点评的目的，巧妙地用以上问答使他的戏做得自然而真实。

在现实生活中，我们为了避免直言引起的矛盾，也可以运用各种暗示，以含蓄、隐晦的方法来向对方发出某种暗寓着自己真实想法、态度的信息，以此来影响对方的心理，使对方明白自己的心意，又不会让对方难堪。

## 就地取材，依据话语情境解尴尬

在人际交往中，很多时候都免不了会因一时失误而触犯对方的忌讳，令自己处于尴尬的境地。大庭广众，当场无言，这或多或少会给人际交往带来负面影响，如果不及时弥补，将会使局面不好收拾。如果说错了话，而且确实很难挽救，在这种境况下，我们可以挖掘当时当地切题的素材，依据话语情境借题发挥，有意地突出显示错处，为自己说错话找到最佳效果的解释。

有一名应届大学毕业生去一家外资公司应聘，一位负责接待的先生递过名片，大学生神情紧张，匆匆一瞥，脱口而出："滕野拓先生，您身为日本人，抛家别舍，来华创业，令人佩服。"那人微微一笑："我姓滕，名野拓，地道的中国人。"

这名大学生顿时面红耳赤，无地自容。幸好，他反应很快，短暂的沉默后，连忙诚恳地说道："对不起，您的名字让我想起了鲁迅先生的日本老师藤野先生。他教给鲁迅许多为人处世的道理，让鲁迅受益终身。今天我在这里也上了难忘的一课，那就是凡是不能想当然，希望滕先生在以后的工作中能时常指教我！"滕先生面带惊喜，点头微笑，最后这名大学生如愿以偿地被录用了。

这名大学生的错话已经说出口，但经过简单的致歉后，立刻聪明地转移了话题，有意借着对方的名字加以发挥，巧妙地将话题引向了鲁迅的老师藤野先生。这样做既消除了自己将对方误当作日本人的尴尬，又语义双关，诚恳地检讨自己的想当然，同时又不失时机地暗示了愿在该公司服务的愿望，真可谓"一语三得"！

在特定情况下，说错了话或做错了事，又没有别的办法可以弥补时，不妨顺着这个既定的主题就地取材，看当时情境中有没有可供自己在话题中借用的事物，尽量把自己的失误降至最低，从而化解尴尬。其实巧妙地借用彼时、彼地、彼人的某些材料为题，并借此引发交谈，常常能够取得更好的效果。关键是就地取材，灵活自然，思维敏捷，以此达到由此及彼的联想。

生活中，如果我们将"就地取材"的说话方式运用得当，那么定然也会在人们的笑声中得到意想不到的效果。

## 针锋相对，变被动为主动

谁都无法避免难以下台的情境，但是只要能选择一个巧妙的角度，改变眼前的被动局面，想方设法争取主动，就能比较自然地在窘境中给自己找一个可下的台阶。

生活中，总有那么一些人爱故意寻衅滋事，借题发挥，想让别人下不来台。这时你如果退避三舍，必会遭人耻笑；如果视而不见，难免有软弱之嫌。这时，可以采用反唇相讥法，既可让寻衅者无言以对，又能在主动中有台阶可下。有时候，在气势上不输对方也能变被动为主动，这就需要使用"针锋相对"法。

针锋相对，即以对方同样的火力向对方进攻。对方提什么问题，你就给予十分肯定或否定的回答，丝毫不退让，一点儿也不拖泥带水，使对方无理可寻、无言可对。

丹麦著名的童话作家安徒生一生俭朴，常常戴一顶破旧的帽子在街上溜达。有一天，安徒生来到集市上人流最集中的地方。就在这时，有个坏家伙嘲笑他说："你脑袋上边的那个玩意儿是个什么东西，能算是顶帽子吗？"大家都笑了起来，把安徒生弄得下不了台，非常尴尬。

这时，安徒生看了这个坏家伙一眼，然后说："那么，现在请大家看一下，你帽子底下那玩意儿是个什么东西，能算是个脑袋吗？"

这下，大家又是一阵大笑，那个坏家伙自讨没趣，只得灰溜溜地走掉了。

针锋相对是针对对方的弱势，面对面地、直接地加以辩驳。

要抓准对方错误的要害，"蛇打七寸"，才能"仅以一击，给予致命的创伤"；摸清对方立论的根据加以驳斥，才能一击而中要害。否则，也许是你一句我一句，辩来辩去搔不着痒处。另外，要注意论或驳的严密性，不要给对方留下可乘之机，否则，只会陷入无谓纠缠的沼泽。

针锋相对时，最关键的是将对方提出的问题毫不留情地揭穿，并加以驳斥。而最有力的反攻在于加大两者的反差，形成鲜明的对照，获得最大的感染力。

## 不要直言别人是错的

谈话时应该机智、委婉地将双方之间的不同点加以淡化，然后，把听众引到你的观点上来，从而使对方淡忘甚至是完全忘却自己原来的意见。

在第二次世界大战结束后不久，美国前参议院议员罗茨和哈佛大学校长罗维尔，一起被请到波士顿去讨论国际联盟的问题。罗茨觉得大部分听众都会对他的意见表示反对，并可能因此而仇视他本人，但他决定必须让听众都赞同他的意见。

罗茨想，应该采取什么方法呢？当然不能直接采取开门见山、直截了当的方法向听众"进攻"。作为一个极其聪明的心理学家，他当然明白这样做的后果，他也不会采取这样的笨方法。

那么罗茨到底该怎样表述自己的观点呢？如果能听完他开始的十几句话，即使最强烈反对他的人，也无法再提出相悖的意见了。现在，就让我们一起看看他演说的开头吧。

校长、诸位朋友、诸位先生以及我的同胞们：

罗维尔校长给了我这样一个机会，让我能在诸位面前说上几句话，我感到十分荣幸。我们两人是多年的老朋友。他是拥有最高荣誉的大学校长，是美国极有权威和地位的人，他还是一位研究政治最优秀的学者和史学专家。

现在，我们对于当前的重大问题在方法上虽然略有不同，然而在对待世界和平及美国人的幸福等问题上，我们的目的却是完全一样的。如果你们允许的话，我愿意站在我本人的立场上简单说几句。我曾用简明的英语，说了许多遍，但是有人却对我产生了误解，认为我反对国际联盟。事实上，我一点儿都不反对，我渴望世界上一切自由的国家联合起来，成立我们所谓的联盟，也就是法国人所说的协会。只要这个组织能真正联合各国，各尽所能，争取世界的永久和平，促成全球裁军的实现。

台下的听众无论曾经多么激烈地反对他的意见，听完这个开头之后，也一定感到心平气和了，也愿意再继续听下去，至少愿意相信他是一个正直的人。而如果罗茨在演说开头就将那些信任国际联盟的人加以痛斥，说他们荒谬到了极点，结果可能他会被这些人踢下演讲台。

为了称颂听众的爱国热情，罗茨称呼所有的听众为"我的同胞"；为了缩小彼此意见相悖的范围，他郑重地提出了他们的共同理想；为了赞美对方，他坚持说他们的不同点仅仅是方法上的一些琐碎小枝节；而对于美国的发展及世界和平等大问题，他认为他们的观点是完全一致的。他还进一步称，他也赞成国际联盟。分析到了最后，他和对方的不同点仅仅在于是否应该有一个更完善的国际组织。

如果你在与别人聊天或交谈时，出现了与对方相左的观点，特别是你想说服对方接受你的观点时，那么最好不要一上来就否定对方的观点，说他的观点是错误的、荒谬的，这样很难获得你想要的结果。相反，如果你能机智、委婉地将你们的不同点加以淡化，然后将对方引导到你的观点上来，从而让他们淡忘甚至忘记自己原来的观点，这将是最智慧的方法。

## 不得已，可以说几句善意的谎言

莎士比亚曾说："生活中，善意的谎言可以让生活增添色彩。"因为善意的谎言能够让人的心灵变得温暖，并缩短人与人之间的距离。

通常人们在得知善意谎言的真相后，更多的是感动而非怨恨。直性子的人擅于说出事实的真相，而有的真相会给当事人带来巨大的痛苦。因此直性子的人要懂得在不得已时，说几句善意的谎话，以免给他人带来不必要的痛苦。

一架运输机飞至一片沙漠时，不幸遇到沙尘暴，驾驶员在紧急情况下将飞机迫降。虽然暂时安全了，但飞机着陆时受到严重的损毁，不但无法起飞，连通信设备都坏了。驾驶员尝试了多种方式都不能与外界取得联络，只能无奈而绝望地告诉其他几位乘客："各位，我们的飞机不能起飞了，也无法与外界沟通。"

驾驶员说完，乘客们保持了片刻的沉默后就开始痛哭。为了能多活一天，他们开始争抢飞机上的食物和水，场面十分混乱。

就在这时，一位乘客大声说："大家不要抢，也不要慌！我是飞机设计师，可以修好飞机，但是需要大家的配合。"

乘客们一听，顿时安静下来，每个人的心中都又重新燃起了希望之火。大家调整好心态，不再争抢食物，按照"飞机设计师"的指挥开始修理飞机。连着十几天，人们从未放弃过对生的渴望，团结一致与困境顽强地做着斗争。

飞机并没有被修好，但是有一天，一支商人驼队经过这里，大家得救了。后来这些乘客才得知，原来那个"飞机设计师"其实是一位小学教师。当人们质问他，"你怎么能欺骗我们"时，这位教师说："当时如果我不撒这个谎，恐怕大家都难以存活。"想起争抢食物的画面，大家这才明白了他的良苦用心。

从严格意义上讲，世界上几乎没有不说谎的人。坊间有这样一句话："适当的谎言是权宜之计。"可见说谎在某些场合是非常有必要的。如果故事中的这位教师不撒谎，人们依然会在生存本能的驱使下争抢食物和水，还会相互伤害，从而酿成悲剧。

特别是当我们身处逆境或者遭遇不幸时，需要的不仅是坚强，还有他人的安慰和帮助。如果有人能够及时给我们送来真诚的安慰，哪怕是一句善意的谎言，也犹如雪中送炭，给我们的心灵带来温暖和力量。

例如，面对一位身患重症或者绝症的病人，医生通常会把病情如实告知家属，然后安慰病人说："您的症状不算严重，只要配合治疗，还有治愈的可能。"如果这句善意的谎言唤起了病人对生命的渴望、对生活的热爱，就会增强他与病魔抗争的斗志，从而使生命得以延续，也很有可能最终战胜病魔，涅槃重生。

善意的谎言，讲究说谎的初衷是善良的，是为了减轻当事人的痛苦，即便对方知晓这是谎言，也会心生感激。不过，即便是善良的谎言，也要把握一定的原则。

谎言有时是假象，有时也是一种含糊的表达。当我们难以告知当事人真相时，可以用模糊不清的语言来表达。例如，一位女士穿着自己新买的衣服问你："怎么样，漂亮吗？"而你觉得并不漂亮时，可以委婉地说一句"还好"，这比刻意的奉承更有效果。"还好"就是一个模糊的表述，可以理解为不太好或者一般，对方能够从中听出你的真实想法，从而感谢你的宝贵意见。因为善意的谎言有时比大实话更能影响人们的行为。

法国女高音歌唱家玛·迪梅普莱有一个私人园林，风景优美，吸引了很多人前来观赏。但是有的游玩者并不自觉，会随意采摘花朵、折断树枝等；有的还在草地上野餐，制造了很多垃圾。为了保护园林的美丽和清洁，管家请人在园林周围竖起了篱笆，并插了一个"禁止入内"的牌子。但游玩者熟视无睹，情况毫无改观。

玛·迪梅普莱见状，便让管家重新做了几个牌子竖在各个路口，结果再也没有人进过她的园林。原来牌子上写着："倘若在园林内不慎被毒蛇咬伤，就到最近的医院进行治疗，驾车需要半个小时。"

谁也不敢拿生命开玩笑，只好对这个美丽的园林敬而远之。

故事中的女高音歌唱家在牌子上写的内容虽然是善意的谎言，但终归是在说谎。她也是在迫不得已的情况下才使用的。

所以，无论是在工作还是生活中，都要巧妙地使用善意的谎言。

## 听懂对方的场面语，说好自己的场面话

爱尔兰剧作家萧伯纳曾说过，"我开玩笑的方法，就是编造真实。编造真实乃是这个世界最有情趣的玩笑"。会说场面话，能听出场面话，你就能成为交际场上的智者，游刃有余，八面玲珑。

要知道，生命不会从谎言中开出灿烂的鲜花，但说些无伤大

雅的场面话却是你在这个变幻莫测的社会中生存下去所不得不学会的一种本领。一个人不可能完完全全地在别人面前表现最真诚的一面，正如一个人不能把别人说过的每一句话都信以为真一样。场面话，总是可说不可信，一旦你违背了这条原则，善良便会退化为愚钝，真诚也会成为伤害自己又危及他人的利器。

俾斯麦35岁时，担任普鲁士国会的代议士，这一年是他政治生涯的转折点。当时奥地利是德国南方强大的邻国，曾经威胁德国：如果企图统一，奥地利就要出兵干预。

俾斯麦一生都在狂热地追求普鲁士的强盛，他梦想打败奥地利，统一德国。他最著名的一句话就是："要解决这个时代最严重的问题并不是依靠演说和决心，而是依赖铁和血。"

但是令所有人惊异的是，这样一个好战分子居然在国会主张和平。其实这并不是他的真实意图，他连做梦都想统一德国。他说："没有对于战争的后果清醒的认识，却执意发动战争，这样的政客，请自己去赴死吧！战争结束后，你们是否有勇气承担农民面对农田化为灰烬的痛苦？是否有勇气承受身体残废、妻离子散的悲伤？"

在国会，他称赞奥地利，为奥地利的行动辩护，这与他一向的立场简直是背道而驰。俾斯麦反对这场战争有别的企图吗？那些期待战争的议员迷惑了，其中好多人改变了主意，最后，因为俾斯麦的坚持，终于避免了战争。

几个星期后，国王感谢俾斯麦为和平发言，委任他为内阁大臣。几年之后，俾斯麦成了普鲁士首相，这时他对奥地利宣战，摧毁了原来的帝国，统一了德国。

祖露真心犹如在众人面前摊开的信。那些心有城府的人总是懂得潜藏隐秘，他们所说的话大都只是些场面之言，如果你把别人的这些话都当真的话，那就只能证明你的天真和幼稚了。

作为一个为人处世的高手，我们不单单要能听懂他人所说的场面话，也要会说场面话，在适当的场合说一些能取悦人的话是我们必须培养和锻炼的一种能力，否则我们就不能在社交中游刃有余，有时候还会因为不能很好地说一些场面话而得罪一些人，给自己的工作和生活带来一些不必要的麻烦。所以会听场面话很重要，更重要的是能说出让对方喜欢听的言语。

## 掌握他人言谈的韵律，才能恰当地迎合

人们在言谈中，除了所说的内容之外，很多外在的形式也透露了他们的内心世界，其中说话的韵律就是一种。有时候，由于主客观因素的制约，我们说出来的话不一定就是我们本身的真实想法，但我们说话的韵律却伪装不了。

一般来说，充满自信的人，谈话的韵律定为肯定语气居多；缺乏自信的人或性格软弱的人，讲话的韵律则犹豫不决。生活中，你一定遇到过这种情形：一个人跟你说话说到一半的时候，他会略带神秘地说："不要告诉别人……"这种情况多半是他要秘密谈论他人闲话或缺点，害怕被别人知道，但内心却又希望传遍天下。

有些人，说话时话题冗长、相当长时间才能告一段落，这说明谈论者心中潜藏着唯恐被打断话题的不安。还有一些人，他们希望尽快结束话题，也有害怕遭到反驳的心理，所以总是试图给予对方没有结果的错觉。另外，经常滔滔不绝谈个不止的人，一方面目中无人，另一方面喜欢表现自己。并且，这种类型的人，

一般性格外向。说话比较缓慢的人，大都性格沉稳，即通常所说的慢性子。

通常，那些强人，无论是政治家还是企业家，在掌握言谈的韵律方面都有独到之处。这种细节性的处理方式，使他们赢得了社会或下属的认可与尊重。

## 察言观色，把话说得恰到好处

会说话的人都会倾听。学会倾听，不仅是对他人的尊重，还可以更好地注意到他人的言谈神色，判断出他人的心理活动，说话的时候就可以有的放矢。正所谓知己知彼，百战不殆。

汉高祖刘邦建立两汉王朝，平定了天下，应该论功行赏。在这个时候群臣彼此争功，吵了一年都无法确定。刘邦认为萧何功劳最大，就封萧何为侯，封地也最多。但是群臣心中不服，议论纷纷。在封赏勉强确定之后，对席位的高低先后又起了争议，大家都说平阳侯曹参身受创伤70余处，而且攻城略地，功劳最大，应当排第一。刘邦因为在封赏的时候已经委屈了一些功臣，多封了许多给萧何，所以在席位上难以再坚持，但心中还是想将萧何排在首位。

这时候关内侯鄂君已经揣摩出刘邦的意图，就挺身上前说道："曹参虽然有攻城略地的功劳，但这只是一时之功。皇上与楚霸王对抗5年，每次战斗都互有胜负，难免损兵折将，而萧何源源不断地从关中派兵填补损失。楚、汉在荥阳对抗了好几年，军中缺粮，都靠萧何转运粮食补给关中，粮饷才不至于匮乏。再说皇上有好几次避难山东，都是靠萧何保全关中，才能接济皇上，这才是万世之功。如今即使少了100个曹参，对汉朝有什么影响？我们汉朝也不必靠他来保全！为什么你们认为一时之功高过万世之功呢？我主张萧何第一，曹参其次。"刘邦听了，当然说："好。"于是下令萧何排在第一，可以带剑入殿，上朝时也不必急行。

后来刘邦说："吾听说推荐贤人，应当给予最高的奖赏。萧何虽然功劳最高，但因为鄂君的话，才得以更加明确。"刘邦没什么文化，在分封诸侯的时候，将一些从前跟着他出生入死、身经百战的功臣比喻为"功狗"，而将发号施令、筹谋划策的萧何比喻为"功人"，所以萧何的封赏最多。

明眼人一看就知道刘邦欣赏萧何，所以在安排入朝的席位时，刘邦虽然表面上不再坚持萧何应排在第一，但鄂君早已揣摩出他的心意，于是顺水推舟，专拣好听的话讲，刘邦自然高兴。鄂君也因此多了一些封地，被封为"安平侯"。

对他人的意思细心倾听之后，再投其所好有所作为，这是一种说话的策略，在双方力量悬殊的情况下，不妨运用一下这种策略，以屈求伸。这与两面三刀是不同的，两面三刀是小人的卑劣行径，而投其所好是智者的智慧。再者，两面三刀是阴险诡计，为人所不齿，而投其所好是为了保全自己而采取的策略。

《红楼梦》第三十四回写道，宝玉挨打以后，丫环袭人向王夫人提出了一条建议：如今二爷大了，园子里头姑娘们也大了，以后叫二爷搬出园外来住就好了。袭人没有想到，这条建议竟然重重地拨动了王夫人的心弦。王夫人不仅对此建议大加赞赏，而且当场暗示，要"提升"袭人。这是为什么呢？王夫人一番感叹透露出个中底细："我的儿！你竟有这个心胸，想得这样周全，我何曾又不想到这里？只是这几次有事就混忘了。你今日这话提醒了我，难为你这样细心。真是好孩子！"原来袭人的话正与王夫人的忧虑暗合，说到了王夫人平日潜在的意念上，引发出王夫人内心强烈的共鸣。王夫人于是做出了非同寻常的反应，说："你如今既说了这样的话，我索性就把他交给你了……自然不辜负你。"

　　在应酬交际场合，我们也要机灵些，善于观察，说出的话才动听，更容易被他人接受。

第三章

把握做人的分寸感，
别让直性子害了你

## 有想法是好，但不要鲁莽行事

灵光一现的想法固然很好，但是一定要分析清楚后，再付诸行动。因为理想和现实有很大的差距。

美茜是个直性子，平时做事风风火火。单位的同事都说，有事找美茜帮忙一点儿问题都没有，因为她非常热心。但有时候她的直性子也会给她的工作带来很大的麻烦。

最近，单位准备运作一个新的项目，需要拍摄宣传视频。这个任务分配给了美茜所在的办公室。从上大学时，美茜就对这些事比较感兴趣，这次更是兴致勃勃地参与其中。

办公室里，大家正开会讨论拍摄的内容，一向心直口快的美茜立刻就说出了自己的想法："我觉得我们可以选择在夜晚拍摄，这样才可以突出景观的特点。"

"但是天气会影响拍摄质量，因为天气预报说这几晚都有雷阵雨。"同事反驳道。

"我们可以等雨停了啊！阵雨过后，空气会很清新，想想看，干净的空气多有意境，肯定还能给拍摄效果加分呢……"

美茜尽情地描绘着自己的设想，没有注意到已经有同事表示不满了。

"天气，确实是我们应该考虑的……"主任想缓和一下气氛，但是刚一开口就被美茜打断了。

"我觉得还是晚上比较好，车水马龙，霓虹闪烁，这样的风景是最好的。我来负责拍摄，并保证完成这个任务。"

"美茜啊，你有想法很好，但我们是不是应该再好好计划一下，写个脚本或者再敲定一下细节……"

"不用了，我现在脑子里已经有了很完整的画面，您如果需要，我现在就去写。主任，您就让我来办吧，您是不是信不过我啊？"美茜反问主任。

"我不是这个意思。"主任连忙说。

"那您就是不相信我的能力了？"美茜有点儿咄咄逼人地反问。

"没有，你误会了。"主任有点儿尴尬地解释。

"那您就把任务交给我吧！"美茜想都没想就脱口而出，她没注意到在场的同事脸色都变了。

"好吧。"主任说完就直接走了出去。

但是第三天早上，美茜却无比尴尬地站在办公室里。因为下雨，她的拍摄计划泡汤了。而且脚本写得很粗，根本无法进行拍摄。他们组的任务因此没能完成。

故事中的美茜是个风风火火的直性子，有想法就立刻说，马上做，但是最后的结果却不尽如人意。敢想敢做，是这类人的优点，他们更容易抓住稍纵即逝的机会，更容易取得成功。敢想敢做的人可能因为这个优点而成功，有时也会因为这个缺点而失败。

故事中的美茜，她敢想敢说，却未注意到自己的言辞和语气已经令周围的气氛有了变化，甚至得罪了人。事情的结果并没有像她预想的那样完美。因为思考的过程太过短暂，没有对行动中可能会出现的问题进行缜密的思考，并做出周密的应对计划，所以在猝不及防的问题面前，她手足无措，最终的结果也只能是失败。如果在说出自己的想法时，能够思考得全面一些，对实施过程中将要面临的问题有较为全面的应对措施，想法才有可能变成现实。

小超是个文学爱好者，从上学时起就非常喜欢看小说。书看得多了，自己也就有了创作的想法。在生活中喜欢观察和思考的他，也会有很多灵光一现的时候。每当这时，小超就会把这些突如其来的灵感记在纸上。但是灵感来得快，去得也快，每当无法继续的时候，他就会停止，他知道这是因为他积累不够，还需要时间准备。

其实，小超也是个直性子，很多时候他都会表现得很鲁莽。上大学的时候，有一次文学社举办庆祝中秋的作文大赛，他立刻报名参赛了。满以为自己悉心琢磨的文章会榜上有名，没想到却名落孙山。一直想不通的他气冲冲地去找组委会，没想到评委里有他的辅导员，小超觉得自己"有希望'翻盘'了"。

"你的文章我看过了，文笔不错，但是缺少思想，看起来有些空洞，你还需要勤奋练习啊。多读些有思想深度的书，多交流。希望你以后创作出更好的作品！"

辅导员的一席话让小超变得心平气和，认真思考后，他觉得老师说得对！他为自己的鲁莽道了歉。从此，小超不再一有想法就匆匆执笔，然后到处投稿，而是记录下来慢慢琢磨。直到参加工作，他依然保持着这个好习惯。功夫不负有心人，现在的小超在一些自媒体平台上已经是小有名气的"作家"了，还有不少的粉丝。

年轻时，我们总把爱好当成梦想，为了追求梦想也有"冲动"

的时候，但不管是追逐梦想，还是面对生活中的琐事，我们都不能凭借一时的意气而鲁莽行事。

有想法的人有主见，这证明一个人具有思考的能力。想法可能来源于灵感，而真正的成功，需要靠踏实勤奋和谨慎的行动来获得。直性子的人思维活跃，时常会有很多想法，这对工作和学习都有着正向积极的作用，在生活中也会让他们时刻保持热情。有想法虽好，但现实和理想终究还是有很大差距的。丈量它们之间的差距就要靠自己的积累，靠生活的经验，也可以借鉴身边人的意见和建议，寻找榜样，这样才能化鲁莽为有效行动，让理想变为现实。懂得三思而后行的道理，生活就会少一些阻碍，多一些顺畅。

## 口无遮拦，不是实在而是无知

直性子就可以口无遮拦地想说什么就说什么了吗？并不是！这只是直性子的人用来掩饰自己无知的一种表现。

周洁的口头禅是"我是个实在人"。但是她旁边的人都很怕听到她这句话，因为这句口头禅后面总是会有一些让人非常尴尬的事情发生。

"嗨，早上好啊，小兰，你今天很漂亮。"周洁对迎面而来的同事李兰说道。

"谢谢。"本来这样的称赞可以让女孩子心花怒放，但是周洁却管不住自己的嘴，又画蛇添足道："我是个直性子，所以我不得不说，你今天穿的这双鞋……虽然看起来是新的，但怎么那么土呢！跟你的衣服有点儿不搭配。唉，败笔，败笔啊！"

李兰低头看看自己的鞋，早上快迟到了，她就随便找了一双鞋穿上了，确实有点儿不搭。忽听周洁这么一说，李兰脸一红，低着头一言不发地走开了。

看着李兰不好意思的样子，周围的人都向周洁投去了责怪的目光。但是周洁却理直气壮地说："怎么了啊，我有话就直说啊！"

周末的时候几个好朋友在一起聚会，周洁因为堵车迟到了，一进门就大声地抱怨。

"哎呀，你们选的这个地方真的是太难找了！我打车找了半天都找不到！"

闺蜜之间聊起了彼此的男朋友，周洁又来了兴致。

"哎呀，我是个实在人，有话就直说。我觉得他就是对你不上心，赶紧分了算了！你看他有什么啊！"周洁只顾着自己一吐为快，根本没有注意到对面闺蜜们的脸色越来越难看。

"我是个实在人，有一说一啊！"理直气壮的周洁一直都不明白为什么闺蜜们离她越来越远了。

生活中的"周洁"们本着"为你好"的初衷，用"我是个直肠子""我老实，有话直说"做掩护，在不涉及自己利益的前提下，肆意地干涉着别人的生活。如果身边有这样的朋友，或许很多人都会用他们给出的理由——"直性子"来原谅他们的行为。但如果是初次见面，无意识制造尴尬气氛的他们，恐怕会让不少人敬而远之。难道直性子就要口无遮拦，不顾对方的身份，不管自己的角色，不分场合、不分时间地想说什么就说什么吗？答案当然是否定的。

胸无城府也好，善良单纯也好，但是想说什么就说什么肯定是不受人欢迎的。口无遮拦不是性子直，而是一种越界的行为。总是口无遮拦的人，他们没有分清自己的生活和别人的生活之间的界线，甚至已经干扰到了别人的生活。或许他们的初衷是好的，但说出的话经常令人反感。久而久之，原本关系不错的朋友也会疏远。对初次见面的人来说，若留下这样一个不好的印象，也会选择敬而远之。

或许我们都曾听到过这样的理由："我们是朋友我才跟你说这个。""要不是关系好我才不告诉你呢！"来自"朋友"的伤害往往比陌生人的杀伤力更大。那些本着为别人好的"糖衣炮弹"确实让被攻击者有苦难言。语言是一门艺术，它是我们交流和相互理解的桥梁和媒介，而不是用来伤人的利器。所以那些打着"为别人好"的幌子，却在伤害别人的行为应该避免，那些在"老实"的掩饰下毫无遮拦的嘴巴也要赶紧寻找"门卫"，避免祸从口出、得不偿失。

乐乐在她的朋友圈里是有名的"好人缘"。但是乐乐不是一个两面三刀的人，所以大家对她的喜欢是发自内心的。圈子里的人有什么事都愿意跟乐乐分享。因为大家都说在她这里可以获得最有用的方法。大家愿意相信她和她的话，是觉得她真诚、坦率。率直的她不但说话不拐弯抹角，也不会掩饰或者故意歪曲自己内心的想法。

前几天，乐乐的好闺蜜跟男朋友闹分手，大家都知道她闺蜜的这个男朋友"不靠谱"，而乐乐既没有对闺蜜的男朋友提出任何看法，也没有和她一起控诉他的恶劣行径，更没有以局外人的样子冷眼相待。而是诚恳地帮她分析原因、找出问题，站在闺蜜的角度向她提出建议。这样就避免了"得罪"闺蜜，同时还帮助了她。

乐乐常说："说话、做事要多站在别人的角度上思考。心直口快不都是好事，重点要看能不能让别人接受。一句话的说法有那么多，何必非要选择大家都无法接受的那种呢？再说了，口无遮拦也只能显示自己的无知！"

口无遮拦或许可以让自己一吐为快，却也向别人暴露了自己的无知。故事中的乐乐是个非常聪明的女孩，耿直的她并没有选择快人快语，而是站在对方的角度考虑问题，这样才不会让别人有被强行干涉的感觉，也不会因为言语不妥而引起冲突，真正做到既帮助了别人，也没有令人不快。

如果有人将直性子简单粗暴地理解为：想说什么就说什么的口无遮拦，那么他所谓的直性子也只能是一种任性。一个人成熟的表现就是自控能力强，能控制住自己的表达欲，并且能够将自己的观点准确地表达出来，这其中当然包括筛选的过程。因此，请不要再让直性子为自己的口无遮拦"背黑锅"，而是要学着让自己真正成熟起来。

## 脾气很直，爱人也受不了

很多人都会犯的一个错误是：将最大的耐心和包容给了陌生人，而将最坏的脾气给了最亲密的人。

小晴一直是朋友眼里最幸福的女人。大学毕业后就嫁给了同班同学。婚后的小晴很快过上了相夫教子的生活，而丈夫的事业也一直处于上升状态。但是很快小晴就发现，丈夫的脾气变得越来越暴躁，跟她说话的时候也是一脸的不耐烦，再也不是以前温柔体贴的他了。

凌晨时分，丈夫带着酒气回到了家，还重重地关上了房门，本来已经浅浅入睡的小晴被吵醒了。"你轻点儿，别人睡觉呢！"

小晴不悦地说道。然而丈夫却一副爱搭不理的样子，小晴有些生气，忍不住唠叨了起来："你每天都这么晚回家，真不知道在外面干什么呢……"

"我还能干什么！还不是忙生意，忙着赚钱！"丈夫站起来冲她吼道。

"你这么凶干吗！我问你还不是为你好！你每次跟我说话都这么不耐烦！"小晴觉得很委屈。近来丈夫的脾气变得更加喜怒无常了，动不动就冲她大喊大叫，这让她真难以忍受。

"我每天在公司里对每个人都要笑脸相迎，已经够累了，你还要我怎样！我在自己家里还不能随心所欲地说话吗？对着我自己的妻子，我还需要小心翼翼吗？我活得有多累，你理解吗？"丈夫冲着小晴又是一阵大喊大叫。丈夫的操劳和辛苦她都看在眼里，也很心疼他。因为知道他是个直性子，所以，小晴以前也从不计较什么，但没想到他现在却说出这样的话，这让小晴非常伤心。

故事中的两个人是生活中最常见的众生相。在工作中打拼的人，有诸多场面需要应付，周旋于上司、同事、客户以及其他各色人等之间，笑脸相迎也逐渐成为常态。即使是毫不遮掩的直性子的人，很多时候想发的脾气、想生的气也不得不憋在心里。但是情绪总是需要宣泄的，否则放在心里太久容易积郁成疾。那么这些积攒的负面情绪发泄的出口在哪里呢？身边那些最亲密的人自然就成了"躺枪者"，就像故事中的小晴一样，成为丈夫的不良情绪的宣泄对象。尤其是在面对最亲近的人时，这些人更容易放下自己的谨慎、体贴和细心，露出尖锐、刻薄、暴躁的一面，就如同一只愤怒的刺猬，谁离得最近，便伤谁最深。但爱人都是无辜的，他们不应该成为这些坏脾气者的"出气筒"。因为是他们陪伴我们渡过了艰难困苦，并给予了我们无限的温暖和支持。而不加修饰的直性子却是摧毁这份温情的炸弹，我们无心或者有意的横眉冷对，都会像一盆盆冷水一样浇在他们心上。如果直性子的我们不知反思、不做改变，终有一天爱的火焰会被浇灭。

在一家精致的咖啡馆里，小王和张总相对而坐，两个男人都陷入了沉默。此时的洽谈已经进入白热化的阶段，双方因为各自的利益谁也说服不了谁，而且谁也不想让步。就在这时，小王的手机突然响了，是他妻子打来的。小王没有匆匆挂断，而是向对面的张总点头示意，张总礼貌地伸出手，做出"请便"的姿势。只见小王深吸了一口气，调整了一下心情，用轻松愉快的语调接起了妻子的电话。

"喂，我这里还好，并不是很忙，一切都很顺利。我待会儿就可以忙完，晚上会早点儿回家！"小王语气很温柔，就像他和妻子已经分别了很久一样。其实他们早上才分开。

小王接着说："你看你，还是那么不小心！没关系，你等着我回来做就好！你饿了就先点外卖，我回来给你做好吃的。"

"不好意思，张总，让您久等了。"挂了电话，小王向张总表示歉意。

对面的张总并没有生气，他只是非常好奇，是什么人能够让一个刚才还锋芒毕露，甚至有点儿红眼的年轻人瞬间就变得温柔无比。

"是我的妻子，她怀孕了，像小孩儿一样，自己待在家里无聊，煲汤又不小心弄咸了，打电话问我怎么办。"说着他便笑了起来，那神情就像在说一个小孩子，眉眼间和语气里充满了骄傲和宠溺。

这时，一直若有所思的张总突然开口了："我决定跟您合作。"

小王有点儿不敢相信自己的耳朵，毕竟刚才他还和自己争得不可开交呢！

"这……这是真的吗？"小王难以置信地看着张总问道。

"对，能在这种情况下还对自己的妻子如此温柔的人，我想你肯定也是个对工作细心负责的人。"张总笑着说。

故事中的小王在充满火药味的环境中能立刻调整好心态，对妻子说话时可以不受外界环境的影响，这是一种体贴，更是一种修养。

家是温馨的港湾，需要用爱来守候。既然我们愿意每天用精致的妆容示人，用优雅的谈吐交流，用文明的方式沟通，那何不试着在最亲密的爱人面前收起自己的锋芒呢？我们更应该对他们多一份体贴与谅解，多一份关爱和包容。

## 随心所欲，就会到处碰壁

这个世界上没有绝对的"自由"。在各种规章制度和道德的条条框框的限制之下，思维的小球才能"随心所欲"地蹦蹦跳跳。

一家公司会议室的门紧闭着，里面正在进行紧张的面试。而走廊上还有不少神色紧张的面试者不是低头冥想，就是在翻阅资料。不过其中却有一个人轻松地跷着二郎腿，斜靠在座椅上，同样是一脸的紧张，但和别人紧张的原因不同，他是在打游戏！边打嘴里还不时地喊着："快点儿冲！""抓住他！"

旁边早就有人看不下去了，忍不住出声制止道："麻烦您小声点儿，可以吗？在这里不要大声喧哗。"

对于别人的制止，开始他还有所收敛，但是不久之后又恢复了常态。随之而来的制止声也变成了责备：

"你能不能小声点儿啊，我们还要面试呢！"

"要打游戏可以出去打，你到底是不是来面试的？"

面对他人的质疑，他一副云淡风轻的样子，还略带骄傲地说："当然是了，不然我坐在这里干吗！"

"那你不准备一下吗？你是第几号啊？"

"到了不是会有人来叫吗？准备？有什么好准备的！这不是早就应该完成的事吗！嘿嘿，我是个直性子，想到什么说什么，想做什么就去做。人嘛，就应该这样，何必太委屈自己呢？大家说，对吧？"他振振有词地对质疑他的人说着，说完后他又接着打游戏，并在心里为自己的言辞沾沾自喜，认为这是他的"生活态度"。

终于轮到他了，他直接推门就进了会议室，当着众多面试官的面大大咧咧地一坐。本来衣着就随意，还有些不修边幅的他，已经让面试官们十分不满了，再加上举止随便，更让面试官们觉得不舒服。

"我是个直性子，不喜欢拐弯抹角，也不喜欢搞那些虚的东西。"他一开口，就有面试官皱起了眉头。短短的几分钟后，他就被"请"出了会议室。

"这都是我面试的第五家单位了！怎么还是这样？此处不留爷自有留爷处！"说完，他就大摇大摆地离开了这家公司。

故事中"直性子"的他将自己的性格演绎得"淋漓尽致"，甚至已经到了随心所欲的地步。在公共场合，甚至在面试单位这样严肃的场合中，他都依然我行我素，不顾别人的看法，忽视基本的礼仪和规矩，最终只能是碰壁。

直性子的人说话可以直来直去，不带一句开场白；直性子的人做事可以不拖泥带水，没有一点儿多余的客套。但是这并不代表直性子的人拥有不尊重别人、不分场合、由着自己的性子随心所欲、想干什么就干什么的特权。每个人在不同的场合、面对不同的人时都扮演着不同的角色，而对于不同的角色，在语言、行为、举止上都有不同的要求。作为一个成年人，我们要明白自己所处的环境和所扮演的角色，并控制住自己体内时刻想要随心所欲、肆意而为的冲动。

因为一个人的形象能显现出他走过的路、遇见过的人，以及读过的书。一个人的言行举止代表着他的阅历和见识，这是一种修养，更是一种品质。而直性子的人直爽而不掩饰，率真而不做作，这是一种阳光般吸引人的魅力，让人不自觉地就会产生信任感和亲近感。但是言谈举止如果不顾及场合、不考虑他人的感受，那么带给他人的将不是春风般的温暖和亲切真实的感受，而会让人不自觉地厌恶和反感。人和动物的区别就在于：人有廉耻心，即能够根据外界的反应及时调整自己的行为，能够运用相对合理的道德观和法律意识进行自我约束。

耿亮的为人就如同他的姓氏：耿直而简单。和他关系密切的人都知道："他这个人就这样。"但是对于那些初次见面的人来说，耿亮待人接物的方式还真有点儿让人受不了。朋友和家人给他介绍了不少女朋友，但是很多女孩都受不了他这种大大咧咧的性格，基本上是吃过一顿饭之后就没了下文。

这一天，耿亮神神秘秘地请了几个好朋友吃饭，席间他告诉了大家一个好消息：他订婚了！

"你？什么时候的事？"

"哎哟，就你这样的性格，还有人愿意把闺女嫁给你啊？"朋友们纷纷质疑着。

"士别三日还刮目相看呢！你们不能这样瞧不起人！"面对朋友们的质疑，耿亮一脸严肃地说。

原来，在相亲中的屡战屡败，让耿亮很着急，他开始反思。当他明白了是自己的性格太过于耿直，他决定改变自己。和别人在一起吃饭、说话时，耿亮不再随心所欲了。在和一个女孩聊过几次后，双方的感觉都还不错，于是就决定进一步交往。这个女孩也是性格直爽的人，所以也不是非常介意耿亮的耿直，反而称赞他是真性情。这让耿亮高兴坏了，心想自己近来的改变是有成效的。

女孩的家人邀请他去家里吃饭，从来不修边幅的耿亮这次格外慎重，不但一身正装，而且还特意买了许多礼物。饭桌上，他的言行举止透着"绅士"风度，女孩的家人对他的表现非常满意，称赞他老实、礼貌，是个"靠得住"的人。

听完他的讲述，朋友们恍然大悟。

"哈哈！你小子终于开窍了啊！"

"真没想到你竟然也有改掉坏习惯的时候。哎，你说你装腔作势的时候是什么样儿的啊？哈哈哈……"朋友们纷纷打趣着耿亮。

"开始的时候是有一点儿装，但是现在不是了。以前是没顾及别人的感受，有什么对不住的地方，你们就忘了吧！"耿亮不好意思地对打趣他的朋友们说。

故事中的耿亮最终改掉了自己随心所欲的毛病。随心所欲的确舒服，但是舒服了自己，却让别人无所适从，久而久之，还会让自己在生活中处处碰壁。所以不管是不是直性子，做人还是要讲究一点儿。因为只有我们自己讲究了，别人才会对我们讲究。

## 锋芒毕露，可不是什么好事

中国有句俗语叫"枪打出头鸟"，说的就是锋芒毕露所带来的后果。因为锋芒毕露，有时候会被别人看作一种炫耀、一种张扬。而一次性亮出自己所有的底牌，不但容易暴露自己所有的长处，而且更容易被人找到软肋。

吴震刚毕业就进了一家大型私企。上学的时候他就是一名很优秀的学生，在学校的表现也非常突出。在沉闷的大学课堂里，他不但是积极举手回答问题的"好学生"，而且还是学校社团活动中的风云人物。初入社会的他，当然也准备大显身手了。

"……以上就是我的意见。"会议室里充斥着吴震充满自信的声音。领导眼角带笑地示意他坐下。在吴震看来，这是对他刚才发言的肯定。

吴震在单位越来越找到"感觉"了，看着自己的意见被重视，他很有成就感，那种在学生时代呼风唤雨的感觉又回来了。当然，在公司短短的半年时间里他也取得了一定的成就，这也让他更有动力向前"冲"了。

"这件事就交给我去办！"

"这个不能这样！"

"你应该这样才对！"吴震经常这样和同事说话。

他本来就是个直性子，在工作中说话比较直接，但这样的说话方式却让同事们非常反感、难以忍受。甚至有一次在会议室里，吴震当众跟上司争执起来。这让当时在场的人都非常尴尬，其中不乏一些幸灾乐祸的人。

"这么厉害，指不定哪天吃亏呢！"

"就是，仗着年轻就不知道自己几斤几两了。"

"他这样啊，迟早吃亏！"同事们在背后对他议论纷纷。

渐渐地，吴震也发现办公室的同事在疏远他，一些闲言碎语他并不是没有听到，但是他认为这是别人"嫉妒"他。更令他没想到的是，有一个小项目出现失误后，所有同事竟然都将矛头指向了他！而平时积极热情的他，此时却有口难言。

不少直性子的人就像故事中的吴震一样立志要在工作中大展拳脚，于是猛冲猛打；或已经有所成就，想要更上一层楼，并开足马力。而"枪打出头鸟"，这句话经过时间和事实的证明，还是非常有道理的。故事中的吴震初来乍到就已经锋芒毕露了，不但能力突出，还取得了一定的成就。在与同事们的日常相处中，他的言语又给人一种太过尖锐、很不舒服的感觉。尤其是作为新人的他锋芒毕露，有的人可能会认为这是一种炫耀，也有人会将他视作对手。因为一个人一旦被贴上这些含义复杂的标签，就会给他的人际关系带来很多不必要的麻烦。所以有时候招风的不仅仅是大树，太过显眼的树也自带"招风体质"。

陈静参加工作已经两三年了，按理说她已经算是公司里的"老人"了，但同事提起她总觉得她依然是一副"新人"的样子：文文静静，话又少。而大家也都知道陈静绝对不是公司里可有可无的"透明人"。

陈静是设计专业毕业，不但专业技能熟练，而且软硬件条件都不错。她刚进公司，就赶上了几个大的设计方案，而她表现得很出色，让同事们刮目相看。但她还是像往常一样，上班、加班，一点儿也不含糊。有时候即使受了委屈，也一笑而过。久而久之，办公室里就再也没有人会主动对她"鸡蛋里挑骨头"。

坐在陈静对面的实习生小利，经过和陈静两个月的相处，非常羡慕她那种安静和沉稳性格，就如她的名字一般"沉静"。于是她就向陈静"取经"，如何才能修炼得如同她一样。

陈静一听，就笑了。

"我哪有什么修炼方法啊，我只是觉得过刚易折，锋芒毕露会招来一些不必要的麻烦，所以把时间都花在认真工作和认真生活上了。不用随时随地都像刺猬一样把自己所有的武器都亮出来，这样会让别人产生戒备心理，也容易暴露自己的软肋，说不定什么时候就会吃亏呢。"

故事中的陈静，看似在办公室里不温不火地存在着，但是她的工作能力强，为人内敛沉稳，让她得到了同事们的认可和尊重。正如她所言，她没有像刺猬一样将自己所有的锋芒全部外露，而是把时间都用来认真工作和经营自己的生活了。这是一种非常明智的做法。

收敛锋芒，是一种智慧。这样的人不会给自己招致无端的麻烦，不会让人觉得是在"卖弄"，更不会遭人嫉恨。收敛锋芒，却拥有一种含蓄的力量，更有一种冷静、稳重的气质，给人以亲切感。作为领导不露锋芒，会让同事和下属觉得平易近人，工作自然轻松，也容易取得好的成绩；作为员工不露锋芒会让人觉得有深度，不肤浅，也会给人谦虚、好学的印象，工作也会一帆风顺。

一个人不仅在外面，而且在家里也要注意收敛锋芒，不能让自己身上的"锋芒""伤害"到家里人。现在有很多家庭关系不和谐，就是因为伴侣中的一方太过于锋芒毕露。伴侣中的一方如果取得了较高成就，会不自觉地产生一种"自豪感"，这是非常正常的。但是，如果伴侣中的另一方在事业上并不如自己，这种"优越感"就会被放大，不经意间它就体现在伴侣之间的语言中，久而久之，就会影响家庭生活的和谐。家是温馨的港湾，是讲情的地方，不需要争高低，更没有输赢之分。因此要想生活幸福，就要学会收敛锋芒。

太过耀眼的光芒会刺伤别人的眼睛。锋芒既是铠甲，一不小心又会变成软肋，所以锋芒毕露可不是什么好事。

## 太偏执，你会失去方向

一个人的偏执就像是挡在眼前的那片叶子，虽然不大，却可以挡住全世界，令人眼前一片漆黑，失去方向。

大森是学美术的，后来又自学了电脑软件，现在，他主要做平面设计。大森对自己的作品有着独到的见解，他说这叫对艺术的态度。但是在别人眼里，他却是个偏执的人。

刚从上一个公司辞职的大森，又开始找新工作。其实平面设计方面的工作一点儿也不难找，只是他在面试中不是和对方"意见相左"而直接被拒绝，就是在工作中，因为他的固执被上级批评，所以他只能带着"怀才不遇"的郁闷愤愤离去。

不久后，大森又到了一家公司，他熬夜赶出了一张设计图，但是领导和客户都不是很满意，并提了一些修改意见，让大森拿回去再修改。他们认为不好的地方，在大森看来恰恰是最能突出自己创意的地方，所以他就坚持不改。最后领导下了命令，让他回去必须改，大森当时没说话就回去了。但是第二天见客户时，设计图依然没有修改。客户当时就不满意了，要取消合作。领导也有点儿着急，责备他："你是怎么搞的？不是让你修改了吗？"

谁知大森当时站起来就说："你们有没有欣赏水平？这样的设计都看不上！我就要坚持我的想法，我相信一定能成功的！"

领导被大森的话气得不轻，当场就发火了，说道："好！我没有水平！你现在就回家去吧！你就守着你的偏执等着成功吧！"

"走就走！"大森说着转身就走。他坚信自己这匹千里马一定会遇到伯乐，但是好几个月过去了，大森依然没有找到一份稳定的工作。

故事中的大森，是带着理想追梦的年轻人。但是他在追逐自己梦想的时候太过于固执，听不进去别人的意见，不能接受别人的质疑和批评。他也为他的偏执付出了代价：每份工作都干不长久，还经常和他人发生语言冲突。

心理学中，有一种人格障碍叫作偏执型人格障碍。这种人经常会陷入难以自拔的痛苦中而又不配合治疗，并对自己的病情完全持否认或辩解的态度。他们意识不到自己的行为有何偏执之处，也就是我们常说的没有"自知之明"。他们即使意识到了这种情况，也很难做出改变。据调查资料显示，具有偏执型人格障碍的人占心理障碍总人数的5.8%，而实际情况可能还会更多。偏执的人即使向别人求助，但有时候他们坚持自己的观点或想法得到的指导和帮助也有限，而依靠他们自己又很难取得明显的效果。因此，让他们最终陷入恶性循环，这给他们的生活和人际交往带来了严重的困扰。

在日常生活中，直性子的人都会或多或少地有些固执，甚至偏执。一般情况下，男性更容易偏执。他们通常很固执，生性敏感多疑，时刻保持着警觉。而偏执的人往往自我评价过高，容易以自我为中心，一旦出现问题就会把原因推给别人，并拒绝接受批评。他们对挫折和失败过分敏感，不允许自己受到质疑，一旦被人质疑，他们就有可能出现争论、诡辩，甚至攻击别人的行为。

李胜升入高中。由于同学之间互不相识，老师对大家也不够了解，于是，就指定了当时成绩还不错、人也长得高大的李胜暂任班长。但是在担任班长期间，李胜经常和同学闹矛盾。原来班里的所有事情，他都不和大家商量，而是他自己直接下命令，还不许大家提意见。久而久之，大家对他意见很大。最后在同学们的强烈要求下，他被撤了班长之职。

对此，李胜起了疑心。他怀疑是某些同学在老师那里打他的小报告，嫉妒他的才干，为难他。他觉得自己受到了大家的排挤和压制，因此对被撤职之事一直耿耿于怀。他认为老师不相信他，而他并没有做错什么，这样对他很不公平。愤怒的李胜指责、埋怨过老师和同学，并和一些同学发生了冲突。开始时大家都耐心地劝他，跟他讲道理。但是李胜总是不等别人把话说完就打断别人，急于为自己申辩。他甚至把大家对他的好言相劝当作是恶意、敌意。到最后李胜都有些无理取闹了，见状，同学们也都不愿意与他交往了。

他的父母看着他的样子非常着急，最后找了心理医生。心理医生在开导他的同时，还配合药物对他进行治疗和调节。经过很长时间的治疗后，李胜的精神状况才慢慢好转。

故事中的李胜因为性格偏执导致人际关系恶化，这给他的生活带来了很大的困扰，最后不得不采取医疗手段来进行治疗。

其实，每个人的性格中都会有些固执的成分。这种固执如果用对了地方，就是一种非常优秀的品质，叫作坚持。这种坚持会让一个人变得更有毅力，更有主见。当然，前提是这种想法是正确的，这样在生活中才会变得更独立。

想要克服偏执，一方面，要学会正视自己，敢于面对真实的自己，勇于承认自己的偏执，这是做出改变的第一步。另一方面，还要多和他人交往，在交朋友的过程中接触不同的人，学习与人相处之道，让自己的生活充满阳光，从而驱散因为偏执给自己带来的困扰。

## 要想活得滋润，得理也要让三分

人非圣贤，孰能无过。得了理，也别不饶人，让别人三分，给别人留条退路，也是给自己留余地。

王朝是一家事业单位的老员工，仗着自己在单位工作时间长，经常指使新来的员工帮自己做事。同时王朝是一个"直性子"，不高兴了就会说新来的实习生几句，还经常得理不饶人。

李多多是新招进来的应届毕业生。刚参加工作，王朝让她干活儿，她就干，也不敢说什么。但时间久了，李多多发现，这些其实不是自己分内的工作。

李多多找到王朝，对他说："这些工作不是我分内的，我不想再帮你做了。我自己的工作也很多。"

王朝听了这话很不开心。他觉得自己的"权威"被挑战了，但是除了苛责李多多几句，他也不能做什么。这件事情就这么过去了。

几天后，李多多上班吃零食被领导抓到了。领导让王朝跟李多多说一下，以后不要这样了。王朝开心坏了，狠狠地骂了李多多一通，见到谁，就跟谁说这件事。

李多多知道后并没有说什么。她改掉了自己的毛病，努力工作。后来，李多多通过考试，成了王朝的领导。

故事中的王朝记恨李多多不帮自己干活儿，挑战自己的"权威"。于是，在抓到李多多的痛处之后，"得理不饶人"。我们常说，得饶人处且饶人，给别人留点儿余地，日后也好相见。

得理让三分，一是给自己留退路。言辞不要太过于激烈，这样才能从容自如地处理彼此的关系；二是给别人留退路。不管在什么样的情况下，都不要把别人逼向绝路。如果对方没了退路，也许会做出一些过激的行为。当然，这样的结果是任何人都不愿意看到的。

得理让三分，不让别人为难，同时也是不让自己为难。别人轻松了，自己也可以获得解脱。

而得了理不让人的人，他们自认为占了理，所以就毫无顾忌地教训别人。如果对方辩驳，也许还会引发争吵。因为他们不允许对方发表不同的意见。而这种做法，除了让双方关系紧张，其实没有任何意义。得理让三分并不是怯懦，而是真正的大度和得体。

得理不饶人，看起来好像是在坚持"正义"，可实际上，这是不合理的。正义是什么？没有一个绝对的标准。每个人看问题的角度不一样，自然对正义也就有着不同的看法。所以，遇到占理的事情，别太过分"讲理"。

唐代有一位名臣叫郭子仪，历经四朝，权倾朝野。他常常向帝王直言进谏，却一次又一次安然地躲过政治危机，一生安享富贵。这都是因为他做事的原则：得理让三分。再加上他性格豁达，能长寿，也就不足为奇了。

郭子仪在担任兵马大元帅时，皇帝身边有一名宦官叫于朝恩。

于朝恩擅长拍马屁，深得皇帝的喜爱。他十分嫉妒郭子仪的权势，经常在皇帝面前说郭子仪的坏话，但是皇帝并不是很相信他。

愤懑之下，于朝恩指使自己的手下挖了郭家的祖坟。此时，郭子仪并不在京城。

当郭子仪从前线返回京城的时候，所有的官员都以为他会杀掉这名宦官。但是他却对皇帝说："我多年带兵，士兵们也曾盗挖过别人家的坟墓。我郭家祖坟被挖，是我的不忠不孝，并不能过度苛责于别人。"

祖坟被挖，在历朝历代都被视为奇耻大辱。而郭子仪在占理的情况下，却还能这么大度，可见，他是一个胸怀开阔的人。或许正因为如此，他才得到了官员们的敬重，每次都能从政治危机中全身而退。

现代社会，人们喜欢谈"真诚"，强调直言不讳。这就导致了很多人有什么说什么，不太在意别人的感受。而有些人，好胜心很强，他们常常锱铢必较，喜欢与对方辩驳，以此证明自己是对的才善罢甘休。如果在某一件事情上占了理，他们可能就会变本加厉。

但每个人都会做错事，既然自己也会犯错，就要允许别人犯错。换位思考一下，假如自己犯了错，别人揪住不放，你心里又会是什么感受呢？

得理不饶人，其实就是不擅长处理人际关系和复杂的事情。这样的人，太过于主观，会在学习、生活中吃亏。人们常说，我敬人一尺，人敬我一丈。做人做事，留三分余地，对己对人都有好处。

## 交情浅，就不要言过深

宋代文学家苏轼曾在《上神宗皇帝书》中写道："交浅言深，君子所戒。"这是说与人交往，切忌交浅言深。

在一些人看来，与人交往就应该知无不言，这样才不失其光明磊落的个性。其实不然。与一个交情不深的人来往，就要把握好与对方沟通的尺度，快言快语有时会给自己或者他人招来麻烦。

潘瑜换了一家新公司，办公室的同事们看起来都很友善。中午，大家一起去附近的餐厅享受美好的午餐时间。吃饭过程中，大家有说有笑、无所不谈。其中一位同事小张似乎与潘瑜特别合拍，悄悄地把在座的每一位同事都介绍给她认识。

"坐在你右边的是曹主任，他这个人平时特别刻薄，你以后和他打交道要小心。"

"那个是小琪，人如其名，特别'小气'，少和她来往。"

"你对面的是王建，他是个'单身狗'，对每一位女同事都不安好心，你可要注意。"

对于初来乍到、对公司人际关系一无所知的潘瑜而言，小张的话无疑给了她很大的帮助。因此自然对眼前这位"知无不言、言无不尽"的同事表达了感谢的同时，内心也产生了一股亲切感。潘瑜本来就是个直性子，所以什么事、什么话都藏不住；工作中、生活中无论遇到什么问题，她都愿意向小张倾诉；有时还会和她一起批评其他同事的不是之处，以此发泄内心的郁闷。

不过后来发生的一件事让潘瑜十分后悔。

"潘瑜，你凭什么在别人面前诋毁我！"小琪生气地质问她。

"我什么时候诋毁你了？"潘瑜虽然心虚，但还是理直气壮地反问小琪。

"小张都告诉我了，你还抵赖，没想到你这么虚伪！"小琪说完就气呼呼地走了，留下目瞪口呆的潘瑜。同时她也明白了，这件事一定是小张说出去的，不由得暗自悔恨自己交错了朋友，说错了话。

都说"来说是非者，便是是非人"。故事中的小张虽然不厚道，但是潘瑜的直性子让她犯了交浅言深的大忌。进入一个新环境，倘若只为一时之快而说了不该说的话，就会把把柄落在他人手中，让对方多了一张打赢自己的牌。

人与人之间相处最重要的就是交流和沟通，最困难的也是交流和沟通。只有把握好与人沟通的尺度，才能得到更多人的喜爱和尊重。

但是很多人不懂得与人交流的技巧，即便是与一位才见两次面的人接触时，在彼此并不了解的情况下，都会肆无忌惮地和对方开过分的玩笑，或者说一些不得体的话。他们本以为这种幽默能够融洽双方的关系，谁知竟让对方产生了排斥心理。因此开玩笑也要分场合、分人，否则直来直去很可能破坏自己的人际关系。

还有些人经常把刚刚相识的人当作多年老友或者知己，毫无顾忌地把自己的烦恼愁绪、理想抱负或者鸡毛蒜皮的小事告诉对方。倘若对方是小人，那么他掌握了这些信息后很可能对他们不利；反之，如果对方是君子，也会反感这种交浅言深的行为。

孔子曾说："不得其人而言，谓之失言。"意思是在并不了解对方的情况下与之深入交谈，这就是一种失策。一般而言，见人只说三分话，才显得更为成熟稳重，让人佩服。

如今居住在城市里的人们，邻里之间的亲密沟通比较少，但小区里依然少不了张家长李家短的八卦消息。

"听说你们的邻居是新搬来的，哪儿的人，人品怎么样？"小李总是听隔壁的人抱怨新邻居"没素质"，便借机问一问楼上的老张。

"人家刚来没几天，我也没和他们打过交道，哪里知道人家的情况？"老张平时和小李不怎么往来，便含糊地说。

"你们是邻居，难道还看不出点儿端倪来？我从来没见过这家的男主人，不会是单亲家庭吧？"小李打算刨根问底。

"不清楚，可能人家工作忙不常回家吧。您在这儿歇着，我得去买菜了。"老张说完就起身走了，小李只好找其他人打听。

故事中的老张深知小李的心思，但身为邻居，他清楚，随意透露他人的隐私既不合情也不合理。于是，他三言两语便应付了小李，避免交浅言深给自己带来麻烦。

交情浅而不言深，在生活和工作中都非常适用。例如，员工与领导总是抬头不见低头见，但很多员工和领导都谈不上交情很深，因此与领导之间的交流要把握好分寸，切忌和领导交浅言深。如果领导就一些敏感话题向你征询意见，你也要懂得三思而后行，在坦诚的同时把握好"度"，不要随便打开天窗说亮话，否则，就会让自己陷入"得罪人"的境地。

面对泛泛之交，特别是一般同事的诉苦，更要做到不可言深。同事之间的关系比较特殊，有时是搭档，有时又是竞争对手，如果贸然对同事知无不言，很可能是在给自己"挖坑"。因此为了保护好自己，不要轻易与不常往来的同事言之过深，只要合乎情理、不失礼貌就好。

有人会问："如果不对他人坦诚，怎么可能交到好朋友呢？"其实，友情都是在交往的过程中逐步建立的，见一面便成为挚友的情况并不多见。所以一段好的人际关系要靠后期的经营与呵护。

"平衡理论"告诉大家，当双方相互喜欢，而且有很多相似点时才能表现为平衡。不过每个人都有自己独特的思维和行为方式，与别人拥有共同点并不容易。因此，在交往过程中，要多观察和体会对方的一言一行，在相互了解和关心的过程中拉近彼此的关系。

## "巧舌如簧"不如"沉默寡言"

"信言不美，美言不信。善者不辩，辩者不善。知者不博，博者不知。"

博雅是一家杂志社的编辑，刚工作两年，有时候会接到采访任务。但两年了，她写的采访稿还是很空洞。

每次去采访，她的提问都循规蹈矩，问题也总是"您是如何想到这些的？""您认为是勤奋造就了您的今天吗？"这些问题根本问不出实质性的东西，因为太官方了。博雅很佩服自己的师父纪灵，她的采访稿总是有深度又有可读性。

一天，博雅跟着纪灵采访结束之后去吃饭。其间谈到了一个问题。博雅是个直性子，她不服气，就想反驳，即使对方是自己的上级。

纪灵对她说："现在，拿出你的能力跟我辩论。你总是自诩能言善辩，我就看看你有几分本事。"

最后，博雅被纪灵说得哑口无言，虽十分气愤却说不出一句话。同时博雅第一次发现，这个脾气温和，平时不太爱说话的总编，原来是一个如此善辩的人。

纪灵对她说："博雅，你记住，我们是记者，不是律师，采访别人，是要引导对方说出我们需要的内容，而不是与对方辩论。能言善辩可以，但不一定事事都要与人争执。"

作为一名采访者，总是与人争辩，不仅不能得到采访对象的认同，还会让别人感觉你是一个很浮躁的人。直性子的优点是可以让别人迅速了解你内心的想法。但性格之中的缺陷，还是要改掉，例如，很多人会把牙尖嘴利误以为是能言善辩，而能言善辩，本质上指的是会说话，并不是把人说得哑口无言。能言善辩的人，能灵活运用各种理论依据，让对方接受自己的说法，但并不会让对方感觉到厌烦。而有些人恰恰就把握不了这个尺度。他们不懂得说话的分寸，只顾着表达自己的想法，最后让人讨厌也是情理之中的。

心直口快的人与人交谈的时候，一定要注意倾听。认真倾听，才能真正了解别人的想法，也才能让对方感觉到他得到了尊重。什么场合说什么样的话，知道什么时候说话是最佳时机，比说话本身甚至说话的内容更重要。某些时候，即使你什么都没说，或许比滔滔不绝地说更能获得对方的好感。当他人与自己的想法不一致时，接受并且给予对方表达的权利，是一个成年人必备的修养。

在美国加州，有一位叫寇蒂斯的医生，他是个热心的棒球迷。闲暇时，他经常去看棒球比赛。此外，他还加入了附近的蒂姆棒球俱乐部。

周末，蒂姆棒球俱乐部举行了第一次球员宴会，寇蒂斯虽然是新加入的成员，但因为棒球打得比较好，所以也受到了邀请。寇蒂斯早到了一会儿，跟球员们聊了几句，宴会就开始了。

宴会上，在侍者送上咖啡与糖果之后，大家聊起了自己喜欢的棒球明星。

俱乐部的主人，也是宴会的主办者之一，杰克逊说道："我最喜欢赛扬，全联盟投手的最高荣誉就是赛扬奖，他真是一名伟大的球员。"

宴会的赞助人赖斯非常赞同杰克逊的说法，说道："赛扬是很厉害。我呢，最喜欢的是铃木一郎。在日本和美国是神一样的球员。我超级喜欢他。"

"我也喜欢铃木一郎，他确实很棒。"一名球员附和道。

"赛扬一般吧，也并不是那么厉害。最佳球员好像已经不是他了。"说完赛扬，寇蒂斯又开始说铃木一郎，"美国球手才是最厉害的，日本选手就是再厉害，也是受我们的影响。"

寇蒂斯听大家聊起棒球，就直接说出了自己的想法。

大家不太喜欢他的言论，只是温和地表达不同意见，后来，这场宴会就变成了寇蒂斯与他人的辩论赛。

几次三番之后，大家就受不了了。

一名年轻的小伙子出来制止了他的言论，说道："大家并不喜欢你的辩论。"

小伙子的话让宴会的气氛变得很尴尬，本该进行到 10 点的宴会，不到 8 点半，大家就推托着早早离开了。

辩论，在日常生活中并不是一种有效的交流方式。一个人想要获得他人的认同，提升自己的自信心、勇气和能力，不是与别人辩论几句就可以做到的。能言善辩，不是什么难事，几乎每个人都有能言善辩的潜力。但是我们的生活不需要常常与人争辩，因为简单快乐才是生活的基调。

那些没有大智慧，却"能言善辩"的人，不管什么事情都要争个高低，说起话来不饶人，非要对方信服才住口。这样只能让他们的人际关系变得越来越糟糕。

而沉默是一种大智慧，真正有内涵和有城府的人，不会轻易开口"显摆"自己。他们懂得倾听、忍让别人，有广阔的胸襟，能接受他人的不同意见。其实，说服别人并不是一件容易的事情。在说服对方的这个过程中，我们自己也会遭受来自对方的怀疑、拒绝和攻击。既然改变别人不容易，那就停止与别人的争辩。能言善辩不可怕，可怕的是，有些人养成了能言善辩的习惯，而这种习惯会带来一系列的负面效应。如果有一天，真的需要辩论了，那些已经把能言善辩当成习惯的人，还是先做到"持之有故，辩之有理"再开口吧。

## 与人交往，迁就一下又何妨

"千里修书只为墙，让他三尺又何妨？万里长城今犹在，不见当年秦始皇。"

傅以渐，是清朝的首位状元，曾经做过康熙帝的老师，官拜宰相。幼年时，傅以渐家里很穷，但他身居高位后，并没有因为权势而改变自己的初心。他虽然耿直，经常直言进谏，但从不因自己权势大就盛气凌人。

康熙时期，傅以渐的家人在修缮家庙的时候，因为宅基地的事情，与邻居发生了争执，于是两家人告到官府。地方官知道这座家庙是朝廷重臣傅以渐家的，不敢贸然判案。

而傅以渐的家人则给他写了封信，信中写了事情的来龙去脉，然后让他给地方官施压，判他们赢。

谁知道，傅以渐看完信后，回了一封信给他们，信的内容是这样的："千里修书只为墙，让他三尺又何妨？万里长城今犹在，不见当年秦始皇。"

家人收到他的信后，马上退避了三尺，并向邻居道了歉。邻居被感动了，也向后退了三尺。

后来，这条六尺宽的巷子被康熙帝赐名为"仁义胡同"。

傅以渐的后人多入仕为官，后来，成为当地的名门望族。

故事中的傅以渐出身贫穷，官拜宰相后，并没有自我膨胀，而是保持着谦和的态度。而他的子孙们，也秉承着家风，终成一代望族。与他人交往，想要维持和谐的关系，就要懂得互相迁就，这样才能让这段关系保持平衡。如果双方中的一方，过度迁就，而另一方却咄咄逼人，那么这段关系终究会分崩离析。

在不违背社会准则和道德的情况下，迁就、忍让一下别人，并不是什么难以做到的事情。迁是退让，也是宽容。那些一丁点都不愿意迁就别人的人，其实是不明智的。

人与人的交往，没有那么多门道，无非就是你迁就我一些，我迁就你一些。把眼界放宽些，就能多包容别人一点。眼界放宽了，就不会那么斤斤计较了。

如果每个人都始终坚持自己的观点与做人的原则，觉得别人都是不对的，那人与人之间的关系就会变得非常糟糕。有些人喜欢喊口号，说自己就是性子直，就是要表达自己的观点，这才是真实的人。可是你在坚持自我的同时，是否想过，坚持自我的意义是什么？这些人总是希望别人能迁就自己，却没想过去迁就别人。

社交能给我们带来机会，也就是所谓的人脉关系，谁也不知道，能助你实现梦想的人是谁。有时候，人际关系可能就是你人生发展的基石。你的交往方式变了，那么你的人生也会跟着发生变化。因此，与人交往的时候，多迁就一下别人，也许你的机会就来了。

张晨换了新工作，并在新公司附近找到一个很不错的房子。确定了主卧窗户大，光线通透后，直性子的张晨立马要跟房东签合同。完事后，付给了房东三个月的租金，然后就兴冲冲地准备搬家了。

搬家那天，他发现，次卧租给了一位画家。他没在意，准备将自己的东西搬进去。

这时，画家走了过来，说道："小伙子，主卧能不能让给我住？我画画，需要很好的光线。可是我来的时候，主卧已经被租出去了。"

张晨不想和他换房间，刚想开口拒绝。这时，他的手机响了，是家里打来的。

"妈，有事吗？我正搬家呢。"张晨说道。

"儿子，你爸今儿出院了。你别担心了。"张妈妈的声音很开心。

"那我就放心了。妈，我先不说了。晚上给你打。"张晨也很开心。

挂了电话，心情好的张晨同意了画家的请求。他想着，迁就一下别人算了，反正也不是什么大事。

几个月后，画家跟张晨说："我要搬走了，你跟我一起去那里吧。"原来，画家的朋友要移民了，留下了一个房子。朋友让画家住在那里，并拜托他照看房子。于是，张晨就免费住进了四室一厅的大房子。

后来，画家还给张晨介绍了一份很不错的工作，而张晨的生活也变得越来越好了。他从来没有想到，当初的那点迁就，能"换"来这么大的好事。

无论是与家庭成员、同事还是朋友相处，我们都要学会迁就他们。个人做到了包容，家庭关系、同事关系、朋友关系才能和谐，团体才能越来越好。人与人之间做到了迁就，彼此间的很多矛盾也就自然而然地化解了，尤其是与最亲密的人，比如父母、爱人、朋友。

一个人如果都不会迁就别人，那还怎么与别人相处呢？与人相处，首先，要将自己的心沉淀下来，学会包容他人。如果这点都做不到，那如何能拥有前途光明的事业、美满的家庭。即使是最亲密的爱人，也需要讲究宽容之道。

　　一个善于迁就别人的人，总会在团体中发光。而这种光芒会照耀身边的每一个人，每个人也会被他的这种行为所影响。所谓"一家让，而后一国兴让"，就是这个道理。

　　而迁就之道，其实很简单，就是把自己的心态调整好，多从大的格局出发，不要拘泥于自己的小世界。

第四章

学会说『不』的艺术，
拒绝也不伤感情

## 找个人替你说"不"，不伤大家的感情

在拒绝他人的诸多妙法中，有一种比较艺术的方法就是推诿法。

所谓推诿法，就是以别人的身份表示拒绝，比如父母、领导、同事等。这种方法看似推卸责任，却很容易被人理解：既然爱莫能助，也就不便勉强。

有个女孩子是集邮爱好者，她的几个好朋友也是集邮迷。一天，有小朋友向她提出要换邮票，她不同意换，但又怕小朋友不高兴，便对朋友说："我也非常喜欢你的邮票，但我妈妈不同意我换。"其实她妈妈从没干涉过她换邮票的事，她只不过是以此为借口，但小朋友听她这样一说，也就作罢了。

有时为了拒绝别人，可以含糊其词地推托："对不起，这件事情我实在不能决定，我必须去问问我的父母。"或者是："让我和孩子商量商量，决定了再答复你吧。"

这是拒绝的好办法，假装请出一个"后台老板"，表示能起作用的不是本人，既不伤害朋友的感情，又可以使朋友体谅你的难处。

人处在一个大的社会背景中，互相制约的因素很多，为什么不选择一个盾牌来挡一挡呢？例如，有人求你办事，假如你是领导成员之一，你可以说，我们单位是集体领导，像刚才的事，需

要大家讨论才能决定。不过，这件事恐怕很难通过，最好还是别抱什么希望，如果你实在要坚持的话，待大家讨论后再说，我个人说了不算数。这就是推托之词，把矛盾引向另外的地方，意思是不是我不给你办，而是我决定不了。请托者听到这样的话，一般都要打退堂鼓。

一个年轻的物资销售员经常与客户在酒桌上打交道，长此以往，他觉得自己的身体每况愈下，再不能像以前那样喝太多的酒了。可应酬中又是免不了要喝酒的，怎么办呢？后来他想到一个妙计。每当客户劝他多喝点儿的时候，他便诙谐地说："诸位仁兄还不知道吧，我家里那位可是一个母老虎，我这么酒气熏天地回去，万一她河东狮吼起来，我还不得跪搓衣板啊！"

他这么一说，客户觉得他既诚恳又可爱，自然就不再多劝了。

所以，如果难以开口的话，不妨找一个人"替"你说"不"，这样所有的责任都可以推掉，别人也不会对你有所抱怨。

## 你的托词不能损害对方的利益

从对方的利益出发，掌握好说"不"的分寸和技巧，给对方一个能够接受且不会伤害对方的托词十分重要。

随着社会的发展，人与人之间的交往越来越密切，也越来越复杂。比如，我们经常会发现办公室中谈笑风生的两个人其实早已积怨很深。或者昨天还势如水火的两个同事，今天却亲密得俨如老友。从中我们可以看出，办公室中的人际关系确实让人难以捉摸。我们每个人都希望能够得到他人的关注与理解，因此在职场上，我们要学会理解他人，要把握处理事情的分寸，尤其是我们因为各种原因而不能配合对方时，一定要从对方的利益出发，有效沟通。

例如，在办公室里，你在拒绝别人的请求时，若只是说"我很忙"，对方则会说你不爱帮助别人。所以，拒绝别人时，要具体地说明一下理由。

再如，你正忙着整理第二天重要会议的资料时，你的上司走过来对你说："先处理这份文件。"

这时，你可以明确地告诉他自己正在为第二天的会议准备资料，然后让上司判断哪个工作更加急迫。

每个人总会有需要别人施以援手的时候，所以，多一个敌人绝对不是什么好事。虽然我们避免不了拒绝的发生，却可以采取适当的拒绝方式，最大限度地避免因为拒绝而树敌。

经常有人会说出这样的话："这件事情恕难照办"，"我们每天都一样地工作，凭什么要我帮你的忙"……如果你听到些话，会是什么反应呢？你会很高兴很客气地说"既然如此，那我就不打扰你了，对不起"吗？恐怕不会吧。你一定会恼羞成怒地回击对方："你这个人讲话怎么如此无情！难道你一辈子就没求过人吗？"然后拂袖而去。

一般情况下，我们在拒绝别人的时候要注意以下七点。

1. 积极地倾听

当你拒绝别人的请求时，不要随口就说出自己的想法。过分急躁的拒绝最容易引起对方的反感，应该耐心地听完对方的话，并用心弄懂对方的理由和要求，让对方了解自己的拒绝不是草率为之，是在认真考虑之后不得已而为之的。

2. 用和蔼的态度拒绝对方

不要以一种高高在上的态度拒绝对方的要求，不要对他人的请求流露出不快的神色，更不要蔑视或忽略对方，这都是没有修养的具体表现，会让对方觉得你的拒绝是对他抱有成见，从而对你的拒绝产生逆反心理。拒绝对方要保持和蔼的态度，要真诚。

3. 明确地告诉对方你需要时间考虑

我们经常碍于面子不愿意当面拒绝他人的请求，而是以"需要考虑"为借口来避免直接拒绝对方，其实是希望通过拖延时间使对方知难而退。如果不愿意立刻当面拒绝，应该明确告知对方考虑的时间，表示自己的诚意。

4. 用抱歉的话语来缓和对方的情绪

对于他人的请求，表示出无能为力，或迫于情势而不得不拒绝时，一定记得加上"实在对不起""请您原谅"等抱歉用语，这样，便能不同程度地减轻对方因遭拒绝而受的打击，舒缓对方的挫折感和对立情绪。

5. 说明拒绝的理由

在拒绝他人的请求时，不要只用一个"不"字就想使对方知难而退，而应给"不"加上合情合理的注解，以使对方明白自己的拒绝并非毫无理由，而是确有苦衷。

真诚地说出你拒绝的理由是非常必要的，它有助于你们维持原有的友好关系。

6. 提出取代的办法

当你拒绝别人时，肯定会影响他计划的正常进程，甚至使他的计划搁浅。如果你给他提供一些建设性的意见，则能减轻对方的挫折感和对你的怨恨心理。

7. 对事不对人

你要想方设法地让对方知道你拒绝的是他的请求，而不是他这个人。

总而言之，成功地拒绝别人的请求不仅可以节省自己的时间和精力，还可以免除由不情愿行为所带来的心理压力。但前提是拒绝时不损害对方的利益和自尊。

## 拒绝要真诚，不能让人感觉你在敷衍了事

当你不得不拒绝别人时，要想好一些真诚的理由，让别人从心眼里觉得的确是你能力不够从而不得不拒绝。

拒绝总是会让人感到不愉快。委婉地拒绝无非是为了减轻双方，尤其是对方的心理负担。特别是上司拒绝下属的要求时，不能盛气凌人，要以真诚的态度、关切的口吻讲述理由，使之信服。在结束交谈时，一定要表示歉意。一次成功的拒绝，也可能为将来的重新握手、更深层次的交际播下希望的种子。

从事销售的小刘遇上一位工作狂上司，很多同事都因此而"逃离"了，她却能始终保持极佳的工作状态，她是怎么做的呢？

小刘说："一开始我也像他们一样以办公室为家，日日夜夜伏案工作，在我的字典里'休息'这个词似乎早就不存在了。后来我发现，工作狂老板通常有一个思维定式：他们一般疏于考虑自己分配下去的任务量有多少，下属需要花费多长时间可以搞定，他们想当然地认为你应该没问题。所以，后来如果我觉得工作量过大，超出了个人能力范围时，我不会一味投身于工作中蛮干，要知道，不说出来的话，工作狂老板是不会体会到你的负荷已经到了警戒线的。这也不能怪他，每个人的承受能力不同，老板又如何能体会到下属执行过程当中的难度与苦衷？这个时候，下属应该主动与老板沟通交流。口头上陈述困难或许有故意推托之嫌，书面呈送工作任务的时间安排与流程，靠数据来说明工作过多，

让他相信，过多的工作令效率降低。合理正确的沟通会令老板了解你的需求，从而适当调整任务量及完成时间，或选派更多的同事来帮你分担。"

试想一下，如果小刘因怕得罪上司而勉强接受所有任务，到时完不成任务更会受到上司的指责，如果因为自己没事先说明难度，最后又耽误公司整体计划，过错就更大了。这种坦诚拒绝的方法不仅适用于对上司，也适用于对周围的同事。当然，坦诚拒绝也要讲究方式。

当别人向你提出请求时，一定会担心你会不会马上拒绝自己，或者给自己脸色看。所以，在你决定拒绝之前，首先要注意倾听对方诉说。比较好的办法是，请对方把处境与需要讲得更清楚一些，这样，自己才知道如何帮他。

倾听能够让对方感受到你的尊重和真诚，委婉地向对方表达自己的拒绝，可以避免使对方的感情受到严重的伤害。

倾听的另一个好处是，你虽然拒绝他，却可以针对他的情况，建议如何取得适当的帮助。若是能提出有效的建议或替代方案，对方一样会感激你，甚至在你的指引下找到更适当的解决方案。

直接拒绝只会伤害彼此的感情，而委婉地说"不"更容易让人接受。当你仔细倾听了对方的要求，并认为自己应该拒绝的时候，说"不"的态度必须是温和而坚定的。

例如，当对方提出的要求不符合公司或部门的规定，你就要委婉地让对方知道自己帮不了这个忙，因为它违反了公司的相关规定。如果同事请你帮忙分担一部分工作，在自己工作已经排满的情况下，要让他清楚地明白这一点。一般来说，同事听你这么说一定会知难而退，再想其他办法。

拒绝除了需要技巧，更需要耐心与关怀。若只是敷衍了事，这样只会伤害对方。

1. 对领导说"不"时一定要把握好时机

"不管什么事情只要交给安娜，我就放心了。"安娜进公司3年，这是领导常挂在嘴边的话。开始安娜很高兴，但时间一天天过去，交给她的任务越来越多。"安娜，这个方案你盯一下。""安娜，这个客户恐怕只有你能对付。""安娜，上海的那个项目人手不够，你顶一下。"老总为某事抓狂时，必会打开门大叫安娜。

安娜手里的事情多到了加班加点也做不完，可周围有些同事却闲得很，薪水也并不比她少多少。安娜想，也许自己再忍一忍就会有升职的机会。然而，机会一次次地走到她面前却又一次次地拐了弯。后来，安娜从人事部的一位前辈那里得知，关于她升职的事中层主管讨论过很多次了，每次都被老总否决了，说安娜虽然业务能力不错，但管理能力不足，需要再锻炼锻炼。

安娜很气恼，回家跟丈夫抱怨。丈夫居然也说："如果我是你们老总，我也不会升你的职。一个不懂拒绝的人，怎么去管理别人？"安娜仔细想了想，觉得这话真的很有道理。

后来，当老总再给她加工作量时，安娜鼓足勇气说："我手里有3个大项目，10个小项目，我担心时间安排不过来。"老总一听，脸立刻变了色："可是，这个项目只有你去做我才放心。"

"那好吧，我赶一赶。"说完这句话，安娜恨不得咬掉自己的舌头。看到老总的脸，一个大胆的念头突然冒了出来："不过，要按时保质地完成，我需要几个帮手。"安娜轻描淡写地说。老总惊讶地看着她，继而笑着说："我考虑一下。"

安娜想，如果老总答应给自己派助手，就相当于变相给自己晋升，自己的工作也有人可以分担了；如果不答应，老总也不好把新任务硬塞给自己了。

果然，老总再也没提过加派新任务的事，还破天荒地经常跑来关心安娜的工作进展，并叮嘱她有困难就提出来，别累坏了身体，等等。

当领导把砖头一块块地往你身上叠加时，他也并不是不知道砖头的重量，但是他知道把工作加给一个不懂拒绝的人是件再省心不过的事。你不要因此就梦想你理所当然比别人薪水更高或升迁更快。

有的时候，你并不需要大张旗鼓地拒绝领导，只需要讲出自己的难处，告诉他你在时间或精力上的困难，让他明白你不是超人。

2. 不想加班，就必须找个恰当的理由

"世界上最痛苦的是什么？加班！比加班更痛苦的是什么？天天加班！比天天加班更痛苦的是什么？天天无偿加班！"这些关于加班的种种看似戏言和怨言的说法，在调侃之余，也真实地反映了职场中人的生活和工作现状，因为加班已经成为他们生活中的必要组成部分。

身在职场，加班是很多人最痛恨的一件事。面对领导要求的加班，做下属的就只能听之任之吗？是不是也可以找到合适的理由，既不得罪领导，又能够少受一点儿加班之苦呢？

小李和女友相识3周年的纪念日就在这个周五，可是当离下班还有10分钟时，小李看到了部门领导在MSN上呼叫："今天晚上留下来吃饭，约好了一位客户谈目前这个项目的事情。"顿时，小李不知所措。

　　小李肯定是不想错过今天这个重要日子的约会，但是，他又不能得罪领导。他琢磨了一会儿，心想凭着自己几年来和领导的关系，再加上自己幽默风趣的性格，相信领导能够放他一马。于是小李通过 MSN 和领导说："本人是公司著名的妻管严，地球人都知道，要不是为了她，我哪敢和领导讲条件，再说我要敢放我那口子鸽子，我可能会有生命危险。"等了一会儿，MSN 上传来了领导的回复："你不用加班了，这事我来做，你去陪你的女朋友吧，代我向她问好！"

　　看到这句话，小李以最快的速度关掉电脑，拎起包飞奔出了办公室。

　　"适者生存，不适者淘汰"已成为企业中很多人坚定不移的座右铭，也是上班族命运的真实写照。虽然如此，但每个人的生活除了 8 个小时的工作时间，还有亲情、友情、爱情需要时间去维护，若因为工作而将其他的统统放弃，实在是得不偿失。而要实现这一目标，就需要多学一些拒绝的技巧。小李的做法也许并不适合每一个人，但也不失为一种借鉴。其实，每个人在拒绝加班时都可以找到恰当的理由，让 8 小时以外的时间真正属于自己。

　　3. 巧妙应对，避开另类"骚扰"

　　身在职场，很多女性都容易遭遇一个比较普遍的问题——性骚扰。在工作场合，性骚扰有时候会来自领导。该怎样去应对性骚扰而又不得罪领导呢？

　　最近一次公司聚会后，伊茜发现老板罗伯特有点儿问题。饭后伊茜要回家，可罗伯特说要去唱歌，并且一个都不许走，其他同事都赞成，伊茜也不好反对。伊茜因为喝了点儿酒有点儿头晕就靠坐在沙发上闭目养神，偶尔为他们选一些歌。罗伯特坐在离伊茜不远处，突然在和伊茜说话时用手轻轻地划了一下她的脸，伊茜想罗伯特可能喝醉了，于是离他更远了一些。终于一曲完了，伊茜准备回家，没想到罗伯特跟着伊茜离开。电梯里只有他俩，罗伯特抱住伊茜说："亲一下！"伊茜说不行。这时电梯停了，进来几个人，他只好放开了伊茜。

后来伊茜想他大概是喝醉了，自己以后不再参加这种聚会就是了。可没过几天，罗伯特的秘书很神秘地对伊茜说，后天还有个聚会，大家都得参加。伊茜心里暗暗叫苦——麻烦来了！伊茜找了一个理由才躲了过去。然而，这几天罗伯特总是有意无意地来到伊茜的办公室，伊茜只好跟他谈工作的事。但罗伯特总是有意无意地把话题往别的方面引，伊茜思前想后终于想出了一个主意。由于伊茜和罗伯特的妻子是老同学，于是伊茜周末约罗伯特的妻子一起打牌、游泳，他知道这些事后，便不再"骚扰"伊茜了。

遇上想占便宜的领导是职场女性最烦恼的事，因为处理不好的话便会丢掉工作和声誉。案例中的伊茜对付领导的性骚扰方法得当，巧妙地保护了自己，值得职场女性学习。

## 助你驰骋商场的实用托词

当做业务的你没法满足顾客所提出的要求时，不要直截了当地说"不"，因为这样会伤害顾客，进而失去很多潜在的顾客。为了让顾客心理平衡，要找好托词，于无形中驳回顾客的要求，这样即使交易失败，也会赢得顾客的好感，进而为自己留住潜在顾客。

顾客就是上帝，在销售场合中，当我们需要否定顾客的意见时，应尽量避免使用"不""不行""办不到"等词语。可是如果必须说出这些字眼时就要找到适当的托词，并且予以顾客另外的补偿，以使他心理平衡，从而让他对你产生好感。

1. 提出建议，介绍新去处

假如你的商品已售完，可以向他介绍其他有这种商品的地方。这种处处为顾客着想的做法可以提升你的形象，从而赢得顾客的再次光临。

"真抱歉，这种商品正好卖完了。您来看看另外一种，或许正是您所需要的。"

"真是很不好意思，我找遍了仓库都没有找到您所需要的号码，这样吧，您明天再过来，我提前给您准备好。"

"您来得真是不凑巧，我们这里正好没有这种商品了，您可以去某店，那里很可能会有。"

做出否定回答的同时，给顾客提出建设性的建议，也就相当于他的需要在你那里得到了满足，可以留给他一个好印象。

2. 补偿安慰拒绝法

当在价格上无法接受顾客提出的要求时，若断然予以否定必然会破坏推销的气氛，打击顾客的购买欲，甚至可能会惹恼顾客，从而导致交易失败。为避免这种情况的发生，推销员在拒绝顾客的时候应在其可以承受的范围内予以适当的补偿，并以此来满足顾客想买到便宜货的心理。

"价格不能再降了，这样吧，在价格上您做一些让步，我给您再配上一对电池，怎么样？"

"抱歉，这已经是全市的最低价了，要不这样，我们免费给您送货，如何？"

在商品本身以外给予一定的利益，以此来拒绝顾客减价的要求，使交易不至于因为遭到否定而中断。

3. 寓否定于肯定

顾客的要求假使你满足不了，你的拒绝中并没有包含任何一个否定的词语，而顾客却能听出你的弦外之音。这种方法让你的否定含义隐含在肯定句中，顾客一听就可以明白，既可以避免顾客的难堪，也不会使人觉得你的拒绝很唐突。

"周经理，您这样坚持，我的工资太少，可不够赔的。"

"您开出的价格有点儿那个，您看是不是……"

在肯定句中包含有否定的意思，指出顾客的要求有欠妥当之处，像这样软弱的否定一般不会轻易伤害顾客的自尊心，并比较容易被顾客所接受，从而也能使交易顺利地进行下去。

对于那些不论产品质量如何，看到价格就先"砍一半价"的消费者，推销员应该不卑不亢，学会拒绝。

消费者："这东西是很好，不过价格太贵了，便宜点儿吧。"

推销员："不好意思，这是公司定的价格，我们是不能随意改动的，公司有规定既不允许我们故意抬高价格来欺骗顾客，也不准我们随便打折。说实在的，我们公司的产品从来不在品质上打折扣，因此在价格上也从不打折。"

这样既可以表明产品在质量上的可靠性，说明它物有所值，同时也向顾客说明了产品的价格是很合理的，也是比较便宜的，所以不可能再降了。

对于那些比较善"缠"的顾客则可以使用"重复"的说服方法，坚守"不"的立场，把握住"好货不便宜"的消费心理，你越是不降低价钱，就越能证明你的商品好，不愁没人要。当然用这种方法要慎重，态度不能过于强硬，否则会把消费者吓跑。

消费者："做生意灵活些，你做些让步，我给你再加点儿钱，咱们就成交了。"

多数时候这是消费者希望推销员能够降价的最后尝试了，这时推销员一定要更加耐心，诚恳地对待你的准客户。

推销员："实在很抱歉，我们的售价就是这样，质量上乘的产品价格都是不便宜的。如果价格低，但是产品不好，不是欺骗消费者吗？"

这种重复说"不"的方式，能够加深顾客认为你推销的商品质量好的印象，相信这样一来他一定不会再在价格上为难你了，只要是好东西，即使多花一点儿钱，那么消费者从心理上也是可以接受的，并且会有踏实的感觉。

## 先发制人，堵住对方的嘴

当别人向你提出邀请或其他请求时，总是希望你能欣然接受。一旦对方的话说出来，你再拒绝，会使对方误解你是"不给面子"，因而对你产生不满的情绪。

面对这一情形，以守为攻、先发制人是拒绝别人的一个上策。在对方尚未张口前已猜到对方的意思时，你先表达自己在这方面有所不便，以堵住对方之口。因为对方并未明说他的意愿，所以这种拒绝不至于使双方都难堪或尴尬。

请看下面一则事例：

小张负责某项目的招投标工作，小张的一位朋友来到小张家，这位朋友正有意参加相关工程投标。

小张明知其意，于是灵机一动，在朋友刚一进家门还来不及开口时，就立刻说："你看，你好不容易来玩一玩，我都没有空陪你，最近实在太忙了，连吃饭的时间都抽不出。"对方一听这话，赶紧搪塞几句，再也不好意思开口相请。

由此看来，运用先发制人这一招，重在掌握"先"机，自己已经深知对方将要说的话或事情，就应抢先开口，把对方的意思提前封锁在开口之前。这样就能牢牢掌握在与人交际中的主动权，达到巧妙拒绝对方的目的。

再比如接到一个经常找你帮忙的朋友的电话，如果他一开口便问你："最近忙不忙？"如果此时回答"不忙"或"还好"，那么他的下一句自然就会转到正题上来。于是此时你可以这样回答："忙啊！最近忙得连休息的时间都没有了，每天加班到凌晨，快累垮了。"

听你这么一说，对方自然清楚你是帮不上忙了。而且因为你采取的是提前声明的方法，所以根本不存在拒绝一说，对自己、对对方来说面子上都过得去。

总之，当你无法满足别人的请求，而又不能或无须找任何借口时，就用"先发制人"的方式，堵住对方说出请你帮忙的话，这样一来，你也就不用为如何拒绝而苦恼了。

## 把话题引导到不着边际的地方

当你不愿意答应别人向你所求的事情时，可用巧妙转换话题的方法让对方处于被动的地位，从而改变对方的意图，达到拒绝的目的。

转换话题，是一种非常有效的拒绝方法，它能够转移别人的注意力，避免引起正面冲突，很好地维护双方的面子。在日本有这样一个故事，很能给人启发。

一位名叫宫一郎的青年去拜访广源先生，打算将一块地产卖给他。

广源听完宫一郎的陈述后，并没有给出"买"或者"不买"的直接回答，而是随手拿起桌子上一些类似纤维的东西给宫一郎看，并说："你知道这是什么东西吗？"他似乎忘记了宫一郎上门的目的。

"不知道。"宫一郎回答。

"这是一种新发明的材料，我打算用它来做一种汽车的外壳。"广源详细地向宫一郎讲述了一遍。

广源先生一讲就是半个多小时，描述了这种新型汽车制造材料的来历和好处，又详细地讲了他明年的汽车生产计划。广源讲的这些内容宫一郎一点儿也听不懂，尽管广源的情绪很激动，但宫一郎却再也听不下去了，他以有事为由向广源告辞。广源礼貌地送宫一郎离开时，他还遗憾地说了一句："关于这种新材料，我还有很多想法，希望下次有机会能与你多聊聊。"

广源的高明之处在于他并没有直接回绝宫一郎。如果那样，宫一郎就一定会滔滔不绝地劝说他买那块地。而广源采取了故意回避的态度，装作好像根本没听懂宫一郎的话，没有给他劝说的机会，而是一直在谈与买地无关的话题，直到对方听不下去主动要求离开。

试想一下，如果广源先生刚开始就告诉宫一郎自己不想买那块地，那么势必引起一场说服与反说服的争论，而广源先生并不想因这样的论辩伤了双方的和气，于是巧妙地转移了话题，从而成功地拒绝了对方的销售要求。

很多时候，使用转移话题的方法需要把话题转移到对方身上，有时需要把话题引导到不着边际的地方，关键看你所应对的事情和人物，以及你所要达到的目的。如果你是想拖延时间，迂回地拒绝，当然最好是把话题引到毫不相干的地方。如果你是想让对方知难而退，那就需要将话题巧妙地转移到对方身上。

## 绕个弯再拒绝

断然拒绝别人可以显得自己不拖泥带水，但对遭到拒绝的人来说，却认为你很不够义气。聪明人这时会绕个弯，不直接说出拒绝的话，而让对方明白拒绝的意思。

1799 年，年轻的拿破仑·波拿巴将军在意大利战场取得全胜凯旋。从此，他在巴黎社交界身价倍增，也成为众多贵妇青睐追逐的对象。

然而，拿破仑对此却并不热衷。当时的才女、文学家斯达尔夫人，几个月一直在给拿破仑写信，想结识这位风云人物。

在一次舞会上，斯达尔夫人手上拿着桂枝，穿过人群，迎着拿破仑走来。拿破仑躲避不及。于是，斯达尔夫人把一束桂枝送给拿破仑，拿破仑说道："应该把桂枝留给缪斯。"

然而，斯达尔夫人认为这只是一句俏皮话，并不感到尴尬。她继续有话没话地纠缠拿破仑，拿破仑出于礼貌也不好生硬地中断谈话。

"将军，您最喜欢的女人是谁呢？"

"是我的妻子。"

"这个问题太简单了。您最器重的女人是谁呢？"

"是最会料理家务的女人。"

"这我想到了。那么，您认为谁是女中豪杰呢？"

"是孩子生得最多的女人，夫人。"

他们这样一问一答，拿破仑达到了拒绝的目的。斯达尔夫人也知道了拿破仑并不喜欢自己，于是作罢。

小王毕业以后被分到一个小地方打杂，开始很失意，成天和一帮哥们儿喝酒、打牌。后来逐渐醒悟过来，报名参加公务员考试。

有一天晚上，他正在埋头苦读，突然一个电话打过来叫他去某哥们儿家集合，一问才知道他们"三缺一"。小王不好意思讲大道理来拒绝他们的要求，也不想再像以前没日没夜地玩了，便回答说："哎呀，哥们儿，我的手气你们还不清楚啊，你们成心让我'进贡'吗？我这个月的工资都快见底了。这样吧，下周五再约，今天有事去不了。"一阵哄笑后，对方也不再坚持，后来他们都知道小王已经另有打算，也就不再打扰了。

还有这样一个例子：1972 年 5 月 27 日子夜一点，美、苏关于限制战略武器的 4 个协定刚刚签署，基辛格就在莫斯科一家旅馆里向随行的美国记者团介绍情况，当他说到"苏联每年生产的导弹大约 250 枚"时，一位记者问："我们的情况呢？我们有多少潜艇导弹在配置分导式多弹头？有多少'民兵'导弹在配置分导式多弹头？"基辛格回答说："我不太肯定正在配置分导式多弹头的'民兵'导弹有多少。至于潜艇，我的苦处是数目我是知道的，但我不知道是不是保密的。"一个记者连忙说："不是保密的。"基辛格反问道："不是保密的吗？那你说是多少呢？"记者们都傻眼了，只好嘿嘿一笑了之。

绕着弯拒绝别人，是讨人喜欢的一种说话方式。但绕弯必须做到不讨人厌，也就是说必须巧妙，三言两语能够把拒绝的意见表达出来。如果绕了半天，对方还是一头雾水，那就弄巧成拙了。

## 拖延、淡化，不伤其自尊也将其拒绝

一般人都不太好意思拒绝别人，但在很多情况下，我们为了避免困扰，对一些不合理或不合自己心意的事有必要拒绝，但怎样既不伤害对方的自尊心又能达到拒绝的目的呢？当对方提出请求后，不必当场拒绝，你可以说："让我再考虑一下，明天答复你。"这样，既让你赢得了考虑如何答复的时间，也会使对方认为你是很认真地对待这个请求的。

某单位一名职工找到上级要求调换工种。领导心里明白调不了，但他没有马上回答说"不可能"，而是说："这个问题涉及好几个人，我个人决定不了。我把你的要求带上去，让厂部讨论一下，过几天答复你，好吗？"

这样回答可让对方明白：调工种不是件简单的事，存在着两种可能，使对方思想有所准备，这比当场回绝效果要好得多。

一家汽车公司的销售主管在跟一个大买主谈生意时，这位买主突然要求看该汽车公司的成本分析数据，但这些数据是公司的绝密资料，是不能给外人看的。可如果不给这位大买主看，势必会影响大家的和气，甚至会失掉这位大买主。

这位销售主管并没有说"不，这不可能"之类的话，但他的话中婉转地说出了"不"。"这个……好吧，下次有机会我给你带来吧。"知趣的买主听后便不再来纠缠他了。

某位作家接到老朋友打来的电话，邀请他到某大学演讲，作家如此答复："我非常高兴你能想到我，等我查一下日程安排，我会回电话给你的。"

这样，即使作家到时候表示不能到场，他也有了充裕的时间去化解某些可能的内疚感，并使对方轻松、自在地接受。

陈涛夫妻俩下岗后自谋职业，利用政府的优惠贷款开了一家日用品商店，两人起早摸黑把这个商店办得红红火火，收入颇丰，生活自然有了起色。陈涛的舅舅是个游手好闲的赌徒，经常把钱扔在麻将台子上。这段时间，手气不好又输了，他不服气，还想扳回本钱，又苦于没钱了，就把眼睛瞄准了外甥的店铺，打定了主意。一日，这个舅舅来到店里对陈涛说："我最近想买辆摩托车，手头尚缺 5000 块钱，想跟你借点儿周转，过段时间就还。"——他也知道用模糊语言。陈涛了解舅舅的嗜好，借给他钱，无疑是"肉包子打狗"。何况店里用钱也紧，就敷衍着说："好！再过一段时间，等我有钱把银行到期的贷款支付了就借给你，银行的钱可是拖不起的。"舅舅听外甥这么说，没有办法，知趣地走了。

陈涛不说不借，也不说马上就借，而是说过一段时间，等支付银行贷款后再借。这句话包含多层意思：一是目前没有，现在不能借；二是我也不富有；三是过一段时间不是确指，到时借不借再说。舅舅听后已经很明白了，但他并不心生怨恨，因为陈涛并没有说不借给他，只是过一段时间再说而已，给了他希望。

因此，处理事情时，巧妙地一带而过比正面拒绝有效，且不伤和气。

## 先承后转，让对方在宽慰中接受拒绝

日常生活中，我们经常会遇到这样的情况，对方提出的要求并不是不合理，但因条件的限制无法予以满足。在这种情况下，拒绝的言辞可采用"先承后转"的形式，使其精神上得到一些宽慰，以减少因遭到拒绝而产生的不愉快。

李刚和王静是大学同学，李刚这几年做生意虽说挣了些钱，但也有不少的外债。两人毕业后一直没有来往，一天，王静突然向李刚提出借钱的请求，李刚很犯难，借吧，怕担风险；不借吧，同学一场，又不好张口拒绝。思忖再三，最后李刚说："你在困难时找到我，是信任我、瞧得起我，但不巧的是我刚刚买了房子，手头一时没有积蓄，你先等几天，等我过几天账结回来，一定借给你。"

有的时候对方可能会因急于事成而相求，但是你确实又没有时间，没有办法帮助他的时候，一定要考虑到对方的实际情况及其当时的心情，一定要避免使对方恼羞成怒，或造成误会。

拒绝还可以从感情上先表示同情，然后再表明无能为力。

黄女士在民航售票处担任售票工作，由于经济的发展，乘坐飞机的旅客与日俱增，黄女士时常要拒绝很多旅客的订票要求。黄女士每次都是带着非常同情的心情对旅客说："我知道你们非常需要坐飞机，从感情上说我也十分愿意为你们效劳，使你们如愿以偿，但票已订完了，实在无能为力。欢迎你们下次再来乘坐我们的飞机。"黄女士的一番话，叫旅客再也提不出意见来。

"先承后转"的方法，这也是一种力求避免正面表述，而采用间接拒绝他人的方法。先用肯定的口气去赞同别人的一些想法和要求，然后再来表达你需要拒绝的原因，这样你就不会直接地去伤害对方的感情和积极性了，而且还能够使对方更容易接受你，同时也为自己留下一条退路。

一般情况来说，你还可以采用下面一些话来表达你的意见：

"这真的是一个好主意，只可惜由于……我们不能马上采用它，等情况好了再说吧！""这个主意太好了，但是如果只从眼下的这些条件来看，我们不得不放弃它，我想我们以后肯定还能用到它的。""我知道你是一个体谅朋友的人，你如果对我不是十分信任，认为我没有能力做好这件事，那么你是不会找我的，但是我实在忙不过来了，下次如果有什么事情我一定会尽我的全力来支持你"……

第五章

饭局做得优雅大方，
事情办得成功漂亮

## "无功不受禄"，请客要找好理由

中国有句古话叫"无功不受禄"。因此，请别人吃饭一定要找个合适的理由，要知道，恰当的宴请能大大拉近人与人之间的关系，从而提高办事的成功率。如果对方能欣然赴宴，那么求他办的事也就等于成功了一半。

俗话说，"吃人家的嘴软"，很多人都明白这个道理，所以并不是所有的宴请人们都会捧场。所以，宴请别人一定要找个好理由，理由找好了，才能让对方欣然赴宴，你的目的才有可能达成。

通常情况下，请客的方式无外乎以下三种。

1. 开门见山式

例如，当你想邀请上级领导吃饭时，可以直接说："徐经理，我们现在在某某酒楼吃饭，过来认识几个朋友吧，我们等你来啊。"这种方式自然亲切。

2. 借花献佛式

例如，"陈工！今天获奖名单公布了，我获奖了！走吧，我们去庆祝庆祝！"然后在酒宴上再提自己求他所办之事，那时候他的酒都喝了，哪好意思不帮你？

3. 喧宾夺主式

例如，"哦！你中午没有时间啊？没有关系，这样吧，下午我去订个位置，然后晚上你带上你的家人，我们一起去吃怎样？晚上我给你电话！"这样发出的邀请，别人就很难再有借口推辞了。你也就有了接近对方，求其办事的机会。

另外，请客的理由也五花八门，生日、乔迁、工作调动、开业典礼等都能成为请客的理由。总之，找一个好理由宴请别人是最重要的。

## 宴请看场合，吃饭分档次

现代人讲究"吃"文化，所以宴请不仅是为了"吃东西"，更注重吃的环境。要是用餐地点档次过低，环境不佳，即便菜肴再有特色，也会令宴请效果大打折扣。因此，在可能的情况下，一定要争取选择清静、幽雅的用餐地点，要让与宴者吃出档次、吃出身份。

宴请贵宾，可以到装修古朴以及菜品精致的高档饭店，那里的环境、服务和口碑都会让其感受到你对他的重视；宴请川西情节颇浓的客人，选择具有巴蜀风情的饭店更能让人过目难忘；宴请喜欢欧式装修的客人，精致的西餐厅是个不错的选择；宴请喜欢清静、对菜品也十分讲究的客人，典雅的食府就可以了；想让客人在平和中感受一分大气，满庭芬芳的酒楼他应该会喜欢；想给客人呈上一次视觉盛宴，花园式的餐厅是个好去处；如果客人对传统文化感兴趣，"御膳房"既能让人感受宫廷的大气，又能让人享受到各种"御膳"；要是客人非常注重商务宴请的私密性，高级酒店很适合；如果客人比较小资，喜欢时尚，那么可以邀请他到时下流行的餐厅或饭店就餐。

商务宴请中菜品也是十分重要的。宴请喜欢葡萄酒，或是对喝葡萄酒有讲究的客人，可以选择领地庄园；宴请喜好海鲜的客人，选择海鲜酒楼是最适合不过的了。

除此之外，宴请客人还有一些其他注意事项。

（1）官方正式、隆重的宴会一般应安排在政府的宴会场所或客人下榻的酒店内举行。

（2）举行小型正式宴会，宴会厅外应另设休息厅，供宴会前主宾简短交谈之用，待主宾到达后一起进宴会厅入席。

（3）选择一处彼此都喜欢的地点就餐，让聚会中的每个人都有宾至如归的感觉。

（4）请熟悉的人去不熟悉的饭店，请不熟悉的人去熟悉的饭店。对熟人（包括家人、朋友）来说，可以带他们去以前没去过的饭店尝尝鲜、探探路，熟人在一起就不必拘束，可畅心问价、临时调换地点等。而请不熟悉的和重要的客人则要求对饭店的菜点、服务质量等了然于胸，这样才能更好地为请客的目的服务，所以应该去一个熟悉的、信誉好的饭店。

## 座次安排，尊卑有序

中国素有"礼仪之邦"之称，"不学礼，无以立"，中国最重要的礼仪，可以说就是食之礼，检验一个人修养的最好场合，莫过于集群宴会。因此，"子能食食，教以右手"，家庭启蒙教育的第一课便是食礼。而中国宴会的基础仪程和中心环节，即是宴席上的座次之礼——"安席"。史载，汉高祖刘邦的发迹就缘于他在沛县令的"重客"群豪宴会上旁若无人"坐上座"的行为。《史记·项羽本纪》中鸿门宴会的座次是一规范："项王、项伯东向坐，亚父南向坐，亚父者，范增也。沛公北向坐，张良西向坐"，此即顾炎武所谓："古人之坐，以东向为尊。"这是指室内设宴的座礼。

隋唐以后，出现了方形、矩形等形制餐桌，座次礼仪也随之改变。圆桌是应聚宴人多和席面大的要求而出现的。圆桌在许多家庭中亦普遍使用，尤为今日餐饮业及机关企业食堂的会宴用桌面。其座次一般是依餐厅或室的方位与装饰设计风格而定，或取向门、朝阳，或依厅室设计装饰风格所体现出的重心与突出位置设首位。通常服务员摆时以餐巾折叠成花、鸟等造型，首位造型会非常醒目，使人一望而知。而隆重的大型宴会则往往在各餐台座位前预先摆放座位卡（席签），所发请柬上则标明与宴者的台号。这样或由司仪导入，或持柬对号入座，自然不易出错。

宴席位次的设定，既属约定俗成，故其时空差异性较大，而依我国时下理念习尚，则首论职务尊卑，次叙年齿，后及性别（先女后男，以示重女观念）。当然，这都是首席座位确定之后再循行的一般模式。

就一张餐台的具体座位来说，目前中餐通行的规范是：主人坐于上方的正中，主宾在其右，副主宾居其左，其他与宴者依次按从右至左、从上向下排列。

## 你在细品食物，别人在细品你

有人说，你怎样品味食物，别人就怎么品味你。也有人说，在你细品食物的同时，别人也在细品你。你在餐桌上的言行举止会直接影响别人对你的看法，对方能够以你的吃相来判断你是不是一个值得合作的人。真可谓是"成也吃相，败也吃相"，既然吃相如此重要，那么，你该怎么避免不雅的吃相呢？

1. 吃到太烫或变质的食物

假如你吃了一口很烫的东西，一定要迅速地喝一大口水。只有当身边没有凉饮料并且你的嘴要被烫伤时，你才可以把它吐出来。但应该将其吐在你的手上，并快速把它放在盘子边上。遇到变质的食物也要这样处理。如果吃了一口变质的牡蛎或蚌，不要直接吐出，而要不动声色地将其处理掉。把食物吐到你的餐巾一角是不雅观的，更不可以随便吐到地上。

2.打哈欠

在餐桌上打哈欠常常给人这样的感觉：对饭菜或谈话没有兴趣，已感到很不耐烦了。如果在大庭广众下你控制不住打哈欠，一定要马上用手捂住嘴，接着说："对不起。"千万不可毫无顾忌，那样容易让其他人心生不快。

3.在餐桌上咳嗽、擤鼻子

一般情况下应克制这样的行为，因为这样的动作实在是太失礼了。如果无法控制，最好用自己的手巾或手捂住鼻子，如果你使用了餐巾，则要轻声告知服务生，请他们替你更换一下。

4.在餐桌上剔牙

如果你的牙缝里塞了东西让你感到不适，先喝口水漱口，如果仍无法冲刷出来，也别在餐桌上用牙签剔牙，这时你应到洗手间去处理。如果你确实需要当众剔牙，最好用一只手挡住你的嘴，千万不要咧着嘴冲着他人。

5.异味或异物入口

异味入口时，不必勉强吃下去，但也不要引起在一起吃饭的其他人不快。这时，最好的办法就是用餐巾把嘴盖住，快速地吐到餐巾上，然后尽快召唤服务员来处理，并要求他给你更换一块干净的餐巾。

如果食物中有异物，比如说石子，你可以用筷子取出，放在盘子的一边。如果看到让你感到惊讶的异物时，比如说虫子，千万不要大声叫喊，这样会显得你修养不够。你最好心平气和地要求换掉，也可以向主人或服务员示意一下，尽量不要站起来说。切勿大惊失色地告知邻座的人，以免影响他人的食欲。

6. 弄洒了汤汁

把汤汁弄洒了，无论对主人还是自己来说都是一件十分麻烦的事情。如果你不小心弄洒了汤汁，可以用以下方法应付。

（1）如果你在桌椅上泼洒了一点酱汁，可用餐巾擦拭，如果餐巾已经很脏，就应小心折好后交给服务员处理。

（2）如果你不小心把咖啡、汤一类的液体洒在你的茶杯托盘里，可以用餐巾纸吸干，以免你拿着杯底很湿的杯子时又弄脏别处。

（3）如果你的汤汁洒了很多，应叫服务员来清理你弄脏的地方，如果不能清理干净，服务员会再铺一块新餐巾，把脏东西盖住。

（4）如果连你的座位上也弄上了大量的污渍，你可以向服务员或主人再要一块餐巾盖在你弄脏的地方，同时向主人和客人致歉：因为你为他们带来了不便，你也可以对自己闯的祸开个玩笑，让大家很快忘记发生的事，从而缓解自己的尴尬。

总之，在宴会中要尽量避免不雅的吃相，毕竟你的事业可能在餐桌上发展起来，也可能在餐桌上跌落，千万不可因为吃相影响别人对你的看法，从而导致你的生意失败。


## 菜点对了，打开对方心扉并不难

点菜是摆在众人面前一道严峻的选择题。如果菜品安排太少，会怠慢客人；反之，则会造成浪费，引起他人误解。所以，点菜是一个人饮食文化修养的集中表现，是一项复杂的工作，值得大家探讨。

作为请客者，若时间允许，应等客人到齐之后，将菜单供客人传阅，并请他们来点菜。当然，如果是公务宴请，要控制预算，最重要的是要多做饭前功课，选择合适档次的请客地点非常重要。一般来说，如果由你来买单，客人也不太好意思点菜，会让你来做主。

如果你的上司也在宴席上，千万不要因为尊重他，或是认为他应酬经验丰富，酒席吃得多，而让他来点菜，除非是他主动要求，否则他会觉得不够体面。

如果你是作为赴宴者出现在宴席上，在点菜时，不应该太过主动，而要让主人来点菜。如果对方盛情要求，你可以点一个不太贵，又不是大家忌口的菜，最好征询一下同桌人的意见，特别是问一下"有没有哪些是不吃的"或是"比较喜欢吃什么"，要让大家有被照顾到的感觉。

点菜水平的高低直接影响进餐的心情和氛围，在点菜时一定要心中有数，牢记以下三条原则。

一是一定要看人员组成，一般来说人均一菜是比较普通的原则。如果是男士较多的餐会，可适当地加量。同时要看菜肴的组合，冷热、荤素搭配要全面。如果男士较多可多点些荤菜，如果女士较多，可以点得清淡些。

二是如果是普通的商务宴请，可以节俭些。如果这次宴请的对象是比较重要的人物，则要点上几个够分量的菜。

三是点菜前要对价格了解清楚，点菜时不要问服务员菜的价格，或者跟服务员讨价还价，这样会显得你小家子气，而且被请者也会觉得不自在。

中餐宴席菜肴上桌的顺序，各地不完全相同，但一般普遍依循下列六项原则：先冷盘后热炒；先菜肴后点心；先炒后烧；先咸后甜；先味道清淡鲜美，后味道油腻浓烈；好的菜肴先上，普通的后上。因此，点菜也要遵循这个顺序。

## 你的酒杯不要高于领导的酒杯之上

为什么人们在饭桌上祝酒时要碰杯呢？有两种解释：一种解释是，这种方式是由古希腊人创造的。传说古希腊人注意到这样一个事实，在举杯饮酒之时，人的五官都可以分享到酒的乐趣：鼻子能嗅到酒的香味，眼睛能看到酒的颜色，舌头能辨别酒的味道，而只有耳朵被排除在这一享受之外。怎么办呢？古希腊人想出一个办法，在喝酒之前互相碰一下杯子，杯子发出的清脆响声传到耳朵中，这样耳朵就和其他器官一样也能享受到饮酒的乐趣了。另一种解释是，喝酒碰杯起源于古罗马。古罗马人崇尚武功，常常开展"角力"竞技。竞技前选手们习惯于饮酒，以示相互勉励。由于酒是事先准备的，为了防止心术不正的人在给对方喝的酒中放毒药，人们想出了一种防范方法，即在"角力"前，双方各将自己的酒向对方的酒杯中倾倒一些。以后，这样的碰杯便逐渐发展成为一种饮食礼仪。

小陈是大陈的堂弟，刚刚大学毕业，现在给大陈做秘书。一日大陈带着小陈赴宴，一方面是让他多见见世面，另一方面是介绍一些生意上的客户给他认识，也便于小陈日后工作的开展。

席间敬酒不断，不管谁敬酒，小陈都会随着堂哥站起来陪敬，可是每每举杯时，小陈的杯沿总是高出其他人许多，而且总是碰得酒杯"哐哐"作响。小陈这种表现让大陈深觉脸上无光，不时拿眼睛瞪小陈，可是小陈却不明所以。

为什么大陈不时用眼瞪小陈呢？小陈做错什么了吗？是的，别人敬酒时，站起来是没错的，可是小陈不知道一般敬酒时自己的酒杯都得略低于对方，如果对方是长辈且是自己的上级，一般是碰其酒杯的1/3处略低，而且碰杯时不是拿整个杯子去碰，而是略倾斜酒杯，拿自己的酒杯口去碰，但不要太倾斜，否则有做作之嫌。如果对方是官级比你高很多的领导，或是长辈，你就要用双手敬酒。另外，也不必碰得酒杯"哐哐"作响，只要发出清脆的碰撞声即可。

酒桌文化有一定的讲究，如何敬酒要因人而异，也可能因地区文化的差异而有所不同，要具体情况具体对待。

除此之外，饮酒干杯时，即使不喝，也应该将杯口在唇上碰一碰，以示敬意。喝酒时绝对不能吸着喝，而是倾斜酒杯，好像是将酒轻轻地倒在舌头上似的感觉。此外，一饮而尽、边喝边透过酒杯看人、边说话边喝酒，都是失礼的行为。

## 主随客便，彬彬有礼地掌握控制权

宴请是针对别人进行的，就要最大化地满足别人的需求与方便，所以宴请的时机与地点要尽可能地遵守主随客便的原则。

在决定社交聚餐的具体时间时，更要讲究主随客便，即要优先考虑被邀请者，尤其是主宾的方便，切勿对此不闻不问，勉强从事。如有可能，应先与主宾协商一下，力求双方方便，达成一致，以显示自己的诚意。

现实生活中，有很多人宴请时都没能做到这一点，而因此造成的求人不成、办事无果的例子有很多。

有一次张经理因为一件事想请另一个公司的孙主管帮忙，于是就和妻子商量着要请孙主管吃一顿饭。张经理想到市郊新开了一家韩国饭店，那里的烧烤做得不错，就决定请孙主管到那家饭店吃一顿。妻子想了想觉得那家饭店离市区太远，交通不方便，孙主管能欣然赴宴吗？张经理却始终想要去那家，最后妻子也勉强同意了。

第二天，张经理诚意邀请孙主管吃饭，没想到孙主管很干脆地就拒绝了。他告诉张经理，烧烤的确不错，但是自己最近很忙很累，所以不能去那边吃饭了。

结果可想而知，张经理没能邀请到孙主管，也没能办好自己的事情。

所以，你在宴请时一定要做到主随客便，不能仅凭自己的感觉就断定别人会喜欢你的安排。大多数情况下，正式宴请的具体时间遵从民俗惯例。比如举办正式宴会，通常都要安排在晚上进行。因工作交往而安排工作餐，大都选择在午间进行。而在广东、海南等地，亲朋好友聚餐，则多爱选择饮早茶。

宴请是针对所请之人进行的，因此要千方百计地满足客人的需求，宴请的地点和时机应尽可能让客人感到方便。主人可在宴请前征求客人的意见，以便充分准备。

## 主次分明，把握好敬酒的顺序

宴请别人时，为了表示自己的诚意，就需要向别人敬酒。敬酒也是一门学问。一般情况下敬酒应以年龄大小、职位高低、宾主身份为序。要遵循先尊后长的原则，按年龄大小、辈分高低分先后次序摆杯斟酒。

在同领导一起喝酒时，最需要讲究的就是秩序，这跟开会一样，级别高的自然上座，然后按级别、所在部门依次落座。敬酒的次序仍依座位次序进行。做下属的在敬酒时机遇与挑战并存，所谓机遇是零距离接触领导，是与领导增进感情的绝好时机；所谓挑战是人一喝酒思维就和平时不一样，搞不好也是最容易得罪领导的时候。所以对下属来说敬酒须谨慎。既要考虑酒场这一环境的特殊性，又要察言观色，随时揣摩，新上的菜，别人不下筷子，自己不能先动。敬酒前一定要充分考虑好敬酒的顺序，分清主次，即使与不熟悉的人在一起喝酒，也要先打听一下身份或是留意别人如何称呼，这一点要心中有数，避免出现尴尬或伤感情。

敬酒时一定要把握好敬酒的顺序。有求于席上的某位客人，对他自然要倍加恭敬。但是要注意：如果在场有更高身份的人或年长的人，则不应只对能帮你忙的人毕恭毕敬，要先给尊者、长者敬酒，不然会使大家难为情。

总之，在宴请时一定要注意敬酒的次序，做到主次分明，这样才能有利于扩展人脉等。

## 不修边幅怎能登大雅之堂

在社交场合中，人们常常根据对方的外貌、举止、谈吐、服饰等外在形象作出初步评价和形成某种印象，即第一印象。赶赴任何宴会，你都要注意自己的着装是否得体、妆容是否得当、饰品是否符合身份等。

服装在我们的日常生活中占有非常重要的地位。穿着打扮不仅反映一个人的修养、职业，同时也反映其个性与心理。有些人往往缺乏主见，别人穿什么，自己就跟着学，却忘了考虑自己的个人喜好和身份地位，往往弄巧成拙。或者是由于方便或是习惯使然，着装不分场合，千篇一律，给人不修边幅的印象。

衣着打扮也是一种语言，这门语言在人际交往中有着不可估量的作用。在与人打交道的过程中，特别是与陌生人初次见面时，对方就是从衣着来获取你的内部信息的。

马赫属于 IT 行业里面的"金领"一族，很有工作能力，然而生活中他是个不拘小节的人，整天一身牛仔装，从未想过个人形象这回事。

有一次，公司举行周年庆，邀请了市里的几位领导以及一些重要客户。晚宴上马赫依旧穿的是那套"行头"。他刚进场，负责接待的公关部经理就皱起了眉头，说："马赫，不是早就通知了，今天的酒会要盛装出席的吗？怎么你还是这样啊？"马赫呵呵一笑，说："我一个技术人员，又不是领导，还着什么盛装啊！再说了，我就喜欢这样的，跟你一样穿西服我浑身不自在，还是这样好，而且我习惯了。"公关部经理语重心长地说："平常也就算了，今天来了这么多重要客人，你穿成这样，老板的面子下不来啊！你还是别过去了。"马赫不听劝告，径自向老板走去，老板看见他勉强说了几句，就转身走向其他员工了。

现场的其他人也都以异样的眼光看着马赫，没有人主动上来与他交谈，甚至很多同事竟装作不认识他，令马赫十分尴尬。

常言道"人靠衣装，佛靠金装"，能透过衣装看入"腠理"，马赫的不修边幅，使他在宴会中遭遇尴尬和冷遇，这皆因他的着装暴露出他不严谨的生活态度，也是不懂得尊重他人的表现。

在正式的宴会场合中，服饰被赋予了更多的内容。它不仅是一块"遮羞布"，而且传达着很多的信息，如个人的品位、性格、态度。商务宴请当然不是为了吃饭而吃饭，它作为人际交往的平台，是展现个人修养的舞台，而服饰则可以看作舞台上的"戏服"，如何着装直接对你的角色进行了定位，某种程度上决定了你能否成事。

总而言之，为了给所有与宴者留下好印象，切忌不修边幅地赴宴，而要做好宴请的着装准备，做宴会现场的完美绅士或高贵淑女。

## 别让"喷嚏"打跑了"生意"

喷嚏反射，俗称"打喷嚏"或"打嚏喷"，是鼻黏膜受到刺激所引起的防御性反射动作。生活中，打喷嚏是很平常的事。可是，有人的生意正是因为一个意外的喷嚏而飞了。不信吗？老金的亲身经历会告诉你，喷嚏真的会"打"跑生意。

老金是做进出口贸易的，有一次，他邀请一位美国客户及其夫人到一家高档饭店共进晚餐。对方欣然前往。酒菜上齐后，双方就合作意向表达了自己的看法，约好饭后签约。可是在双方谈兴正浓之时，老金突然打了一个响震四座的喷嚏，鼻水连着他嘴里的菜渣汤水，全喷在满桌的佳肴上，以及那位美国客人的夫人的脸上，还没等老刘说"Sorry"，那位夫人已经以餐巾捂着脸跑出了包间。那位美国客人只好说了声"Sorry"，就追自己的夫人去了。事后，那笔生意也因此泡汤了。

"心情简直糟透了，辛辛苦苦追了大半年，可以赚百万美金的生意，本已十拿九稳，被一个喷嚏全打飞了！唉，都怪该死的喷嚏。"提起这件事，老金就郁闷不已，"想想那两个美国人也真是的，不就是个喷嚏吗？至于那么大反应吗？"

一个喷嚏真的没什么大不了吗？如果你也和老金一样想就错了。且不说喷嚏的飞沫带有病毒或细菌，可能导致呼吸道交叉感染疾病的可能性，就说案例中老金那个惊天动地的喷嚏，一下子弄得对方的夫人满脸都是，而桌上原本正吃着的饭菜里也都是他的鼻水、口水等，实在是让人感到恶心。老金瞬间就丧失了原本在对方心目中的好印象，生意自然也就无望了。

那么，在宴会中如果真的克制不住想打喷嚏怎么办呢？实在不能抑制，只能用手帕或餐巾纸遮挡口鼻，转身，脸侧向一方（这一方一定是没有人的），尽量低头并压低声音，这样在不影响其他人的情况下，完成全部步骤。千万不可错认为打个喷嚏没什么，所以就震惊四座，那样只会将你的生意一下子"打跑"。

## 介绍人时务必遵守"尊者优先"的原则

商务宴请时，常常会邀请众多客户前来参加，这既是为了壮大自己的声势，让客户看到自己的实力，也在一定程度上促进了客户之间的交流和沟通，从中引发新的商机。这时，如何让两个原本不相识的客户认识，除了让客户前去自我介绍，还可以由他人前去引荐，充当介绍人，将二者联系起来。而介绍的人，除了宴会主办方之外，还可以选择一些身份较为尊贵的人，以显示庄重。

一般来说，都是由宴会的主办方担当起介绍人的重任，来为他人作介绍。这时，必须遵守"尊者优先"的原则，将他人介绍给尊贵客人，以显示对尊贵客人的尊重和重视。

姚岚是某大型企业的公关经理，一次，公司举办一个大型的新品展示会，会后安排了大型的酒会，接待从全国各地前来参会的客户。

　　席间，美丽开朗的姚岚很好地担当了公关人的角色，从容游走于众多客户之间，针对公司的最新产品，与客户们进行了大量的细致交流，获取了众多的反馈。这时，席上的一位李主任要求姚岚帮他引见某知名企业的王董，因为李主任他们单位希望和王董旗下的公司进行一次业务合作，但双方多次谈判未果，李主任他们公司大为苦恼，却又找不到好的突破口。由于李主任也是姚岚公司的重要客户，姚岚便欣然应允了。

　　姚岚和李主任来到王董面前，姚岚先和王董打了个招呼，接着对李主任说："李主任，这是××公司的王董。"王董脸色一变，李主任也一脸的尴尬，"红灯警报"顿时响起，姚岚这才意识到自己犯了介绍礼仪的大忌，忘记了"尊者优先"的原则。

　　幸好姚岚脑子反应够快，随后自嘲道："你看我这个人，就是没见过什么大世面，一见到王董和李主任两位尊贵的大人物，我就太激动了，开始语无伦次起来。来，我自罚三杯，既是惩罚我的语无伦次，也敬王董、李主任，你们就大人不计小人过，多多包涵啊！"

　　此时，紧急的红灯警报转换为平和的绿灯，一场危机就此解除了。

　　因为在介绍他人时，姚岚忘记了"尊者优先"的原则，造成了场面的尴尬，幸好她反应快，及时打圆场挽回，化解了一场危机。

第六章

先做朋友后做销售，

生意细水长流

## 对于表情冷漠的顾客，要用真情去感化

正值家电卖场淡季，一位表情严肃的顾客走进某家电销售专区。

销售人员小赵："先生您好！欢迎光临，我们正在搞淡季大促销活动，请问您需要购买什么家电？"

顾客看都没看小赵一眼，径自走进家电卖场。

小赵有些尴尬，然后就在距顾客 4 米远处不时观察着顾客。

顾客看了一会儿，摸了摸一款数码摄像机。

销售人员小赵忙上前去："您要购买相机啊，这款相机正值厂家促销，是今年柯达公司力推的主力机型，像素 1200 万，防抖功能很好……"

"哦！我随便看看。"顾客打断了小赵的介绍。

过了几分钟，顾客什么也没说就走出了家电卖场。

销售人员笑颜以对，顾客却毫无反应，一言不发或冷冷回答一句"我随便看看"，这种场面其实非常尴尬。这类顾客对销售人员的冷淡往往是出于情感上的警戒，要化解这种警戒，销售人员应该从顾客的行为中尝试分析顾客类型，然后用情感感化法朝着有利于活跃气氛和购买的方向引导。

作为销售人员，其实我们每天都能遇到这样的顾客，冷冰冰地进来，对你爱搭不理，顶多甩给你一句"我随便看看"，场面比较尴尬，让你不知道如何是好。其实，这些类型的顾客不外乎以

下 3 种情形。

第一种是对要买的产品比较熟悉，没必要让销售人员介绍，自己看就行了，顶多讨价还价和支付的时候需要销售人员；第二种是顾客只是来收集一下所要购买产品的信息，比如要购买的产品到底是什么样子的，各家卖场报价是多少等各种对比信息；第三种是随便逛逛。因此，针对不同的顾客，销售人员应该采取不同的方法来接近，而不是只用一种方法。

很明显，"没关系，您随便看看吧，需要什么帮助叫我就行"之类的话是错误的，因为销售人员没有主动去顺势引导顾客需求，从而减少了顾客购买产品的可能性。

此外，顾客对销售人员都有戒备心理，生怕刚来就中了销售人员的圈套，因此他们都对销售人员有着非常消极的看法。作为销售人员，你可以尝试从以下几个方面接近顾客。

一是找好接近顾客的时机。这个时机往往不是在顾客刚进店的时候，而是在顾客浏览商品时对其中一件比较感兴趣的时候，此时你可以根据顾客感兴趣的商品，大致联想出顾客想要什么类型的商品，因势利导，成功率往往会比较高。

二是在顾客挑选商品的过程中，不要像盯贼似的跟着顾客，更不要顾客跑到哪里销售人员就跟到哪里；不要问一些无关痛痒的话题，如"需要帮助吗"等一些惹人烦的问题。

三是在一段时间后要尝试积极引导顾客。如果再次询问顾客时顾客还是回答"我随便看看"，销售人员就要尽量朝着有利于活跃气氛的方向引导。

另外，销售人员可以按照如下模板灵活地应对顾客："没关系，现在买不买无所谓，在购买之前一定要了解一下产品，做一些对比，才能买到心满意足的产品。这个行业我做了 3 年了，我给您介绍一下这些家电吧！"（以专业人士的身份介入。）

面对冷淡型顾客，销售人员的信心常会被对方冰冷的口气摧毁，或者被对方的沉默不语给打垮，其销售热情也会降到零点。其实顾客冰冷的口气并不代表顾客是个毫无情感的人，销售人员需要做的就是用情感去感化他们。

## 对态度不好的顾客采取迂回战术

有时候，商场里会因为鸡毛蒜皮的事情而引起误会，这往往是因为销售人员意气用事，不肯让步。正所谓"生意不在人情在"，销售人员要始终记清自己引导消费的职责。

作为一名销售人员确实很不容易，但你必须时刻做好应对各种情况的准备，不可意气用事与顾客顶撞，要明白你的唯一使命就是顺利地把产品卖出去。

态度不好甚至是吹毛求疵的顾客一般疑心很重，不信任销售人员，片面地认为销售人员只会夸张地介绍产品的优点，而尽可能地掩饰产品的缺点，如果相信销售人员的甜言蜜语，可能会上当受骗。

必须承认，吹毛求疵的顾客的确存在，而态度不好的顾客也不在少数。那么，你应该如何应对这样的顾客呢？

与这类顾客打交道，销售人员要采取迂回战术。先与他"交锋"几个回合，但必须适可而止，最后故意宣布"投降"，假装战败而退下阵来，宣称对方有高见，等其吹毛求疵和生气的话说完之后，再转入销售的主题。

## 强调基本属性，成功化解顾客的刁难

潜在顾客在已经充分了解了产品之后，可能会在购买前到竞争对手那里询问一下，然后回来问销售人员如下的问题。

顾客："人家的那个冰箱不仅内部空间大，自动除霜，还特别省电。你们这个好像没有这个特点呀。"

销售人员："您关注得真的非常仔细，我想请您思考一个问题：冰箱的主要功能是什么？首先应该是保鲜，以及容量是否可以存放整个家庭用的蔬菜、水果或者熟食，如果为了达到省电的要求而让冰箱的制冷温度打折扣，导致保存的食品变质，那么省电的意义何在呢？"

案例中销售人员回答的关键就是让顾客回到对冰箱的最基本功能的思考上，不被竞争对手额外的所谓的产品创新牵引，通过强调产品的基本功能赢得顾客的信任。

当顾客用竞争对手的产品的优点来刁难时，销售人员要引导顾客回到实质性的问题上来。如果销售人员对潜在顾客的问题做出如下答复，"其实也省不了多少电，保鲜和空间才是冰箱要考虑的要点"，这样的回答并不能消除顾客内心的顾虑，他对省电的疑问没有得到真正的解决。

这里介绍一些与竞争对手比较的技巧。

（1）了解对手的优缺点，特别是哪些地方比你弱。

（2）对竞争对手做出肯定评价，绝对不要贬损对手。

（3）追问顾客对竞争对手最看重的地方。

（4）指出你与对手的差异之处，并强调你的优点。

（5）评价对手时，先说优点后说缺点；评价自己时，先说缺点后说优点。

（6）强调顾客经过对比后还是选择你们。

商场如战场，如何在竞争中赢得顾客，是销售人员面临的最大问题。顾客用竞争对手的优势来刁难时，销售人员应强调产品的基本属性，赢得顾客的信任。

## 用"垫子"法解答顾客挑衅性追问

销售人员："这款笔记本的速度还是相当快的，何况我们的售后服务也很周到，毕竟是著名品牌嘛！"

顾客："前两天新闻说，你们准备削减保修网点了，而且，对许多属于产品质量的问题还回避，甚至服务热线都拨不通，一直占线，是怎么回事？"

销售人员："那是有一些顾客故意找碴儿，属于自己操作失误导致的笔记本无故死机，完全是不正当操作导致的，不属于保修范围，当然就不能保修了。"

顾客："只要顾客有争议，你们都说自己有理，再说了，计算机这个事情，谁说得准，怎么能相信你们呢？"

无论销售人员怎么解释，潜在顾客就是不让步，咄咄逼人。

案例中销售人员的回答方法是不可取的，当顾客提出"听说你们的售后服务不好"这样的问题时，销售人员不要做出以下回答：

——"不会啊，我们的售后服务可好啦！"（直接的否定会让顾客对你及你的品牌更加不信任。）

——"您放心，我们的产品绝对保证质量！"（答非所问，难以让顾客信服。）

——"您听谁说的，那不是真的！"（质问顾客、极力否认只会适得其反。)

这个时候，销售人员正确的回答方法应该是有效使用"垫子"。案例中的销售人员应采用如下回答方式："您真是行家，这么了解我们的品牌，而且，对于采购笔记本特别在行，问的问题都这么专业和准确。"此时要停顿片刻，让潜在顾客回味一下。然后，接着说："许多顾客都非常关心产品质量和保修问题，当产品发生问题时，顾客是首先得到尊重和保障的，我们会由国家工商部门批准的质量部门鉴定产品质量问题的责任归属，一旦最后鉴定的结果是我们负责，那么我们就承担所有的责任。在产品送去鉴定的过程中，为了确保顾客有电脑使用，我们还临时提供一台笔记本供顾客使用，您看这个做法您满意吗？"

销售的过程是相互交流的过程，顾客在与销售对话时也会问问题。有时他们的问题是有反驳性的，此时，销售人员不应对顾客的反驳予以辩解，而要反思自己的交流环节是否出了问题，并且对问题环节加以调整，及时回到销售的正轨上来。

以售后服务问题为例，由于家电的使用寿命一般都在10年或10年以上，所以顾客在选购家电时会比较关注厂家提供的售后服务，特别是对于体积较大、移动不方便、内部零件较为复杂的大件电器，顾客会非常在意厂家能否能提供快速、便利的维修服务。

面对顾客提出关于产品售后服务的问题，销售人员首先不要正面反驳顾客，而要通过提问来了解顾客对我方的售后服务是否有不愉快的经历，然后以事实为依据，列举厂家在售后服务方面做出的努力，如网点数量和服务承诺书等，消除顾客对售后服务的担忧。但要注意，销售人员在消除分歧的同时，不要做过度的承诺，避免给厂家造成不必要的纠纷。

[案例一]

销售人员:"先生,请问您是不是有亲戚或朋友买过我们品牌的产品?"

顾客:"对呀,我有个同事三年前买过你们的产品,但出现问题后找不到维修的地方,后来只能邮寄回厂家维修,真是太麻烦了!"

销售人员:"先生,很抱歉给您的同事带来了不便!(真诚向顾客道歉)我们前几年的服务网点确实不够健全,给我们的用户造成了不便。针对这种情况,我们公司做出了很大的努力和投入,您可以看一下我们现在的服务网点数量(拿出产品说明书后的网点介绍部分)。为了保证我们品牌售后服务的质量,我们在地级城市都设置了技术服务中心,并签约大量的特约维修点,以保证我们的用户能够享受到更加便捷的上门服务。对于我们这款产品,您还可以享受到终身免费清洗和免费上门维修的贴心服务,保证您买得放心,用得安心!今天就定下来吧?"

[案例二]

销售人员:"大姐,您这是从哪里听来的?"

顾客:"我邻居说的,她家用的就是你们品牌的洗衣机,年前出现了故障,打电话报修后的第三天,你们的售后服务人员才上门。这不是不重视顾客吗?"

销售人员:"大姐,我明白了!这确实给您的邻居带来了不便!不过,这是因为这些售后维修人员都是我们自己的员工,他们都是受过专业训练的,维修技术和服务态度绝对都是优秀的,只是数量上不是很多,应付平常的维修没有问题,但年前购买洗衣机的顾客特别多,安装的工作量特别大,所以他们上门维修的时间才有所拖延的，还望您及您的邻居能够理解！"

顾客："难道别的品牌的维修人员不是厂家的人吗？"

销售人员："对呀，现在很多品牌都把售后服务以协议的形式外包到各个地方的家电维修点，由于厂家与特约维修点之间并不是上下级关系，而是一种互利的合作关系，所以消费者得到的售后服务质量无法得到保证。我们公司正是为了保证售后服务的质量，才自建维修队伍的。这也是我们对消费者负责任的表现。对吧？所以，您就放心买我们的产品吧，售后服务方面绝对让您无后顾之忧！"

当顾客问一些挑衅性问题时，销售人员不能正面反驳顾客的挑衅，而应采取柔性引导的方式，从侧面提供解决方案。此外，还应提供本品牌售后服务好的证据。

（1）维修网点数量多、分布广。

（2）服务态度好。

（3）维修技术过硬。

（4）提供的维修服务迅速。

## 低三下四并不能使顾客对你产生好感

由于顾客的身份地位，销售人员不自觉地把自己放在低人一等的位置，本想以谦卑的姿态赢得信任，结果却适得其反，赔了面子又丢了订单，这是不少销售员都曾遇到过的问题。

其实，低三下四并不能使顾客对你产生好感。所以，面对客户要不卑不亢，无论对方多么"高大"，都要牢记：他只是你的客户，你们之间是平等的关系。

俞恒是一个刚进入销售行业不久的新人，平时跟朋友、同事交往时都很自信，而且言谈风趣，不少年轻女孩都很喜欢他。但是当他面对客户，向别人介绍产品时，却好像完全变了一个人。他总觉得自己比客户矮了半截，平日的潇洒自信顿时烟消云散，代之以满脸的怯懦和紧张。

这种情况在他接近那些老总级别的人时，尤为明显。有一次，俞恒获得了一个非常难得的销售机会，不过需要跟那家合资公司的老板面谈。俞恒一进入装饰豪华的办公室就紧张得不得了，浑身打战，甚至连说话的声音都发起抖来。他好不容易控制住自己不再发抖，但仍然紧张得说不出一句囫囵话。老总看着他，感到很惊讶。终于，他佝偻着背，磕磕巴巴地说道："王总……啊……我早想来见您了……啊……我来介绍一下……啊……产品……"他那副点头哈腰低三下四的样子让王总觉得莫名其妙，甚至怀疑他有什么不良企图。

于是会谈不欢而散，大好机会就这样被丧失了。

大人物一般来说社会地位高，有一定的社会威望，许多推销员在拜访时经常畏首畏尾。然而销售最大的忌讳就是在客户面前低三下四，过于谦卑。像案例中的俞恒，还未到正式谈判就已经败下阵来。心理素质如此脆弱的人，肯定会失败。

卑躬屈膝地推销，不但会直接影响你的形象和人格，而且会使你所推销的产品贬值。畏畏缩缩、唯唯诺诺的销售员，不可能得到客户的好感，反而会让客户非常失望。因为你的表现证明你可能不是一个值得信赖的人，那么他对你所推销的产品就更不相信了。

优秀的推销员要有敢于向大人物推销的勇气。如果你总是逃避，不敢去做你害怕做的事情，不敢去害怕去的地方，不敢见大人物，那么一定会因为你害怕而失去机会。

## 不懂换位思考，死缠烂打只会令人厌烦

向客户推介产品时，有些销售员自以为只要有毅力坚持下去，就可以获得成交。然而，销售员的毅力和坚持却常常引起顾客的不耐烦，甚至把顾客吓跑。

在卖场的促销区出现了下面的场景。

"这位女士，我们公司现在有个促销活动，如果您买了我们的化妆品，就可以享受一些优惠政策，比如免费旅游。"

"不好意思，我对这些优惠没有兴趣。我没有买过这个牌子的化妆品，哪怕优惠再多，价格再低，都不会考虑的。我看重的是品牌和质量。"

"这个您不用担心，我们公司有专业的咨询师，他们会针对您的具体情况给您提供需要的产品。"

"这种产品对我而言没有意义，没有必要去搞什么咨询。"

"我可以向您保证这种产品的质量绝对是一流的，而且还能免费旅游，机不可失，时不再来……"

"对不起，我还有事。"顾客头也不回地离开了。

这位销售员的错误在于：不设身处地地为客户着想，而是自以为是，喋喋不休，终于引起顾客的反感。他的产品介绍是"死"的，跟背台词似的，完全不考虑顾客的感受和反应。这是一种典型的错误推销。

很多推销员在推销产品时都会犯类似的错误。不清楚客户为什么要购买自己的产品，只认为把产品卖出去，自己拿到提成，就万事大吉了。于是他们把嘴巴当成喇叭，对顾客进行"广告轰

炸"。殊不知，这种低级的推销手段早已过时，没人吃这一套了。

优秀的推销员要理解顾客关注的并不是所购产品本身，而是关注通过购买产品能获得的利益或功效。成功的推销员普遍具有一种很重要的品质，即积极主动、设身处地地为客户着想。站在对方立场去思考问题，才能了解客户的需求，才会知道客户需要什么，不需要什么。这样就能够比较正确而且也容易抓住推销的重点了。

当你为客户考虑更多，为自己考虑更少时，也许会被迫放弃部分眼前利益。不过，你会因此善举而获得更加长远的利益。处处为客户着想，不仅仅是想客户之所想，急客户之所急，而且还要让客户看到实惠，只有你为他办了实事，而且还最大限度地为他省了钱，你才能与客户保持长久的合作关系，并由此而提高你的销售业绩。

纵观那些业绩突出的推销员，他们之所以业绩出色，是他们的价值观念、行为模式比一般人更积极。他们绝不会死缠烂打、不厌其烦地介绍自己的产品，而是主动为客户着想，"以诚相待、以心换心"。这样才能赢得回头客，保持业绩之树常青。学会换位思考，是推销员对待客户的基本原则，更是推销员成功的基本要素。

## 先让客户体验，然后再谈销售

销售是服务的孪生姐妹，相辅相成。有好的服务，必有好的销售业绩。如果服务仅仅为了促进销售而做，那么一定不会有很好的效果。

经济学上将买卖分为一次性博弈和重复性博弈两种。如果将销售当作一次性博弈，销售员很可能就将服务当作为销售而做的功利性服务。

成功的销售是将与消费者之间的交易看作重复性博弈。因为他们知道这不是一次性博弈，需要为将来考虑。如果在第一次博弈中就要尽卑鄙手段，不诚实合作，那么很难真正享受到"服务"带给你的长期回报。

任何带有功利性的服务都不能让销售成为重复性博弈。相反，不为销售而为客户提供的服务，是一种真诚付出，只有这种无私的服务才会打动客户的心，让客户愿意长期与你合作。因此，对于销售员来说，只有把销售融入服务当中，才能真正让服务发挥效果，为你的销售锦上添花。

安娜是美国一家房地产公司顶尖的经纪人之一，她一年的销售额高达1000万美元。谈及自己获得高额销量的制胜法宝时，安娜只说了一句话："绝不只为销售而服务。"

一天，一对夫妇想在罗克威买一栋房子并定居下来。经人介绍，这对夫妇找到安娜，安娜热情地接待了他们。

安娜没有立刻带这对夫妇去看待售的房子，而是带他们参观了社区、样板房，介绍当地的生活习惯、生活方式，带这对夫妇参加小城的节日，让他们免费品尝热狗、汉堡、饮料。

"每到傍晚时分，滑水队伍会在湖上表演，市民则在船上的小木屋里吃晚餐。"安娜为他们一一介绍道，"再稍后，他们在广场看五彩烟火，然后去商场，这里的购物环境非常好，价格也非常公道。待会儿，我再带你们去看看我们社区内最好的学校。"安娜带着顾客一一了解他们入住此处后可能会遇到的各项生活细节。

最终，这对夫妇满意地决定在湖畔购买一套价值60万美元的房子。客户付款后，安娜的服务仍然没有结束：协助客户联系医生、牙医、律师、清洁公司，帮助客户联系女儿的上学事宜，帮客户买电、买煤气。

安娜通常会在每年的圣诞假期为自己服务过的客户举办一场盛大的宴会，从纽约请5～7人的乐队进行伴奏，准备香槟、饮料、鲜嫩的牛肉片和鸡肉，提供各种型号的晚礼服。安娜举杯向客户敬酒，感谢客户们的支持与信任，祝福客户生活得更美好。她会一个一个地与客户私下沟通，问对方是否需要帮助，并承诺以后会提供更好、更优质的服务。安娜还会准备挂历、钢笔、书籍等实用的小礼物，让客户随意拿取。

有了如此细致周到的贴心服务，安娜何愁没有惊人的销售业绩呢？

正如安娜所言，她成功的秘诀就在于真正做到了"绝不只为销售而服务"。在与客户见面后，她不急着直接介绍房子，而是先带他们了解周围的环境和当地的文化，让客户充分获得有效的信息，同时思考是否适合在这里居住。当客户购买房子后，安娜还提供许多看似与房产无关的服务，时刻与客户保持良好的关系，让客户感觉不仅仅买了一套设施齐全的房子，更获得了未来生活的安全感。这正是将与客户的关系当作多次的重复性博弈来看待，自然也能够收获长期的忠实客户。

真诚的服务不是为了销售而服务，而是设身处地站在客户的角度，将买卖当作重复性博弈，建立长期的好感与互信，将销售融入服务当中而使销售变得无痕无迹。作为推销员，要想获得很好的销售业绩，也要像安娜学习，让优质的服务起到"四两拨千斤"的作用。

## 给内向型客户信赖和依靠感

在我们的周围，一般有两类人，他们的做事风格完全相反。比如对于你提供的一个友好的帮助，一种人往往会很真诚、很高调地表达感谢，然后，抛在脑后；另一种人可能什么都不会说，但是，在接下来的时间里你就会发现，他在默默地对你好，并且，对你越来越好。为什么？

内向型的人往往更倾向于相信自己内心的感觉，他们会根据自己的判断做出选择。

心理学研究发现，相比性格开朗、易于沟通的外向型的人，性格封闭、不易接近的内向型的人感情及思维活动更加倾向于心灵内部，感情比较深沉。他们不善言辞，待人接物小心谨慎，一般情况下他们避免甚至害怕与陌生人接触。虽然内向性格的人比较爱思考，但他们的判断力常常因为过分担心而变弱，对于新环境或新事物的适应，他们往往需要很长的周期。

因为内向型客户对陌生人的态度比较冷漠，且情绪内敛，沉默少言，在消费过程中也会小心翼翼，甚至久久拿不定主意，使销售员的销售工作很难有进展。在销售过程中，往往是销售员问一句，神情冷漠的内向型客户答一句，不问就不答，导致交谈的氛围沉闷，销售人员的心情也比较压抑，想要迅速促成交易往往是很困难的一件事情。

但是，销售人员切不要被内向型客户的外表、神情阻碍，从而打退堂鼓。善于观察的销售员会发现，虽然内敛型的客户少言寡语，甚至表面看似反应迟钝，对销售员及其推销的商品都表现得满不在乎，不会发表任何意见，但他其实在认真地听，并已经对商品的好坏进行了思考。内向型客户其实非常细心，只是源于其性格中的对陌生人极强的防御和警惕本能，他们即使对销售员的观点表示赞同，也不会说太多的话。这时候销售人员应对客户一如既往地温柔对待。根据内向型客户嘴上不说，但是心中有数的特点，他们一旦开口，所提的问题大多很实在、尖锐并且会切中要害，销售员应想好对策，从容温和地回答，打消客户的质疑，这样就会很容易得到内向型客户的信赖。

王建是某手机超市的销售员。有一天，一位先生来店里看手机，很多当班的柜台销售员都主动跟他打招呼，热情地询问他需要什么样的手机。每一次被询问，这位先生都只是说自己随便看看，到每个柜台前都是匆匆地浏览一下就迅速离开了。面对许多销售员的热情询问，这位先生显得有些窘迫，脸涨得通红，转了两圈，觉得没有适合自己的手机就准备离开了。

这时王建根据经验，判断出该客户是一个比较内向腼腆的人，并且根据观察，王建断定客户心中肯定已经确定了某一品牌的手机，只是由于款式或者价格等原因，或者是由于刚才那些销售员的轮番"轰炸"，有些不知所措而一时失去了主意。

于是，王建很友好地把客户请到自己的柜台前，他温和地说："先生，您是不是看上某款手机，但觉得价格方面不是很合适，如果您喜欢，价格可以给您适当的优惠，先到这边来坐吧，这边比较安静，咱再聊聊！"王建请客户坐下，与他聊起天来。

王建开始并没有直接销售手机，而是与客户聊了一些别的话题以后，客户显然对他产生了一定的信任感，于是在不知不觉中主动向王建透露了自己的真实想法。

王建适时地给他推荐了一款合适的机型，并且在价格上也做出了一定的让步，给客户一定的优惠，同时王建还给客户留了自己的电话，保证手机没有质量问题。最后，客户终于放心地购买了自己想要的手机。

其实内向型客户并不是真的冷若冰霜、难以沟通，他们往往用冷漠来保护自己，却拥有一颗火热的心。只要他通过自己的判断觉得你比较诚恳，他一定也会表达出善意，而双方越熟悉，他就越会信任你，甚至依赖你。对于缺乏判断力的内向型客户来说，只要他信任你，他甚至会让你替他作决定。而且如果他对你的产品感到满意，他就会变成你的忠实客户，一次次向你购买。因此，利用温柔攻势及切实为客户着想，获取客户的信任是面对内向型客户的制胜法宝。

在销售中，与不善于表达自己的内向型客户交朋友吧，用心观察和分析他们的特点，用自己的真诚和温柔来打动客户，赢得内向型客户的信赖就不再是一个难题。

## 给客户安全感，让客户没有后顾之忧

当你购买某一产品的时候，你最怕什么？质量不好、不安全、不适合自己、花冤枉钱？是啊，几乎所有的消费者在面对不熟悉的产品时，都会有这些担心和害怕，怎么做才能让他们安心购买呢？

用心传递价值，让客户没有任何后顾之忧。

心理学研究发现，人们总是对未知的人、事、物产生自然的疑虑和不安，这是因为缺乏安全感，在销售的过程中这个问题尤为明显。一般情况下，客户对销售员大多存有一种不信任的心理，他们认定销售员所提供的各类商品信息，都或多或少包含一些虚假的成分，甚至会存在欺诈的行为。所以，在与销售员交谈的过程中，很多客户认为他们的话可听可不听，往往不太在意，甚至是抱着逆反的心理与销售员进行争辩。

因此，在销售过程中，如何迅速有效地消除顾客的顾虑心理，就成为销售员最重要的能力之一。因为聪明的销售员都知道，如果不能从根本上消除客户的顾虑心理，交易就很难成功。

客户会产生顾虑的原因有很多，除了对产品性能的不确定外，主要有以下四点。

第一，客户在以往的生活经历中曾经遭遇过欺骗，或者买来的商品没有达到他的期望。

第二，客户从新闻媒体上看到过一些有关客户利益受到伤害的案例。新闻媒体经常报道一些客户购买到假冒伪劣商品的案例，尤其是一些伪劣家电用品、劣质药品或保健品，会给客户的健康甚至生命造成巨大的威胁。

第三，客户害怕损失金钱或者是花冤枉钱，他们担心销售员所推销的这种产品或者服务根本不值这个价钱。

第四，客户担心自己的看法与别人的会有不同，怕销售员因此而嘲笑他、讥讽他，或是遭到自己在意的、尊重的人的蔑视。

种种顾虑使得客户不自觉地绷紧了心中的那根弦，所以说，在面对消费者时，销售员要尽自己最大努力来消除客户的顾虑心理，用心向他们传递产品的价值，使他们打消顾虑。

消除客户的顾虑心理，首先要做的就是向他们保证，他们决定购买是非常明智的，而且购买的产品是他们在价值、利益等方面做出的最好选择。

一位客户想买一辆汽车，看过产品之后，对车的性能很满意，现在所担心的就是售后服务了，于是，他再次来到车行，向推销员咨询。

客户："你们的售后服务怎么样？"

销售员："先生，我很理解您对售后服务的关心，毕竟这可不是一个小的决策，那么，您所指的售后服务是哪些方面呢？"

客户："是这样，我以前买过类似的产品，但用了一段时间后就开始漏油，后来拿到厂家去修，修好后过了一个月又漏油。再去修了以后，对方说要收 5000 元修理费，我跟他们理论，他们还是不愿意承担这部分费用，没办法，我只好自认倒霉。不知道你们在这方面怎么做的？"

销售员："先生，您真的很坦诚，除了关心这些还有其他方面吗？"

客户："没有了，主要就是这个。"

销售员："那好，先生，我很理解您对这方面的关心，确实也有客户关心过同样的问题。我们公司的产品采用的是欧洲最新 AAA 级标准的加强型油路设计，这种设计具有很好的密封性，即使在正负温差 50 摄氏度，或者润滑系统失灵 20 小时的情况下也不会出现油路损坏的情况，所以漏油的概率很低。当然，任何事情都怕万一，如果真的出现了漏油的情况，您也不用担心。我们的售后服务承诺：从您购买之日起 1 年之内免费保修，同时提供 24 小时之内的主动上门服务。您觉得怎么样？"

客户："那好，我放心了。"

最后，客户买了中意的汽车。

从某种意义上来说，消除疑虑正是帮助客户恢复购买信心的过程。因为在决定是否购买的一刻，买方信心动摇、开始后悔是常见的现象。这时候顾客对自己的看法及判断失去信心，销售员必须及时以行动、态度和语言帮助顾客消除疑虑，加强顾客的信心。

消除顾客疑虑的最佳武器就是自信。优秀销售员的沉稳和自然显现的自信可以重建顾客的信心。

除了自信的态度之外，另一个重要的武器便是言辞。比如有一位顾客原本想采购一种电子用品，但是他没有用过，不确定这个决定对不对。聪明的销售员会马上说："我了解你的想法，您不确定这种电子产品的功能，怀疑是不是像产品说明书所说的，对不对？您看这样好不好，您先试用……"在关键时刻，销售员纯熟的成交技巧会让顾客疑虑全消。

在销售过程中，顾客心存顾虑是一个共性问题，如若不能正确解决，将会给销售带来很大的阻碍。所以，销售员一定要努力打破这种被动的局面，善于接受并巧妙地化解客户的顾虑，使客户放心地买到自己想要的商品。只要能把握顾客的心理发展脉络，层层递进，把理说透，就能够消除客户的顾虑，使销售成功进行。

第七章

人际高手就是让人舒服，

圆融的人自有福

## 不损他人尊严，才能收获尊重

"即使别人犯了错，而我们是正确的，不顾及别人的颜面也是不对的。因为这样会伤及别人的尊严。"

李军大学毕业后进了现在的公司，从销售岗位做起，一步步升到了区域经理的位置。自从做了领导之后，李军就变了个人。

一次，部门助理小张在工作上犯了些错误，李军知道后，不仅扣掉了小张小半个月的工资，还当着其他职员的面狠狠地批评了小张。

"虽然你犯的错误很小，但是作为一个工作了三年的员工，这么低级的错误也能犯，实在是太不专业了。"李军批评道。

小张是个脸皮薄的人，听了这些话，脸瞬间就红了。

李军接着说道："以后工作上认真点儿，带着脑子干活儿。"说完，李军就回自己的办公室了。

被领导在这么多人面前责骂，小张的眼睛都红了。

其他员工也有点儿看不过去，说道："以前还挺欣赏他直爽的性格。这刚升上去，怎么就变成这样了。性子直的人果然是不太善解人意啊。"

"是啊，这都是开放式的工位，一个小姑娘，被那么骂，面子上实在是过不去。"另一个同事附和道。

在职场中，有些管理者性格比较直，在生气的时候，他们完全不顾及下属的尊严，只顾着批评、责骂。特别是一些从初级岗位升到管理岗位的管理者，他们认为，既然是管理人员了，就必须"拿腔作调"，做一些证明自己身份的事情，比如，在众人面前严厉地批评自己的下属。但实际上这种行为不仅对自己的工作没有益处，还会伤害他人的尊严，最终阻碍自己的晋升之路。而向他人表达自己的想法时，应当遵循一个原则：那就是顾及他人的尊严，不给别人难堪。这是善良，也是做人的修养。

不管我们处在什么位置，在别人犯错的时候，都要顾及别人的面子，委婉地指出他人的不足。在纠正他人的错误时，尽量不要使用讽刺、挖苦、粗俗的语言。这会让对方感觉人格被侮辱，心里会很不舒服。

因为一些小的错误而践踏一个人的尊严，总有一天，自己也会遭受同样的待遇。即使不是纠正别人的错误，与他人正常交谈的时候，同样也要顾及对方的尊严。不拆别人的台，不嘲笑别人，在争论时采用合理的方式表达自己的想法，这是一个有教养的成年人应该掌握的谈话技巧，也是一个人应具备的风度。

人们常说："人活脸，树活皮。"上到70岁的老人，下到3岁孩童，没有人不顾及自己的尊严。但是，在学习、工作的时候，有人却会忘记别人也是要维护自己尊严的。每个人都有自己的底线，一旦触碰，他们可能就会做出过激的反应。更何况人与人之间是相互的，你不顾及别人的尊严，别人又为什么要给你尊严呢？多说几句宽容、体谅的话，不仅可以减少对别人的伤害，还能为自己赢得好人缘，何乐而不为呢？待人处世，谨记：别让人下不了台。

张尧是一名公务员，在单位的人缘很好。单位的李大姐知道张尧还是单身，就张罗着给他介绍女朋友。

后来，通过李大姐，张尧认识了周一一。周一一的家境富裕，家里人很宠她，所以她性子很直，从来不顾及别人的想法。张尧想：被娇惯长大的女孩，本来就是这样的，反正她就是性格直接了一点儿，不过也没什么大问题。

不知不觉，两人已经交往了小半年。一天，张尧告诉周一一，周五要去火车站接自己的妹妹。

张尧的妹妹张玉刚考上大学，学校就在张尧所在的城市，她暑假来打工，是为了给自己赚点儿生活费。毕竟，家里条件一般，她自己赚点儿钱也能给爸妈减轻些负担。

本来，张尧是要自己去接妹妹的。周一一说，她也想去。于是，两人一起去了火车站。接了妹妹，他们就去吃饭了。点完菜，三个人就开始闲聊。

张玉看到周一一的手腕上戴着一个很漂亮的手环，就说："姐姐，你手上这个手环好漂亮啊，衬得你的手更好看了。"

周一一听了很开心，说道："漂亮吧！这是卡地亚出的新款。"

张玉问道："卡地亚是什么？"

周一一很惊讶，居然有人不知道卡地亚。"卡地亚你都不知道啊？也太落伍了吧？"

张玉的脸一下子就红了，不知道该说什么。

张尧温和地说："你这么说话，实在是有些过分。说话的时候，顾及一下别人。如果我在其他人面前驳了你，你肯定也不开心。"

听了张尧的话，周一一知道自己有点儿"口无遮拦"了，当即给张玉道了歉。

**故事中的周一一家境良好，从小被娇惯着，性格直接，说话**

不太在意别人的感受。生活中有很多"周一一"，但并不是每个人都能像周一一那样，知道自己做得不对就能立即道歉。而无论是谁，都很在意自己是否被尊重。这种尊重，不仅体现在行为上，更体现在语言上。

我们勤奋学习，努力工作、赚钱，都是为了过上体面的生活。而所谓的体面，就是得到他人的尊重。无论谁，被反驳了都会不舒服。性格直爽不是问题，但性格中那些瑕疵，需要慢慢改掉。

面子看不见、摸不着，有些人会说，在乎面子的人是虚伪的。可是扪心自问，如果别人不顾及你的心情，对你使用语言暴力，你又是什么感受？每个人都希望被尊重，而伤害他人尊严的行为却是不可取的。

不管你是身居庙堂之高，还是身处江湖之远，都千万记得：懂得维护他人尊严的人，才能得到更多的尊重和喜爱。

## 妥协不是怯懦，是一种智慧

人活在世上，有时候需要妥协。因为妥协不是怯懦，是一种智慧。

最近，大乔因为跟室友晓晓的矛盾，让她异常烦恼。她想不明白跟那么多人合租过，怎么就偏偏跟晓晓合不来呢？并且还总是吵架。

晓晓其实是一个成熟稳重的人，但就是太骄傲。只要是她看不惯的事情就一定要说出来。大乔呢，最受不了的就是别人说自己。她的性子又直，被说了就不开心，吵架是必然的。

有一天半夜，两人因为厕所的卫生问题又吵了起来。吵完之后，两人就开始冷战，过了一个多月"谁也不理谁"的日子。

这天，大乔因工作表现出色，得了奖金，开心过后想起跟晓晓冷战的事情。于是她买了一个大大的蛋糕回家，切好后放在了桌上，并写了张纸条，压在蛋糕盒下面。

纸条上写着："我们和好吧。"

晓晓下班回来，看到桌子上的东西，笑了。她拿起一块蛋糕，敲开了大乔的房门，说："大乔，我们和好吧。"

就这样，一场"旷日持久"的冷战结束了。

很难想象，如果大乔不妥协，这场冷战会如何发展下去，以后两人的生活又会变成什么样子。

每个人的性格不一样，因此相处的时候难免会磕磕碰碰。有时候，因为不妥协，激化了矛盾，就会引发大的纠纷。

也许在那些不愿意妥协的人看来，妥协是示弱与屈服的表现。但是在日常生活中，我们总会面临一些需要让步的局面。情侣间出现了矛盾、同事间出现了工作纠纷、朋友间出现了意见相左的情况，最后都必须有一方要做出让步，问题才能顺利解决。

与人交往时，和谐友爱才是理想状态。但很多人却认为，如果妥协了，就是放弃了自己的尊严，让别人践踏了自己的尊严。尤其是在自己正确的情况下，如果让步了，那就是认输。可是我们所遇到的事情，大多是无关原则的小事，哪有那么多大是大非呢？在不涉及原则的情况下，做一些让步，不是软弱，是宰相肚里能撑船，并且这种大度与宽容会让我们得到更多温馨和美好。

在我们的工作和生活中有很多人、很多事，是值得我们去珍惜的，但因为我们一时赌气，或不愿妥协而永远地失去了。当然妥协并不是毫无理由地让步，而是为了和谐。因为每个人都喜欢在愉快的氛围中交流。

吴若雨与老公的婚姻已经第 7 个年头了，进入"七年之痒"的魔咒了。可是她预想的争吵并没有出现。虽然两人也会有一些小摩擦，但是他们跟以前一样恩爱。

所以他们的"七年之痒"好像跟别人的不太一样。

一次，吴若雨在厨房洗一个玻璃瓶，瓶口有些窄，不太好刷。老公进来看到了，说："我来洗吧。"

吴若雨是个急脾气，越是洗不到就越是要较劲。"不，我要自己洗干净。"她拒绝老公的帮忙。

"老婆，我来吧，你去歇会儿。"老公还是想帮忙。

"哎呀，我都说了，我自己来。你这是嫌弃我连这点儿小事都做不好吗？"吴若雨不管不顾就说了出来。

老公的脸色瞬间就变了，但没说什么。

等老公走了，吴若雨才想起来，刚才自己说话的口气好像有些重。她放下手里的活儿，敲开了卧室的门。

"老公，我错了，刚才不应该跟你大呼小叫。"吴若雨说道。

"你怎么跟我认错了？但听了你的道歉，我已经不生气了。"老公笑着说。

"夫妻间，不能总是你妥协，我也要学着妥协。这样我们才能在一起一辈子啊。"吴若雨说道。

健康的婚姻中的两个人一旦出现了矛盾，必然要有一方做出让步。否则，一个人生气了，另一个人会更生气，关系就很难维持下去了。美满的婚姻，取决于关系中的两个人是否成熟。故事中的女主人公懂得妥协，知道换位思考，并站在对方的角度思考问题，从而成功地化解了夫妻之间的矛盾。其实处理其他的关系也是同样的道理。多体谅对方的难处，就能谅解他人。多点宽容，多点妥协，你会发现，这个世界变得温柔了，而自己的生活也变得更美好了。

当然，妥协的目的是为了更和谐。而妥协也代表着一种态度，所以无论怎样都要把生活过好，让自己更幸福。试想，一段关系中，双方起了争执，谁都不肯让步，生活又会变成什么样子？

有些时候，我们无法改变环境，只能试着去改变自己，这是生存策略，也是做人的智慧。适当地让步或者妥协，不但能促进人与人之间的和谐，同时还会让我们的生活变得更美好。

## "善听者"，能成大事

能够辨别风向的船长才能掌好舵，做人也是同样的道理。懂得察言观色，才能更好地了解别人的想法。

乍一看，白阳是个特别不错的人，性格直爽，工作勤奋。但是他的人缘并不是很好。很多时候，他根本意识不到自己的话对别人的影响。

同事刘畅买了条新裙子，大家都夸漂亮，只有白阳说："你这条裙子是黄色的。你皮肤不白，不适合你。"他只顾自己说，却没有发现刘畅已经很生气了。

同事小顾买了最新款的平板电脑，一起吃饭的时候，小顾跟大家分享这件事。有人说，小顾有魄力，如果是他们肯定下不了决心去买。有人询问价格，有的人问平板电脑性能怎么样。见状，白阳却说："你有钱还不如买个其他品牌的超薄本呢。"听了他的话，小顾很生气，白阳却没有意识到。

实习生小敏要坐长途火车去武汉看男朋友。大家都说，小敏好幸福。白阳又开始唱反调了，他说："如果我是你男朋友，不是主动来看你，就是给你买飞机票。你坐那么久的火车，多辛苦啊。"他的话让小敏本来含笑着的双眼一下子黯淡了。而白阳并没有意识到，随意地否定别人的幸福，是一件很糟糕的事情。

故事中的白阳总认为自己是直言不讳。可他却不知道，他的这种行为很"愚蠢"，也很讨人厌。诚然事事恭维别人很虚伪，但总是直言别人的痛处更让人讨厌。待人处事，不会或者不屑于察言观色，其实是一件很糟糕的事情。

察言观色是我们与人交往的重要技能，与个人的情商有着密切的关系。总是心里想什么就说什么，别人不会认为你是性格直爽，只会认为你情商低。某种程度上，擅长察言观色的人，能敏锐地感知他人的情感及心理状态的变化，事实上他们的能力也强于不谙此道的人。因为他们能够准确地捕捉他人的心理状态，并且做出合理的反应，所以他们与他人交往时容易获得良好的人际关系。

心理学上有一个词语，叫"侧写"，就是通过一个人的表情、动作来判断他的想法。这种方法曾经帮助公安系统破获了很多重要的案件。可见察言观色是件多么重要的事情。

对人际交往能力差、性格又直爽的人来说，察言观色是一大利器，它能改善不和谐的人际关系。而在日常生活中，对别人的行为、语言、表情或者一些不经意的小动作有着比较敏锐的观察，就能迅速地了解对方的想法，并避免尴尬或者令对方不开心。

在人际交往中，懂得察言观色、随机应变，是一种高超的本领。可是总有些人认为这是不足挂齿的行为。而事实上，那些不屑于察言观色的人，日子过得并不惬意。

人际交往是一门很深的学问，察言观色则是入门的技巧，掌握了这项技能，就能在复杂的人际交往中游刃有余。

那么，怎样才能学会察言观色呢？

首先，要调整好自己的心态。想要学会察言观色，就必须调整好自己的心态，让自己变得稳重起来。每个人说话、做事都是心理状态的外在表现。当听别人说话的时候，想想对方为什么要说这句话，他的立场是怎样的？而他说这句话的起因又是什么？最后，结合对方的性格，判断自己该做出什么样的反应。但直性子的人很少会想到这些，这是心态的问题。只要有耐心就能学会察言观色。

其次，要用心倾听对方的话。语言，是最能直接反映对方想法的工具。一个人的表情、行为、动作，都是辅助其表达情绪、想法的方式。只有用心了，你才能感受到对方的情绪变化，才能在交谈中说出让人如沐春风的话。

最后，不要在别人表达的时候先开口，这样也许会给自己造成不必要的麻烦。所谓"言多必失"说的就是这个道理。与人交往时，也不要太过拘束，太过紧张反而会露拙。耳朵多听，眼睛多看，心里多想，等别人说完了，缓几秒钟再开口。而多数情况下，那些脱口而出的话，往往让他人很不愉快。所以即使你是个直性子，也要学会察言观色。

## 要想办成事，应酬少不了

中国是个人情社会，讲究面子。而一个人要想办成事，必要的应酬是少不了的。

石磊是个直肠子的人，不喜欢的事情就直接拒绝，凡是需要应酬的场合，他一般都拒绝参加。他工作认真，为人诚恳，性子虽然直了一点，却并没有引起同事的反感。

最近，石磊想竞争一下公司部门经理的职位。他认为自己工龄也够了，工作又勤奋，升上去的可能性很大。于是他就更加认真地工作。

几个星期后，部门经理的人选公布了，是王宣而不是他。石磊有些沮丧。

石磊觉得自己的能力要比王宣强，他想知道自己为什么落选，于是就去找总经理。

总经理对石磊说："你的能力强，我知道。但是部门经理不仅仅需要能力强，还需要参加一些必要的应酬。作为部门的管理者，能力是否强，只是候选者的评选标准之一。你总是缺席各种活动，我很担心你是否能处理好上司以及下属之间的关系，是否能顺利地与客户洽谈好订单。"

总经理的话让石磊知道自己的问题出在了哪里，他总觉得，应酬只是在浪费时间，与工作毫无关系。现在看来，是他想得太简单了。

作为职场人士，参加各种应酬是不可避免的。故事中的石磊总认为，这些应酬没什么意义，自己又不喜欢。但实际上，应酬是一门很深的学问，需要个人有较高的综合素质。那些能在觥筹交错的环境下游刃有余的人，往往会成为活动的焦点，会让众人对他产生深刻的印象。而在这种情况下，要想办成一件事情就非常容易了。例如，在同一个行业内，巨头后面的三四家企业的实力都相差无几，在实力相差不是很悬殊的情况下，管理者会选择自己喜欢的企业并与之合作。

所以，应酬是必不可少的活动。不管是生意洽谈，还是家庭聚餐，应酬都是解决问题的重要场所。家庭聚会不仅能品尝到美食，还能加强亲人之间感情的交流；同事之间经常一起吃饭、玩耍，可以增进彼此的感情，工作也会更顺心；与生意伙伴在餐桌上高谈阔论，有助于合作的达成。这就是为什么许多人喜欢在餐桌上做出重要决定。既然大环境如此，而我们自己又无力改变，那就要努力地去适应它，并且做到最好。

除此之外，应酬对很多人来说，还是一件很有乐趣的事情。在与各种各样的人交往时，既看到了新鲜的事物，也增长了见识。

孙坚是一个在职场中打拼了5年的老员工，可是，他的职业生涯还是没有什么起色。孙坚也很苦恼，看着一起毕业的同学职位"蹭蹭蹭"地升，他心里很不是滋味，但是总也找不到问题的根源所在。

在仔细想过后，孙坚打算辞职。于是，他就给领导发了辞职邮件，询问辞职的具体事宜。

领导发微信问他："为什么想辞职？"

孙坚直言道："想换个环境，感觉没有什么晋升的可能。"

领导回复他："你有没有想过，为什么升不上去？"

孙坚说道："不知道，所以我才打算辞职。"

领导回他："公司组织的一些聚会，你总是能避就避，同事关系也就没那么好。而你自己又不喜欢应酬客户，做的工作自然也就无法给公司带来大的经济利益。一个管理者，不但要运筹帷幄，还要能处理好各种人际关系；既要能力出众，又能为公司创造直接的经济价值。"

孙坚一直以为自己能力还可以，看了领导回复的消息，才明白，在他看来不重要的应酬，原来是那么重要。

领导跟他说："你也工作5年了，该学着去参加一些必要的应酬了。即使是我，求人办事的时候也得出去应酬。你还是得多学啊。"

应酬指的是为了实现某些目的，去做一些自己不愿意做，但又必须做的事情，而这些事情大多与我们有着间接或者直接的利益关系。

应酬是一门复杂的学问，因为参加应酬的人需要把握好活动中说话的时机，熟悉餐桌上的规矩，这一点非常重要。不同的人有不同的习惯，有时候，一个小小的错误就可能毁掉一个合作的机会。而能在应酬中闪耀的人，大都具备了丰富的经验、敏锐的观察力和优秀的学习能力。因此应酬这种事情，还是需要多锻炼。

而有些人碰到应酬就会躲避，他们认为应酬做的都是表面文章，不仅虚伪而且毫无意义。其实在应酬中我们能解决很多问题，而且在应酬的过程中，我们会自然而然地放下戒备，在轻松的环境中呈现出一个人最真实的状态。比如，有些管理者开会的时候严肃认真，让人望而生畏，但是一到应酬的场合就谈笑风生，让人感觉像变了个人一样。因此在这种轻松的环境中，很多想办的事情自然而然就办成了。

此外，应酬也是最容易拉近人们心理距离的方式。

## 做人不能奸诈，但可"世故"一点儿

"世事洞明皆学问，人情练达即文章。"这是一句很多成功人士耳熟能详并认真践行的名言。

每到周五，王雨所在的公司总会分发一些包装精致的小蛋糕给员工。王雨不喜欢吃蛋糕，所以每次发了小蛋糕，她都送给一起工作的同事钱多多。

起初，钱多多很感谢她，"你真好，谢谢你啦！"并且钱多多是个直性子，心里有事憋不住，见一个人就说王雨送她小蛋糕的事情。

可是，时间久了，情况就变了。周五，公司又发了小蛋糕，王雨本来不喜欢吃蛋糕，但是忙了一天没吃东西，她想垫垫肚子，于是就把小蛋糕吃了。

钱多多回来的时候，看到自己桌子上只有一个小蛋糕，很不开心。

她走到王雨的工位上，问她："今天的小蛋糕你怎么没给我？"

"啊？"王雨没想到钱多多会质问自己，有点儿蒙了，反应过来后，说道："那个蛋糕本来就是我自己的，我送给你，你该谢谢我。我不给你，也不需要向你解释啊。"

王雨的话让钱多多哑口无言。但钱多多此后逢人就说王雨的不是。后来，两人的关系变得很僵。

故事中的钱多多忘了小蛋糕本来就是王雨的。她习惯了王雨的给予，就忘记了感恩。做人直爽是好事，但是一点儿人情世故都不懂，这就不是一个心智成熟的成年人该有的处世之道了。

有些人会说："我才不会那么虚伪，更不会曲意逢迎，我要做一个坦荡荡的直性子。"

而世故，指的是熟悉世俗人情，待人处事圆滑周到。这个词，其实并没有贬义的意思。相反，它强调的是为人处世的时候，应该照顾别人的感受。

而很多性格直率的人并不懂得如何委婉地表达自己的想法。他们过度地崇拜"直言"，却忽视了这些话会给他人带来什么影响。其实，如果他们注意一下自己的言行，多懂一些人情世故，人生之路就会更顺畅一些。

凡是有所成就的人，无一例外都明白：人情世故是人生的一个重要课题。因为他们了解社会的本质，知道人际交往的准则，所以待人处事时大多都很善解人意，知道对方需要什么，由此能更好地实现自己的目的。究其根本原因，是因为他们懂得人情世故。

某种程度上说，人情世故对一个人的成功有着很大的影响。做人太奸诈，会让他人误以为你很阴险。可是性格太直了，又会承受较大的生活风险，所以做人可以"世故"一点儿。

小优特别崇拜霍刚，她总觉得霍刚性格直率，见到不合理的事情都要指出来。就连他的博士生导师做错了事情，霍刚也会指出。尽管如此却没有一个人说他不好，相反大家都很喜欢跟霍刚一起玩。反观自己，总是跟室友处不好关系。小优是心直口快，总是直言别人的缺点，本以为性格直的人都是这样的，可认识了霍刚后，她才知道，其实是自己的问题。

周末，小优约了霍刚去吃饭，她想向霍刚讨教一些做人的方法。

小优没有绕弯子，对霍刚直接说出了自己的困惑。

听了她的话，霍刚笑了，说道："以我的观察，你其实是太直了。你应该学一点儿人情世故，做人嘛，世故一些也没什么，我们都是成年人了。"

小优说："我不太明白你的意思。"她一直以为做人世故了不太好。

霍刚说道："说得简单点儿，世故就是多注意细节，要有礼貌，适度地夸奖别人，毕竟谁都喜欢听赞美的话，懂得与别人分享，不要'吃独食'。其实，这只是一些做人的规则而已。"

霍刚的话让小优似乎有点儿明白霍刚性格直却有好人缘的原因了。小优反思自己，自己好像只是性格直了些，却不懂一点儿人情世故。

纵观历史上那些不懂人情世故的名臣们，最后都似乎落得了个被诛杀的下场。所以我们要得到自己想要的东西，就必须了解社会的生存法则，否则，就会撞得头破血流。

我们不仅要适应社会环境，还要学会人际交往的技巧。世故一些，懂得让事情有缓和的空间，这并不是扭捏，而是成熟。一些人会说，我性格就这么直，我能力也强，不需要学会人情世故。可是这样的人，真的活得很好吗？

那些鄙视人情世故的人，也许能生活得很好，但是同样起点的两种人，恐怕还是了解人情世故的人能更快地实现自己的目标。而生活的本质就是你好我好大家好，做事认真，懂些人情世故，其实并不是一件坏事。

## 勇于认错

意识到自己犯了错，就要主动承认错误，这是一件非常需要勇气的事情。但是年纪越大，我们就越是羞于承认自己的错误。

那么，人们无法心甘情愿地承认错误的原因是什么呢？

第一，面子问题。成年人阅历丰富，喜欢用自己丰富的人生经验来碾压其他人，但是假如别人比他们阅历更丰富，指出了他们的错误，他们会开心吗？

第二，责任风险。对成年人而言，自觉承认错误就代表着要承担相应的责任。这种责任可能是失去工作、遭遇信任危机，或者是经济上的代价。如果不承认错误，就可能避免承担责任。即使被"强迫认罪"，承担的责任也会少很多。

大多数情况下，人们知道自己做错了，第一反应就是找借口为自己开脱。不管这个理由多么牵强，只要有了借口，就会心安理得，甚至越想越觉得自己没做错。

但是作为一个成年人，知道自己做错了，并勇于承认自己的错误才是正确的、有修养的行为，才会获得别人的敬重。

在加拿大，有一所非常知名的建筑院校，叫作加拿大工程学院。它之所以出名，是因为它勇于承认自己的"错误"。

1900年，魁北克大桥开始修建，横贯圣劳伦斯河。当时，负责修建大桥的主设计师是 Theodore Cooper，他为了节省建造成本，擅自延长了大桥主跨的长度。可就在大桥即将竣工的时候，发生了严重的垮塌事故，并造成70多人死亡，多人受伤。而事故的原因就是：Cooper 在修改大桥的主跨长度时忽略了桥梁的承重，桥梁主体因此而垮塌。

而 Cooper 的母校——加拿大工程学院，因为这一严重事故，声誉扫地。可是学校并没有掩饰、隐瞒这件事情，而是筹资买下了大桥的钢梁残骸，打造成了指环，取名"耻辱戒指"。每年的建筑系毕业生，都会领到这样一枚戒指。

故事中的加拿大工程学院用特殊的"认罪"方式，为大家讲述了一个"知耻而后勇"的精彩哲理故事。人非圣贤，孰能无过。犯了错，并不可怕，可怕的是，明知道自己犯了错，还死活不承认，并试图掩饰自己的错误。

意识到自己犯了错，就要勇于承认自己的错误，这本来是顺理成章的事情。但是有些人总认为主动承认错误有损自己的尊严，所以他们能逃避就逃避，甚至有人会硬着头皮不认错，最后的结果只能是错上加错。即使有些人被逼着承认了错误，也会愤愤不平，好像让他们认错是不应该的事情。

实际上，主动认错有助于消除彼此之间的矛盾、恢复双方的感情。假如能正视自己的错误，心甘情愿地认错，最终，人们只会忘记你所犯的错误，而记住你勇于认错的行为和态度。因为勇于认错是一种优秀的品质，而这种品质会给我们带来很多好处。所以放下所谓的面子，我们就能获得很多快乐。

## 维护他人的面子，留出自己的退路

"面子文化"在我国由来已久，在为人处世的过程中要懂得维护他人的面子，这样才能让他人保住自己的尊严。有时候保住了他人的尊严，也就为自己留出了退路。

明太祖朱元璋出身寒微，做了皇帝后自然少不了昔日的穷亲友到京城找他。这些人以为朱元璋会念在老朋友的情分上给他们封个一官半职，谁知朱元璋最忌讳别人揭他的老底，因此，对来访者大都拒而不见。

朱元璋有位少时好友，千里迢迢从老家凤阳赶到南京，几经周折才算进了皇宫。一见面，他便当着文武百官大叫大嚷起来："朱老四，你当了皇帝可真威风呀！还认得我吗？当年咱们俩光着屁股一块玩耍，你干了坏事总是让我替你挨打。"

朱元璋听到这里，再也坐不住了，心想此人太不知趣，居然当着文武百官的面揭我的短处，让我这个当皇帝的脸往哪儿搁。盛怒之下，朱元璋下令把他杀了。

历史上不少皇帝的出身并不好，这就需要臣下为他们编造光荣家史。

刘邦在做皇帝以前本是沛县的农家子弟，横行乡里，劣迹斑斑。而在夺取帝位后，张良、萧何等下属为了讨得主子的欢心，

他们的心理需求说一些漂亮的话也无可厚非。在社会生活中，维护别人的面子避免触犯别人的禁忌，为自己留一条退路也是必须的。

## 保护失败者的面子，不给自己树敌

有"心计"的人在与人交往时，在为自己争得面子的同时，也不会忘了给别人也留些尊严，包括他的死敌。

1922年，土耳其在同希腊人经过几个世纪的敌对之后，下决心把希腊人逐出土耳其领土，土耳其最终获胜。当希腊的迪利科皮斯和迪欧尼斯两位将领前往土耳其总部投降时，土耳其士兵对他们大声辱骂。但土耳其的总指挥凯墨尔却丝毫没有显现出胜利的骄傲。他握住他们的手说："请坐，两位先生，你们一定走累了。"他以对待军人的口气接着说："两位先生，战争中有许多偶然情况。有时，最优秀的军人也会打败仗。"

这使两位败军之将都十分感动，并没有因吃了败仗投降而产生沉重的羞辱感。后来希腊和土耳其两国之间也并没有大的怨隙，更没有因打仗而绝交。凯墨尔将军一番得体的话让敌人保住了面子，也赢得了发展友谊的可能性。试想，倘若凯墨尔也像士兵那样羞辱那两位投降的将军，使他们心怀怨恨，那么，可想而知，不但友谊无从谈起，战事在将来也会不可避免。

1977年8月，几名克罗地亚人劫持了美国环球公司从纽约拉瓜得机场至芝加哥奥赫本的一架班机，在与机组人员僵持不下之时，飞机兜了一个大圈，越过蒙特利尔、纽芬兰，最终降落在巴黎戴高乐机场。在这里，法国警察打瘪了飞机的轮胎。

飞机停了3天，劫机者同警方僵持不下，法国警方向劫机者发出最后通牒："喂，伙计！你们能够做你们想做的任何事情，但美国警察已到了，如果你们放下武器同他们一起回美国去，你们将会判处不超过2年至4年的徒刑。也可能意味着你们也许在10个月左右释放。"

法国警察停顿片刻，目的是让劫机者将这些话听进去。接着又喊："但是，如果我们不得不逮捕你们的话，按我们的法律，你们将被判处死刑。那么你们愿意走哪条路呢？"劫机者被迫投降了。

劫机者一方面因为机组人员的抗拒和警方的追捕而无法达到预定目的，另一方面由于不清楚警方的态度而不敢轻易放下武器，陷入进退两难的痛苦局面。法国警察在劝说中给足了劫机者面子，明确地向对方指出了两条道路：投降或者顽抗，投降的结果是10个月左右的徒刑，而顽抗的结果只能是死刑。面对这两条迥异的道路，早已心慌意乱的劫机者肯定会识相地选择弃械投降。

面子说白了就是尊严，被人重视，被人尊重。因此，有"心计"的人在与人交往时，为自己争得面子同时，不会忘了给别人也留些尊严，爱护别人甚至死敌的面子，这一点非常重要。

对于敌人，对于铤而走险的对手，同样要留下余地。把对方逼上绝路只会导致负隅顽抗，"歼敌一千，自损八百"，这对于双方都没有好处，也不是解决问题的办法。

世界上任何一位真正伟大的人，都善于保住失败者的面子，而不会得意忘形地去陶醉于个人的胜利。虽然不一定与对手成为朋友，但只要不使敌人颜面尽失，不产生不共戴天的仇恨，一般情况下是不会成为"死敌"的。

请您老人家吃饭呢！"别的老师也随声附和，老太太一听，知道女儿女婿已经和好，也不好意思再闹下去，乐呵呵地走了。事后，邓老师真的请岳母吃了饭。

因此，在你能够帮上忙或是能够为别人作解释的情况下，你应当尽可能地帮助他走出进退两难的尴尬境地，千万不要在旁边幸灾乐祸。

让人尴尬的事总是突如其来，不管你与他是素不相识，还是相知好友，在别人突然陷入尴尬境地的时候，你都该尽可能地伸出援助之手，帮他解围。

在别人出洋相的时候发出笑声是极不礼貌的举动，也可以说是对别人的侮辱。尽管你在笑时并不存什么恶意，但在别人看来就是对其出丑的嘲弄。他感觉受到侮辱，就对你产生了怨气。

在日常生活中，马路上不小心跌倒、大庭广众下说句错话或是衣服扣子突然崩掉等，都是很平常的事，应尽量做到见惯不惊，不要贸然发笑，从而给人一个好印象。

在别人尴尬的时候，如你实在不便插话帮助解围，那么最好的办法就是视而不见，暂时离开，让别人能够无所顾虑地处理这些意外，对自己的难堪也就能够心平气和了。

把别人的尴尬事情当做笑话四处张扬，这是不道德的。如果你在这方面不注意的话，就很容易招致别人的反感。

## 打圆场要让双方都满意

在别人发生矛盾争论的时候，夹在中间是比较尴尬的。作为争论的局外人，我们应当善于打圆场，让矛盾及时化解。但是在打圆场的时候，一定要注意一个问题，就是要不偏不倚，让双方都认为你没有偏向，都表示满意。否则，只能是火上浇油，还不如不说。

一名中年男子在一个生意红火的面摊等了半天才有了位置，要了一份自己常吃的面。一会儿面端了上来，男子伸嘴想先尝一口汤。可能汤的味道刺激了他的呼吸道，随着"啊嚏"一声，他的唾液和着面汤喷在了对面一位顾客身上和面碗里。那位顾客愣了一下才反应过来，"刷"地站起来吼道："你怎么乱打喷嚏！"

中年男子也被自己的不雅之举惊呆了，赔过礼后缓过神来，对老板脱口而出一个建议："我告诉你不要辣椒的，你的面里怎么会有辣椒味道？你赔我的面钱，我赔人家的面钱。"老板问伙计。伙计也很委屈，他明明没有放辣椒的。

结果顾客、老板还有围观群众七嘴八舌，说得不亦乐乎。最后老板感觉这样下去不是个事，就主动打圆场，对着厨房间大手一挥，说："算啦，再下两碗面，钞票全免了，只要大家不翻脸，和气生财么！"

两位顾客这才平静下来，都表示可以接受。从此他们和老板之间成了好朋友。

可见，适时的打圆场，作用可真的是非同一般。

清末的陈树屏口才极好，善解纷争。他在江夏当知县时，张之洞在湖北任督抚，谭继询任抚军，张谭两人素来不和。一天，陈树屏宴请张之洞、谭继询等人。当座中谈到长江江面宽窄时，谭继询说江面宽是五里三分，张之洞却说江面宽是七里三分。双方争得面红耳赤，本来轻松的宴会一下子变得异常尴尬。

陈树屏知道两位上司是借题发挥，故意争闹。为了不使宴会大煞风景，更为了不得罪两位上司，他说："江面水涨就宽到七里

## 社交不在多，有效则灵

人们通常会认为认识的人越多，人际关系就越好，然而，事实并非如此。

当你受到了委屈，想找人聊聊天时，却发现自己虽然有很多朋友，但是有的相距甚远，有的久未联系，翻遍了手机却找不到一个可以诉苦的对象；当你事业遇到困难，急需一笔资金周转的时候，你才发现身边围着的都是酒肉朋友，平时喝酒吃饭都很在行，可是一谈到钱，个个都像躲瘟神似的唯恐避之不及；当你的父母生病住院，而你在外地一时赶不到医院的时候，才发现在这偌大的城市中居然找不到一位能代替你临时照顾父母的人……如果遇到了这些情况，那说明你的人脉有问题了，也可以说虽然你拥有很多的朋友，但是朋友的支持力很低。

其实，事物的发展有多个阶段，在人脉发展的最初阶段必定是人数愈来愈多的时期；否则，没有一定的人数基础，人际关系是不可能充实的。然而最重要的，还是你能否有意识地增加人数，而不是盲目地将所有认识的人以及认识人的人际关系统统纳入自己的人际关系网。我们在生活中也深有体会，微信中的好友或通讯录中的电话号码越来越多，但是很多是用不上的。

所以，真正的人际关系不是用微信好友或电话号码的多少来计算的。尽管某个时期的人数不断增加，却并非意味着人际关系进入了充实期。充其量，它只能算作通往充实期的准备阶段而已。

当累积的人数增加到一定程度时，你就必须进行整理了。首先的区分是，你应该将仍然保持联络的和已中断联系的人际关系区分开来。经过整理，仍然保持联络的微信好友必将减少。因此，只看到微信好友增加就高兴不已的人，是根本无法建立牢固的人际关系网的。不过，微信好友不断增加的时期也是绝对必要的。倘若不经历这一时期，必定无法抵达充实期。

这是你人际关系整体充实的证据。试想一下，当你目前的工作告一段落展开新工作时，微信好友的数量也必定会随之增加，尤其你跳槽或者更换职业时，这种情形最为明显。当新工作开始步入轨道正常运转时，人际关系又会逐渐减少。中途因工作关系参加各种活动时微信好友的数量又将再度增加。这种增减的重复，在人际关系成长过程中是十分必要的。

如果只盲目追求微信好友的数量的不断增加，你和每一个人之间的关系必定会越来越薄弱。因为比起和熟人碰面的机会，你会更热衷追求结识新人的机会。那么，在这种情况下，熟人碰面的机会都没有了，还谈何人际关系的充实呢？

## 有些人带来机遇，有些人则会让你陷入僵局

六度分隔理论告诉我们，最多通过6个人，我们就可以认识任何一个陌生人，进而通过交往成为朋友。可是，并不是每一个人都值得我们花费精力与其交朋友，因为有些人会带来机遇，有些人则会让你陷入僵局。带来机遇的是"良友"，而让我们陷入僵局的就是"不良朋友"了。

看看我们的周围，生活中既有助人为乐的好人，也有作奸犯

（3）对于自私自利型的朋友。可以根据他需要帮助的实际程度提供必要的帮助，尽朋友之义，要让他知道你是一个有情有义之人，也是一个有原则的人，而不能让其认为你是一个容易受到要挟的人。

（4）对于惯于毁约型的朋友。对与他的约定不要太当真，必要时自己故意失约几次，"以其人之道，还治其人之身"，让他知道"毁约"的影响与滋味。对朋友守信，不要把不守信的人当作你的朋友。

（5）对于多愁善感型的朋友。一方面在一定程度上倾听他的诉说，给予一定安慰；另一方面也要告诉他，你对他的事情无能为力，建议或推荐他到专业的心理咨询师那里，效果可能会更好。每个人都应该为自己负责，所以他也没有权利要求朋友听他无休止的抱怨，同样你也没有义务为只会抱怨却不去解决问题的朋友当治疗师。

每个人都需要朋友，每个人都希望多些"良友"，少些"不良朋友"。中国有句古话叫"己所不欲，勿施于人"。因此，除了专家建议的定期清理自己的朋友资源，我们也要不断反省自身，说不定我们自己就是别人眼中的"不良朋友"。

## 给你的社交把把脉，区分"损友"和"益友"

有些时候，我们会因为追求广泛的人脉，一不小心让人脉账户里生出一些"杂草"。这些"杂草"，就是我们在聚集人脉的时候交往到的一些"不良人士"。在我们的一生中，我们结交的朋友和与朋友相处的环境，对我们的一生会产生很大的影响。可以说，有怎样的朋友就会有怎样的命运。总之，人脉圈就像一个大染缸，能把你染红，也能把你染黑，关键在于自己的选择。

《伊索寓言》中有这样一个故事。

一只虱子常年住在一个富人的床铺上，由于它吸血的动作缓而柔，富人一直没有发现它。一天，朋友跳蚤来拜访虱子。虱子对跳蚤的来访目的、个性性情一概不闻不问，热情招待。它还主动向跳蚤介绍说："这个富人的血是香甜的，床铺是柔软的，今晚你一定要饱餐一顿！"跳蚤梦寐以求，当然满口答应，巴不得天快些黑下来。

当富人睡熟时，早已迫不及待的跳蚤立即跳到他身上，狠狠地叮了一口。富人大叫着从梦乡醒来，愤怒地令人搜查。身体伶俐的跳蚤一下蹦走了，不会跳跃的虱子自然成了不速之客的替罪羊，身死人手。它到死都不清楚引起这场灾祸的根源。

正如这个寓言所要传达的意思，在选择朋友时要有自己的准则，要努力与那些乐观进取、品格高尚的人交往，这样可以保证自己有一个良好的学习和生活环境，让自己获得丰富的精神食粮以及朋友的真诚帮助，在好的环境中潜移默化地达到更高的程度。

相反，如果你择友不慎，结交了那些行为恶劣、思想消极、品格低下的人，你会陷入这种极坏的环境难以自拔，甚至受到"恶友"的连累，成为无辜受难的"虱子"。

假如我们已不慎交上坏朋友，应采取敬而远之的态度。

总体来说要慎交以下这四种朋友。

1. 吹嘘有靠山的人

一些到处吹嘘、宣扬自己有靠山的人总是在别人不提及时，主动把这个"秘密"得意扬扬地说出来。对这种人，绝对要小心。

如果你详加调查，就很有可能会发现如下的事实：他说的交

必须评估、再评估，懂得割舍，以便腾出空间给新的人或物。我也常把这个道理与来听演讲的听众分享，这是接受并掌握生命、生涯不断变动的一种方法。"

衣柜满了，需要调整与清理，以便腾出空间给新的衣服。同样的道理，人际关系网也需要经常清理。很多时候，当你要跟某人中断联系时，你根本无须多说什么。人海沉浮，当彼此共同的兴趣或者话题不复存在便是分道扬镳的时候，中断联系其实是一个顺其自然的过程。

清理人际关系网的道理和清除衣柜类似。帕朗提容许菲立普女士留下的衣服，当然是最美丽、最吸引人也是剪裁最得体的几套。"舍"永远不是件容易的事，虽然有遗憾，但从此拥有的不仅都是最好的，更重要的是也有更多空间可以留给更好的。

如果我们对自己的人际网络做同样的"清除"工作，在去粗取精之后，留下来的朋友不就都是我们最乐于往来的吗？我们应该把时间与精力放在自己最乐于相处的人身上。在平时奔波忙碌于工作、社交与生活之间的我们，筛选人际关系网络是安排生活先后次序的第一步，也是简化我们生活的重要一步。

因此，学会筛选你的人际关系网，放弃那些对自己没有太多帮助和对自己没多大兴趣的人，把主要的精力放在对自己未来发展有利的人身上，这样可以让你更好地掌控人脉、生活与事业。

## 你的社交中是否有这样的朋友

和要好的朋友愉快交往，能互相取长补短，那么在一定时间内你们可以称为是真正的朋友。然而一旦在你们之间产生了利害冲突，就很难保证这段友谊不会变质。最糟糕的是，如果密友从你背后用力一击，那可能是最致命的。因为在那些亲密接触的日子里，他们早就掌握了你的"死穴"。

芳芳是一个开朗乐观、美丽大方的女孩，进大学的第一天，她就和宿舍的其他姐妹熟悉起来。即使是内向的小洁也无法拒绝她热情的微笑，两个性格截然不同的女孩很快成了无话不谈的好朋友。

芳芳漂亮、活泼，又多才多艺，她会打排球，还拉得一手小提琴，所以很快就成为学校的风云人物。到大二的时候，芳芳当选了校学生会的文艺部部长，她平时很忙，忙着组织各种活动，忙得顾不上吃饭、睡觉，甚至是学习。因为小洁是她最好的朋友，所以很多事情她自然会想到请小洁帮忙。"小洁，今天中午帮我买一下饭啊！""小洁，帮我复印一下这份笔记好吗？"一开始小洁都会毫无怨言地帮她做这些事，可是次数多了，敏感的小洁觉得自己俨然是芳芳的使唤丫头。芳芳又喊她帮忙时，她冷着脸说："我是你的保姆啊？"芳芳诧异地看了她一眼，说："你没事儿吧？"也没放在心上，说完就去忙其他的事了。

在校园里，像芳芳这样的女生自然会得到许多男生的青睐，隔三岔五就会有男生捧着鲜花或者各种零食到宿舍楼下找她。她很大方，鲜花往宿舍桌上的大花瓶里一插，至于零食，大家共享。她是好意，可小洁不知怎么就觉得她是在向大家炫耀，每次看到那些美丽的鲜花，小洁总会觉得心里堵得慌。

大二下学期的时候，学校有两个去国外访问的学生名额，芳芳幸运地获得了其中的一个，在为她送行的班会上，小洁勉强地微笑着，内心却愤愤不平：同样是人，为什么她就这么幸运呢？

那天晚上，小洁终于不能控制自己，她以芳芳高中同学的身

往的目的。参加这样的交际应酬活动，一个人一旦缺乏自律、把持不住，轻则伤害自己的身体，重则触犯法律法规而受到法律的制裁。

一个人的精力和时间是有限的，因此应该对别人邀请的交际应酬活动有所选择，对有利于自己人脉资源网络构建的应酬活动要积极参加，同时要坚决拒绝无谓的交际应酬，以便节省时间和精力，通过其他方式更好地做好与人交往的工作。

生活中，热衷于无谓交际应酬的也大有人在。有的人喜欢"吃请"，有的人喜欢"请吃"。他们认为，"吃请"证明自己有人缘、有面子和身份，而"请吃"证明自己很有号召力、很有影响、很有能力。有人以饭局多自豪，甚至美其名曰：吃得开。

还有些无谓的应酬，通常无非是某个或某些别有用心的人为谋求一官半职，或者想入围某些小集团的班底，以备遇到问题和困难时可以有一个靠山，而投在位的官员或单位的领导等人所好，有意组织安排的各种交际应酬活动，参加者无非单位内外联系较多、平日相熟之人。如果领导喜欢喝两杯，组织的人就会投其所好而大摆宴席，大家陪着领导畅饮；如果领导喜欢打麻将，组织的人就找人与领导一起打，其间通过有意识地放水，使彼此之间心中有数，达到巴结的目的，社会的不良风气由此靡然成风。

其实，被人称为"吃得开"似褒实贬，并不一定就是人脉广，更多的反而会让人联想到酒色的陷阱、权钱的交易，实非有德之人所为。在构建自己的人脉资源网络时，不仅要有意识地清除这样的人，而且更要拒绝参加这类无谓的交际应酬活动。

要想构建自己的人脉资源网络，就要拒绝无谓的交际应酬活动。当然，这个问题在构建人脉资源网络的最初阶段不是特别明显、突出，但随着人的成长和人脉资源网络的丰厚，这个问题会越来越突出，如果不加以注意或有所放松，不仅会对人脉资源网络的构建造成影响，而且会阻碍自己取得成功。

过多的交际应酬累人，不好的交际应酬更害人，自己要把握好交际应酬活动的限度。因此，就要在与人交往中坚持和而不同、同而不污的原则。所谓和而不同，就是求大同而存小异，保持自己相对的独特性和品格。同而不污的意思是，要坚守做人的道德及国家的政策法规这条底线，在诱惑面前一定要站稳脚跟，不能干的事、不能说的话、不该去的地方，坚决拒绝，保持自己做人的准则，绝不随波逐流。

现代社会，很多人在人际交往中往往做不到拒绝无谓的交际应酬，原因主要是他们中有的人过多地为别人着想，忽视自己的利益；还有的人担心拒绝可能引起对方的不快或触怒对方而给自己带来不必要的麻烦。

其实，在与人交往的过程中，拒绝也要讲究技巧和方法，特别要注意的是，千万不要用强硬的语言指责别人，语气尽量委婉。

拒绝无谓的交际应酬，要有礼貌而且必须坚决。很多人容易犯的毛病就是太优柔寡断，以这样的态度回应别人，会让人觉得事情还有商量的余地。因此如果要拒绝，就要让别人清楚地知道自己不会再改变主意了，但是语气绝不能粗鲁。

拒绝无谓的交际应酬，要抢先一步表达。如果觉得对方邀请自己参加聚会可能会有别的目的，可以在别人说出口之前先告诉别人自己很忙。

拒绝无谓的交际应酬，可先表现出很感兴趣，然后说有其他的任务而实在无能为力，还可以推荐其他的适当人选或者找其他

去求助那些我们不认识，甚至是背地里捅我们一刀的人。这真是人生的一大谬误啊！

当然，乔治的求助被波特先生拒绝了，只能空手而归。那么，乔治有没有回心转意，去求助他的那些朋友呢？答案是没有！他开始变得沮丧起来，甚至起了自杀的念头。

也许你会疑惑，事情有这么糟吗？如果你回顾自己的某段艰难岁月，或许就会感同身受，体会到乔治的艰难处境。

此时，乔治背靠着墙，心灵笼罩在茫然与恐惧之中，身心疲惫不堪，脑海里除了问题还是问题，整个人就像迷失在一片黑压压的迷雾中，前方似乎无路可走。

此时此刻换作你，你会怎么做？你会求助于谁？如果最近你失业了，或欠了一屁股债，或失去了你最爱的人，或许才会深刻体会到乔治的感受——无助、挫败和焦虑。如果用一个词来概括，那就是绝望。

幸运的是，乔治的妻子玛丽为他四处奔波，向他的那些朋友求助。这些朋友第一时间赶了过来伸出援助之手。那时，乔治才猛然发现人生中最伟大、最有价值的奥秘之一，即关键性关系的力量。

电影为我们揭示了一个重要的信息——关键性关系是支持你渡过难关的重要法宝。要想知道你的人脉当中谁是你的关键性关系，只需要问自己一个简单的问题："遇到困难时，哪些人会真心地帮助我？"应该经常问问自己，认识这些朋友以后，我发生了怎样的改变？他们对我的生活和工作产生了怎样的影响？由此，你才能区分出谁是真正对你有益的朋友，谁是可有可无的朋友。

当你遇到困难时，找个人来帮帮你，但是谨记：不要随随便便找个人来帮你。有些一般性的普通朋友是不会在意你的困难和梦想的，除非这和他们自身的利益有关系。你不需要浪费时间向他们求助，也不需要向他们索取建议。因为一方面他们对你的情况并没有足够的了解，另一方面他们不会设身处地地站在你的角度去看问题。所以，从现在开始留心寻找并培养你的关键性关系，才是拓展人脉的关键。

## 良禽择木而栖，能人择圈而入

"良禽择木而栖，良臣择主而侍。"早在三国的时候这句话就让所有的仁人志士谨记和奉行，从而也因为这句话让很多的人选到了英明的主君而达到了自己所要追求的愿望，名留青史，让世人所敬仰，像诸葛亮、郭嘉、甘宁。然而也有人毫不在意从而选错了主子而最终沦为阶下之囚，或不知所终。像田丰、沮授，他们有德有才，如遇明主，必能飞黄腾达，贵为人臣。只可惜跟了袁绍，到最后没声没息地消失在历史长河之中。时至今日，这句话还是应让每一个找工作的人知道，更应遵行。

东汉末年，皇纲失常，群雄逐鹿，十八路诸侯并起，历史已经证明曹操、刘备、孙权是能成大事之主，是良臣所择之主。分析综合他们的共同之处，找出他们共同具备的素质，不妨归为四个字：志、度、明、断。详述为：包裹宇宙之志，能容天地之度，言听计从之明，当机当断之断。常言说：千军易得，一将难求！英主也一样。同时也说明了头的数量远远小于众的数量。

蛇无头不行，军无主将是乌合之众，这从另一个方面说明了主将的重要性。当我们不能做一个领军人物之时，我们要做一个很好的跟随者，这个时候选一个"明主"跟随则是很重要的事情。

拥有自知之明。"以人为镜，可以明得失。"失去了别人这面镜子，你将无法知道自己是什么样子。

最后，通过与圈内人的交往，你能够更加深入、全面地了解人生。漫漫人生旅途中，每个人无时不在受着他人的影响，这些人可能是父母、亲友，也可能是自己的上司和同事。从他们身上，我们不仅可以更全面地认识自己，而且可以更好地了解整个社会，同时也会从他们的生活态度中认识人生的另一个侧面。

"三人行，必有我师"，身边的每一位朋友甚至路人，他们其实都可以成为我们人生中的老师，因为每个人身上都有各自不同的长处。我们要善于取长补短。我们可以从他们的处世、思维的角度，甚至一个细微的动作或表情，学到人生的知识，这些是书本中学不到的"真金"。每个人总是在不断开发自己的人脉圈子，区别在于成功的人总是比别人具有更庞大和更有效的圈子。

连　山　张宏伟

〵著

# 人生三赢

## 赢在会办事

中国出版集团　现代出版社

**图书在版编目（CIP）数据**

人生三赢 / 连山，张宏伟著 . -- 北京：现代出版
社，2024.7. -- ISBN 978-7-5231-1067-6

Ⅰ . ① C912.3-49

中国国家版本馆 CIP 数据核字第 202455YZ77 号

## 人生三赢

著　者　　连　山　张宏伟

责任编辑　　陈佳懿
责任印制　　贾子珍
出版发行　　现代出版社
地　址　　北京市安定门外安华里 504 号
邮政编码　　100011
电　话　　(010) 64267325
传　真　　(010) 64245264
网　址　　www.1980xd.com
印　刷　　唐山市铭诚印刷有限公司
开　本　　880mm×1230mm 1/32
印　张　　18
字　数　　450 千字
版　次　　2024 年 9 月第 1 版　2024 年 9 月第 1 次印刷
书　号　　ISBN978-7-5231-1067-6
定　价　　128.00 元（全三册）

　　人不是万能的，知识、能力、财富都是有限的，所以求人办事是家常便饭。尤其在当今社会，竞争日趋激烈，每个人都承受着生活、事业所带来的巨大压力，都强烈地渴望事业的成功与辉煌、生活的幸福与美满。这种时候求人办事的作用就凸显出来了。可就是有人四处碰壁，一无所获，终生默默无闻；相反，有的人却如鱼得水，一帆风顺。

　　所以，面对纷繁复杂的社会和各种各样意想不到的事情，我们如何才能够处理好方方面面的关系，把我们想要办的事情办得顺顺当当、合情合理呢？为了很好地解答读者心中的疑惑，本书从办事的基本功、办事的技巧、办事的绝招、办事的能力、办事的艺术等方面全面而详细地介绍了各种各样的办事手段和技巧，并且通过一些生动而有趣的案例讲述了那些会办事的聪明人达成办事目的所运用的方法，及其给予人们的启迪。

　　无数事实证明，很多与成功失之交臂的人，并非缺乏成功的智慧和勇气，而是在办事上没有找到正确的方法，不能从容地办事。而那些成就了一番事业的人，他们也未必都是天生的强者，有可能他们只是善于掌握与各种类型的人交流沟通的艺术，办什么样的事用什么样的方法，处处做得滴水不漏，不给别人挑毛病的机会。

　　毫无疑问，这其中有着深邃的人生智慧，这些智慧使我们处理生活和事业上的问题更为得心应手，而要掌握这种智慧，向那些会办事的聪明人学习是一种简单而可行的方法。本书为所有的读者提供一个窗口，详细地展示了那些会办事的聪明人的方法和技巧。

　　的确，一个人能不能在社会上站得住、行得开，重要的一点是看会不会办事。会办事的人做起事来顺风顺水，能够把各种各样的事情办得圆圆满满，让人满意，也能够让他人心甘情愿地和他共事。因此，会办事的人的人生事业更加顺畅，更容易取得不一般的成功。

# 目录

目录

目录

# 第一章

## 谋事在人

——志存高远也要登高望远

## 成大事者当有大器量

俗话说：人至察则无徒。做人应心胸豁达，不可过于较真。哪怕是众人眼里的恶人、小人、屈节之人，也要敢于拿来为我所用。这些人用之得法，也会发挥出巨大的作用。那么对他们身上的一些问题和缺点，何不"睁只眼闭只眼"呢？

春秋名将吴起，虽具才华，却趋名好利，是个十足的名利狂，为得名利，不惜使用卑劣的手段。吴起到鲁国请率大军攻齐，却因妻子是齐国人而受到怀疑，于是吴起愤然杀妻。

吴起本想用妻子的性命来换取自己的辉煌前程，不想在号称"礼仪之邦"的鲁国栽了跟头。不仅白白搭上了妻子的性命，而且弄得声名狼藉，彻底堵死了自己仕进的道路。他听说三晋之中，魏文侯最贤明，便跑到魏国，结识了魏国大臣翟璜，请求翟璜将他引荐给魏文侯。这时，魏国的西部边境西河一带与秦国接壤，连年受到秦军的侵扰，魏文侯正在物色能守卫西河之人。翟璜便向魏文侯推荐吴起。

魏文侯不放心，又征求相国李悝的意见。他问李悝："吴起是个什么样的人呀？"李悝说："吴起贪婪，而且好色，但在用兵打仗方面，是一个杰出的人才。"

魏文侯立即召见吴起，听吴起畅谈其治军用兵之策，大有相见恨晚之感，于是毅然拜吴起为将，令他率军去抵御秦军的进犯。

吴起大显身手，不仅击退了秦军的进犯，还大举反攻，一气攻占了秦国 5 座城邑。之后，吴起又与魏国名将乐羊一道远征中山国，历时 3 年苦战，终于灭掉中山，使魏国威名大震。鉴于吴起的军事才能与赫赫战功，魏文侯任命吴起为西河郡守，让他肩负起了防御魏国西部边境的重任。

宋代的杜衍曾经说过：如今当权在位的人，大多数喜欢指责别人小事上的过失，这样做实在是不宽恕的行为。杜衍从知州到太子少师，从来没有斥责过一位官员。对那些不称职的官员，就让他们干一些实际的事，不让他们闲下来养成懒惰的习惯；对那些行为不谨慎的官员，用"不谨慎会导致祸患"的道理教育他们，不一定要以法惩罚他们。

人非圣贤，孰能无过？所以视情况可以放开胸怀，接纳他人。

## 思路决定出路，眼界决定境界

思路决定出路，眼界决定境界。

西汉高祖十一年（前 196），中大夫贲赫上书告淮南王黥布谋反。高祖派人查验有据，召集诸侯问道："黥布反了，怎么办？"众诸侯都回答说："直接发兵，还能怎么办！"

汝阴侯胜公私下问其门客薛公说："皇上分地封黥布为王，赐爵让他尊贵，他面南而称万乘之主，为什么谋反呢？"薛公说："他应该反！皇上前年杀彭越，去年诛韩信，黥布与此二人同功一体，自认为祸将及身，所以谋反。"

第二天，胜公对高祖说："我的门客薛公，其人有韬略，可以问他。"高祖于是召见薛公，求问对策。

薛公为高祖分析形势，他说："黥布谋反并不奇怪。黥布有三计，如果用上计，山东之地就不是汉朝的了，用中计，则胜负难测，用下计，陛下可以安枕而卧。"高祖问："上计怎么讲？"薛公说："东取吴，西取楚，北取齐鲁，传檄燕、赵，然后固守，山东之地即非汉所有。"又问："中计怎么讲？"薛公说："东取吴，西取楚，并韩取魏，据敖仓之粟，塞成皋之险，则胜负难测。"又问："下计呢？"回答说："东取荆，西取下蔡，以越为后方，自己守长沙，则陛下可以安枕而卧，汉朝无事。"高祖说："那黥布会用哪一计？"薛公说："黥布以前是骊山的役徒，而今为万乘之君，他只会保身，不会为天下百姓考虑，所以会用下计。"高祖说："好！"于是封薛公千户，亲自领兵东击黥布。

果然，黥布用薛公说的下计，东击荆，荆王刘贾死于富陵（今江苏洪泽县西北），劫其兵，渡淮水击楚，大败楚军，然后西进。与高祖兵在蕲（今河南淮阳县）相遇，汉兵击破黥布军，黥布渡淮水而逃，后与百余人逃至江南，被人杀死。

薛公把黥布看得很准。黥布的确胸怀不大，鼠目寸光，手下又没有出色的谋士，成不了什么大事。

人们常说："思路决定出路，眼界决定境界。"这话不假。想让自己的事业更上一层楼，就要站在更高的地方，多看，多听，多接触新事物。不换脑筋，就会被淘汰，在这个飞速发展的时代，绝不是危言耸听。

1993年，新希望集团的刘永好与大邱庄的禹作敏曾有过多次接触。一次禹作敏问："永好啊，我不懂，你在全国办那么多厂，你是怎么管理的？我在外地办工厂都亏损……"刘永好说："我没调查，还说不好，我需要看一看。"

回来之后，刘永好最基本的感受就是：禹作敏在大邱庄待得太久了，所以他讲大邱庄是世界上最好的地方，他讲大邱庄的农业已经超过了美国……这就是他走向失败的根本点——眼界太小，成为坐井观天的青蛙。

山外有山。不管你现在是不名一文，还是富可敌国，你都要看到世界上比你强的人还有很多。只有始终保持广阔的视野，脑子能不断装进新的东西，才能最终成就事业，立于不败之地。

## 看清目标再出发

有这样一个故事：

一位行者在旅途中口渴了，便到一座庙宇中讨水喝。一位老者问道："您从哪里来？"行者说："我从来处来。"老者又问："您到哪里去？"行者回答说："我到去处去。"

这样的回答，简单而又睿智。

在人生的旅途中，你是不是也应该经常问问自己："你到哪里去？"因为，做事必须要有目标。

20 世纪 30 年代，美国陷入严重的经济危机，希尔顿和他的饭店陷入了困境：营业额持续下降，入不敷出，债主不断催债。有一天，希尔顿偶然看到了沃尔多夫饭店的照片：6 个厨房、200 名厨师、500 名服务生、2000 间客房，还有附属私人医院与位于地下室旁边的私人铁路。他将这张照片剪了下来，并在上面写下了"世界之最"4 个字。之后，希尔顿走到哪里就把这张照片带到哪里。最先，照片放在皮夹里，当他再度有了办公桌后，又把它放到了办公桌玻璃板的下面。18 年后，也就是 1949 年 10 月，希尔顿买下了沃尔多夫饭店。

拥有并成为"世界之最"，是希尔顿走出困境，迈向成功的指路灯。

一个小孩子喜欢跟自己的爸爸比试谁跑得更快，结果每次都输。

有一天，雪过天晴，父子俩又一次来到野外。小孩儿又向爸爸提出了比试的请求。但爸爸改变了主意，对他说："孩子，今天咱们不比谁跑得快，比谁走得直。看见前面那棵树了吧？我们都走到那里，谁的脚印直，就算谁赢。"孩子很高兴地答应了，他心里想："比谁跑得快，我赢不了，但要比谁走得直，只要我专心致志，我一定能赢。"

爸爸很快就走到了那棵树下，而这个孩子却走得很慢、很有耐心。当他终于走到树下的时候，他的脸上泛着红光，因为他坚信自己一定赢了。

可当他迫不及待地转过身来的时候，失望笼罩了他的脸：他走出的脚印弯弯曲曲，而爸爸的却像一条直线。

望着孩子充满不解的脸，爸爸对他说："孩子，知道你为什么走不直吗？是因为你一直盯着脚下，而我一直盯着远处的树。"

孩子若有所思地跑回原处，盯着大树又走了一遍，他的脚印也成了一条笔直的线。

这就是目标的作用。有了目标，你奋斗的历程就是一条直线，否则你就会走弯路。人生苦短，走弯路就等于浪费时间，蹉跎岁月，就要付出代价。在拥挤的人群中，一步落下，十步都赶不上，这是做人的常识。

实际上，这个小孩也有自己的目标：尽量走直。他比不过爸爸是因为他的目标不合理。拿破仑·希尔说："许多人埋头苦干，却不知所为何来，到头来发现追求成功的阶梯搭错了边，却为时已晚。"

可见，不合理的目标不可能指引出一条合理的路来。要制定出合理的人生目标，就需要坚持科学的原则。

如何制定合理的做事目标？

其一，目标不要过大或过小。不是什么东西都是越大越好的，物极必反，目标过大，看起来遥不可及，你就会丧失前进的动力和信心。反过来，目标太小，太容易达到，很难激发你的潜能。

其二，目标要明确具体。模糊的目标很难引发持续耐久的行动力，而且由于太过笼统，你很难找到实现目标的合理方式。故事中的小孩子就是这样。

其三，要有达成目标的明确期限。人无压力轻飘飘，没有明确的实现期限，很多机会就会在你不紧不慢的行动中悄悄流失，可能你的目标一辈子都实现不了。

## 寻找适合自己的位置

有些人做事，从一开始就注定了要失败，不是因为他们能力不够、机会不多，而是因为他们上错了船，进错了门，始终在做着自己并不擅长的工作。

寻找并经营自己的强项，让它不断发展壮大，给自己带来财富和荣耀，是所有成功者共同的优点。

例如，篮球飞人乔丹成名前到一家二流职业棒球队打棒球，成绩一般，只好悻悻而归。一个人在成功前，难免会碰到困难，能战胜困难的才是强者。那我们怎样战胜困难呢？唯一的答案，就是依靠我们自己的强项。

歌德说："你最适合站在哪里，你就应该站在哪里。"同理，我们做事，应该是能做什么就做什么，而不是想做什么就做什么，或者是该做什么就做什么。因为富兰克林说过："即使是宝贝，放错了地方也只能是废物。"

一提起微软，人们脑海里出现最多的是那些西装革履、意气风发的软件高手。但实际上，在微软的创业初期，还有一个人，让比尔·盖茨和整个微软都永远难以忘记。她就是露宝，微软公司的一位秘书。

那时候在微软工作的都是年轻人，做软件、搞开发都是能手，但内务却一团糟。微软的第一任秘书是个年轻的女大学生，除了自己分内的事，对任何事情都是一副不闻不问的冷漠劲儿。这时露宝上任了，当时她42岁，是4个孩子的母亲，并一度没有工作，在家中做着家庭主妇，与她竞争的都是年轻漂亮的女大学生。

但事实证明，露宝的确是最棒的。进公司不久，她就发现盖茨常在办公室睡觉，她心疼地劝解他。后来盖茨告诉她软件工作者的特殊习惯，露宝尽自己所能地给予理解，从此每当她返回办公室，看见盖茨睡在地板上，她就像母亲呵护儿子一样，给他盖好衣服，悄悄掩上门。露宝还关心盖茨的起居饮食，这些都使盖茨感到了一种母性的关怀与温暖，减少了远离家庭而带来的种种不适。

露宝在工作上也是一把好手。盖茨虽是谈判高手，不过客户第一次见到他时也难免会产生怀疑。这时露宝总会事先告诉人家："请您留意，他是一个年纪看上去十六七岁，长着一头金发、戴眼镜的男孩子，如果见到的是这样的形象，准没错，自古英雄出少年嘛。"露宝的话总能成功地化解对方的疑虑。

盖茨经常到外地出差。为了使工作尽可能满负荷，他经常是在最后时刻才驾车飞奔机场，然后将车放在停车场，让露宝去取回。而每次他都会因超车、闯红灯等收到不少法庭传票。所以为了盖茨的安全，后来逢盖茨出差，露宝都会亲自督促。

露宝把微软公司看成一个大家庭，她一直以一个成熟女性特有的缜密与周到，考虑着自己应该在"娃娃公司"负起的责任与义务。她真心关爱每一位员工，对工作也有很深的感情。很自然，她成了微软的后勤总管，负责发放工资、记账、接订单、采购、打印文件等，远远超出了一位总裁秘书的职责。盖茨和其他员工对露宝都有很强的依赖心理。

当微软决定迁往西雅图而露宝因为家庭原因不能随迁时，盖茨对她依依不舍，留恋不已。盖茨和公司高层联名写了一封推荐信，信中对露宝的工作能力给予了很高的评价。临别时，盖茨仍握住露宝的手动情地说："微软留着空位置，随时欢迎你！"

每个人都有自己的强项，也都有自己的弱项。人的精力有限，不可能样样都学，样样都行，聪明的人总是善于发现自己最擅长的东西，并把它坚持下来经营一生。也只有在自己最擅长的领域内打拼，才有可能获得真正的成功。

## 会说也会做

说和做，是人生两大重要工作。光会说不会做，只是"思想上的巨人，行动上的矮子"；只会做不会说，只是一台工作机器。两者结合，才是做人谋事的基础。

古时候，有个人很会贮藏柑橘，到了寒冬腊月，别人家的柑橘早都干的干、烂的烂，而他家的柑橘看上去却新鲜如初。这样的柑橘拿到集市上，自然可以卖个不错的价钱。这个人也因此而大赚了一笔。可买了柑橘的人拿回去却发现，这样的柑橘只是外表上好看，实际上内里的东西全都像破败的棉絮，根本不能吃了。

人们把这种柑橘称作"金玉其外，败絮其中"。一个柑橘即使内里的果肉再好再甜，如果没有差不多的外表，绝对没有人会看上一眼的；同样，光有美丽的外表，却没有实实在在甘美的果肉，这样的柑橘人们也不会要。卖这种柑橘的人只能骗几个人，骗不了多数，这样的柑橘也只能卖一次，第二次绝对没人买。

做人也是一样，不管你肚子里有多少才学，说不出来，就不会有人注意。于是常常有人"怀才不遇"，也常有人感叹"千里马常有，而伯乐不常有"。现代人重视情商的培养，也说明了它的重要。但只有一张利嘴，没有什么才干的人，更不可能有什么作为。

实际上，"说"和"做"的关系，就像是一棵大树的枝叶和主干，没有枝叶，主干难以成活，没有了主干，也就不存在枝叶。

说和做统一，就有了立身的基础。如果再具备以下8种素质，即可确保个人前程无忧。

一要有进取心与责任心。进取心是使个体具有目标指向性和适度活力的内在能源，认真而持久的工作是个体事业成功的前提。责任心强的人常能够审时度势地选择适当的目标，并持久地、自信地追求这个目标。

二要有自信心。喜欢挑战、战胜失败、突破逆境是自信心强的人的特点。

三要有自我力量感。人的能力存在差别，但可以把成功和失败归结于努力水平的高低和工作方法的优劣。

四要有自我认识和自我调节能力。了解自己的优势和劣势，善于调节自己的人生规划、学习时间等。

五要保持情绪稳定。冷静、稳定的情绪状态为工作提供了基本条件。焦虑和抑郁会使人无端紧张、烦恼或无力，恐惧和急躁易使人忙中出错。

六要有社会敏感性。对人际交往性质和发展趋势有洞察力和预见力，善于把握人际交往之间的逻辑关系。乐于与人交往，能设身处地地体察他人的感受。

七要有社会接纳性。在承认人人有差别和有不足的前提下接纳他人，社会接纳性是建立深厚的个人关系的基础。真诚地表达出对他人及他人的言语感兴趣，认真倾听并注视对方。

八要有社会影响力，善于沟通和交流。具有自信心、幽默等对情感的感染力，仔细、镇静、沉着等对行为的影响力，仪表、身姿等对视觉的影响力，忠诚、正直等对品德的感染力。

## 做一个不简单的人

我们对成功人士的评论，最常用的一句话就是："这个人不简单。"事实上也是如此，能够获得成功的人处理问题也绝不流于简单。

武则天是中国历史上第一个女皇帝，也是仅有的一个女皇帝，其传奇的一生至今仍久传不衰。

武则天本是唐高宗的爱姬。公元683年，唐高宗因为头眩病复发而不治身亡。继位的唐中宗李旦品性庸懦，毫无主见，凡事都对母亲武则天言听计从，这样执政大权便渐渐落入了武则天的手中。她野心萌动，想要试试当女皇帝的滋味。

　　然而，在一个夫权为上的男性社会里，传统的男尊女卑的观念早已深入人心，要想撼动又谈何容易。因此，她只好暂时扶持天子，做个挂名皇帝。然而即使这样，仍有不少大臣屡屡站出来劝谏，要武则天尽早把治国的权力归还给皇帝李旦。大将军李敬业甚至召集10余万兵马，发誓要杀掉这个要篡夺大唐江山的女子。大文豪骆宾王也挥毫抒愤，写出了力透素纸、千古名扬的《代李敬业讨武曌檄》，追随李敬业麾下，兵败而不知所终。之后仍有邢州、豫州等一大批刺史起兵讨武……

　　面对如此强大的反对力量，武则天心里明白，虽然此时她也能坐上皇帝的宝座，但众人不服，民心不稳，这样的女皇帝不会做长久，也有可能碌碌无为，甚至在历史上留下恶名。于是，她放眼前途，决定费些时间大造声势，设法改变人们的观点，改变民众对女人，尤其对她这个不一般的女人的敌视态度。

　　首先，武则天表面上装作归政于李旦，暗地里却让李旦坚决推辞，而自己则好像是迫不得已才临朝，掌握皇权。

　　接着，她又让侄子武承嗣派人在石头上刻上"圣母临人，永昌帝业"8个大字，涂成红色，扔进洛水，再由雍州人唐同泰取来献给朝廷。武则天亲祭南郊，告慰神灵，称此石为天授，改洛水为昌水。封洛水神为显圣侯，给自己加号"圣母神皇"，封唐同泰为游击将军，并举行了声势浩大的"拜洛受图"仪式，使人以为她当皇帝乃是奉循上天的旨意。

　　而后，她又暗使高僧法明杜撰了《大云经》4卷，传抄朝廷内外。大云经中醒目的位置称武则天本是弥勒佛的尘世化身，理当代为唐朝主宰。武则天便令两京诸州官吏，使百姓大读特读，并专门建寺珍藏。

　　嫌此不足，又令侍御史傅游艺率关中百姓 900 余人来到朝廷上表，恳请武则天亲临帝位。武则天佯装不答应，却又马上把傅游艺提升为给事中。如此升官捷径，哪个不会效法？于是，百官宗戚、远近百姓、四夷酋长、沙门道士竞相仿效傅游艺，上表奏请武则天临朝当皇帝。有一次上表人竟多达 6 万余人。

　　如此大造舆论，使民众都觉得武则天做皇帝已是上应天意下顺民心，势所必然。百官群臣也乐得顺水推舟，请求武则天应早日登位，就连空头皇帝李旦竟也认为自己这个皇帝是抢了母亲的帝位，亲自上表请求姓武。

　　时机成熟之后，武则天这才废了李旦的帝位，亲自登基为帝，反对者声息皆无，她这个皇帝也就坐稳了。

　　在一个男权社会里，武则天能够克服一切障碍登上至尊之位，确实不简单，其关键在于她善于运用迂回之术，另辟蹊径走曲线。

　　在生活中，如何成为一个不简单的人？

　　其一，警惕简单主义。人生之路与车马大道最根本的区别在于：捷径不是笔直的那一条，更不是最短的路，而是最省时间最省力的那条路。

　　其二，掌握迂回之术。军事斗争中，正面强攻与迂回包抄是获取胜利必不可少的两种计策，善于把兵法运用到生活和事业中的人，毫无疑问是绝顶聪明者。

　　其三，思维多转几个弯。世界上最难改变的是人的观念和思维，和风细雨式的全面渗透比盯住一点穷追猛打往往更容易达成目标。

　　其四，学会多走弯路。多走一段路并不冤枉，至少你可以锻炼一下身体，丰富一下见识。

## 以改过为才能

人总是讨厌被批评，喜欢被赞赏。我们不仅是逻辑的动物，更是情绪的动物。所以当被人批评的时候，要及时提醒自己，不要不假思索地采取防卫姿态，甚至恶语相向，要听对方把话说完。

杰出人士都有接受批评的雅量，也有审度利弊的理智。只要他相信对方是真诚的，哪怕批评并不正确，他们也会以感激之情接受。

有人对赵简子说："您为什么不改正过错呢？"

赵简子说："好的！"

侍从说："您并没有过错，改正什么呢？"

赵简子说："我说好的，不一定真的有过错，我是希望有人来直言规劝我。如果我拒绝这个叫我改过的人，就是拒绝直言规劝我的人，那么，直言规劝的人就一定不会来了，我的过失很快就会有了。"

别人的批评不正确，并不能给我们带来什么影响；我们对待批评的态度，却会对我们造成重大影响。这正是杰出人物欢迎别人批评的原因。

所以，听到别人谈论我们的缺点时，不要急于辩解。让我们聪明一点儿，也更谦虚一点儿，我们可以气度恢宏地说："先听听他说什么吧，趁我这个缺点没有造成灾难之前让它死在这次谈话中吧！"这种对待批评的态度，才于自己大有裨益。

很多人因为面子而不敢承认错误。事实上，改过的勇气能使人的形象一下子高大起来。

有一次，师经弹琴伴奏，魏文侯随节拍跳舞，边跳边唱："听我的话，不要违背我。"师经一听，马上拿起琴去撞击魏文侯，却没有击中人，只击中了帽子上悬垂的珠串。珠串被打散了。

魏文侯恼怒地问左右的人："做臣子的竟敢打他的主子，该当何罪？"

左右的人说："应该活活煮死。"

于是，侍从们拖着师经走下堂。才下一级台阶，师经说："我可以说一句话再死吗？"

魏文侯说："可以！"

师经说："从前，尧、舜做君王，只担心他们讲的话没有人敢反对；桀、纣做君王，只担心他们讲的话有人反对。现在，我打的是暴君桀纣，并没有打您。"

魏文侯惭愧地说："放了他吧！这是我的过错。把琴悬挂到城门口，作为我改过的凭证；不要修补珠串，作为我的警示。"

魏文侯当众承认了自己的错误，这无损于他的形象，反而更体现了他的胸襟风范。

诗人惠特曼曾说："你以为只能向喜欢你、仰慕你、赞同你的人学习吗？从反对你的人、批评你的人那儿，不是可以得到更多的教训吗？"

从另一种角度来说，敢于承认错误并加以改正，也是某种程度上的自信。只有敢于承认不如人，才能胜于人。天外有天，山外有山，一个人怎能时时处处胜过所有的人呢？

每个人都有自己的优点与长处，也都有自己的缺点与短处，扬长避短才算机智，拿自己最不擅长的柔弱之处去硬碰别人修炼得最拿手的看家本领，其结果便可想而知。人会有各种潜能与优势，但你不可能在所有地方都有机会发挥出来，你只能在某个地方用足你的力气。而在你没有用力气的地方，在你无暇顾及的地方，你必然不如在这地方用足力气的人。你的精力有限，机遇也有限，因此，你胜人的地方肯定很少很少，而不如人的地方绝对很多很多。只有看明白了这一点，你才有从容的心态听取别人的批评并用心改正，也才能真正地胜于人了。

## 看轻是非，看重结果

孔子曾说：君子对于天下的万事万物，并没有规定怎么样处理好，也没有规定怎么样处理不好，必须根据实际情况，只要合理恰当，就可以了。

有些人对事物的认识太过执拗，是非观念太强。这不是成大事者的作风。成大事者依时而进，依势而动，是不会被头脑中固有的是非对错观念所左右的。

西汉末年王莽篡位，贪婪无度，使当时的统治秩序极其混乱，民不聊生。绿林、赤眉两支农民起义军适时打起反王旗帜，共图大业。但起义军内部不和，经常为权势而争斗不已。

公元 23 年，绿林军内部争权夺利，刘玄设计杀死了刘秀的哥哥。刘秀得知后，急忙从外地奔回"请罪"。缄口不谈兄弟两人在昆阳大捷中的功绩，不为哥哥服丧，也不与哥哥的旧将交谈，在绿林众将面前言谈举止和原来一样，丝毫看不出悲伤的样子。这样，刘秀终于骗过了当时已被拥立为帝的刘玄和许多参与谋杀哥哥的将领，保住性命并渐渐取得了他们的信任，以致后来刘玄还糊里糊涂地派他去河北进行扩张势力的重要工作。刘秀趁此良机在河北境内积极发展自己的势力，待羽翼丰满后拥兵自立，一举打败绿林军，杀了刘玄，自己当上了东汉的开国皇帝，这才有封建历史上的"光武中兴"。

丧兄之痛不可谓不大，但刘秀却能忍此大悲痛，强装笑颜。假使他当时心存是非之念，执着于对错之间，不隐亡兄之痛而发一夫之怒，非但不能为惨死的兄长报仇，反而可能会白白送了自己的性命。有时候，暗中积蓄力量，等待时机才是上上之策。

确实，人世间的事在大多数情况下是很难用绝对的对和错来简单区分的，合适与否，才是最为紧要的。

史载，平定"安史之乱"有功的郭子仪之子郭暧，娶了唐代宗李豫的女儿升平公主。一次，夫妻二人发生口角，郭暧急不择言："你倚仗你父是天子吗？我父还看不上天子之位呢！"

听了这句大逆不道之言，升平公主哭着回宫告状。闻听此言，李豫劝女儿道："他父亲看不上天子之位是实情，若是与我们相争天子之位，天下哪里还姓李！"

面对负荆请罪的郭氏父子，李豫安慰道："俗话说'不痴不聋，不做家翁'。小儿们拌嘴，哪里用得着听！"

唐代宗没有因为天子的光环而晕眩，明智地处理了这件事。假若李豫不能"糊涂一点"，而去追究郭暧的罪过，其结果就算丢不掉江山，也会失去爱婿，伤了功臣的心。

在我们身边，无论同事、邻里之间，还是萍水相逢之人，难免会产生摩擦，如若斤斤计较，患得患失，结果就会越想越气，伤害身体，激化矛盾。如果做到遇事"糊涂一点"，麻烦、恼火、损失自然就少得多。

很多事情，谁是谁非并不重要，重要的是问题能不能很好地解决。所以，学会审时度势、实事求是地分析问题，用发展的眼光看待别人和世界，是提高思考能力最基本的态度。

## 不要在庸人面前过于出众

高明的人特别注意藏锋露拙。

这里所说要藏锋露拙，并非要人埋没自己的才能，而是为了保护自己，不招致祸端，从而才能更好地发挥自己的才能和专长。追求卓越和超凡出众，本身是一种积极的人生态度，但一味孤芳自赏，无视周围环境，就会格格不入，招人厌恶。

战国末期韩国贵族韩非与吴起、商鞅的政治思想一致，著书立说，鼓吹社会变革。他的著作流传到秦国，被秦王嬴政（即后来的秦始皇）看到，极为赞赏，设法邀请他到秦国。但韩非才高招忌，入秦后，还未受到重用，就被李斯等人诬陷，屈死狱中。

宏图未展身先死，这样纵使有满腹经纶又有何用？如果韩非不是招摇才华，而是谦卑抱朴，等待时机，或另待明主，或婉转上奏，使自己的政治抱负得以施展，相信他绝非只是一个思想家，同时又会成为一代功臣名相。

有成语曰"锋芒毕露"。锋芒本是刀剑的尖端，比喻显露出来的才干。有锋芒是好事，是事业成功的基础，在适当的场合显露一下既有必要，也是应当。

然而，锋芒可以刺伤别人，也会刺伤自己，运用起来应小心谨慎。所谓物极必反，过分外露自己的才华只会导致自己的失败。尤其是做大事业的人，锋芒毕露既不能达到事业成功的目的，又可能失去身家性命。所以，有才华的人应该隐而不露，该装糊涂时一定要装糊涂，伺机而动。

杜祁公有一个学生做了县官，祁公告诫他说："以你的才华和学问，当一个县官是不够你施展作为的。但你一定要韬光养晦，不能露出锋芒，要以中庸之道治理县政，求得和谐安定，不这样的话，对做事没有好处，只会招惹祸端。"

他的学生说："你一生因为正直忠信被天下尊重，现在却教我这些，是什么原因呢？"

杜祁公说："我为官多年，做了许多官职，对上被皇帝知道，对下又被朝廷的官员相信，所以能抒发志向。现在你当县令，可不是好当的，这个职位牵涉到上下官吏，什么事情都会发生，如果你不被别人了解，你怎么能施展你的抱负呢？只会惹来灾祸罢了。这就是我要告诉你不方不圆，在中庸之道中求得和谐的这些话的原因啊！"

洪应明的《菜根谭》："矜名不若逃名趣，练事何如省事闲。"这句话的意思是说：一个喜欢夸耀自己名声的人，倒不如避讳自己的名声显得更高明；一个潜心研究事物的人，倒不如什么也不做来得更安闲。这正所谓"隐者高明，省事平安"。

高明的人，他们能够防患于未然，不招风，不惹雨，使自己在错综复杂的社会里安身立命，善始善终。

古往今来，有不少智者、仁人，因为其才能出众，技艺超群，行为脱俗，招来别人的嫉妒、诬陷，甚至丢了性命。于是，藏锋露拙就成为一些高明的智者、仁人从实践中总结出来的处世安身的应变策略。

三国时期，曹操的著名谋士荀攸，智慧超人，谋略过人，他辅佐曹操征张绣、擒吕布、战袁绍、定乌桓，为曹氏集团统一北方、建功立业，做出了重要的贡献。他在朝20余年，能够从容自如地处理政治旋涡中的复杂关系，在极其残酷的人事倾轧中，始终地位稳定，立于不败之地，就在于他能谨以安身，避招风雨。曹操有一段话形象而又精辟地反映了荀攸的这一特别的谋略："公达外愚内智，外怯内勇，外弱内强，不伐善，无施劳，智可及，愚不可及，虽颜子、宁武不能过也。"可见荀攸平时十分注意观察周围的环境，对内对外，对敌对己，迥然不同。参与军机，他智慧过人，连出妙策；迎战敌军，他奋勇当先，不屈不挠。但对曹操、对同僚，却不争高下，总是表现得很谦卑、文弱、愚钝、怯懦。

有一次，他的姑表兄弟辛韬曾问及他当年为曹操谋取袁绍冀州的情况，他却极力否认自己的谋略贡献，说自己什么也没有做。他为曹操"前后凡划奇策十二"，史家称赞他是"张良、陈平第二"，但他本人对自己的卓著功勋守口如瓶，讳莫如深，从不对他人说起。他与曹操相处20年，关系融洽，深受宠信，从来不见有人到曹操处进谗言加害于他，也没有得罪过曹操，使曹操不悦。建安十九年（214年），荀攸在从征途中善终而死，曹操知道后痛哭流涕，说："孤与荀公达周游二十余年，无毫毛可非者。"并赞誉他为谦虚的君子和完美的贤人。这都是荀攸避招风雨、藏锋露拙、精于应变的结果。

避招风雨、藏锋露拙的应变策略，初看起来好像比较消极。其实，它并不是委曲求全，窝窝囊囊地做人，而是通过少惹是非，少生麻烦的方式，更好地展现自己的才华，发挥自己的特长。

第二章

把握时机

——做事找准关键，让你事半功倍

## 伸手越多，机会越多

在这个世界上，20% 的人拥有 80% 的财富；在任何一家企业或其他组织，20% 的人控制着 80% 的资源。能够成功跨过这条"二八线"的人，有一个明显的共同特点——积极主动。他们不是"坐店经营"，等别人"上门采购"，而是主动上门推销，寻找施展才能的机会。

人生中的机会，像柳絮一样，飘忽不定，你伸手去抓它，不一定每次都能抓住。但是，你伸手的次数越多，抓住它的可能性越大。

一位日本学生，初到法国留学时，还不会说法语。刚住进留学生公寓的那一天，他因事去找管理员，屋里却没人。这时，电话响了，他习惯性地抓起电话接听，却忘了自己不会说法语。

幸好对方说的是英语，他完全能听懂。那是一位美国外交官，说自己将去日本处理一些公务，希望找一个日本人随行，问他能不能帮忙。原来外交官将他当成了宿舍管理员。他马上答应下来。通过这位外交官，他走进了法国的上流社会，结识了许多朋友，得到了更多的机会。

当机会擦身而过时，大多数人只是叹一声气，看着它远离自己而去，却没有想到，如果紧追一步，也许能抓住这快要失去的好运气！

某著名大公司招聘职业经理人，应者云集，其中不乏高学历、多证书、有相关工作经验的人。经过初试、笔试等4轮淘汰后，只剩下6个应聘者，但公司最终只选择一人作为经理，所以，第五轮将由老板亲自面试。

面试开始时，主考官却发现考场多出了一个人，于是就问道："有不是来参加面试的人吗？"这时，坐在最后面的一个男子站起身说："先生，我第一轮就被淘汰了，但我想参加一下面试。"

人们听他这么讲都笑了，就连站在门口为人们倒水的那个老头儿也忍不住笑了。主考官不以为然地问："你连第一关都过不了，有什么必要来参加这次面试呢？"

这位男子说："因为我拥有别人没有的财富。"大家又一次笑了，都认为这个人不是头脑有毛病，就是狂妄自大。

这个男子说："我虽然只是本科毕业，只有中级职称，可是我有10年的工作经验，曾在12家公司任过职……"

这时主考官马上插话说："虽然你的学历和职称都不高，但是工作10年倒是很不错，不过你先后跳槽12家公司，这可不是一种令人欣赏的行为。"

男子说："先生，我没有跳槽，而是那12家公司先后倒闭了。"

在场的人第三次笑了。

主考官说："你真是一个地地道道的失败者！"

"不，这不是我的失败，而是那些公司的失败。正是这些失败使我积累了一笔别人没有的财富。"男子认真地说。

这时，站在门口的老头儿走上前给主考官倒茶。

男子继续说："我很了解那12家公司，我曾与同事努力挽救过它们，虽然没有成功，但我知道导致它们错误与失败的每一个细节，并从中学到了许多东西，这是其他人学不到的。很多人只是追求成功，而我却有了避免错误与失败的经验。"

男子停顿了一会儿，接着说："这 10 年的经历和 12 家失败的公司，培养、锻炼了我对人、对事、对未来的敏锐洞察力，举个小例子吧——真正的考官，不是您，而是这位倒茶的老人……"

在场所有人都感到惊愕，目光转而注视着倒茶的老头儿。那老头儿诧异之后很快恢复了镇静，随后笑了："很好！你被录取了，因为我想知道——你是如何知道这一切的？"

老头的言语表明他确实是这家大公司的老板。这次轮到这位考生笑了。

大凡成功的人，都是因为抓住了机会才成功的，而这名男子在面试的第一轮便被淘汰了，按理说，他已失去了机会，但他勇敢地紧追一步，全力为之，于是抓住了成功的机会。

有人虽学富五车，却没有胆量去推销自己，还振振有词地说"是金子迟早会发光的"。这不过是自己欺骗自己罢了！金子被埋在泥土中，如何能发光？只有努力从"泥土"中跳出来，表现自我，才能照亮自己的人生之路。

## 该出手时不迟疑

《致富时代》杂志上曾刊登过这样一个故事：

有一个自称"只要合法地能赚到钱的生意都做"的年轻人，在一次偶然的机会，听人说市民缺少便宜的塑料袋盛垃圾。他立即进行了市场调查，通过认真调研，认为有利可图，马上着手行动，很快把价廉物美的塑料袋推向市场。结果，靠那条别人看来一文不值的"垃圾袋"的信息，两星期内，这位小伙子就赚了

4万块。

相反，一位智商一流、执有大学文凭的翩翩才子决心"下海"做生意。

有朋友建议他炒股，他豪情冲天，但去办股东卡时，他又犹豫道："炒股有风险啊，等等看。"

又有朋友建议他到夜校兼职讲课，他很有兴趣，但快到上课时，他又犹豫了："讲一堂课才20块钱，没什么意思。"

他很有天分，却一直在犹豫中徘徊。两三年了，一直没有"下"过海，碌碌无为。

有些人不是没有成功立业的机遇，只因不善于抓住机遇，所以最终错失机遇。他们做人好像永远不能自主，非有人在旁扶持不可，即使遇到任何一点儿小事，也得东奔西走地去和亲友邻人商量，同时脑子里更是胡思乱想，弄得自己一刻不得安宁。于是，越商量越拿不定主意，越东猜西想越是糊涂，最终弄得毫无结果，不知所终。

没有判断力的人，往往使一件事情无法开场，即使开了场，也无法进行到底。他们的一生大半都消耗在没有主见的怀疑之中，即使给这种人成功的机遇，他们也永远不会达到成功的目的。

一个成功者，应该具有当机立断、把握机遇的能力。他们只要自己把事情审查清楚，计划周密，就不会再怀疑，立刻勇敢果断地行事。因此任何事情只要一到他们手里，往往能获得成功。

在行动前，很多人提心吊胆，犹豫不决。在这种情况下，首先你要问自己："我害怕什么？为什么我总是这样犹豫不决，抓不住机会？"

在成功之路上奔跑的人，如果在机遇来临之前就能识别它，在它消逝之前就果断采取行动抓住它，这样，幸运之神就会来到你的面前。

当机立断，将机会抓住，以免转瞬即逝，或是日久生变。看来，把握住机遇，眼力和勇气都是不可缺少的。

机遇是一位神奇的、充满灵性的，但性格怪僻的天使。它对每一个人都是公平的，但绝不会无缘无故地降临。只有经过反复尝试，多方出击，才能寻觅到它。

有一个年轻人在一天晚上碰到一个神仙，神仙告诉他，有大事要发生在他身上了，他会有机会得到很大一笔财富，在社会上获得卓越的地位，并且娶到一个漂亮的妻子。

这个人终其一生都在等待这些好事发生，可是最终什么也没等到。这个人穷困地度过了他的一生，最后孤独地老死了。当他到了天堂，他又看见了那个神仙。他对神仙说："你说过要给我财富、很高的社会地位和漂亮的妻子，我等了一辈子，却什么也没有。"

神仙回答他："我没说过那种话。我只承诺过要给你机会得到财富、一个受人尊重的社会地位和一个漂亮的妻子，可是你让这些从你身边溜走了。"

这个人感到很迷惑，他说："我不明白你的意思。"神仙回答道："你记得你曾经有一次想到一个好点子，可是你没有行动，因为你怕失败而不敢去尝试。"这个人点点头。

神仙继续说："因为你没有去行动，这个点子几年以后被另外一个人想到了，那个人毫不犹豫地去做了，你可能记得那个人，他后来变成全国最有钱的人。"

"还有，你应该还记得，有一次发生了大地震，城里一大半的房子都毁了，好几千人被困在倒塌的房子里，你有机会去帮忙拯救那些幸存的人，可是你怕小偷会趁你不在家的时候，到你家里打劫、偷东西，你以此为借口，故意忽视那些需要你帮助的人，而只是守着自己的房子。"这个人不好意思地点点头。

神仙说："那是你去拯救几百个人的好机会，而那个机会可以使你在城里得到多大的尊崇和荣耀啊！"

"还有，"神仙继续说，"你记不记得有一个头发乌黑的漂亮女子，你曾经非常强烈地被她吸引，你从来不曾这么喜欢过一个女人，之后也没有再碰到过像她这么好的女人。可是你认为她不可能会喜欢你，更不可能会答应跟你结婚，你因为害怕被拒绝，就让她从你身旁溜走了。"这个人又点点头，可是这次他流下了眼泪。

神仙说："我的朋友啊，就是她！她本来该是你的妻子，你们会有好几个漂亮的小孩，而且跟她在一起，你的人生将会有许许多多的快乐。"

在通往成功的道路上，每一个机会都会轻轻地敲你的门。不要等待机会去为你开门，因为门闩在你自己这一面。机会也不会跑过来说"你好"，它只是告诉你"站起来，向前走"。优柔寡断、缺乏一往无前的勇气，这便是人生面临的最大的难题。

要善于发现机会。很多机会好像蒙尘的珍珠，让人无法一眼看清它华丽珍贵的本貌。人不能一味等待，要学会为机会拭去障眼的灰尘。

不要为自己找借口了，诸如别人有钱，当然会成功；别人成功是因为抓住了机遇，而我没有机遇；等等。

这些都是你维持现状的理由，其实根本原因是你根本没有什么目标，没有勇气，你是胆小鬼，你根本不敢迈出跨向成功的第一步，你只认为成功不属于你。

## 培养马上动手的好习惯

懒惰、好逸恶劳乃是万恶之源，懒惰会吞噬一个人的心灵，懒惰可以轻而易举地毁掉一个人，乃至一个民族。

亚历山大征服波斯人之后，他有幸目睹了这个民族的生活方式。亚历山大注意到，波斯人的生活十分腐朽，他们厌恶辛苦的劳动，只想舒适地享受一切。亚历山大不禁感慨道：没有什么东西比懒惰和贪图享受更容易使一个民族奴颜婢膝的了，也没有什么比辛勤劳动的人更高尚的了。

无论是对个人还是对一个民族而言，懒惰都具有毁灭性。懒惰是一种精神腐蚀剂。因为懒惰，人们不愿意爬过一个小山岗；因为懒惰，人们不愿意去战胜那些完全可以战胜的困难。

有一位外国人周游世界各地，见识十分广泛。他对生活在不同地区、不同国家的人有相当深刻的了解，当有人问他不同民族的最大的共同点是什么，或者说最大的特点是什么时，这位外国人回答道："好逸恶劳乃是人类最大的特点。"

那些生性懒惰的人不可能成为成功者，他们永远是失败者，成功只会垂青辛勤劳动的人们。人们一旦背上了懒惰这个包袱，就只会整天怨天尤人，精神沮丧，无所事事。

有些人终日游手好闲、无所事事，无论干什么都舍不得花力气、下功夫，但这种人的脑子可不懒，他们总想不劳而获，总想占有别人的劳动成果，他们的脑子一刻也没有停止思维活动，一天到晚都在盘算着去掠夺本属于他人的东西。正如肥沃的稻田不生长稻子就必然长满茂盛的杂草一样，那些好逸恶劳者的脑子里就长满了各种各样的"思想杂草"。懒惰这个恶魔总是在黑夜中出现，它直视那些头脑中长满了这些"思想杂草"的懦夫，并时时折磨他们、戏弄他们。

那些游手好闲、不肯吃苦耐劳的人总是有各种漂亮的借口，他们不愿意好好地工作、劳动，却常常会想出各种理由来为自己辩解。确实，一心想拥有某种东西，却害怕或不愿意付出相应的劳动，这是懦夫的表现。无论多么美好的东西，人们只有付出相应的劳动和汗水，才能懂得这美好的东西是多么来之不易，才能更珍惜它。

人都有惰性。睡在阳光下，暖洋洋地不想起来；坐在树荫下聊天，不愿工作；沉迷于娱乐厅中流连忘返，致使好多应该做的事情没有做，也使好多本应成功的人平平淡淡，其罪恶之首，就是懒惰。懒惰是一种习惯，是人长期养成的恶习。这种恶习只有一种成果，那就是使人待在原地而不是奋勇前进。因此，要想取得一定成就就要改掉这种恶习。

我们周围总有许多人办事拖拖拉拉，他们经常要做的事包括闲谈、喝咖啡、削铅笔、阅读书报、处理私事、整理文具、看电视以及其他几十种小事，而很少花时间干正事。

有一个方法可以改掉这个毛病，就是命令你自己："我现在很好，马上可以动手，再拖下去就完了。我要把所有的时间和精力用在正事上。"许多人已经养成了拖拉习惯。要想改变拖拉的习惯，需要重新训练，培养马上动手的好习惯。

## 提升时间效率

这个世界你对什么最没办法？

是命运？不是，命运可以把握。是机遇？不是，机遇可以捕捉。那是什么？答案是时间。

任你有天大的本领，都不可能让时间倒流，也不可能让它停滞。不管你有什么样的感觉，有什么样的想法，它始终都在不紧不慢地走着，永远那么从容，那么恬淡。

于是有人说，人生苦短，韶华难留；也有人说，浪费时间就等于图财害命。总之，时间就是金钱，时间就是生命，时间就是一切，已经成为世人的共识。珍惜了时间，你就珍惜了一切，学会了合理利用时间，你就可以得到想要的一切。

盛田昭夫说："如果你每天落后别人半步，一年后就是一百八十三步，十年后即十万八千里。"著名的管理大师杜拉克说："不能管理时间，便什么也不能管理。""时间是世界上最短缺的资源，除非严加管理，否则就会一事无成。"

确实，一个人之所以能够成功，是因为他在同样的时间内做了比别人效率更高的事情，他会管理时间，充分利用时间，提高工作效率。竞争，实质上就是能不能在最快的时间内做出最好的东西。人生最大的成功，就是在最短的时间内达成最多的目标。

但是，仍然有非常多的人天天都在浪费时间，他们并不知道自己的目标到底在哪里，对目标也没有事先设定优先顺序，没有做详细的计划，只是一直问自己：为什么不像别人一样成功。有些人认为自己比别人聪明，可是成就不如别人，关键就在于他浪费了太多的时间。

如何进行时间管理？下列方法值得一试。

其一，做好协调，工作分流。

其二，转换心情。在处理重要而耗时的事务感到厌倦时，改而处理其他杂务，既可节省时间，又能转换心情。

其三，不浪费零碎时间。利用零碎时间处理杂务，延后用餐时间以免排队等待等。

其四，采取比较简单的生活方式，处理好工作与生活的矛盾。

其五，尽量减少不必要的对外应酬，必须应酬时设法节省应酬时间。

其六，充分利用上下班的搭车时间。

## 瞄准目标去做事

没有目标的人生不可能成功。没有明确的目标，或是目标不专一的人，他再勤劳也是徒劳，就像一艘没有舵的船，永远漂泊不定，只会到达失望、失败和丧气的海滩。

刘备少年时就确立了"上报国家，下安黎庶"的远大志向，深得人心，身边又有关羽、张飞、赵云等忠诚骁勇的大将，照理说应该是所向无敌了。然而，恰恰相反，在他奋斗的前期却屡遭败绩，一次又一次地丢失地盘，处处被动，只得辗转投奔他人，困守小小的新野县。原因在哪里？最根本的原因就在于他虽然胸怀大志，却一直缺乏正确的战略方针。直到他三顾茅庐，诸葛亮才为他把天下大势分析得明明白白，替他设计了最佳的发展道路："将军欲成霸业，北让曹操占天时，南让孙权占地利，将军可占人和。先取荆州为家，后即取益州建基业，以成鼎足之势，然后可图中原也。"

这位年仅 27 岁的青年，对天下大势和刘备集团自身的条件真是了如指掌。正是由于有了诸葛亮制定的正确战略，刘备集团才扭转了颓势，取荆州，夺益州，攻汉中，节节取得胜利，与曹操、孙权鼎足而立。后来，由于关羽违背了《隆中对》中"外结孙权"

的方针，使刘备陷入曹操、孙权的两面夹攻，痛失荆州，导致诸葛亮两路北伐的战略构想无法实现；刘备不听劝告，强行伐吴，又遭惨败，进一步削弱了刘蜀集团的实力。尽管诸葛亮修复了蜀、吴关系，平定了南方，发展了经济，但刘备集团终究国小力弱，再也不可能实现《隆中对》提出的最终目标了。

在谋事创业中，瞄准目标做事，有以下四大好处。

1. 你的潜意识开始遵循一条普遍的规律来推行工作。这条普遍的规律就是："人能设想和相信什么，人就能用积极的心态去完成什么。"如果你确定了目的地，你的潜意识就会受到这种自我暗示的影响。它就会积极工作，帮助你到达那儿。

2. 如果你知道你需要什么，你就会有一种倾向：你因受到激励而愿意付出代价。你就能够预算好时间和金钱了。

3. 你的工作变得有乐趣了。你愿意研究、思考和设计你的目标。你对你的目标思考得愈多，你就会愈发热情，你的愿望也就变成了热情的愿望。

4. 你对一些机会变得敏锐了。这些机会将帮助你达到目标。你知道你想要什么，你就很容易察觉到这些机会。

总之，要瞄准目标去做事，只有这样你才能集中精力，发挥出最大的潜能，从而赢得成功的机会。

## 说话到位是天才

会说话、会沟通，古今智者都把它的重要性提到了很高的程度。子贡说："表达观点、提出建议，关系到自身得失和国家安危。"

俗话说："说话有条理，听者不违背。"

也有人甚至说："一个人不善于说话，还有什么用处呢？"

正因为会说话重要，它就成了立志干大事的人的一项必修课。在长期的实践中，人们对说话艺术也总结出了许多行之有效的方法。

孙卿说："说服的方法，要仪表端庄以展示良好的形象；要态度诚恳地对待对方；要坚信自己的观点；要用打比方的方式来阐明事理；要透彻分析因果以让对方明白利害关系；要恰到好处地运用喜怒哀乐的情绪来打动对方；要让对方感到自己的意见宝贵、新鲜、奇特、巧妙。像这样进行说服，没有行不通的。"

鬼谷子说："一个人有错误想帮他矫正过来，太难了！说出的话对方不接受、提出的意见对方不听从，原因可能是道理没有讲清的缘故；如果道理已经讲清了，对方还是不接受，可能是你并不坚信自己的观点；你坚信自己的观点，对方还是不接受，那就是你说的话不合乎对方的兴趣。道理讲清了，你又坚信自己的观点，你的意见又合乎对方的兴趣，你的话又巧妙、新鲜，明白易懂，能打动对方的心，像这样进行说服还行不通，天下闻所未闻。"

通常来说，说话的目的是交流，需要对方乐于接受才有价值。如果对方听不进去，哪怕你说得天花乱坠，也等于白说。

如何说得让对方乐于接受呢？有以下三个要点：

第一个要点是，向对方阐明利弊。趋利避害是人们的正常心理。如果你的话让对方看到利益或避免损害，他当然乐于接受。

春秋时，赵王非常忌恨魏国的前宰相范座，就派使者对魏王说："请帮我杀掉范座，我愿送给您70里土地。"

魏王很高兴地接受了这个条件，当即派人捉拿范座，把范座家包围起来。范座爬上屋顶，骑在屋脊上对魏王的使者说："与其杀掉我你们再去跟人谈交易，不如让我活着你们去跟人谈交易。

假如我死了，赵国却不给魏王土地，魏王又能怎么样呢？不如让赵国先划定割让的土地，然后再杀我。"

魏王觉得这个主意不错，就对范座围而不杀。

范座马上写信给信陵君说："我本来是魏国罢免的宰相，赵国用土地作交换条件，要求魏王杀我。假如秦国也像赵国一样，用土地作交换条件，要求魏王杀掉你，你将怎么办？"

信陵君马上去向魏王说情，放了范座。

在本例中，范座就是用利害关系说服了魏王和信陵君，从而达到了自己活命的目的。从古到今，利与害都是要点。让人见到利害，自然动心。

第二个要点是，满足对方的虚荣心。无论大人物还是小人物，都有虚荣心。你能满足对方的虚荣心，你的话在他耳朵里就变得特别动听。赞美的话，甚至拍马屁的伪言，有时比真话更让人乐于接受，其原因都是人的虚荣心在作怪。

魏文侯宴请各位大臣。酒过三巡后，他想听听大臣们对自己的看法。有的人说他是个仁义之君，有的人说他是个英明之主，魏文侯听了很高兴，对一直沉默的任痤说："我想听听您的意见。"

任痤说："我认为，您不是一个仁德的君主。"

魏文侯很不高兴地说："我非常想听听你的理由！"

任痤说："您不把中山国封给您的弟弟，却把它封给您的儿子，所以我说您不够仁德。"

魏文侯一听，脸色更难看了。任痤见他不高兴，就快步走出去了。魏文侯忍住不快，对翟璜说："我也想听听您的意见。"

翟璜认真地说："我认为您确实是个明君！"

魏文侯的心情好多了，笑问："真是这样吗？"

翟璜说："是的！我听说君主贤明，他的大臣说话就会很直率。刚才任痤说话就很直率，所以我知道您很贤明。"

魏文侯心里一动，说："现在还能让任痤回来吗？"

翟璜说："我听说忠臣尽忠，即使因此获罪也不会逃避。任痤现在一定还站在大门口等您处分呢！"

魏文侯派人去一看，任痤果真还恭敬地站在门口。任痤走了进来，魏文侯急忙走下台阶迎接他，从此将他奉为上宾。

有人说："良药苦口利于病，忠言逆耳利于行。"这话的确不假。但是，谁爱吃苦药呢？小孩把吃苦药看成虐待，大人把逆耳忠言看成人身攻击。为了避免"好心无好报"，不如将苦药包上糖衣，将忠言裹上赞美，这样，对方就比较容易接受了。

第三个要点是，让自己的话变得有趣。如果你的话很幽默，哪怕是废话，也有人爱听；如果你的话很有艺术性，哪怕要求不太合理，对方也愿意接受。

庄子家里很穷，去向魏文侯借粮。魏文侯说："等我的食邑收到租谷后，就送给你。"

庄周说："今天我来的时候，路旁的牛蹄印中有一条小鱼，向我哀求：'给我一点儿水，救救我吧！'我说：'等我为你到南方去请楚王决开长江、淮河的水来救你。'小鱼说：'我已命在顷刻，还说为我到南方去请楚王决开长江、淮河的水来救我。你还是到干鱼店里去找我吧！'如今我因为家贫才来借粮，你却说等你的食邑收到租谷后再送给我。即使送来了，也只能到干鱼店里去找我了！"

魏文侯大笑，当即送给庄子小米 100 钟，直接送到他家里。

在说话时，如果你遵循以上 3 个要点，那么你说的话总是有人爱听，你的事业也会无往而不利。

## 掌握办事的火候

凡事有大有小，有轻有重，是放弃西瓜捡芝麻，还是丢掉芝麻捡西瓜，这既可能涉及自身的利益，又涉及他人及整体利益和大局。所以在这样的取舍两难的选择之间，就应该掂量一下事情的分量，尽量采用舍小取大、弃轻取重的处理原则。这样，虽然丢掉了小利，但所换取的可能就是大利或大义。

我们在办事时，事情应该有轻重缓急之分，有的事发生后须马上处理，延误了时间就可能与预期目标相悖离，或是财产损失越大，或是身家性命越危。有些人际关系的处理，发生之时若立即解决，可能会火上浇油，使事态发展越严重，而冷却几日，使当事人恢复理智以后再处理就可能大事化小、小事化了。所以，处理事情，掌握处理的火候，对事情的成败至关重要。

为掌握解决冲突的"火候"，有人找到了一种"10%法"，即事情发生后到你决定发火时，再等10%的时间，这10%的时间，你的朋友或对方会因说出的话，办过的事向你道歉，因为他们有了反思、缓冲的时间；这10%的时间，也使你有更清醒的头脑，而不至于在盛怒之下失去控制。

受到别人的伤害，我们很可能暴跳如雷、怒发冲冠，与其如此，不如暂且迫使自己先冷静下来，然后再去想应当怎样应对，要知道大多数人不是有意想伤害我们的。

事实上，我们很难避免受伤害，它是我们生活的一部分。既然如此，何必忧之恨之？除此之外，要想别人不伤害你，还要时刻想到不要伤害别人，只有这样，才能活得轻松，活得愉快，也只有这样,你才能愉快地和他人合作。

应当立马处理的事就是最重要、最紧急的事,来不得任何拖延。做完了一件事后又可依此方法对下面的事进行分类。那么我们依据什么来分清轻重缓急、设定优先顺序呢?

成功人士都是以分清主次的办法来统筹时间,把时间用在最有"生产力"的地方。

面对每天大大小小、纷繁复杂的事情,如何分清主次,把时间用在最有生产力的地方,有3个判断标准。

1. 我必须做什么?这有两层意思:是否必须做,是否必须由我做。非做不可,但并非一定要亲自做的事情,可以委派别人去做,自己只负责督促。

2. 什么能给我最高回报?应该用80%的时间做能带来最高回报的事情,而用20%的时间做其他事情。所谓"最高回报"的事情,即符合"目标要求"或自己会比别人干得更高效的事情。

前些年,日本大多数企业家还把下班后加班加点的人视为最好的员工,如今却不一定了。他们认为一个员工靠加班加点来完成工作,说明他很可能不具备在规定时间内完成规定任务的能力,工作效率低下。

因此,勤奋 = 效率 = 成绩 / 时间

勤奋已经不是时间长的代名词,勤奋是最少的时间内完成最多的目标。

3. 什么能给自己最大的满足感?最高回报的事情,并非都能给自己最大的满足感,均衡才会和谐满足。因此,无论你地位如何,总需要分配出时间给令人满足和快乐的事情,唯有如此,工作才是有趣的,并易保持工作的热情。

通过以上"三层过滤"，事情的轻重缓急很清楚了，然后，以重要性优先排序（注意，人们总有不按重要性顺序办事的倾向），并坚持按这个原则去做，你将会发现，再没有其他办法比按重要性办事更能有效利用时间了。

练习分清事情的轻重缓急，逐步学习安排整块与零散的时间，不要避重就轻。事情肯定会有轻重缓急，先集中时间，把最重要的先完成。利用好零散的时间做其他事，可以在不知不觉中完成烦琐的杂务。这一步最重要的是不要怕做难做的事。

## 抓住办事的关键点

抓住关键的问题和问题的关键都是抓住事物的主要矛盾或者矛盾的主要方面，这些矛盾涉及事情的本质。善于观察和领悟的人往往可以通过事情的一两个点，控制事情的进展，挖掘事情的实质，从根本上把事情办好。

任何问题都有一个关键点，那就是能"牵一发而动全身"的地方。这个地方的最大特点是一切矛盾的汇集处。抓到"牵一发而动全身"的地方，解决了它，其他的问题就会迎刃而解。

要解决问题，首先要对问题进行正确界定。弄清"问题到底是什么"，就等于找准了应该瞄准的"靶子"。否则，要么是劳而无功，要么是南辕北辙。

美国鞋业大王罗宾·维勒事业刚起步的时候，为了在短时期内取得最好的效果，他组织了一个研究班子，制作了几种款式新颖的鞋子投放市场。

结果订单纷至沓来，产品供不应求，即使加班加点也只能完成订单的一小部分。为了解决这个问题，工厂又招聘了一批生产鞋子的技工。但面对庞大的订单量，目前的产能还是远远不够。罗宾非常着急，如果鞋子不能按期生产出来，工厂就不得不赔偿给客户一大笔钱，进而还会影响到工厂的声誉。

于是罗宾召集全厂员工开会研究对策。主管们想了很多办法，但都不行。这时，一位年轻的小工举手要求发言。

"我认为，我们的根本问题不是要找更多的技工，其实不用这些技工也能解决问题。"

"为什么？"工人、主管们都感到很奇怪。

"因为真正的问题是提高生产量，我们可以从其他方面想想办法，增加技工只是手段之一。"

大多数人觉得他的话不着边际，但罗宾很重视，鼓励他讲下去。

他鼓足了勇气，大声地说："我们可以用机器来做鞋。"

这在当时可是从来没有过的事，立即引起大家的哄堂大笑："孩子，用什么机器做鞋呀，你能制作这样的机器吗？"

小工被问得面红耳赤，他的话却深深地触动了罗宾。他说："这位小同事指出了我们解决产能问题的一个误区。我们一直都认为问题是如何招更多的技工，但当一批订单完成后，这些增加的技工的去留问题的就成了一个棘手的问题。但这位小同事却让我们重新回到了问题根本上，那就是要提高生产效率。尽管他不会创造机器，但他的思路很重要。因此，我决定奖励他500美元。"这相当于一个小工半年的工资。

罗宾根据小工提出的新思路，立即组织专家研究生产鞋子的机器。4个月后，机器生产出来了，世界从此进入用机器生产鞋子的时代。罗宾也由此以领先者的姿态成了美国著名的鞋业大王。

罗宾·维勒在自传中谈到这个故事时，特别强调说："这位员工永远值得我感谢。假如不是这位员工给我指出根本问题是提高生产率而不是找更多的工人，我的公司就不会有这样大的发展。"

罗宾的这段经历，使我们明白了一个十分重要的道理：遇到难题，首先是对问题进行分析，弄清问题的实质，找到问题的关键点，解决"牵一发而动全身"的关键问题。

任何事情，都有其本质所在。你只要抓住它的本质，从根本上去分析它，你就能从容地应对、解决。办事的时候，只要抓住关键的问题，就能对症下药，从根本上把事情办好。

# 第三章 注重细节

## ——小事成就大事，细节决定成败

## 把小事做到极致

做事有个禁忌叫"好高骛远",或者"眼高手低",时间长了,人就变得"志大才疏",再好的钢也成了废铁。

试想,一只虎崽不去跟着母亲和同伴学习捕猎技巧,却整天望着天上的雄鹰,渴望有朝一日能够像雄鹰一样展翅翱翔,结果会是什么样的呢?等它长大以后,即使别的动物在老虎家族的威名下不会对它怎么样,它也会因为自己无能,捕不到食物而饿死。

东汉时期,有个叫陈蕃的人,小的时候很有志向,独居一屋苦读。一天,他父亲的朋友薛勤到他家做客,看到他的屋子里凌乱不堪,就问他:"你怎么不把屋子打扫得干净一些呢?"陈蕃说:"大丈夫立身处世,当扫天下,何必扫一个屋子呢?"薛勤笑了笑,对他说:"不扫一屋,何以扫天下呢?"陈蕃猛然醒悟,一生引为戒语,终有所成。

千里之行,始于足下。无论多么伟大的理想,多么伟大的事业,都必须从小事做起,从平凡处做起。连一间屋子都打扫不干净或者没有耐心打扫,是不可能扫平天下的。

可惜的是,有些人,特别是那些涉世不深、阅历肤浅的年轻人,却不懂这样的道理。他们往往不善务实,不屑于做具体的工作,热衷于空洞的大事物,过于"理想主义"。他们看惯了电影中的轰轰烈烈，听多了书中的慷慨激昂，踏入社会，总觉得身边的人俗不可耐，手头的工作不值一做。他们的知识和能力不在实践中磨砺，日渐枯萎，最终可能落得个一事无成。

善于做事的人，总是从大处着眼，从小处入手。能够成功的人，从来都不拒绝小事，也从来都是从小事做起的。

靠罚球能得到 NBA 的总冠军，你信不信？

洛杉矶湖人队有很强的实力，有第一中锋大鲨鱼奥尼尔，但他从没有得过冠军，为什么呢？因为奥尼尔不会罚球，他的罚球水平是全 NBA 最差的。所以，虽然奥尼尔在篮下有很强的实力，甚至有点儿如入无人之境的感觉，但只要别的队使用犯规战术，他的威力就发挥不出来。前公牛队的主教练杰克逊来到湖人队后，发现了奥尼尔的致命弱点，于是就强迫奥尼尔每天罚篮 1000 次。那一年，奥尼尔罚球神准，湖人队也终于登上了冠军的宝座。领奖的时候，奥尼尔抱住杰克逊痛哭，说这个冠军是教练给的。

古人云："不积跬步，无以至千里；不积小流，无以成江海。"路是一步一步走出来的，做事也得一点儿一点儿来。只要把小事做到极致，何愁大事不成？

## 敢于放手一搏

在勇气面前，任何困难和挑战都是它的手下败将。

勇敢地面对挑战，勇敢地面对工作中的一切艰难险阻，才是市场开拓者的特有本色。

勇气，是通往成功的第一架桥梁。

每一个优秀的领导者都知道，在他们为之奋斗的工作目标中，绝对不可能是一帆风顺的。前进的道路上总会有暗礁险滩，会有狂风恶浪，当然也有不顺心、不如意的时候，也会有无所适从，甚至胆怯的时候。但那或许只是一瞬间的事，他们从不会因此而退缩，更不会轻言放弃。

而没有勇气的人如"惊弓之鸟"，事业上、生活中的任何一点儿风吹草动和坎坷磨难都是一场浩劫，一些不可避免的挫折，都是足以令他们惶惶不可终日的巨大恐惧。

美国第一大汽车制造商——亨利·福特在取得成功之后，便成了众人羡慕的人物。有的人觉得他是由于运气好，或者是得益于有影响的朋友的帮助，还有人说他本身就是一个管理天才，或他具有常人所认为的形形色色的"秘诀"，所以福特成功了。

不可否认的是，这些因素中有几种当然是起了作用的，但是肯定还有些别的什么关键因素在起作用——只要一看福特的行动，就可完全了解他的成功"秘诀"。

多年前，亨利·福特决定改进著名的T型车的发动机汽缸。他要制造一种铸成一体的8个汽缸的引擎，便指示工程人员去设计。可是，当时所有工程技术人员无不认为要制造这样的引擎是不可能的。虽然面对老板，他们还是一口回绝了这样的"无理要求"。

听完技术人员的介绍后，福特没有气馁，他用无可反驳的语气说："无论如何要生产这种引擎。"

"但是，"他们回答道，"这是不可能的。"

"我是绝不相信任何不可能的。去工作吧！"福特命令道，"坚持做这项工作，无论要用多少时间，直到你们完成这项工作为止。"

被他的气势震摄，负责技术的员工只好去工作了。6个月过去了，工作没有任何进展。又过了6个月，他们仍然没有成功。这些工程人员越是努力，似乎越是证明这件工作"不可能"完成。

在这一年的年底，福特咨询这些工程人员时，他们再一次向他报告他们无法实现他的命令。"继续工作。"福特无可辩驳地说，"我需要它，我决心得到它。哪怕它是一只老虎，我也有勇气擒住它！"

最后的情形是怎样的呢？

在这种勇气面前，任何困难和挫折都成了它的手下败将。

后来这种发动机装到了最好的汽车上，使福特和他的公司把他们最有力的竞争者远远地抛到了后面，以致竞争对手用了好些年才赶上来。

福特的勇气给了技术人员必然成功的信念。他的勇气也让参与研制开发的人员没有任何退路可走。"置之死地而后生"，他们只能孤注一掷，只能成功。

敢于应对挑战的人就是在这样的情形下，把一个个奇迹变成现实；把一个个不可能变为可能。

一个真正的领导者就是要有福特那样的气概，以非凡的勇气去感染每一个员工，以不达目的绝不罢休的气势去稳定彷徨不定的军心；唯有鼓起勇气放手一搏，才能引领企业在商海中劈波斩浪。

勇往直前者，才会无往而不胜。

## 不必高估你的难题

没有不可解决的困难，只有无法逾越的心灵堡垒。

敢于应对挑战的开拓者个个都是解决问题、克服困难的高手。开拓者明白：困难可以把人击垮，也可以让人重新振作。当人没有勇气面对困难时，困难是不可逾越的高山；当人凭借勇气、毅力克服那些困难后，回头再看时，困难不过是一只只纸老虎。

那些出色的开拓者，他们更敢于面对形形色色的困难。他们的担当就是带领自己的下属，以最圆满的方式解决瞬息万变的问题；以无畏的勇气去面对困难。

阿迪·达斯勒被公认为现代体育工业的鼻祖，他凭着创新精神和克服困难的勇气，终身致力于为运动员制造最好的产品，最终建立了与体育运动同步发展的庞大的体育用品制造公司。

阿迪·达斯勒的父亲从早到晚靠祖传的制鞋手艺来养活一家4口人，阿迪·达斯勒兄弟两个有时也帮父亲做一些零活儿。一个偶然的机会，一家店主将店房转让给了阿迪·达斯勒兄弟，并可以分期付款。

兄弟俩欣喜若狂，可资金仍是个大问题，他们从父亲的作坊搬来几台旧机器，又买来一些旧的必要工具。鲁道夫和阿迪正式挂出了"达斯勒制鞋厂"的牌子。

建厂之初，他们的业务以制作一些拖鞋为主，由于设备陈旧、规模太小，再加上兄弟俩刚刚从事制鞋行业，经验不足，对市场又不是很了解，款式上是模仿别人的老式样，这样生产出来的鞋没有引起消费者的注意，销售情况不是很好。

出师不利的困境没有让两个年轻人打退堂鼓；意想不到的困难，更没有使他们退缩。他们想方设法找出矛盾的根源所在，努力走出失败的困境。

聪明的阿迪通过学习了解到：那些企业家的成功之道在于牢牢抓住市场，并且制造人们喜爱的产品，只有推陈出新才能赢得市场。而他们生产的产品的款式已远远落后于市场的需求。

兄弟俩通过市场调查，最后得出结论：他们应该立足于普通的消费者。因为普通大众大多数是体力劳动者，他们最需要的是既合脚又耐穿的鞋。

再加上阿迪是一个体育运动迷，并且深信随着人们生活水平的提高，健康将会成为人们的第一需要，而锻炼身体就离不开运动鞋。

兄弟俩确定好目标后，就勇敢地开始转型。他们把自己的家也搬到了厂里，通常在厂里一待就是一个多月，终于生产出几种式样新颖、颜色独特的跑鞋。

然而，任何一种新产品推到市场，都有一个被消费者认识的过程。当达斯勒兄弟俩带着新鞋上街推销时，人们首先对鞋的构造和样式大感新奇，争相一睹为快。

可看过之后，真正掏钱买的人很少，人们看着两个小伙子年轻、陌生的面孔，带着满脸的不信任离开了。

一连许多天都没有卖出一双鞋，兄弟俩四处奔波，向人们推荐自己精心制作的新款鞋，但都受到了同样的冷遇。两个人都有些灰心了。

达斯勒兄弟本以为做过大量的市场调查之后生产出的鞋子一定会畅销。市场却又一次无情地打击了达斯勒兄弟。他们不知道问题出在哪里。无法解决的困难又一次让两个年轻人陷入绝境。

可阿迪·达斯勒的字典里没有"输"这个字，只有勇气陪伴着他们，去闯过一个个难关。

在困难面前，达斯勒兄弟俩没有消沉，没有退缩，没有弃之不管，放任自流，而是迎难而上，在仔细分析当时的市场形势和自己工厂的现状后找出了解决问题的办法。

兄弟俩商量后决定：把鞋子送到几个居民点，让用户们免费试穿，觉得满意后再向鞋厂付款。

一个星期过去了，用户们毫无音讯。两个星期过去了，还是没有消息。兄弟俩心中都有些焦躁，有些坐不住了。

在等候中，又一个星期过去了，他们现在唯一的办法也只有等待了。一天，第一个试穿的顾客终于上门了。他非常满意地告诉达斯勒兄弟俩，鞋子穿起来感觉好极了，价钱也很公道。在交了试穿的鞋钱之后，又订购了好几双同型号的鞋。

随后不久，其余的试穿客户也都陆续上门。一时之间，小小的厂房竟然人来人往，络绎不绝。鞋子的销路就此打开，小厂的影响力也渐渐扩大了。

达斯勒兄弟俩没有被初次创业所遭受的种种困难所吓倒，面对资金不足、经验不足、信誉缺乏等困难，他们凭着自己的信心和勇气——攻克，为日后现代体育工业帝国的建立打下了坚实的基础。

任何时候，任何事情，都存在各种各样的困难，这些困难，在勇敢者眼里是不足为惧的，而在那些懦弱者的心目中，困难总是不可逾越的，他们习惯高估困难，从而给自己的无能披上一件遮羞布，为自己的懒惰搭一张温床。而那些把困难垒高的人，无一例外地都把自己划到了失败者的行列中。

人生旅程中，难免会遇到或多或少的阻力和困难。但是，我们没有必要高估困难。其实困难是一只纸老虎，你怕它，它就会凶猛，你不怕它，总会找到克服它的办法。

## 绝不接受平庸的结果

杰出人士为什么能创造非凡业绩？原因很简单：他们绝不接受平庸的结果。

杰出人士跟普通人一样，他们的奋斗历程也不总一帆风顺，但他们总能克服一切困难到达成功的终点。正如格鲁德·史密斯所说："对于我们来说，最大的荣幸就是每个人都失败过。而且当我们跌倒时都能爬起来。"

为什么要爬起来？

因为我们不甘心在失败面前俯首称臣，不甘心做一个平庸的人。

休斯出生在一个富有的石油商人家庭，但他不是一个只会吃喝玩乐的花花公子。他的志向是成为一个非凡的人物。

休斯18岁那年，父亲因病去世，他继承了父亲攒下的几百万美元的家产，并接管了父亲的公司。野心勃勃的他，决定投资他喜欢的电影业。20岁那年，休斯投资拍摄了一部没有电影院愿意放映的电影，亏了8万美元。伯父大为恼火，建议他先去弄清什么叫好电影再拍电影。

休斯听从劝告，拜一位著名电影制片人为师。这使他受益匪浅，随即拍摄了第二部电影《阿拉伯之夜》。这部电影大获成功，曾荣膺奥斯卡喜剧片奖。休斯信心大振，决定拍摄一部战争爱情大片《地狱天使》。他不惜血本，拿出一半的家当，决心将《地狱天使》拍成一部轰动天下的巨片。为了使场面宏大壮观、精彩刺激，他决定采用实人实景的方式拍摄。为此，他向英国、法国和德国租用各型战斗机87架，聘用飞行员135名。

在拍摄时，休斯固执地要拍一个飞机俯冲轰炸，然后坠落燃烧的镜头。这是一个极危险的动作，没有哪个飞行员敢拿性命开这种玩笑。好在休斯自己会开飞机，别人不敢玩命，他敢！于是，他穿上飞行服，登上侦察机，飞向蓝天。谁知飞机俯冲而下时，一头栽在地上。休斯身受重伤，幸而没有丧命。

两年后，《地狱天使》终告拍成。休斯满心指望这部耗资300万美元，死了4个人的影片能一举成名，谁知在试映时，观众的反应却出奇的冷淡。休斯大失所望。毫无疑问，这部苦心孤诣的影片只是一部失败的劣作。

休斯毅然决定，重改剧本，另选演员，拿出另外一半家当，重新开拍。休斯明白，这次若不成功，他可就倾家荡产了。因此，他认真总结了前一次失败的原因，进行了更充分的准备。所幸，这次十分成功，《地狱天使》果真成为一部轰动天下的超级大片。

在电影业获得成功后，休斯用积累的资金创办了"休斯飞机公司"，经多年发展，成为名动天下的"飞机大王"。

真正的勇士把跌倒看成通往目标途中必然发生的事，而不是一种不幸。所以，当他跌倒时，他不是躺在地上，想着前途渺茫，道路崎岖；埋怨坎坷不平的路途害他跌倒，或者怀疑被人陷害；也不会因为一点儿皮肉之伤而大声喊痛；或因为曾经跌倒一次就从此畏缩不前。他选择的是：站起来，向目标出发。

不要害怕失败，失败并不是什么坏事。哈伯德说："一个人所能犯下的最大错误，就是他害怕犯下错误。"只要你不放弃尝试，不断地尽自己最大的努力前行，你便是在创造成功。假使你没有获得你想要的成果，你就将其视为一个不理想的结果，而不是失败，然后从中学习，改进你的行为再试一次。

## 如有可能，再坚持一下

世界上最令人遗憾的事，无过于功亏一篑。孔明六出祁山无功而返，"诗圣"杜甫一句"出师未捷身先死，长使英雄泪满襟"道尽了孔明终生力图匡扶汉室却功败垂成的无限遗憾。

孔明坚持到了他不能再坚持的地步，可谓无奈。但是，很多时候我们却主动向困难投降。若能坚持一下，结果就大不一样。

我们通常并不缺少坚持下去的能力，而是缺少坚持下去的信心和耐心，这就可能使我们的遭遇令人扼腕叹息。

在第二次世界大战时，有艘船被炮弹击中沉没，全船只有一个人活着漂到一座孤岛，然后独自在岛上艰苦地生活。他克服重重困难，终于在荒凉的孤岛上生存下来。

他天天站在岸边大摇白旗，希望有人来救他，可是一直都没有结果。

有一天，他千辛万苦搭盖的茅屋，突然起火燃烧，而且一发不可收拾，把他所有的家当都烧光了。

他伤心之余，埋怨上天："我唯一的栖身之处，我仅有的一点儿生活用品都化为灰烬，上帝啊，你为何非让我走上绝路？"他万分绝望，失去了生活的信心，于是从孤岛的小山崖上跳入海中。

不久，有人驾着船来到孤岛上。原来，他们看见岛上有火光，所以赶过来看看是否有人落难。船上的人四处寻找，找到了那个人的一些遗物。他们猜想，他一定是没有坚持下来而自杀身亡，无不感到遗憾万分。

这个人的悲剧在于，他把上天拯救他的信号误解为毁灭他的征兆，走上了自我毁灭之路。我们在生活中也经常产生这种错觉。

胜利往往产生于再坚持一下的努力。当成功离我们只有一步之遥时，放弃者就是失败者，而坚持下来的人就是成功者。

在实现目标的过程中，需要克服两种障碍：一是事情本身的难度；二是他人的偏见和异议。很多人半途而废，就是被这两大障碍打败的。

第二次世界大战时期，美国有位海军上尉叫史密斯，他发现他的队长用来打靶的新方法很好。他想，如果用这种方法训练炮手，一定能得到极好的效果，一定能节省不少炮弹。于是，他写了一封信给他的上司，但他的上司对这个意见毫无兴趣。他又大着胆子写信给职位更高的长官，可是他的提议仍被驳回。他没有退却，他深信自己的提案对军队是有好处的，他继续向上申请，一直申请到海军部部长，可还是到处碰壁，没有人相信他的建议。

最后，他索性直接写信给老罗斯福总统。这样做是有危险的，因为依当时的军法，一切下级军官的公文均须交直属上级，然后由上级再依次转交上去。而史密斯为了自己的那个到处碰壁的建议，竟直接给总统写信，他犯下了严重的藐视上级罪。

这位上尉冒死进谏，终于得到了一个满意的答复，罗斯福总统郑重地同意考虑这个意见。他立即把上尉召来，给了他一次机会。

他们在某处圈定了一个目标，先令军舰上的炮手用老式开炮法打靶，结果白白浪费了 5 个钟头的时间和大批炮弹，却一次也没有击中，而采用新方法却收到了良好的效果。罗斯福总统因此对他大加赞赏。

史密斯对自己的意见有着充分的自信，碰壁而不退却，非一般人可比。他确信自己的方法正确后，能够不懈地坚持自己的主张，遇到挫折而不灰心，终于如愿以偿，获得圆满的结果。

每一个人的成功总是受环境因素的制约，即使你所做的一切都正确，你也不一定会成功，你还需要满足许多条件。所以说，人生还需要战胜挫折、失败，需要坚持，需要不达目的不罢休。

## 角逐"最后一公里"

有多少奋斗者，付出了艰辛的努力，走完了 99 公里，却在最后一公里放弃，留下无尽的遗憾。

我们都知道，最后一公里最难走，做事是最后 5 分钟最难熬，在你精疲力竭时，如果你不知道离目标只差一公里，就很可能认为自己已无能为力，因而颓丧地打消了继续下去的念头。

那些"行百里半九十"者，正是这样跟成功说"拜拜"的，他们已经尽力，能力也足以成大器，照说应该成功，心里抱着很大的期望，谁知非但未能成功，反而遇到极大的障碍。这种反常现象，难免让他们对自己作出消极评价。而事实上，他离成功只差最后一公里，只要再坚持一下，即可大功告成。如果放弃，就太可惜了！

史蒂芬·金是一位贫穷的工人，很热爱写作，希望成为作家，工作之余总是不停地写，打字机的"噼啪"声不绝于耳。他把节省下来的钱全部用来支付邮费，寄原稿给出版商和经纪人。

但他的作品都被退回了。退稿信很简短，非常公式化，他甚至不敢确定出版商和经纪人究竟有没有真正看过他的作品。

最后，他写出自己极得意的一部作品，他认为这部作品已把自己的灵感和能力发挥到了极致，而且看过的人都说写得很好。他满怀希望地把原稿交给了编辑皮尔·汤姆森。几个星期后，他收到汤姆森一封热诚亲切的回信，说原稿的瑕疵太多。不过汤姆森相信他有成为作家的希望，并鼓励他再试试看。

在此后 18 个月里，史蒂芬·金又给编辑寄去了两份稿子，都被退回来了。

他开始写第四部小说，不过由于生活过于窘迫，经济上捉襟见肘，他准备放弃。他认为自己已经尽力，不可能写得更好，既然还是不能满足别人的要求，可见自己根本没有这方面的天赋。既然如此，还是脚踏实地出点儿力气养家糊口吧。他长叹一口气，把书稿扔进垃圾桶。

第二天，妻子在垃圾桶中发现了这本稿子，把它捡了回来，并对他说："你不应该半途而废，特别是在你快要成功的时候。"

他看着妻子坚定的目光，又想起皮尔·汤姆森编辑的话，于是他坚定了信心，每天坚持写 1500 字。

小说写完后，他把小说寄给了汤姆森，并做好了再次修改的准备。可是这次他等到的是汤姆森出版公司预付给他的 2500 美元。

于是，一部经典恐怖小说《嘉莉》诞生了。

这本小说后来销售了 500 万册，并拍摄成电影，成为 1976 年票房最好的电影之一。

当一个人已经付出艰辛的努力之后，成功已经并不遥远了，至少没有他想象的那么遥远，这时候放弃，意味着前功尽弃，尤为可惜，这比你从来没有开始损失更大。

所以，当你向目标进发，感到困难重重、难以突破时，要想到，你离目标只有最后一公里，只要不半途而废，再努力一把，前面就是一片你渴望已久的胜景。

## "剑到死都不能离手"

丘吉尔一生中最精彩的演讲是在剑桥大学的一次毕业典礼上，整个会场有上万名学生。丘吉尔在随从的陪同下走进了礼堂，他脱下大衣交给随从，然后又摘下帽子，慢慢走上讲台，默默地注视着所有的听众，过了一分钟，丘吉尔说了一句话："Never give up！"（永不放弃）丘吉尔说完走下讲台，然后穿上大衣，戴上帽子，离开了会场。此时整个会场鸦雀无声，一分钟后，掌声雷动。在场学生为丘吉尔的"永不放弃"而振奋，英国人也在丘吉尔"永不放弃"的信念鼓舞下战胜了法西斯，走出了困境，获得了最后的胜利。

"永不放弃"是一种信念，它给人以坚强的意志、拼搏的力量、斗争到底的决心，甚至能带你走出死亡，获得新生。

"永不放弃"给人生以希望，也给人战胜困难、获得胜利的力量。如果你好好审视历史上那些成大事、立大业的人物就会发现他们有一个共同的特点：不轻言放弃，不因失败而退缩。他们都有不达目的不罢休的精神。

美国实业家哈默是利比亚国王伊德里斯的朋友，科学家调查后认为，利比亚是一个富含石油的"聚宝盆"。20世纪60年代末，在利比亚国王的邀请下，哈默踏上了利比亚的土地。他发现，除了美国为维持其轰炸基地而支出的费用外，利比亚没有其他的外来财政资助，要在这里立足，除了开采石油没有别的出路。

利比亚早年在墨索里尼占领期间，有人就曾出巨资寻找过石油，后来壳牌公司耗资5000万美元打出的全是废井。哈默的合伙人提出放弃，但哈默凭着自己多年的经验，仍然坚持利比亚是有石油的，不能放弃。几周过去了，哈默终于在大石油公司放弃的土地上钻出了第一口石油井，紧接着，又打出 8 口油井，所产石油均是含硫量极低的高级原油，每天可生产 10 万桶。

后来，哈默的小公司竟成为利比亚最大油田的主人，建成了全长 130 英里的利比亚境内最长的输油管线，日输送原油 100 万桶。

哈默这种追求目标、永不放弃的精神是值得所有人学习的，浅尝辄止、遇难而退是创业的大忌，也是导致失败的原因。

克劳德·普里斯说过："我们可以把梦想比喻成利用放大镜来点燃东西，把焦距调整好才能使阳光的热量集中到一点。在太阳的热度还未到达燃点时，你必须紧紧抓住放大镜不动，只有你能坚持下来，火才能燃烧起来。我们的梦想也是如此，能否实现，就看我们的信心是否坚定，始终不放弃，直至成功。"

法国哲人伏尔泰告诉我们："要在这个世界上获得成功，就必须坚持到底；剑到死都不能离手。"

## 选择小事成就大业

有些人做事重大略小，因而一事无成。真正的成事之道是：不急于做大事，而重在做小事。所谓从大处着眼，从小处着手就是：看问题要识整体，做事情要具体。换言之，做事情绝不能只有大的想法而无小的手法。这就需要你在做事时留心细微之处。

维斯卡亚公司是美国 20 世纪 80 年代最为著名的机械制造公司，产品销往全世界，并代表着当时重型机械制造业的最高水平。许多人毕业后到该公司求职遭拒绝，原因很简单，该公司的高技术人员爆满，不再需要各种高技术人才。但是令人垂涎的待遇和在业内的地位仍然是那些有志求职者梦寐以求的。

詹姆斯和许多人一样，在该公司每年一次的用人测试会上被拒绝，其实这时的用人测试会已经是徒有虚名了。詹姆斯并没有死心，他发誓一定要进入维斯卡亚重型机械制造公司。于是他采取了一个特殊的策略——假装自己一无所长。

他先找到公司人事部，提出为该公司无偿提供劳动，请求公司分派给他任何工作，他都不计任何报酬来完成。公司起初觉得这简直不可思议，但考虑到不用任何花费，也用不着操心，于是便分派他去打扫车间里的废铁屑。一年来，詹姆斯勤勤恳恳地重复着这种简单但劳累的工作。为了糊口，下班后他还要去酒吧打工。这样虽然得到老板及工人们的好感，但是仍然没有一个人提到录用他的问题。

1990 年年初，公司的许多订单纷纷被退回，理由均是产品质量有问题，为此公司将蒙受巨大的损失。公司董事会为了挽救颓势，紧急召开会议商议解决。当会议进行一大半却尚没有眉目时，詹姆斯闯入会议室。在会上，詹姆斯对这一问题出现的原因作了令人信服的解释，并且就工程技术上的问题提出了自己的看法，随后拿出了自己对产品的改造设计图。这个设计非常先进，恰到好处地保留了原来机械的优点，同时克服了已出现的弊病。总经理及董事会的董事见到这个编外清洁工如此精明在行，便询问他的背景以及现状。詹姆斯面对公司的最高决策者们，将自己的意图和盘托出，经董事会举手表决，詹姆斯当即被聘为公司负责生产技术问题的副总经理。

原来，詹姆斯在做清扫工时，利用清扫工能到处走动的特点，细心察看了整个公司各部门的生产情况，并一一做了详细记录，发现了存在的技术性问题并想出了解决的办法。为此，他花了近一年的时间设计，做了大量的统计数据，为最后一展雄姿奠定了基础。

吃得苦中苦，方为人上人。在刚步入社会的时候，不妨放下架子，甘心从基础干起。

米查尔·安格鲁是一位著名的雕塑家。有一天，安格鲁在他的工作室向一位参观者解释为什么自这位参观者上次参观以来他一直忙于一件雕塑的创作。他说："我在这个地方润了润色，使那儿变得更加光彩些，使面部表情更柔和了些，使那块肌肉显得更强健有力；然后，使嘴唇更富有表情，使全身显得更有力度。"

那位参观者听了不禁说道："但这都是些琐碎之处，不大引人注目啊！"

雕塑家回答道："情形也许如此，但你要知道，正是这些细小之处使整个作品趋于完美，而让一件作品完美的细小之处可不是件小事情啊！"

那些成就非凡的大家总是于细微之处用心、于细微之处着力，这样日积月累，才能渐入佳境，出神入化。

应关注未做完的小事，如任其积累，它们会像债务一样令人焦虑不安。应该先做小事，而不是先做大事，一旦我们不停地关注那些我们能够完成的小事，不久我们就会惊异地发现，我们不能完成的事情并没有那么多。

千里之行，始于足下。认真做好小事，精益求精是打开成功之门的金钥匙。

第四章

# 因人成事

## ——用对人，做对事

## 精挑细选不如大胆用人

看人不要戴有色眼镜，假如你看人能够避免情绪作用，冷静地发现别人身上的长处，并有效使用，都能产生很高的价值。

春秋时期，齐国孟尝君好招揽人才，有门客三千。一次，有两个人前来投靠，一个身材小巧，能钻狗洞；另一个会学鸡叫。除此之外，他们别无所长。孟尝君还是把他们留了下来。好多门客不服气，认为这两个人没什么用，哪有资格跟他们为伍？但孟尝君劝他们说，世上无不可用之人，有一技之长就是人才，不可轻视。

过了不久，孟尝君奉命出使秦国。秦昭王想让孟尝君留下来做相。有人劝秦昭王说："孟尝君很有本事，又和齐王是本家，如果在秦国做了相国，他一定先替齐国打算而后才为秦国谋利，那么秦国就危险了。"

于是，秦昭王就把他关了起来，想改日把他杀掉。孟尝君派人求秦昭王的一个宠姬帮忙说情。这个宠姬说："我想要孟尝君的白狐狸裘皮。"

孟尝君有这样一件白狐狸裘皮，价值千金，天下无双；然而他在到了秦国以后，就将裘皮献给了秦昭王。孟尝君很发愁，问遍门客，谁也想不出对策。

这时，那个会钻狗洞的门客说："我能弄来白狐裘。"他在夜里从狗洞进入秦王宫中储藏东西的地方，偷出孟尝君献给秦昭王的那件皮衣。孟尝君又把这件皮衣献给了那个宠姬。宠姬替孟尝君向秦昭王讲了情，秦昭王就把孟尝君放了。

孟尝君获得自由后，改了姓名，混出咸阳，连夜逃往齐国。秦昭王放了孟尝君后又后悔了，让人去寻，而孟尝君已经逃走了，于是他就派人驾车追赶。

半夜时分，孟尝君来到函谷关下，却出不了关。因为秦国有一条规定：鸡鸣以后才准放人通行。孟尝君很怕追兵赶到，心里很着急。这时，那个会学鸡叫的门客捏起嗓子，学着公鸡打鸣的声音，十分逼真，引得附近的公鸡也鸣叫起来。守关的人听到鸡叫，就开关放人通行，孟尝君得以顺利脱逃。

当孟尝君在秦国遭难时，那么多才子贤士都束手无策，全靠这两个只会一点儿雕虫小技的人才得以脱险，由此可见用人之道确有奥妙，不可全部以常理度之。

有王霸之才者，君子小人莫不乐为之用。有些人确有大才，也有明显的品格缺陷，这种人用好了是个宝，要有王者气象和超强统御力的人才用得好这种人。

特朗普出生豪富之家，在沃顿金融学院读书时，他在某地发现一个公寓村，共有 800 套住房闲置。于是，他建议父亲将这个公寓村买下来，交给他经营。由于他还要读书，就聘请了一个名叫欧文的人当经理，代他管理物业。欧文颇有治事之能，很快使公寓村的各项工作走上正轨，几乎不用特朗普操心。

但是，欧文有一个令人讨厌的毛病——偷窃。仅一年时间，他偷窃的公物价值就高达 5 万多美元。

特朗普发现欧文这个毛病后，从心情上来说，他恨不得让这个家伙马上离开。但是，从理智出发，他觉得还需要慎重。一方面，他一时找不到合适的人接替欧文的职位；另一方面，他认为公司不仅是一个赢利的地方，也是一个传播文化、培训人才的地方，对一个有毛病的人，不加教育就推出去，是不负责任的态度。

最后，特朗普决定给欧文一个改过自新的机会。他将欧文找来，给他涨了工资，并指出他的毛病，建议他以后一定要检点自己的行为。欧文既羞愧又感激。自此，他改掉了恶习，兢兢业业工作，为特朗普赚了好几百万美元。

在选才用人时，因为一个人的缺点而淘汰这个人，是最省事的做法，却不是最好的做法。人的优点与缺点经常是相伴相生的，往往能力越强的人，缺点越明显。你想用能人，就得忍受他的缺点。正如松下幸之助所说："你想全用好人为你工作是不可能的。与其精挑细选，不如大胆用人。"

## 识人不要只看表面

古语讲，相由心生。这是饱含人生经验的一句话。心志高的人，面有奋勇之色；心高气傲的人，是旁若无人的神色。但神色与形象美丑没有直接联系，有人却把相貌美丑作为识人的标准。遇到相貌稍差的人，不能只因美丑就把此人的才能否决了。邋遢道人张三丰就不注意衣饰外貌，也不讲卫生，却有着举世奇绝的胆识气概。样貌的美丑不能当作鉴人的标准。可惜许多用人者，拂不去心中的美丑情愫，只因相貌美丑之故而不能广纳天下豪士。曹操、刘备作为识人者也算是后人的榜样了，但对张松、庞统这样有绝世才华但相貌丑陋的人也因为看起来不顺眼而冷落他们。

大千世界，芸芸众生，人的相貌、性格千差万别，相貌堂堂、潇洒倜傥者有之，相貌丑陋、气质不佳者也有之。正因如此，才显出世间众生的迥异。物竞天择作为自然规律，谁也不可能违背。用人之道，既有漂亮的外表，又有满腹才略当然最好，相貌丑陋、才华横溢者也于大局无妨。用人者要的是人的才，而非他的貌，千万不可本末倒置。

菲律宾前外长罗慕洛，身材矮小，貌不惊人，其夫人不穿高跟鞋就比他高出一截。他却以出众的才华、过人的胆略、机智灵敏的头脑，活跃在世界外交舞台上，成为世界著名的外交家。

1968 年，在联合国大会上，罗慕洛严厉谴责了苏联入侵捷克斯洛伐克的非正义行为。

苏联外长恼羞成怒地说："你不过是地球上一个小小国家的小小外长，这里哪有你说话的地方！"嚣张气焰可见一斑。

罗慕洛厉声反驳道："当一个狂傲的巨人趾高气扬、胡作非为的时候，又有谁敢站出来，对他迎头一击，给他当头一棒呢？"他的回答正气凛然，使狂傲无礼的苏联外长大失颜面。

泰戈尔说得好："你可以从外表的美来评论一朵花或一只蝴蝶，但不能这样来评论一个人。"

中国古人也说过："肤表不可以论中，望貌不可以核能。"这正是警告人们仅凭外貌不能评价一个人的品德才能。

孔子知错就改，他曾以言语来看宰予，以相貌来看子羽。后来他发现自己都看错了，于是说"吾以言取人，失之宰予；以貌取人，失之子羽"，公开承认了自己的错误。子羽即澹台灭明，比孔子小 39 岁，欲拜孔子为师。因为长相丑陋，所以孔子看了他那副尊容，认为难以成才，没有出息，但因为是学生子游介绍来的，也不好拒绝，暂且收留了他。子羽在孔子那里学了 3 年，孔子才逐渐改变看法，知道子羽是个貌丑而才高德隆的人。子羽学成后，曾任鲁国大夫，后南下楚国，设坛讲学，培养了不少人才，使儒家在南方成为一个有影响的学派。

一向慧眼识珠的曹操，也有以貌取人的错举。益州张松过目不忘，乃天下奇才，只是生得鼻偃齿露，身短不满五尺。当张松暗携西川41州地图，千里迢迢来到许昌打算进献给曹操时，曹操一见张松，便因其相貌而产生厌烦之感；加之张松言辞激烈，揭了自己的短处，便将张松赶出国门。刘备乘虚而入，争取到了张松，从而取得了进取西川军事上的优势。如果曹操不是以貌取人，而是礼待张松，充分发挥其才识，那样恐怕会是另一种结果。

取人外表长相的美丑不如考察其心灵的美丑，人的假恶丑与真善美总是并存的。考察一个人或真正识别一个人就需要对这个人进行全方位的审察，而不能仅以其外貌判断一个人。

## 洞察他人的真实想法

在与人打交道时，我们经常需要透过语言的表面，理解对方的真实想法。这似乎很难，但只要掌握了规律，其实并不难。

分析一个人的内在表现时，他的真实想法不但隐藏在话题里，也存在于话题的展开方式上。通过一个话题探索到对方的深层心理，其方式有两种：一是根据话题内容来推测对方的心理秘密；二是根据谈话展开方式洞察对方的深层心理，以了解对方的个性特征。如果要想了解对方的性格和内心动态，最容易着手的办法，就是观察话题和说话者本身的相关情况。

明洪武初年，浙江嘉定安亭有一个名为万二的人，他是元朝的遗民，在安亭郡堪称首富。一次，有人自京城办事归来，万二问他在京城的见闻。这人说："皇帝最近作了一首诗。诗是这样的：'百僚未起朕先起，百僚已睡朕未睡。不如江南富足翁，日高丈五犹披被。'"万二一听叹口气道："唉，已经有迹象了！"他马上将家产托付给仆人掌管，自己买了一艘船，载着妻子，向江湖泛游而去。两年不到，江南大族富户都分别被朝廷收缴了财产，门庭破落，唯有万二逃之于外。

事实证明，分析判断人的言语，是洞察人的心理奥秘的有效方法。从一定意义上说，言语是一种现象，人的欲望、需求、目的是本质。现象是表现本质的，本质总要通过现象表现出来。言语作为人的欲望需求和目的的表现，有的是直接明显的，有的是间接隐晦的，甚至是完全相反的。对于那些直接表达内心动向的语言来说，每个人都能理解。正常的、普通的人际交往，就是以这种语言为媒介进行的。而那些含蓄隐晦甚至以完全相反的方式表现心理动向的言语，就不是每个人都能理解的了，人与人的差别，大多也就发生在这里。这是创造性思维的用武之地。若能够举一反三、触类旁通，反过来想想，倒过来看看，增加点儿参照物，减少些虚假的东西，等等，最后透过言谈话语，发现人的深层动机，那就说明，你比别人聪明得多。

## 善于用人之长

有一家有 5 个儿子，但是 5 个儿子"各有千秋"：长子质朴，次子聪明，三子目盲，四子驼背，五子跛脚。如果按照常理看，这家人的日子会过得相当困难。可是出人意料的是，这家人的日子却过得挺顺当。有好奇的人一打听，才知道那人对 5 个儿子各有安排。他让质朴的老大务农，让聪明的老二经商，老三目盲，正好可以按摩，背驼的老四可以搓绳，跛足的老五便成了守家纺线的好手。这一家人各展其长，各尽其长，日子过得能不顺当吗？

试想，如果这个人仅仅看到几个儿子的缺陷，他不被愁死才怪呢！但是他转换了一种思维角度，扬长避短，发现儿子们具有正常人所不具备的生理优势。这么一来，全家无一废人。

天下没有完人，也没有无用之人。你把注意力集中在人的缺点上，则世无可用之人。把注意力集中在优点上，缺点就不那么重要了，然后用其所长，则世无不可用之人。

古有明训：人无完人。看人总要往好处看，对人性才有信心，才敢把事情放心地交托给别人。如果总是盯着别人的缺点，看不到他的长处，也许会把一匹千里马当成一匹跛脚驴子。只有透过缺点看优点，才能找到真正的千里马。

美国南北战争时期有一位叫格兰特的著名将军，此人具备卓越的军事才能，但同时又是一个好酒贪杯的酒徒。但是，林肯看到的只是他的帅才，而不计较他的缺点，因此大胆地起用了格兰特。当时林肯对众多的反对者说："你们说他有爱喝酒的毛病，我还不了解，如果了解我还要送一箱好酒给他喝！"格兰特上任后，战局出现转折，使美国南北战争以北方军很快平定南方叛乱而告终。

就用人来说，目的是做大事业，理当从需要出发，从观念上打破条条框框的束缚。有时候，所谓优点或缺点，是一个辩证的问题。你认为的某人的缺点，在别人眼里却可能是优点。其实这只是个性偏好所致，并非真的优点或缺点。所以，干大事的人不执着于好坏长短，在看人时多考虑优点，在用人时多考虑有利无利，所以他们有大胆用人的底气。

有一位厂长可谓用人高手，他不仅能够用人所长，还善于将短变长，用人所短。例如，安排遇事爱钻牛角尖的人去当质量检查员，让处理问题头脑太呆板者去当考勤员，让脾气太犟争强好胜者去当攻坚突击队队长，让办事婆婆妈妈者去抓后勤保障，让能言善辩者去搞公关接待。这样一来，厂里的一切便都秩序井然，效益时时见好。

在平常人看来，短就是短；在有见识的人看来，短也是长。古语说："尺有所短，寸有所长，不知人长中之短，不知人短中之长，则不可以用人。"这种观人的智慧充满了辩证法，以此用人，则大才、小才、奇才、怪才、庸才以及不才都能被我所用，那么，身边必然是人才济济，何愁事业不成功。

## 找到你的"帅才"

在企业中，不管老板的本事有多大，他都不可能对每一件事都亲力亲为。这时，他需要的是一位得力干将——有团队领导能力的人，也就是"大元帅"。通常来说，这样的人应该具备如下潜质。

其一，善于笼络人心。《孙子兵法》说："道者，令民与上同意也，故可以与之生，可以与之死，而不畏危。"大元帅善于让部下"与上同意"，所以能激发下属舍生忘死地战斗。

其二，抓大放小，知人善任。在现代社会里，社会分工越来越细，做领导的需要"抓大放小"，给你的下属以充分发展的空间。这是衡量一个领导能力大小的一把尺子。

其三，管好该管的事，放手不该管的事。授权是领导者走向成功的分身术。今天，面对经济、科技和社会协调发展的复杂管理，即使是能力超群的领导者，也不能独揽一切。尤其是高层领导者，其职能已不再是做事，而在于成事了。因此，他们必须向员工授权。

其四，善于利用下属的智慧。"管理不是管物，而是开发人才。"这是松下的管理。松下认为，管理者的责任就是培养他的下属，帮助他们发展才能。如果这件事办好了，不仅他自己的任务可以完成得更好，为自己的晋升铺平道路，而且他将有一批能干的、训练有素的、完全忠于他的和通情达理的队伍，谁能不忠于帮助他上进的领导呢？

其五，培养自己的业务骨干。在任何公司，80%的利润是20%的重要员工、重要产品、重要客户创造的。身为领导，应该知道谁是重要员工，并重用他们。

其六，有良好的沟通能力，这是最好的黏合剂。一个领导，只有与下属沟通顺畅，才能做到上情下达，才能让工作顺利开展；一个员工，只有与同事沟通得体，才能了解别人，才能被别人所理解，才能从别人身上学到有价值的东西。

总之，"大元帅"具有与众不同的号召力，就如同布谷鸟一样，"布谷、布谷"的叫声虽显单调，但再慵懒的农人听到后，也会拿起工具，忙碌于田间。

身为老板的你要发现这样的人才也不难。你可以经常环顾四周，看哪些部属拥有类似的特质。最好的方法是从你的办公桌后面冷眼旁观他们工作时的样子，例如，他们与同人、顾客、主管、下级员工共事时，显现何种专业特长？在压力之下，或是工作脱离原先计划的轨道时，他们所表现的领导特质又是什么？他们所展现的哪些特质和自己的领导风格最相似？或者，他们的行事与你的风格有何不同？你能在两者之间找到彼此吻合的共同点吗？

如果你觉得自己已经找到适合的骨干人选，接下来就把他请进你的办公室，和他讨论你的想法和计划，看看他是否有同感。有些人喜欢安逸、有保障的工作，无意改变现状；有些人对改变的态度比较开放，当你对他们解释你的计划时，马上就跃跃欲试。你的选择过程应该透露这样的讯息："我已经观察你的工作有一段时间了，我认为你可能做个出色的经理。我愿意帮助你，反过来，我也能从你这儿获得一些帮助。"

当你确认你的这位人选确实有这样的团队领导能力，并且他也愿意站出来帮助你（也是帮助他自己），那么你首先要做的是让他进行学习，之后，是放开手脚让他去做，时间会证明他会不会成为一名合格的"大元帅"。

## 找到你的"将才"

为了构建事业大厦，你除了需要一个帅才之外，还需要一些重要将才，包括"开路先锋""执行官"和"参谋长"。

追求完美会让我们工作起来疲于奔命，似乎前方的目标永远无法达到。为此我们应在工作中找到一个能"遇山开路，遇水架桥"的"先锋官"同行。随时思考改进自己的工作状态，让挫折与困难在你面前俯首称臣。

如果一个人对自己做从未做过的事情缺乏自信，那么他绝对不会成功。因为他在心理上已经自设障碍，无形中在负重而行。只有深刻地体会到这一点，做到不断自立自强，不断奋斗，才能成为可堪大用的将帅之才。"勇往直前"是世界上无数成功者的取胜秘诀。

必须在员工中找到能够为你冲锋陷阵的先锋官，可以通过以下三点来判断他是否是你需要的人。

其一，看他是否具有自信、勇敢进取的性格；是否善于独立完成工作任务。

其二，观察他在处理棘手问题时的手段就可以了解他是否是你的意中人。

其三，看他敢不敢突破已有的条条框框，以自己的方式完美地完成你交给他的任务。

"执行官"是有超强执行能力的人。在企业中，领导不可能事必躬亲，他需要有执行能力的人做他的得力助手。在所有领导眼中，一名优秀的员工不仅要具备基本的知识、技能，以及包括勤奋、敬业、忠于职守在内的基本素质，最重要的是，还要具备能有效执行任务的工作习惯。因为你所有的知识、技能和素质，都是服务于工作的有效执行。如何去寻找并发现这样的人是每个领导不可忽视的问题。

为了确定该员工能否成为一名执行高手，可在雇用该员工之前向其询问如下问题：你愿不愿意做某事？你会不会坚持到底把事情做完？你能不能独当一面？你是不是光说不做、有始无终的那种人？……当他的回答大致符合自己的心意时，你就可以决定雇用他。

判断该员工是否是有迅速执行能力的人，还应注意以下四点。

其一，看其是否善于把握自己的工作目标。

其二，看其是否能针对目标积极地采取行动。

其三，看其是否能对出现的问题及时进行反馈。

其四，看其能否在尚未达到目的的情况下及时调整行动策略。

每一位在现代都市中打拼的人大都具备这种素质——执行力。

善于观察、善于发现，你会很容易找到自己所需要的那个人。

"参谋长"是善于出主意的智囊人员。古今中外，凡属重大的成功决策，往往都是在参谋长的辅助之下完成的。

在企业中应不乏这样的人，作为老板的你只要有一双慧眼就不难发现他们的存在。智囊人员的素质要具备以下七点。

其一，事业心强，有成就感，乐于出谋划策，能全力以赴地履行自己的职责。

其二，知识面广，有丰富的专业知识、科学文化知识，以及较高的政策水平。

其三，头脑敏锐，思想解放，敢于想别人不敢想的问题，有较强的创新精神，有主见。

其四，综合推理、分析、判断能力强，善于从多方面考虑问题，善于利用各种知识解决复杂的事务，有缜密的思维能力和较强的调查研究能力。

其五，正直诚实，勇于反映真实情况，敢于提出不同的看法和意见。

其六，有良好的文字写作能力和口头表达能力，善于用简洁、明确、雄辩的语言表达观点，说服他人。

其七，谦虚谨慎，实事求是，有服从真理、探索科学的精神，善于同上下左右协作配合。

如果某个员工具备以上这些特质，那他就是你要找的那个"参谋长"。

很多企业的智囊人员并不是一两个人，而是由多个智囊人员组成的智囊团。这样大家集思广益，容易得出最合理的意见。作为一个智囊团，其结构要合理：

一是年龄结构要合理。既要有老谋深算、老马识途的老年人，又要有年富力强的中年人，还要有朝气蓬勃的青年人，使他们在经历、气质、智能等方面进行互补。

二是知识结构要合理。科学决策是多目标、多因素、多变量的综合性极强的工作，因此必须由多学科的专家组成。既要有社会科学工作者，又要有研究自然科学的人，这样，不仅能集中各种专家的智慧，全方位地考虑问题，而且多学科的交叉融合，还可能形成新的有益的思想。

## 进退自如是英雄

做人要知足，要懂得在恰当之时功成身退。过分自满，不如适可而止；锋芒太露，势必难以长久；金玉满堂，往往无法永远拥有；富贵而骄奢，必定自取灭亡。而功成名就，急流勇退，将一切名利都抛开，这样才合乎自然法则。因为无论名或利，在达到顶峰之后，都会走向其反面。

所以不妨放弃虚名，在欲望面前懂得取舍，这才是一个智者的行为。

东晋的陶渊明是在几上几下之后才决定做隐士的。他出身于豪门士族，走着与此种家庭出生的人大体相同的读书、中举、做官的道路。他年轻时就胸怀大志，希望有朝一日能施展才华，大济苍生，建立丰功伟业。但此时陶家日趋衰落，陶渊明无依无靠，迟迟得不到入仕机会，直到29岁才出任江州祭酒。尽管这个职位对初入仕者来说已不算太低，但陶渊明天生刚直耿介，向往无拘无束的田园生活，对官场上的种种禁忌规矩难以忍受；同僚们尔虞我诈、谄上欺下的种种丑态又让他从心底感到厌恶。他觉得置身这样的泥潭中不仅抱负无从施展，连洁身自好都很难做到。与其在是非之地周旋，不如回家躬耕田园。没多久，陶渊明便辞官回家了。

过了几年，桓玄反对专擅朝政的司马道子，士人纷纷归附，陶渊明也随之投其帐下当了幕僚，希望能干一番事业。可桓玄是个有野心的人，以讨逆为名招兵买马，为篡夺帝位做准备。这使陶渊明深感失望，第二年，正逢母亲去世，陶渊明便趁机辞职回乡了。陶渊明虽然归耕田园，但内心深处仍涌动着儒家济世救民的思想，渴望功成名就，再找机会一试身手。

东晋局势再度变化，刘裕讨伐桓玄，恢复晋室，陶渊明以为晋室由此可获中兴，便第三次出仕，做了刘裕的参军。但他很快发现刘裕与桓玄不过是一丘之貉，便又离开刘裕，到江州刺史刘敬宣手下做参军。

不久，陶渊明当了彭泽县令。当年冬天，州里派人来彭泽巡查政务，陶渊明身为县令，当亲自迎接来使。他本来讨厌这些劳民伤财之徒，便身穿便服去应酬。一个老于世故的县吏深知官场规矩，赶忙提醒他"当束带见之"。陶渊明实在不愿屈就逢迎，便说道："我岂能为五斗米折腰事乡里小儿！"随即挂冠而去。直到这时，他才对官场认识清楚，对仕途和抱负也看淡了，绝望了。

陶渊明是很聪明的，但又有些书生气，所以总想入仕有所作为，只是在屡次碰壁之后才认清了官场的本质，抱定了不合作的超然态度，发出了"误入尘网中，一去三十年"的感叹。"悟以往之不谏，知来者之可追"，对以后该怎么做总算明白了，从此过起了"采菊东篱下，悠然见南山"的投身于大自然的隐逸生活。这也是人生一大快事吧。

我们并不主张那种消极避世无所作为的人生态度，但当欲求之途已无路可进，抱负已无从施展之际，恰到好处的退隐确确实实是一种明智之举。

## 抓住机遇，乘时而起

在这个世界上，个人努力固然重要，但机遇也很重要。时机不利时，努力到十分，收获也很有限；时机正好时，用力三分，也有可能有10倍收获。当然，对每个人来说，机会是均等的，成功的关键取决于我们把握机遇的能力。

"大清第一商"胡雪岩就是一个善于把握机会的高手。有一年，太平军围攻杭州，胡雪岩的"靠山"王有龄奉命坚守城池，被围两月弹尽粮绝。胡雪岩受托冲出城外买粮，然而却无法运进城内。王有龄眼见回天乏术，上吊自杀。胡雪岩闻讯，悲不自禁。身处乱世，没有一个可以信任的靠山，凭什么成事呢？无奈之下，他将目光投向了闽浙总督左宗棠。此时左宗棠正忧心忡忡，杭州连年战争，饿死百姓无数，无人耕作，许多地方真是"白骨露于野，千里无鸡鸣"。自己带数万人马同太平军征战，几万人吃饭成了个大问题。

左宗棠乃传统的官僚，有"无商不奸"的思想在脑中作怪，而且他又风闻胡氏在王有龄危困之时，居然假冒去上海买粮之名，侵吞巨款而逃。听说胡雪岩求见，本不欲见他，无奈蒋益澧的面子不能驳，只得待了半天，才懒洋洋地招胡雪岩见面。

胡雪岩一进去，就感觉到了气氛的不对，随即告诫自己小心谨慎。胡雪岩振作起精神，撩起衣襟，跪地向左宗棠说道："浙江候补道胡雪岩参见大人！"左宗棠仍怒目圆睁，冷漠地将胡雪岩从头到脚仔细打量了一遍。胡雪岩头戴四品文官翎子，中等身材，双目炯炯有神，脸颊丰满滋润，一副大绅士派头。端详之后，左宗棠面无表情地说道："闻名已久了。"这句话谁听都觉得刺耳，谁都懂得它的讽刺意味。

胡雪岩以商人特有的耐性，压住心中的不满，他觉得自己面前的只不过是一个挑剔的顾客，挑剔的顾客才是真正的买主。胡雪岩没有接左宗棠的话，而是再次以礼拜见左宗棠。他知道左宗棠素来是个吃捧的人，抓住这一弱点，胡雪岩便恭贺左宗棠收复杭州，功劳盖世，又向左宗棠道谢，使杭州黎民百姓过上安定日子。

胡雪岩一边恭维一边观察左宗棠的反应，他见左宗棠脸上露出一丝不易让人觉察的微笑。捕捉到这一信息，胡雪岩又急忙施礼。

这一次左宗棠虽然仍旧矜持地坐在椅子上，但先前阴沉的双颊绽开了笑容，也许面子过不去，他装着恍然似的说："哎呀，胡大人，请坐！"胡雪岩在左宗棠右侧的椅子上坐了下来，才摆脱了尴尬的窘境。

胡雪岩坐定之后，左宗棠直截了当问起当年杭州购粮之事，脸上现出肃杀之气。胡雪岩这才如梦初醒，赶紧把事情从头到尾讲了个清清楚楚，说到王有龄以身殉国，自己又无力相救之处，不禁失声痛哭起来。

左宗棠这才明白自己误听了谣言，险些杀了忠义之士，不禁羞愧不已，反倒软语相劝胡雪岩。

胡雪岩见左宗棠态度已有松动，急忙摸出 2 万两银票，说明这银票是当年购粮的余款，现在把它归还朝廷。他解释说，这巨款本属于朝廷，现在他想请求左帅为王有龄报仇雪恨，并申奏朝廷应惩罚见死不救又弃城逃跑的薛焕。这符合常理的恳求，左宗棠欣然答应，并叫管财政的军官收了这笔巨款。

收下胡雪岩的银票后，胡雪岩对王有龄的忠心使左宗棠非常佩服，立即叫人上茶，和胡雪岩闲聊。胡雪岩大赞左帅治军有方，孤军作战，劳苦功高。

胡雪岩说话很有分寸，当夸则夸，让人听起来既不觉得言过其实，又没有谄媚讨好的嫌疑。左宗棠听得眉飞色舞，满脸堆笑。

胡雪岩见左宗棠已被自己的话吸引，他想，只要实事求是地陈述事实，左帅还是能够接受的。如果拉他做靠山，往后的生意更会如日中天。主意拿定后，他话锋一转，谈论起了官场的是是非非，句句正中左宗棠下怀，左宗棠在心中对胡雪岩更有好感了。

过后，左宗棠亲自将胡雪岩送出去，他认为胡雪岩不仅会做生意，而且还对官场非常熟悉，是一个大有作为的能人，难怪杭州留守王有龄对他如此器重。然而粮食问题仍像幽灵一样缠绕脑际，缠得左宗棠心急如焚，愁眉不展，一连几天都没有想出个好办法。

其实胡雪岩自上次离开后，就筹划着如何帮助左宗棠筹措粮食，以解眼下之急。他迅速到上海筹集了上万石大米运回杭州，一部分救济城里的灾民，另一部分送到了军营。

这上万石大米真是雪中送炭，不仅救了杭州，而且对左宗棠肃清境内的太平军也助了一臂之力。左宗棠捋着花白的胡须，连日紧皱的双眉舒展了，他高兴不已，内心总觉得过意不去。他说："胡先生此举，功德无量，有什么要求，不妨直说。我一定在皇上面前保奏。"胡雪岩不以为然，他说："我此举绝不是为了朝廷褒奖。我本是一个生意人，只会做事，不会做官。"

"只会做事，不会做官"这一句话可当真说到左宗棠的心坎上了。左宗棠出自世家，以战功谋略闻名，在与太平军的浴血奋战中，更是功绩彪炳。所以平素不喜与那些巧言令色、见风使舵之人为伍，对这些人向来鄙夷不屑。此时一句"只会做事，不会做官"当真是使左宗棠感觉遇到了知己。对胡雪岩顿时更觉亲近，赞赏之意，溢于言表。

后来，胡雪岩又为左宗棠出谋划策，解决了粮食和军饷问题。左宗棠对胡雪岩的远见卓识钦佩不已，当即向朝廷为胡雪岩请封。借助这一机会，胡雪岩名利双收，成了官居四品的"红顶商人"。

胡雪岩为什么能得到左宗棠的重用呢？主要有三个因素：一是对左宗棠的充分了解，二是善急人之所急，三是确有真才实学。这三点，确是借人成势、抓住机遇的关键。

## 抢先一步抓机会

现代竞争在很大程度上就是机会的竞争，机会是至为宝贵的。因此，一个优秀的人在机会来临的时候，是绝不会将其白白放过的。

如果说成功者有什么过人之处，那就是当机会来临时，他们能立即付诸行动，决不迟疑。

很多人把自己无所成就的原因归结于没有遇到好机会，也许确实如此。但没有遇到好机会不等于没有好机会，好机会天天都有，坐在家里是等不来的，要自己费心去寻找。你有真知灼见，藏在心里，别人就不知晓；你有盖世才华，从不显露出来，别人怎么会重用你？只有努力展示自己，才可能获得更好的机会。有时候，还需要努力去争取那些好像不属于自己的机会。

晋献公时，东郭有个叫祖朝的平民，上书给晋献公说："我是东郭草民祖朝，想跟您商量一下国家大计。"

晋献公派使者来告诉他说："吃肉的人已经商量好了，吃菜根的人就不要操心了吧！"

祖朝说："大王难道没有听说过古代大将司马的事吗？他早上朝见君王，因为动身晚了，急忙赶路，驾车人大声吆喝让马快跑，坐在旁边的一位侍卫也大声吆喝让马快跑。驾车人用手肘碰碰侍卫，不高兴地说：'你为什么多管闲事？你为什么替我吆喝？'侍卫说：'我该吆喝就吆喝，这也是我的事。你当驭手，责任是好好拉住你的缰绳。你现在不好好拉住你的缰绳，万一马突然受惊，乱闯起来，会误伤路上的行人。假如遇到敌人，下车拔剑，浴血杀敌，这是我的事，你难道能扔掉缰绳下来帮助我吗？车的安全也关系到我的安危，我同样很担心，怎么能不吆喝呢？'现在大王说：'吃肉的人已经商量好了，吃菜根的人就不要操心了吧。'假设吃肉的人在决定大计时一旦失策，像我们这些吃菜根的人，难道能免于肝胆涂地、抛尸荒野吗？国家安全也关系到我的安危，我也同样很担心，我怎能不参与商量国家大计呢？"

晋献公后来召见了祖朝，跟他谈了3天，受益匪浅，于是聘请他做自己的老师。

祖朝不过是一个平民，跟高官厚禄相距遥远，好像没有什么受重用的好机会。但他主动跳起来，跳得高高的，让人看到了他与众不同的才能，他就得到了机会。

很多有才能却抱怨"英雄无用武之地"的人，为什么要待在那里等别人来发现自己、重用自己呢？何不跳起来抓住机会呢？这个道理，就像你有一件珍宝，想卖出去，既然没有人上门求购，就只有自己主动上门推销。在买方卖方之间，必有一方主动。既然别人不主动，自己何不主动一点儿呢？

第五章

# 善借外力

——智者当借势而为，借力而行

## 用心打造良好的人际关系

蜘蛛多生活在屋檐下或草木中。它的尾部能分泌黏液，这种黏液一遇空气即可凝成很细的丝。蜘蛛以昆虫为食，它常在不易被破坏的旮旯、树梢、草丛以及昆虫时常出没的地方结出一个八卦形的网。例如，金园蛛的体型较大，它的网黏性极强，连重量轻一些的鸟都会被它的网黏住。平时，尽管蜘蛛不在网上，但网上的细丝总有一根连通着蜘蛛休息的地方，昆虫只要一触网，蜘蛛就会获得信息。

蜘蛛是通过它织的网来获得信息的，那么人是如何获得自己想要的信息的呢？如果你还没有想好确切的答案，不如像蜘蛛一样结网。

人是群居动物，人的成功只能来自他所处的人群及所在的社会，只有在这个社会中游刃有余、八面玲珑，才可为事业的成功开拓宽广的道路，没有非凡的交际能力，免不了处处碰壁。所以，你要想成功，就一定要营造良好的人际关系。

刘易斯是洛杉矶一家大公司的初级会计。在公司内部机构几经调整后，他感到对各方面的工作都能应付自如了，于是希望能从西部调到纽约去，以便拥有更好的前途。

但他与纽约的各家公司都没有任何联系，所以只能通过写信和职业介绍所来和他所知道的一些公司取得联系。但一直未能获得满意的结果。

于是，刘易斯决定通过人际关系来办这件事。他绞尽脑汁搜寻了一下自己所能利用的各种关系后，列出了一个分类表。从这个表格中，他选出可能给他提供帮助的一些关系。然后，他把这些人记下来，他们直接或间接地同他想去的纽约州都有联系，并且同会计公司有关。

然后，他又进一步考虑这些人中哪些人和会计公司的关系更密切。他最终选出了两个人：一个是他的老板汤姆先生；另一个是他姐姐的好朋友杰瑞。

刘易斯下一步的行动，也是最重要的一步，就是想办法让自己先有机会去帮助能给自己提供帮助的人。一旦能做到这一步，那么对方就会以报答的方式来帮自己实现愿望。

刘易斯通过姐姐得知，杰瑞对参加一个女大学生联谊会很感兴趣。于是，他就找到了自己的好朋友史狄芬，因为史狄芬的妹妹朱迪正是这个联谊会的成员。

刘易斯结识了朱迪，通过朱迪的介绍，杰瑞见到了联谊会的主席，并顺利地成为该联谊会的委员。

杰瑞为此专门举行了一个庆祝会，并在庆祝会上把刘易斯介绍给了她的父亲。虽然她父亲同在纽约州的任何公司都没有直接联系，但他是一名律师，他在那里的律师圈子里是很有声望的。

没过多久，在杰瑞父亲的一位朋友的帮助下，刘易斯认识了纽约州一家职业介绍所的总经理。在那位总经理的热情推荐下，刘易斯终于如愿以偿，不仅顺利地调到了纽约州，而且得到了一个十分满意的职位。

从这个事例可以发现，我们应该广泛地与各种各样的人交往，并充分发现和发挥每个人的特殊价值，使不同的人际关系都能给自己带来帮助。

人际关系之所以影响力巨大，很重要的一点在于它可以避免个人价值在人力市场中处于被人"待价而沽"的尴尬劣势，提高个人做选择的决定权。

有调查数据显示，在职场中工作超过 5 年以上而需要换工作的人中，依靠人际关系调动工作的超过 70%。

广结人缘，其实就是在给自己制造良好的人际关系。不管什么人，只要在社会中生存，就离不开与别人交往合作。

小王在一家大公司做销售经理，两年后他辞了职，提出的唯一请求是，允许他继续使用公司配备的手机号码。"在这家公司工作两年，如果换了手机号，原来的朋友、客户很可能找不到我，那我就真是一无所有了。"小王这样说。

小王辞职后，摇身一变成为某工业园的高级顾问，月薪 5 万。他的目的当然不在于此，所谓顾问，其实就是向那些有兴趣到这个工业园投资的商家宣传，介绍合适的项目，最终说服其在工业园区投资设厂，并为他们争取尽可能优惠的条件，从而赚取不菲的佣金。

短时间内，小王就陆续为工业园区引进了几个大项目投资。后来，他还同时兼任附近几个工业区的顾问。他名片上的顾问头衔每增加一个，收入就增长一倍。

每个人都有独特的优点。所以，在构建人际关系时，一定不能太单一，也不要完全局限于自己的同行或具有共同爱好与兴趣的人中间。最关键的是要能做到优势互补，既能使自己的优势为其他人提供必要的帮助，也能使其他人的优势对自己产生作用和影响。

## 精心编织"友谊网"

罗曼·罗兰说过："有了朋友，生命才显示出它全部的价值。'智慧'和'友爱'是照亮我们黑夜的唯一的光。"

"嘤其鸣矣，求其友声；相彼鸟矣，犹求友声。"马克思和恩格斯之间的革命友谊是人类历史上最光辉、最动人的友谊。马克思的女儿爱琳娜说，她父亲和恩格斯的友谊，像希腊神话中达蒙和芬蒂阿斯的友谊那样，成了传奇。马克思与恩格斯之间的友谊，从青年延续到老年，跨越了整整 40 年。他们情同手足、亲密无间、互相尊重、互相信任。两人共同创立了科学社会主义理论，领导了无产阶级革命运动。他们所取得的每一项伟大成就，都是共同的艰苦劳动和崇高友谊的结晶。这种友谊鼓舞他们克服一切悲痛和困难去为共同的事业努力奋斗。1885 年 4 月 6 日，马克思的儿子埃德加因病去世。中年丧子，这是马克思一生中最伤心的事。4 月 12 日，他在给恩格斯的信中写道："在这些日子里，我之所以能忍受这一切可怕的痛苦，是因为时刻想念着你，想念着你的友谊，时刻希望我们两人还能够在世间共同做一些有意义的事情。"

俗话说：一个篱笆三个桩，一个好汉三个帮。好汉需要帮手，离开了桩子也就没有了篱笆。孔子用"独学而无友，则孤陋而寡闻"教育弟子，法国用"人生没有朋友，恰似生命中没有太阳"的谚语警示世人。无数的事实告诉我们，要想活出价值，干出名堂，朋友是必不可少的条件。

汉高祖刘邦出身低微，学无所长。文不能著书立说，武不能挥刀舞枪，但他天生豪爽，善于结交朋友，胆识无双。早年穷困莫名时，他身无分文，却敢独坐上宾之位。押送囚徒时，居然敢私违王法，纵囚逃散。斩白蛇起义后，因为能够善待能人，许多豪杰之士都投奔于他。像韩信、彭越、英布等威震天下的悍将，原先都是他的死敌项羽的人。而萧何、曹参、张良等也是他早先的友人，正是这些人，帮助他成就了帝王之业。

帝王将相成就霸业需要借助他人之力，平民百姓更是如此。

那么，如何编织自己的"友谊网"？

其一，不要拒绝真朋友。

其二，不断结交真朋友。

其三，接纳与你持不同观点的优秀朋友。

其四，与有进取心的人做朋友。

一个人在社会上打拼，仅凭一己之力是很难有大的成就的。因为一个人的力量毕竟太有限了，就算你浑身是铁，也打不成几个铁钉。这一点微薄之力甚至连自己都保护不了，又怎么能和别人竞争呢？而真正的友谊，能够产生巨大而神奇的力量。

## 找个"贵人"，缩短奋斗时间

有句话说"七分努力，三分机运"。我们一直相信"爱拼才会赢"，但偏偏有些人是拼了也不见得赢，问题的关键可能在于缺少贵人相助。在攀向事业高峰的过程中，贵人相助往往是不可缺少的一环，有了贵人，不仅能替你加分，还能增加你成功的筹码。

也许你是一个聪明绝顶的人，有着足够的胆识和谋略，但是，如果你不走出来，你的一切努力也许只有你自己清楚，只有自己默默地付出。现今是一个追求效益的时代，让别人看到你的存在，看到你的成绩，会有意想不到的收获，尤其是要让知名人士注意到你的存在，肯定你的成绩，因为这是最好的广告。

巴纳斯是大发明家爱迪生生前唯一的合伙人，他是一个意志坚强、勤奋努力的人，当初他一无所有。他在爱迪生那里谋到了一份普通的工作——设备清洁工和修理工。当时爱迪生发明了口授留声机，但是公司的销售人员无法把它卖出去，巴纳斯这时主动申请做了留声机的销售员，但依然领着清洁工的薪水。当时这种机器不是很好卖，巴纳斯跑遍整个纽约城才卖了7部机器，应该说已经是一个不错的业绩了。他通过总结这段时间的销售经验，冥思苦想制订了留声机的全美销售计划，然后把计划拿给爱迪生看。爱迪生看过后，非常高兴，很欣赏他的计划，也为他的努力和细心而感动，同意巴纳斯成为他的合伙人。从此巴纳斯成了爱迪生一生中唯一的一位合伙人。

巴纳斯的辛勤工作和具有创造性的工作得到了老板的赏识，也因此，巴纳斯从一名小小的清洁工雇员成为爱迪生的合作者。

做事、立事，谁不希望自己能够一帆风顺，一夜之间成名得利？作为一个像巴纳斯这样的小人物做到这一步谈何容易？要不是依靠爱迪生的名气，他再有才能，再努力奋斗，在一个竞争激烈的商品社会中也是难以成功的。贵人的力量就体现在这里。

刘勰是南朝梁时期的文学理论批评家，他很小的时候就失去了父亲，生活极为贫穷，但他笃志好学、博经通史，《文心雕龙》是他的代表之作。他生活的年代盛行门阀制度，一个人的出身决定了他在社会上的地位，像刘勰这样出身低微的平民，自然默默无闻，无人知晓，因其社会地位低下，《文心雕龙》写成后也根本得不到重视。但刘勰本人十分自信，深知自己著作的价值，不愿意看到用心血写成的书稿被湮没，决心设法改变这种局面。

沈约是当时的文坛领袖，有着很高的声望，刘勰想请他评定写成的《文心雕龙》，借以赢得声誉。但是沈约身为名流，哪能轻易见到？但刘勰想出了一个主意。一天，刘勰事先打听到这几天沈约有事外出，于是背上自己的书稿，装成卖书的小贩，早早地等在离沈府不远的路上。当沈约乘坐的马车经过时，刘勰乘机兜售。沈约喜欢读书，当即停下来，顺手取书一阅，见是自己没有读过的书，便随手翻阅起来。这一看，沈约被深深地吸引住了，当即买了一部带回家去，放在案头认真阅读。在以后上流社会举行的聚会中，沈约还不时地向别人推荐这本书。当时文坛的人见沈约对这本《文心雕龙》如此推崇，大家群起效仿，争相传阅，刘勰很快名声大噪。

假如没有沈约的赏识，我们也难以知晓刘勰是何许人也，更不知道还会不会有传世名著《文心雕龙》。

可以这样认为，找到一个乐意帮助你的贵人，能够大大缩短你的奋斗时间。

## 打好"借"字牌

在成功学中，"借"的意义何在？把握了"借力"这一核心，就有可能通过借力，完成向成功的转化。

古之借风腾云、借力打力、借鸡生蛋等诸多计谋无不讲究一个"借"字，讲究借助外部力量而求得发展。帆船出海，风筝上天，无不是"好风凭借力，送我上青云"。而人的成功，也需要借力。

任何人一跨入社会都应该学会待人接物、结交朋友的方法，以便互相提携、互相促进，否则，单枪匹马绝对难以发展到成功的地步。

钢铁大王卡内基曾经亲自预先写好了他自己的墓志铭："长眠于此地的人懂得在他的事业过程中起用比他自己更优秀的人。"

任何人如果想成为一个企业的领袖，或者想在某项事业上获得巨大的成功，首要的条件是要有一种鉴别人才的眼光，能够识别出他人的优点，并在自己的事业道路上利用这些优点。

一位商界著名人物，也是银行界的领袖曾说，他的成功得益于鉴别人才的眼力。这种眼力使他能把每一个职员都安排到恰当的位置上，并且从来没有出过差错。不仅如此，他还努力使员工们知道所担任的职位对于整个事业的重大意义。这样一来，这些员工无须别人监督，就能把事情办得有条有理、十分妥当。

很多精明能干的总经理、大主管在办公室的时间很少，常常在外旅行或出去打球。但其公司的经营丝毫未受不利的影响，公司的业务仍然像时钟的发条机制一样有条不紊地进行着。那么，他们如何做到这样省心呢？他们有什么管理秘诀呢？其实，并没有别的秘诀，只有一条：他们善于把恰当的工作分配给最恰当的人。

如果你所挑选的人才与你的才能相当，那么你就好像用了两个人一样。如果你所挑选的人才，尽管职位在你之下，但才能却超过了你，那么你用人的水平真可算得上高人一等。

一个人是唱不了大合唱的，必须借助他人的力量。想成大事的人，最紧要的任务是学会如何打"借"字牌，从他人那里获得资源、获得力量，以凝聚成大事的力量。

## 通过你的对手获益

在森林中，树木相互争夺阳光、养料和水分，是竞争关系，但它们也互相提供协助。假如某棵树打败所有对手成为一棵孤零零的参天大树，它要么会被大风吹折，要么会被雷电击毁，总之无法独自生存。

人与人的关系也是这样，对手之间不是非成即败、非存即亡的关系。在经济全球化时代，我们越来越依赖对手的存在而存在。所以，我们要考虑如何从对手那里获益。

第一次去远航的人，大可不必先造船，再试航，最后去远航。他完全可以借别人的船，或搭别人的船远航。这样既省时，又省力。

20世纪50年代，美国黑人化妆品市场由佛雷化妆品公司独霸天下。后来，一个名叫乔治的供销员看准了这一行生意，便毅然辞职，独立门户，创立乔治黑人化妆品制造公司。他当时只有500美元资金、3名职员，唯一能生产的是一种粉质化妆膏。乔治很清楚，要在佛雷公司的垄断下争夺市场，十分不易，搭乘人家的船，牵住人家的衣角，趁便往前走，也许更现实。

不久，乔治的粉质化妆膏上市了。他经过反复思考后，决定推出这样一则促销广告："当你用过佛雷公司的产品后，再擦上乔治粉质化妆膏，将会有意想不到的良好效果。"

对这种宣传方法，乔治的部下都持反对意见，他们认为这是替竞争对手做广告，那不是贬低自己吗？乔治说："正因为他们的名气大，我才这样做。我并不是给他们做免费广告，而是要借此抬高我们自己的身价。这就像如果你和卡特总统一起拍过照，人们便要对你刮目相看一样。我这种战术就叫作借船出海。"

乔治的这一妙招果然收到了相当好的效果。广告刊出后，顾客们不仅很快地接受了乔治公司的产品，而且也没有引起佛雷公司的警惕。于是，乔治一鼓作气又推出了黑人化妆品系列，扩大市场占有率。

几年后，等到佛雷公司发觉乔治公司已经能对自己的市场地位构成严重威胁时，为时已晚。乔治公司的发展势头已锐不可当。后来，佛雷公司在美国市场上渐渐地消失了，而乔治则开始独霸美国黑人化妆品市场，并且把眼光投到其他有黑人的国家，使全世界的黑人都开始接受并使用他的系列化妆品。

在借用对手之力时，不要害怕做有助于对手的事。你不妨这样想：竞争对手是如此强大，无论是攻击他还是帮助他，都不会给他造成多大的影响。那就没有必要考虑对手会得到什么结果，只需考虑自己从这件事中能得到什么结果。

所谓对手，是就利益得失而言。如果对方不利于自己的利益，就是对手；如果有利于自己的利益，就成了朋友。一个人想干成大事业，最聪明的办法不是打败对手，而是让对手变成能给自己带来利益的人。可以说，能够通过对手获益，是最大的成功。

## 做智慧型模仿者

一个人要办事情，首先必须开动脑筋，让自己的思维细胞灵活运作，想好自己能干什么、不能干什么。唯有这样，才能找准自己的人生坐标。但是我们常常发现有这样一种人——盲目的模仿者，自己不开窍，只是模仿别人，所以授人以柄，更难以成己之事。

《伊索寓言》里有这样一个故事：有一天，动物们在森林里聚会，突然，一只猴子跑出来跳舞，动物们看到它的舞姿都赞不绝口。你一句，我一句，大家热情地赞美猴子。一只坐在角落里的骆驼看到这样的情况，心里非常羡慕。骆驼心想："我要想个办法，让大家称赞我一番。"

于是，骆驼就站起来大声说："各位，请安静一下，我要跳一支骆驼舞给大家看。"动物们听了都很兴奋，睁大眼睛看着。骆驼鞠躬之后，开始摇摆身体，它滑稽、丑陋的舞姿，不仅没有获得动物们的赞美，反而引来大家的嘲笑。骆驼觉得很没面子，就偷偷地溜出森林躲起来了。

还有一则寓言说：有个人养了一头驴和一只哈巴狗。驴子被关在栏里，虽然不愁温饱，却每天都要到磨坊里拉磨，到树林里去驮木材，工作十分繁重，而哈巴狗会演许多小把戏，很得主人欢心，每次都能得到好吃的奖励。驴子在工作之余，难免有怨言，总抱怨命运对自己不公平。这一天机会终于来了，驴子扭断缰绳跑进主人的房间，学哈巴狗那样围着主人跳舞，又蹬又踢，撞翻了桌子，碗碟摔得粉碎。驴子还觉得不够，它居然趴到主人身上去舔他的脸，把主人吓坏了，直喊救命。大家听到喊叫急忙赶到，驴子正等待奖赏，没想到反挨了一顿痛打，被重新关进栏里。

无论驴子多么扭捏作态，都不及小狗可爱，甚至还不如从前的自己，毕竟这不是它所能干的行当。

两则寓言，意义深刻，说明了这样一条成事之道：每个人都有自己的特点，都有适合自己的成事之道，也有自己不擅长的领域，看人家做得好，但自己未必能行，还不如善思多想把自己的本行做出特色来，让别人来羡慕你呢！其实，并不是所有模仿都会落得如此不堪的下场。模仿可以分两种，一种是愚昧无知、东施效颦式的模仿；另一种类型的模仿是智慧型的模仿，即在模仿的时候发挥自己的创新才能。

当今世界上，最善于模仿者首推日本人。日本经济发展的背后是什么？是了不得的创新？可能有一些吧，但是如果你翻开日本过去的工业历史，就会发现很少有重大的新产品或尖端的科技发源于日本。日本人只不过借鉴了美国的点子和商品，从汽车到半导体的一切东西，再加以巧妙的模仿，只保留精华，改进其余部分。

智慧型的模仿或者说思考性的模仿是建立在发挥自己的特性、肯定自我的基础上，不仅要学习别人的经验，还要能不拘一格，不断地寻找更多的、更灵活的、更有效的方法，去完成你的创新。

不难发现：在现实生活中，模仿别人成功的人，为数不少。所以这是一种普遍而流行的成事之道。通过上面的几个案例，你是否已经开动脑筋，准备去做一个智慧型的模仿者呢？

## 厚待自己看中的人

身为领导，若能厚待下属，自然会换来他们的赤胆忠心。聪明的领导者，不会把自私刻在脑门上，而是敞开厚待之心去吸纳人心。武则天即是如此。她奉狄仁杰为"国老"，带着真诚的感情重用自己看中的人。

狄仁杰一生政绩卓著，是武则天时期赫赫有名的宰相。狄仁杰断案如神，为老百姓申冤，主持正义，因此深得百姓的爱戴。他在天授二年（691）首次出任宰相。一次，武则天召见他时，对他说："你在豫州的政绩，朝中大臣十分佩服。但也有人说你的坏话。如果你想知道此人是谁，我可以告诉你。"武则天对狄仁杰讲这番话的时候，是出于对他的高度信任。但令人惊讶的是，狄仁杰并不要求追查讲他坏话的人。他说："陛下如认为我有过错，我当努力改正；如蒙陛下明言，当是我的万幸。但我并不想知道这个人是谁，这样还可以和那个人正常处事。"武则天听了，十分欣赏他不计私仇的坦荡胸怀，对他更加重用。

狄仁杰生活十分俭朴，并以知贤举能著称。武则天曾问过狄仁杰："我想找一个贤能之人，有吗？"狄仁杰问："那陛下想要一个什么样的人才呢？"武则天说："我想找个能当宰相的人。"狄仁杰于是向武则天推荐了张柬之。他带着十分钦佩的感情介绍说，现任荆州长史的张柬之虽年纪大了些，但却为宰相之才。他长期以来不得重用，有志难申，若重用他，定能为国尽忠。武则天听了他的话后，很快就将张柬之擢为洛州司马。过了些日子，武则天又向狄仁杰求贤。他就说："臣上次举荐的张柬之陛下还未重用呢！"武则天说："不是已经升迁了吗？"狄仁杰道："臣举荐的是当宰相的人，而不是司马。此人还没有真正派上用场。"武则天又接受了狄仁杰的建议，将张柬之擢为宰相。张柬之果然不负众望，很有作为。就像推荐张柬之那样，狄仁杰前前后后荐举的做公卿的有数十人。有人对他说："天下桃李，都出自狄公门下。"狄仁杰谦虚地说："这是我做臣子分内的事啊，不值一提。"

因狄仁杰功大而不自傲，武则天十分信任他，对他的建议几乎是言听计从，不但在政治上加以重用，在生活上也很关心。一日，狄仁杰陪武则天郊游，偶遇大风，狄仁杰的头巾被风吹掉，坐骑也受了惊，狂奔不止。武则天十分担心，赶紧命太子捡起他的头巾，又命人勒住惊马，直到把头巾给狄仁杰戴上，才算放了心。圣历三年（700），武则天特别恩赐给狄仁杰一处很好的住宅，使满朝文武百官为之眼热。武则天还亲自制袍子赐给狄仁杰："敷正术，守清勤，升显位，励相臣。"平日，武则天对狄仁杰总是以"国老"相称，这在唐代是绝无仅有的。狄仁杰因年老体弱，多次提出告老还乡，武则天都不答应。狄仁杰上朝，武则天不让他下拜，说每见"国老"下拜，心里都颇不安。为了照顾他的身体，武则天还取消了他夜里值班的任务，并嘱咐其他大臣说如非大事，不要去麻烦他。狄仁杰去世后，武则天痛哭流涕，说："国老一去世，我总感到殿堂空了一般！"之后，每遇到朝廷大事众臣不能决断时，武则天总是唉声叹气地说："老天不长眼，过早地夺去了我的国老啊！"

武则天就是这样重用人才、厚待人才，使朝廷内外政通人和，经济持续发展，为开元盛世的到来奠定了雄厚的物质基础。

## 看人要看潜力

看人不能只注重学历、履历，这些当然是有用的，但不是绝对的。一个人只要有潜力，再加上勤奋，就一定是可造之才。

李鸿章的淮军收罗了不少猛将，有一次，李鸿章想让曾国藩给他们"相相面"，看看他们的潜力。

这些将领来到安庆集中后，第二天曾国藩就亲自接见，以表示重视。当时共有10余名将领，其中张树声个子最高领头，刘铭传身材短小垫后，鱼贯进入了曾国藩的议事厅，足足等了两个多小时，曾国藩在屏风后面来回踱步，就是不出来。结果张树声最有耐心，而刘铭传则暴跳如雷，口中骂声不绝。曾国藩在幕后观察的结果，对这两个人尤为满意，认为是不可多得的将才。

还有一种说法：一天傍晚，曾国藩在李鸿章的陪同下悄悄来到淮军的营地，看到淮军的将士们，有的赌酒猜拳，有的倚案看书，有的放声高歌，有的默坐无言。其中"南窗一人，裸腹踞坐，左手持书，右手持酒，朗诵一篇，饮酒一盏，长啸绕座，还读我书，大有旁若无人之概。视其书，司马迁《史记》也"。曾国藩在回来的路上对李鸿章说：众位将领都可以立大功、任大事，将来成就最大者，就是那个裸腹读书之人。此人即是后来成为淮军名将的刘铭传。

程学启战死后，刘铭传是淮军当之无愧的第一名将，也是李鸿章的看家之宝。曾国藩发现的这个人才，从某种意义上说，也成就了李鸿章的功名事业。

刘铭传，字省三。安徽合肥人。从小便胸怀大志。咸丰四年（1854），太平军攻陷庐州，安徽地方乡团筑起堡垒进行自卫。刘铭传的父亲刘惠世被其他堡的豪强之人侮辱，刘铭传当时只有18岁，但他追赶数里杀死了那人，为父亲报了仇，从此他便被各乡团推重。后来他跟随清军攻克了六安，援救寿州，清廷为奖励他的战功，提升他为千总。

同治元年（1862），刘铭传率练勇跟随李鸿章到达上海，他的部众号称"铭字营"。在作战中接连取胜，收编了不少太平军，势力越来越大。两年间，他被迅速提升为记名提督。不久他又攻克无锡，被赏头品顶戴。

同治三年（1864）春天，刘铭传率军攻占了常州，杀死太平军守将陈坤书，因战功被赏穿黄马褂。

同治四年（1865），曾国藩率军围剿捻军，因为湘军被裁撤大半，淮军就成了主力部队。淮军自从程学启死后，刘铭传成为诸将之首，因此也就成了曾国藩部下的主力。在作战中多次击败捻军，被提升为直隶提督。由于捻军善于流动作战，清军也屡屡受挫，曾国藩便和刘铭传商定了"河防之计"，以静制动，逐渐把捻军逼到绝路上。

曾国藩对其他一些淮系将领如郭松林、潘鼎新等都不是很满意，但对刘铭传是很看重的，对他的评价也很高，在给李鸿章的密信中，多次称赞过他。

同治七年（1868）二月初二，曾国藩在信中说："东捻肃清，将帅皆劳浮于赏。鄙人无功授爵，只益怀惭。张逆直犯保定。谕旨于左帅尚有怨辞，而少泉方谋人卫，责望遽深，亦岂责备贤者之例耶？"

"省三（即刘铭传）劳苦功高，酬庸稍薄，量予休息，自属人情。现已暂假归沐。稍迟旬日，敝处当婉致一函，劝其复出也。"

同治九年（1870）二月十一，他在信中又说："子务、乐山皆系好手，省三知人善任，宜其所向有功。"同年三月初六，他又说："省三谋勇绝伦，为诸将所乐从。若能别开生面，不复续调此三营马队，则更妙矣。"

从信中可见，曾国藩对刘铭传格外倚重。刘铭传对曾国藩也很敬服，乐于听他的指挥。他还虚心好学，特别喜欢作诗，经常把自己的新作交给曾国藩，请他指正。曾国藩也的确给了他不少指导，刘铭传虽然是个武人，但也有很大的进步，后来还留下了诗集，得到很多著名诗人的赞赏。

曾国藩离开徐州担任直隶总督后，李鸿章接替曾国藩镇压捻军，刘铭传接着执行"河防之计"，最终将这场轰轰烈烈的农民起义镇压了下去。刘铭传战功显赫，是取得这次胜利的第一功臣，曾国藩和李鸿章联名上奏，朝廷下令封他为一等男爵。

曾国藩去世后，刘铭传又多次担任要职，他是中国近代提议兴修铁路的第一个政府高级官员，说明他是有远见的。而他在中法战争中所做的贡献，也的确证明了曾国藩对他的鉴别和期待。

看人不能只注重学历、履历，这些当然是有用的，但不是绝对的。曾国藩看人不看经历，而是一下子看透这个人的潜力和前途。他亲自为李鸿章挑选了部下，这些人不但为李鸿章打开了局面，还保全了曾国藩的后路。

## 关键时刻保护下属

当下属在工作中犯了错误，处于十分难堪的境地时，作为领导者，应实事求是地为下属辩护，主动分担责任。

魏扶南大将军司马炎，命征南将军王昶、征东将军胡遵、镇南将军毌丘俭讨伐东吴，与东吴大将军诸葛洛对阵。毌丘俭和王昶听说东征军兵败，便各自逃走了。

朝廷将惩罚诸将，司马炎说："我不听公休之言，以至于此，这是我的过错，诸将何罪之有？"

这一年雍州刺史陈泰请示与并州诸将合力征讨胡人，雁门和新兴两地的将士听说要远离家乡、亲人去打胡人，都纷纷造反。司马炎又引咎自责说："这是我的过错，非玄伯之责。"

老百姓听说大将军司马炎能勇于承担责任，敢于承认错误，莫不叹服，都想报效朝廷。司马炎引二败为己过，不但没有降低他的威望，反而提高了他的声名。

如果司马炎讳败推过，将责任推给下属，必然上下离心，哪还会有日后的以晋代魏的局面呢？

由于统帅在治理军队、治理国家时严于律己，所以他们在军民心目中有极高的威信，做到了有令必行、有禁必止，军队的士气旺盛、战斗力强。

威信，就是威望、信誉，是霸主们必须具备的素质。有威信的霸主其计划、指令、任务容易被下属接受。他的指示、意见令下属信服，他领导的团体就能快速、高效地运转起来。否则，决不会有所作为。

树立威信的要素很多，严于律己首当其冲。古人云："人非圣贤，孰能无过。"其实圣贤也不一定无过。关键是有自知之明，有自我发落的勇气。

将帅的威信从律己中来，这是一个既浅显又深奥的道理。"身不正则令不从，令不从则生变。"对于雄霸天下的人来说，有了这种威信，就有了感召天下的力量源泉。

在领导者眼中，你的下属犯错，即等于你的错，起码你是犯了监督不力或用人不当的错误。下面介绍5种宽容下属的方式。

1.佯装不知。在下属偶犯过失，懊悔莫及，已经悄悄采取了补救措施，未造成重大后果，性质也不甚严重时，就应该佯装不知，不予过问，以避免损伤下属的自尊。一件工作、一项任务完成以后，要充分肯定下属为此付出的努力，把成绩讲足，客观分析他们的失误，把问题讲透。这样其工作得到承认，不足也得到指点，这样就会在以后的工作中扬长避短，提高自己。特别需要注意的是，对那些勤恳工作、超负荷运转和善于创新的下属要格外爱护。在一般情况下，他们的失误可能多一些，他们更需要关心、理解和支持。

2.暂不追究。在即将交给下属一件事关全局的重要任务时，为了让下属放下包袱，轻装上阵，领导者不要急于清算他过去的过失，可以采取暂不追究的方式，再给他一次将功补过的机会，甚至可视具体情节的轻重，减免对他的处分。

3.暂不声张。护短之前，不必大肆声张，护短之后，也无须用语言来点破，更不需要主动找下属谈话，让下属感谢自己，唯有一切照旧、若无其事方能收到最佳效果。

4. 分担下属的过错。当下属在工作中犯了错误，受到大家责难，处于十分难堪的境地时，作为领导者，不应落井下石，更不要抓替罪羊，而应勇敢地站出来，实事求是地为下属辩护，主动分担责任。这样做不仅拯救了一个下属，而且将赢得更多下属的心。

5. 关键时刻为下属护短。关键时刻护短一次，胜过平时护短百次。当下属处于即将提拔、晋升的前夕，往往会招致众多的挑剔、苛求和非议。这时候，作为一个正直的领导者，就应该站在公正的立场上，奋力挫败嫉贤妒能者，压制冒尖的歪风邪气，勇敢保护那些略有瑕疵的优秀人才。

# 第六章

## 巧出新招

### ——打破常规思维，眼前豁然开朗

## 抢先一步出手

在市场上，"新"即是价值。跟在别人后面亦步亦趋是没有出息的，要想做大生意赚大钱，一定要抢在对手之前出新招。

在田径运动场上，即使冠军只比亚军快 0.1 秒，却会夺得所有荣耀；在商场中也是这样，"快鱼吃慢鱼"，领先对手的一个要点是，根据对手的策略，抢先一步下手。

20 世纪 60 年代，和田一夫曾在日本伊东市开设了一家规模较大的八佰伴超级市场分店。此时，伊东已经有十字屋和长屋两家超级市场，信誉颇佳，当地市民有一种说法："买衣购物，必上两屋。"八佰伴分店虽规模不小，但由于迟来一步，开业后一直不景气，虽然打出"全市最低价"的招牌，但直到第三年才把生意做开。这件事使和田一夫深刻认识到先人一步的重要性。

后来，和田一夫的八佰伴分店刚在富士站稳脚跟，伊藤羊华堂也准备在此开设分店。伊藤羊华堂是一家实力极雄厚的大型百货公司，分店遍及全日本。跟它相比，八佰伴明显实力不足。

这天，和田一夫收到一张伊藤羊华堂的广告宣传单，他仔细阅读，忽然想到一个计策。

原来，伊藤羊华堂准备在开张期间推出一批廉价货，作为争取顾客的第一步。和田一夫马上组织特别小组，马不停蹄地照这张宣传单进货，并赶印了 10 万张海报，抢先在伊藤羊华堂的生意目标区全面分发。

伊藤羊华堂开张前一天，八佰伴张灯结彩，展开了廉价大售卖，卖的全是伊藤羊华堂准备推出的商品，而价钱更便宜！

抢购便宜货的人从四面八方赶来，竟造成交通大堵塞。当地报纸、电台报道了这一消息，引起更大的轰动！

结果，伊藤羊华堂正式开张后，生意出乎意料的惨淡。

只因一着占先，八佰伴在这场竞争中大获全胜。

在战争中，为了先敌一步占得有利地形，部队经常会采取抛弃辎重，不顾疲劳，昼夜急行军的计策。在商战中，为了先敌一步，有时也不得不付出代价，不顾一切"急行军"。

当IBM公司全力进行电脑产品开发时，它的竞争对手也没闲着，都想在这场厮杀中占得先机。董事长小沃森不得不一再催促他的部下："马上进行，而且价格一定要比对手低！"

IBM将研究人员分成3个班次，全天24小时作业，每个人都忙得不可开交。

正在这时，美国空军准备兴建一个名为"半自动地面环境"的雷达网络系统，需要大批电脑。负责该项目的工程师福雷斯特参观了包括兰德公司、IBM公司在内的5家最优秀的电脑制造公司。很显然，哪家公司首先拿出令人满意的电脑产品，谁就将得到这个惊人的大订单，并一举成为电脑行业的龙头老大。

小沃森将这个机会当作近期工作计划中最重要的一件事。他首先避重就轻，争得这个项目初级建设的一部分任务，即与麻省理工学院联手进行样机的制造。沃森知道，制造样机的任务与后面的生意关系甚大，不敢怠慢，马上投入700人参与这一项目，从设计到制造合格的样机，只花了14个月的时间。

虽然 IBM 成功地制造了样机，但并不能保证一定能拿到整个工程的下一步任务。这几十台大型电脑的合同最终花落谁家，还是一个未知数。小沃森深知赢得这个合同的重要意义，他恨不得将福雷斯特的手按在合同上签字。但福雷斯特一直拿不定主意。

小沃森决定不惜一切代价拿到这个合同。他告诉福雷斯特，如果把生意交给 IBM，在合同签订之前，IBM 可以专门兴建一座生产工厂，以确保这个合同能不折不扣地兑现。小沃森对福雷斯特说："只要你点头，一周内我们就可以开始盖工厂。"

福雷斯特终于满意地点了头。IBM 做成了这笔大得惊人的买卖。自此，它开始在电脑行业遥遥领先，并长时间稳居霸主宝座。

竞争如同弈棋，一着失先，则步步落后，需要花费很大努力才能扭转被动局面。一着占先，则步步主动，利于掌控全局。所以，做在对手前面，无疑是事半功倍的竞争法门。

## 在常规之外找办法

机会常常在他人意想不到的地方，而不在人人都能看得到的地方。因此，要想获得成功的机会，需要在常规思维之外寻找出路。

20 世纪初，美国妇女以胸部平坦为美，否则会被认为是没有教养的下等人。女孩子们都流行束胸，就像那时的中国女性流行裹脚一样。

伊黛也是受过束胸之苦的女人中的一个，她知道用一条布带勒紧胸部的感觉。她想，有什么法子能减轻姑娘们的痛苦呢？那时候，她正与人合伙开了一家小服装店。她决定将这种想法体现在服装设计中。经过一番苦心揣摩，她想出了一个折中方案：用一副小型胸兜来代替捆扎的束带，然后在上衣胸前缝制两个口袋来掩饰胸部。

不久后，伊黛将这种新服装推向市场，很快成了畅销货。伊黛尝到甜头，信心大增。她决定研究出一种比胸兜更方便、更符合女性自然天性的服装。没过多久，她就设计出了一种具有历史意义的产品——胸罩。伊黛凭直觉就知道胸罩一定会大受女性欢迎。问题是，它会不会受到来自男性世界的反对和阻挠？这完全有可能！

伊黛犹豫再三，终于决定跟传统观念较量一下。于是，她成立"少女股份有限公司"，批量生产胸罩。这批反传统的产品在纽约上市后，宛如平地一声惊雷，引起服装界的轰动。胸罩很快被抢购一空。出乎伊黛的意外，虽然有些人跳出来攻击，但附和者寥寥无几。姑娘们看到反对之声不大，胆子更大了，胸罩便逐渐成为一种新的服装时尚。

伊黛的"少女公司"迅速壮大，几年后，员工由最初的十几人增加到上千名，销售额增加到几百万美元。

任何一种方法，都有一种乃至多种更好的方法可以取代它。人们通常喜欢按常规方法做事，因为这是最安全的选择。但是，有成功潜质者，宁可冒一些风险，另辟蹊径，以求出奇制胜。

成功的言外之意，有时即是出格——要么突出于众人之上，要么挺立于众人之外，总之，要处于比较醒目的地方，让尽可能多的人看得见、听得见、感觉得到。既然如此，就需要突破常规思维，做一些比较出格的事。

## 特色就是竞争力

在商场中，新产品与新技术确实比较容易争得领先优势，但是，产品与技术很容易被竞争对手复制，也许过不了多久，相似的产品就出现了，甚至复制产品比原产品缺陷更少、使用更方便、价格更便宜。所以，新产品只能争得暂时的优势，而不是永久的优势。

要想保持长久的优势，一定要有对手不易模仿的特色。例如，可口可乐的配方中有一种"神秘物质"，上百年来，无数对手进行研究，都未弄清它究竟是什么，所以可口可乐一直都是一种特色鲜明的王牌饮料。

在做生意时，最好不要一味模仿别人，要强调自己的特色，坚持自己的特色，直到它被市场接受。

费拉加莫出身于意大利一个贫苦农家，少年时即在鞋店学会了手工制鞋的手艺。后来他移居美国，曾在加利福尼亚一家制鞋厂打工。干了几个月后，他深深感到，流水线无论如何都做不出令人满意的鞋。因为人的脚大小形状各不相同，这不是流水线生产的有限规格能满足的。虽然这种鞋便宜，但一定会有人宁愿出更多的钱，买到按他们的脚定做的鞋。于是，费拉加莫离开工厂，办了一家手工制鞋铺。

费拉加莫对市场的判断果然没错。虽然绝大多数人出于经济考虑，不得不接受流水线生产的鞋，那些有钱的阔佬和明星却崇尚舒适和时髦。费拉加莫将这些人定为目标顾客群，每双鞋都按对方的脚专门设计，特别强调完美和艺术性。

后来，费拉加莫做出了名气，世界上最著名的人物纷纷在他这里定做鞋子，包括英国女王、荷兰公主、阿拉伯王后、各种爵位的贵夫人，以及几乎所有的著名影星。费拉加莫按照顾客的脚的尺寸，用手工雕出各人专用的鞋楦，放在陈列室里，并写上名字。在这里，几乎可以找到近几十年来全部奥斯卡金像奖获得者的名字。

在费拉加莫所做的鞋中，有用 18K 金做的轻便鞋，有用珍珠和钻石装饰的舞会鞋，有用褐色鳄鱼皮做的尖嘴鞋，还有像手套一样柔软的骑马牧靴。但是，制鞋材料并不是最主要的，最有价值的是费拉加莫的技艺、灵感和精益求精的精神。他让每一双鞋都有自己的灵魂。

通过他的手，鞋不再是附属品，它们成为玲珑剔透、精美绝伦的艺术之珍。费拉加莫因自己的劳动而成为巨富，他还被誉为"当代幻想鞋大师"。

在商品或服务的特色中，离不开文化的渗透。没有深厚的文化底蕴，所谓特色，不过是吹起的肥皂泡罢了，五彩缤纷的美丽，只能维持一时的热闹。只有让文化很自然地渗透到你的产品或服务中，你才获得了对手难以模仿的特色。

1954 年，日本航空公司开辟了它的第一条国际航线。跟美国的大型航空公司相比，日本航空公司不过是一个小弟，不具备任何技术优势。为了提升竞争力，日本航空公司在这条航线上全部聘用美国驾驶员，以增强乘客对安全飞行的信心。在服务方面，却强调日本文化独有的特点。

首先在广告上，刻意强调日航空乘人员的特色服务，为人们勾勒出一个完美的日本女性形象。经过多次完善，这个广告形象的定位是：一位身穿和服的日本女性，模样甜美可爱，笑容温馨动人，举止优雅，她笑盈盈地双手托盘奉茶，温柔地指导旅客如何用筷子……总之，一举一动都充分展示了日本女性的柔美温顺。

当这个广告形象在世界各大都市的各大传播媒体上反复播出后，深深地打动了各地乘客的心，使日航知名度直线上升。许多外国旅客，都特别渴望乘坐日航的飞机，以便好好享受日本空姐优雅柔顺的服务。

当然，日本航空公司并非只是如此宣传而已，它的空中服务确实温馨动人，被公认为世界第一。所以，它的业务迅速扩大，市场地位也迅速攀升，至1996年，已跃居世界第5位。

产品或服务的特色，跟环境有关系，一种在此地习以为常的东西，在彼地可能是特色。所以，商人从外地引进本地没有的东西，也是做出特色的一种方法。但是，许多商人有意放弃自己的特色，一味模仿别人，见好就跟风，这样很难获得竞争优势。

## 巧用"歪点子"

"歪点子"用在正路，也可以是好点子。古人精心总结出来的"三十六计"，没有一招不是"歪点子"。

"虚张声势"是被人们用得比较多的"歪点子"。在势强、势弱时都可用。孙膑减灶，是以强示弱；虞诩增灶，是以弱示强。其用不同，其理则一，无非是隐藏自己的真正实力以达到迷惑对手的目的而已。这一招在商场中也经常被使用。

比尔·盖茨很会用虚张声势这一战术。有一年，他得知图像公司即将成功开发出能显示图像的软件，深感落后的危机。他立即成立了一个专门小组，加紧开发也能显示图像的"视窗"软件，决心用它打败"图像"软件。

要研制一个大型软件，非短期可以完成。由于在时间上落后图像公司一步，已失先机，比尔·盖茨只好运用虚张声势的计策来镇住对手和软件用户。他让人发布消息说：微软公司即将开发出一个新产品，它比图像公司将要完成的任何产品都好。

为了把假话讲得像真话一样，比尔·盖茨专程聘请了一个善用花言巧语打动人心的推销天才，负责宣传这个尚未成形的软件。

比尔·盖茨本人不停地给客户打电话说只要他们再等待一段时间，他保证在他们与图像公司签约之前，能看到微软公司提供的更好的东西。为了增强说服力，微软公司还搞出了一个功能不全的示范品。他们称它为"烟幕与镜子"，作为迷惑客户的幌子。

一年后，许多客户对微软公司吹得天花乱坠却迟迟不见露面的软件失去了耐心。这时，微软公司赶紧在纽约举行了一次盛大的新闻发布会，宣布"视窗"将在年底推出，以坚定客户的信心。

年底转眼即至，"视窗"还在"酝酿阶段"。微软公司又宣布将上市时间推迟到次年的第一季度。到了第二年，上市时间又被推迟到 5 月份，然后是 8 月份，再然后是 10 月份。由于每次推迟的时间并不长，客户觉得反正等了这么久，不如再等等看。

10 月很快到了，"视窗"仍不见踪影。于是，它成了新闻记者写辛辣文章的好材料，被媒体称为"泡泡软件"。

事实上，当盖茨不断向外界施放烟幕的同时，正组织大批人马埋头苦干，将潜力发挥到极限。他的烟幕是假的，他追求的品质却是真的，他绝不可能为赶时间做出一个劣质产品。要做就做得比对手更好，这是盖茨一向的风格。

盖茨的烟幕弹害苦了包括图像公司在内的那些竞争公司，他们为了抢在微软公司之前占领市场，急急忙忙将产品推出，却因为软件设计中存在很大缺陷，都未能在市场上站稳脚跟。这就是盖茨的精明之处，宁可在时间上失信，也不在质量上打折扣。

在施放了无数个烟幕之后，历时3年之久、花去大约11万个工时的微软"视窗"终于问世了。它以卓越的品质，一举击败所有竞争产品，成为当时最畅销的软件。

"暗度陈仓"也是比较好用的一招。因为它具有很强的隐蔽性，令人防不胜防。如果用法正当，即使对方明知上当，还会为你的智慧拍案叫绝呢！

哈利少年时曾在一个马戏团打工，负责向路人推销门票和在演出时向观众推销饮料。为了提升推销业绩，哈利想出一个促销的歪点子：买一张门票，免费赠送一小包盐水花生。老板对他的主意赞不绝口，马上同意采用这个免费赠送的促销方法。

很多人想，花几元钱，既可看马戏，又有东西吃，很合算嘛！尤其是小孩子，对这种看热闹加解馋的双重享受特别感兴趣，非拉着大人买票不可。这一来，马戏团的观众比以前多了好几倍。

如果哈利的点子仅仅如此的话，"歪"得还不算厉害。这个计谋的核心是：观众吃了盐分很足并加了香料的花生后，口干舌燥，特别想喝水。这时，戏院内早就准备了各种饮料。有时一场马戏演下来，可销售饮料1000多瓶，所获得的收入甚至超过门票。

一个成功的"歪点子"，要满足以下3个条件：其一是打破常规，从别人不熟悉的地方寻找新路；其二是合乎常理，不能"歪"到法律与道德的框架之外去，否则后患无穷；其三是顺乎人情。能让人们认同甚至赞赏的"歪点子"才是好点子，若是让人们普遍反感，那就真正是"歪点子"了，最后的结果很可能得不偿失。

## 从否定自己开始进步

人的进步从自我否定开始。当你意识到自己的某种缺陷或不足并开始改善和提高时，就开始进步了。

改变是必需之事，却不是可以随意实施的。仅仅因为对现状不满而改变，没有明确的意图和目的，对结果更是茫然无知，这只是碰运气，并不是理智的改革。精明的商人在改变之前，一定会首先搞清问题究竟出在哪里，然后对症下药。

碧丽是美国格莱汀公司原总裁肯兹·安格尔的妻子。她上过音乐学院，是一个很有教养的女人。安格尔先生英年早逝，给她和孩子留下了格莱汀公司 1/3 的股权。

在此之前，碧丽一心一意在家里当家庭主妇，对公司的事从不过问。现在，身为大股东，她不得不关心公司的事情。她常听说公司很不景气，照此下去，前景堪忧。

为了解公司的真实情况，碧丽在公司生产钓鱼线的工厂当了一年普通女工。然后，她又到仓库管理部门当了一年普通员工。

在这两年的时间里，她对公司内部管理松懈、浪费严重、工人吊儿郎当的情况相当了解，对生产、销售等各个环节存在的实质性问题也心中有数。她发现，问题的根源在于员工对工资待遇普遍存在不满。于是，碧丽向公司管理层提出为员工加薪的要求。公司总经理罗吉斯对此很不满意，质问碧丽："你身为公司大股东，为什么带头闹加薪？"

碧丽解释说："目前公司效益不好，主要是因为浪费严重；浪费的根源在于管理不善。这个镇子只有 350 人，其中一半以上在公司工作，不少人工作的目的是为了养家糊口，对工作和公司好坏，从不多想。由于都是邻里乡亲，谁也不好意思严管。为了打破情面，只有一方面提高待遇以获取支持，一方面加强管理以解决弊端。"

罗吉斯认为碧丽的分析很有道理，决定支持碧丽的意见。

在公司决策会上，碧丽抛出了她的改革方案：其一是通过选举在工人中产生管理组织，制定管理章程和赏罚标准；其二是将新的管理办法向工人家属公布，使他们知道，要想改善待遇，只有鼓励家人好好工作，否则，家人就不能加薪，甚至还有可能扣薪，那时家人出面说情，将毫无用处。碧丽的改革措施获得管理层一致通过，员工及家属们也无不赞成。

新的管理方法十分有效，公司当年产量增长了50%。

不久后，碧丽被任命为营销副总裁。她以迷人的气质、优雅的谈吐征服了所有的人。经销商们评价她说："她是一个有教养的、高贵的女人，虽然她有时豪放，但给人的印象却是心思细腻，这是她成功的关键。"

后来，格莱汀成长为一家全美知名的大公司。人们普遍认为，碧丽是公司最大的功臣。

某些商人有一些奇怪的毛病：当他们事业顺利时，他们试图炫耀自己的正确；当他们事业不顺利时，他们试图为自己的错误辩解；即使失败了，他们还是归结于某种客观原因，仍不认为自己的做法有什么问题。总之，他们从不否定自己。

但是，世界在前进，知识在更新，过去的成功要素也许会变成将来失败的原因。所以，没有自我否定就意味着停滞不前，即使暂时领先，也必将落后于人。

## 谁不变谁糟糕

苏格拉底说，人不可能踏进同一条河流。因为世界以及我们自己每时每刻都在发生改变。在商场中，任何一种流行的产品以及管理模式都会被淘汰。如果商人不能根据市场环境以及市场需求因变应变，必将陷入困境。

胜家缝纫机公司是美国第一家国际公司，创办于1850年。它的创始人埃莎克·迈登·胜家是穷苦人出身，研制出世界上第一台缝纫机后，与人合作成立了胜家缝纫机公司，几年间便赚得1300万美元的巨额利润。

骤然暴富的胜家克制不住享乐之心，终日花天酒地，不务正业。于是，他被董事会逐出公司。胜家离开后，公司仍继续发展，产品不但垄断了国内市场，而且畅销世界各地，被称为"世界上最著名的机械"。

到20世纪50年代前后，日本政府大力扶持本国缝纫机的生产。至1951年，全国月平均产量高达13.5万台。缝纫机的售价也逐步下降，1950年为每台40美元，到1960年，降到每台12美元。低廉的售价为打入国际市场创造了有利条件。这些价廉物美的缝纫机像洪水一样涌进欧美市场，进入千家万户。

胜家缝纫机一向以龙头老大自居，对日本缝纫机制造业的崛起毫无警觉，也没有采取任何应变措施。当它被彻底挤出日本市场并丢掉一半以上的美国市场时，这才突然清醒过来，决定进行反击。然而，它长期以来一直忽视对技术的革新和对市场的研究，此时突然想谋求改变，不知从何着手。

当日本及其他各国的缝纫机开始走高档、新潮、美观的路线时，唯独胜家公司的产品还是 100 年前的老面孔。毫无疑问，它对新一代消费者毫无吸引力。

危难关头，胜家公司聘请行伍出身的卡佳为公司总经理，希望他能领导大家走出困境。谁知此人除了在运用权力方面有一套经验之外，经营管理水平并无独到之处。他将第二次世界大战中的名将巴顿将军的"畏惧式"管理照搬到胜家公司，企图让每一位员工都拿出十倍的力气来干活儿，谁知不但无效，反而大大挫伤了员工的积极性。这样，公司的经营状况进一步恶化。

在困境中苦苦挣扎多年后，胜家公司不得不将缝纫机业务转卖给他人，就此终结了它的光荣历史。

经营者在企业景气时，认为无须改变，而且担心改变会损害既得利益，他们只顾埋首于事务之中，不去探求改变之道。一旦发现形势不利，认为必须改变时，往往为时已晚。这正是许多成功企业遭受挫折乃至失败的主要原因。

哲学上说，世界是绝对运动的，同时也是相对静止的。做生意也是这样，改变是绝对的，暂时稳定也是需要的。商人当然没有必要天天求变，但需要天天关注市场的变化，并研究改变之策，以便在必要时能拿出适应市场的办法。这样，他就不用担心被市场抛弃。

## 做事切忌一意孤行

凡事不可失度。我们要有坚持自己的主张、与众人观点作对的勇气。这是事业成功的要素之一。但如果失度，变成刚愎自用，这又是失败的一个重要原因。

罗杰·史密斯成为美国通用汽车公司董事长后，进行了一系列令人眼花缭乱的改革。首先，他宣布要创建"世界第一家21世纪的公司"，这将是一家拥有高级技术精英、不用纸、不用灯、无人操纵、全部电子化的制造公司。为实现这一目标，他到处投资建厂，并大量兼并那些他认为有利于实现目标的公司，即使与汽车业无关、财务状况很差的公司，也大量购进。

他设想的"21世纪的公司"只需要技术精英和技术，他认为机器人比人更有用而且成本更低，普通人在他眼里都成了多余之物。管理专家提醒他："日本最重要的优势不是廉价劳动力，而是人人参与管理。"史密斯对这一忠告毫不理会。他大量裁减工人，随意把众多本行业熟练的技工调到他们根本不懂的新岗位上去，而且调动极频繁，许多人行李还没打开，新的调令就又下来了。

史密斯还认为，公司亏损是由于员工待遇太高造成的，因此他要求员工"做出重大牺牲"，于是，这一年全公司普通员工没拿到一分钱红利，而公司6000名高级职员每人只分得5万多美元，他本人却加薪18.8%，年薪高达195万美元！此举引起了工人们的愤怒，导致多次规模不等的罢工。然而，罢工正好为史密斯裁员提供了借口。

史密斯的专横引起公司上下一致不满。董事裴洛特公开揭露史密斯，工人也罢工响应，喊出了"要裴洛特，不要史密斯"的口号；股民们甚至提议让裴洛特接管通用。史密斯决定釜底抽薪，以高价购买裴洛特的全部股票，并要求他退出公司。

史密斯在通用汽车公司改革了7年，他的"21世纪的公司"不但没有建成，还使通用轿车的市场占有率由原来的47%下降到

35%，创下通用50年以来最低纪录，前3年利润下降了35%。员工士气的损失更是无法估量。因此，驱逐史密斯的呼声越来越高，以致"美国都不能再等待了"。

终于，公司董事会忍无可忍，终于集体表决，撤销了史密斯的董事长职务。媒体是这样描述这一事件的："当有权把他撵出通用公司的一些人最后说话时，史密斯就像流浪汉的小狗一样，他把他自己原来的战略计划全部抛开，像小偷一样从屋里溜走了。"

史密斯希望成为美国企业界开创先河的英雄，结果，他的一意孤行却使他成为一个不光彩的人物。

因为对工作方法的坚持而固执己见，即使最后证明是错的，也情有可原；但因为虚荣心、嫉妒心等情绪因素而一意孤行，绝对是愚蠢的。意气之争通常只有坏处，没有好处，这是商人需要尽力回避的。

什么时候应该坚持自己的主张？什么时候应该放弃个人意见？这是一道难题。要把握其"度"，需要克服情绪作用，审慎考察世态人情，根据具体的需要而定。

例如，大家对什么是正确的都感到迷茫，应该坚持自己的意见；虽然自己的主张未必正确，但能鼓动大家遵行，也可坚持自己的意见；如果自己的主张遭到激烈抵抗，已难推行，不应固执己见；如果自己的主张在实行时已出现不良征兆，应该赶快改弦易辙……总之，明智的商人不会执着于对或错，更不会从面子考虑问题，而是会一切以利弊为考虑问题的中心。

正如索罗斯所说："重要的不是对或错，重要的是我们从正确中得到了什么，和我们从错误中失去了什么。"

## 此路不通，另寻出路

凡事都有解决办法。当常规方式不能解决问题时，唯一的办法是从常规之外寻找突破点。

世上没有不可能之事。所谓"不可能"，只不过是暂时还没有找到解决办法而已。一旦想到办法，再困难的事也许会一下子变成很简单的事。所以，遇到难事时，切勿用"不可能"来打击自己的信心，积极想办法才是解决问题的态度。

19世纪60年代，诺贝尔研究出硝化甘油新型火药，并创办了生产火药的工厂。当时生产工艺很落后，导致诺贝尔工厂多次发生爆炸事件，一些人死于非命，其中包括诺贝尔的弟弟。诺贝尔本人也伤痕累累。市民们向市政府请愿，要求关闭这座危险的工厂。市政府顺从民意，强制命令诺贝尔工厂迁到城外对居民无害的地方去。无奈下，诺贝尔决定将工厂整体搬迁。

但是，这座城市的周围是大片水域，陆地面积很小，人烟辐辏，根本找不到一个绝对不危害居民安全的地方。看来只有迁往人烟稀少的偏远山区，但昂贵的运输费用却是诺贝尔难以承受的。怎么办？诺贝尔进退两难。

经过苦思冥想，诺贝尔想出了一个异想天开的主意：将工厂建在水面上。具体做法是：以一条大驳船做平台，将工厂比较不安全的部分如生产车间、火药仓库建在上面，用长长的铁链固定在岸上；将工厂其余部分建在岸上。一道难题就这样解决了。

好主意常常装在别人的脑袋里，甚至装在一个远不如自己聪明的人的脑袋里。杰出人士最擅长的一件事是从别人那里得到智慧，当他无计可施时，总有人能帮他找到一条出路。

有一次，盖蒂购买了一块只有一间小房子那么大、油藏量却很丰富的石油地。这块地夹在别人的地中间，通往公路的通道有几百米长，却只有一米多宽，无法将大而笨重的钻井设备运进来。看来这块地根本无法开采。

正在盖蒂一筹莫展时，一位钻井老手对他说："我想可以搭建一个小型的钻井塔来钻井！假如能找到人设计，我们就造得出来，但我想不出怎样从公路上把东西运进来。"

盖蒂受到启发，马上想道：如果能用小型塔来钻井，不是也能造一条小型铁路解决交通问题吗？

他说干就干，很快造出小型铁路和小型钻井，在这块地上开采出了石油。

还有一个叫杜尔奈的商人，以低价购买了一家小得可怜的电线号牌制造厂。这家工厂只有4台老式机器，生产效率低下，根本无法跟那些采用自动化生产的大厂竞争，亏损累累。

杜尔奈无可奈何，向全体员工宣布："请各位一起想想办法，看这个工厂还有没有救。否则我只好宣布它倒闭。"说罢，他给员工们送上纸和笔。

每个员工都想了一些办法，并写在纸上交给杜尔奈。其中一位小学徒信中的一句话触动了杜尔奈：变更材料，是不是可以达到降低成本的目的？

杜尔奈想，以他的实力，改进设备和技术都是不现实的，只有改进材料才是可行的办法。当时的电线号牌都是铝制的，价格比较贵，如果能找到一种便宜的替代材料，就能降低成本和价格，跟那些大厂竞争。

于是，杜尔奈与员工们一起研究，终于找到了一种理想的替代材料：将一种韧性很强的白皮纸刷上一层透明胶，其硬度、柔韧度都跟铝制品差不多。

杜尔申请了这项发明的专利后，很快生产出价廉物美的电线号牌，其价格比铝制品便宜2/3，一上市就成了抢手货。

半年后，杜尔奈的工厂扩大了两倍，完全采用自动化设备，具有更强的竞争力，一举成为同行中最有实力的公司。

世上没有打不开的门，也没有走不通的路。只不过开门的钥匙不是原来那一把，里面另有机关；走路的方式也不能按原先那一种，在陆地上不能行舟。总之，按老方法找不到出路时，只能另寻新路。

## 不要迷信前人的经验

我们做事取胜的办法不能一成不变，即使过去多么奏效的办法，也不能永远使用，必然随时间、地点、条件的变化而变化。机密一旦泄露，就没有一点儿用处，相反还会成为致命伤。事物无不在一定的条件下向反面转化，一次胜利不等于永远胜利。如果一味因循守旧，反倒会得到相反的结果。

战国时，齐将田单以火牛阵大败燕军，就是一个经典的战例。在唐朝时候，房琯想重演火牛阵，却成为笑柄。

安史之乱后，唐太子李亨逃出长安，在灵武即位，称肃宗。李亨经过一番努力后，聚集了一些人马，准备反攻，收复长安。

这时房琯便趁机献策，毛遂自荐，要求统帅大军收复京城。李亨以为他是个文武全才的人，就委任他为两京招讨使。房琯随即号令大军分兵三路会聚后及攻长安。房琯与亲信幕僚商议后，决定效法古制，以车战对敌。遂将征募来的两千辆牛车排列在中间，两翼用骑兵掩护，浩浩荡荡，向长安进发。一路上烟尘滚滚，旌旗蔽日，杀气腾腾，好不威风。

可是，这老牛拉破车的队伍在对敌作战时，能否发挥其功效呢？除房琯及其幕僚深信不疑以外，其余将领则无不摇头叹息。房琯亲自率领中军，并督促北军，进到咸阳北面的陈涛斜，即与叛军安守忠的骑兵相遇。

这时，房琯本想先稳住阵脚，调整一下队形，再出阵迎战，谁知道这老牛破车慢慢吞吞，很难调动。这边房琯为调整队形吵吵嚷嚷，越整越乱，急得满头大汗，毫无办法。那边安守忠一看对手竟如此用兵，真是喜出望外，忙令部队迅速转到上风的位置，收集柴草，一面乘风纵火，一面擂鼓呐喊。老黄牛哪里经过这种阵势，一见烈焰腾空，又听战鼓声响如雷，吓得四处乱跑。安守忠乘机追杀，唐军大败。房琯慌忙令南路军投入战斗。那些老牛同样经不起人喊马嘶和震耳欲聋的战鼓声，不战自乱，败下阵来。唐军尸横遍野，死伤四万余人。杨希文、刘贵哲投降了叛军，房琯领着几千残败人马向灵武逃去。

他冥思苦想悟出的火牛阵法，就这样被作为笑料录进史册。

前人的经验并不是不能应用，重要的是能否因时制宜，用得合适。

唐朝末年，裘甫起义军在剡（今浙江嵊州市）境三溪（嵊州市西南）设伏，采用的就是西汉名将韩信破齐时的办法。公元860年，唐将郑祗德带领大队人马向裘甫起义军进攻。裘甫依据敌众我寡的情况，认为不能与唐军死拼硬打，必须以智取胜，便决定利用有利地形仿效韩信破齐时的古法对付唐军。

裴甫让部队埋伏在三溪以南，派人于上游截断三溪的流水，又令少数部队在三溪以北布好阵势，迎击唐军。唐军倚仗人多势众，一见敌军列阵以待，就气势汹汹地猛冲过去。起义军放了一阵箭即向南退去。唐军以为起义军人少怯战，便在后边紧紧追赶。当前军进入起义军的埋伏圈，后军大队人马正在涉水之际，起义军在上游扒开了积水堰，霎时滚滚洪流冲将下来，唐军顿时乱作一团。起义军伏兵四起，撤退的队伍也立即回军掩杀。唐军走投无路，被起义军重挫。

以上事例可以说明，前人的经验并非一定有用，也并非一定无用。关键在于审度当前时势，根据事情的需要采用能够解决问题的方法。前人的这些方法，原本也是根据时势事态的需要设计的，后人怎么能拘泥于成法而不知变通呢？

所以说，法无定法，解决问题的要点是从需要出发，随机应变。

## 敢为天下先

平庸的人，总喜欢跟在人后亦步亦趋。但世界上最需要的却是那些有创造力的人，因为只有他们才能够离开走熟了的路径，闯入新天地。

有一种人，他们死死抱住以前的规矩，不敢越雷池一步。在他们眼里，世界是静止的，至少变得没有那么快。他们顽固地认为："这个方法 5 年前有效，现在当然还有用。"

商鞅提倡变法时，朝廷大臣甘龙反对说："古代圣人都是不改变民俗而教导他们，智慧的君主也是不变换法令而治理国家，这样不必花费很大的力气就能成功。按照旧的法令办事，官吏熟悉，百姓也习惯，何必搞什么变法呢？"

商鞅反驳说："平常的人安于老一套习惯，死读书的人沉溺于往日的见闻，靠这两种人做官守法还是可以的，但不能与他们谈论变法革新的道理，因为他们的思想太保守了。三代不同礼而称王天下，五代不同法而成就霸业，从古到今哪有不变化的道理呢？贤者智人从来都是作法更礼，而愚人不肖者不明变通，才阻挠限制变法！"

大夫杜挚讲不出多少道理，竟一口咬定说："反正效法古人是无罪的，遵循古礼是不会犯错误的！"对此，商鞅针锋相对地说："治理国家从来不是一成不变的，更没有一套固定的办法。商汤和周武都没有效法古制，他们却得了天下；夏桀和殷纣没有改变礼法，他们却相继灭亡了。所以说，违反古例不一定错，遵循古法也不一定对！"

秦孝公听后觉得有理有据，便坚决地支持他变法革新。

商鞅变法后，秦国逐渐成为七国之中实力最强的国家，为以后统一全国奠定了坚实的基础。

在现实中，许多人习惯了往昔的生活方式，没有认识到创新的可贵，正因为这样，他们也就失去了出类拔萃的机会。有人说，创新者头上有一片自己的蓝天，这话没错，因此，让我们摆脱因循守旧、墨守成规的老思想，成为第一个吃螃蟹的人吧！

# 第七章

## 首因效应

### ——好形象是做事的潜在资本

## 学会扮演成功者

有些人身上好像有一块磁石，总是能深深地吸引追随者，激发起人们的狂热情感，驱使着人们按照他们指引的方向行动。这种巨大的感召力总是让人捉摸不透，似乎是天赐之物。其实这就是一种气质，一种成功者的气质。

一个人只要具有了成功者的气质，他就已经成功了一半。有些人，无论他的职位如何，不管他站在哪里，不管他的头衔是什么，他总是能吸引一群人围绕在他的周围，总是不由得令人肃然起敬，渴望认识他们。为什么会这样呢？就是因为他们具有了成功者的气质。

有些人可能会说："在我所追求的事业获得成功之后，我就必然有了成功的形象！"但很遗憾，生活中的事并非如此，你必须在取得你所期望的成功之前，塑造你成功的自我形象，培养你良好的气质。

无论一个什么样的成功者，演员、体育明星、学者、领导乃至总统，他们所具有的成功者气质，无不是靠自己的意愿努力塑造出来的。

据说美国总统竞选，都要请专家为自己精心设计形象，搭配衣饰，设计发型、整饰面容，为的是给选民留下精神焕发、值得信赖的强烈印象。

英国前首相撒切尔夫人为了给人留下值得信任的印象，向"形象专家"请教，改变原来在英国政坛初露头角时又细又尖、毫不动人的声音。开始以雄浑有力的音色在国会"舌战群儒"，成为有"铁娘子"之称的女首相。

为了让自己也具有成功者的气质，我们不妨听听形象专家的建议。

必须有强烈的动机，必须对魅力有强烈的渴望。

必须循序渐进，从外表开始着手。虽然说不应以貌取人，但无可否认，外表有时可以左右别人对我们的看法。

学会放松，自由抒发情绪。拥有一颗开放真诚的心，随时与人做情感的分享与交流，这会让生活更有趣，而且让别人更容易接近自己。

多聆听观察别人。在人多的场合，随时注意别人谈话时的声音与表情。你不妨想象自己是大侦探福尔摩斯在办案，仔细地研究别人的一举一动，可增加自己对他人情绪敏锐度的掌握。

强迫自己与陌生人交谈。排队买票、问路、到商场购物、候车等，都是不错的时机。

即兴演讲。你可以在家里对着镜子练习，最好把过程录下来，作为改进的参考。人们之所以不愿意在他人面前表达自己，多半是由于害羞及缺乏自信。如果你能随时面对各种话题不假思索地谈话，将是你提升魅力的本钱之一。

尝试角色，体验生活。很多魅力人物都是生活经验丰富的人，生活帮助他们培养出开阔的眼界。以罗斯福总统为例，除了当总统以外，年轻的时候他还曾经当过牛仔、士兵、警察局长、律师、作家、新闻记者。

走向人群，实际投身于各种社交场合。

## 努力成为众人注目的焦点

时下流行一个词：注意力经济。

在这个信息爆炸的社会，各种新奇的事物层出不穷，牵动着人们的眼球，我们被淹没在信息的洪流中，已经很少有什么东西能引起我们的好奇。很多很多的新东西，还来不及引起人们的注意就被淘汰了。

从某种意义上来说，成功的希望就在于能否跳出信息的洪流，抓住人们的眼球。注意力经济是企业取得成功的因素之一，一个人的成功也要靠引人注意。抓住眼球就是胜利。

人们对某个人或某件事关注，是受到来自这个人或这件事的信息刺激。刺激越强，注意力越强，印象越深刻。

有名外地学生给某公司领导寄去了三封求职信都石沉大海，杳无音讯。这名学生开始分析原因。经过分析，他认为自己没有能够引起对方注意的原因是求职信写得平平淡淡。试想，这家大公司，每天要收到多少求职信啊！自己那几封平平淡淡的信件，怎么能从众多求职信中跳出来，引起人家的重视呢？于是，他决定采用一个能引人注意的新办法。

在元旦即将来到之际，该公司领导收到了一封贺卡，贺卡上面有一幅漫画，漫画上是一位戴眼镜的"伯乐"站在大门口，一匹标有"良马"字样的高头大马三次走过大门，而伯乐却视而不见，漫画题目为"伯乐睡着了"。贺卡上还写了两句话："您该睡醒了吧！最衷心地祝您'不惑'之年新年快乐。"

领导看了这封贺年卡会心地笑了。他清楚这封信的真正意图并不是画一幅漫画来嘲讽他，而是想引起他的注意。他找出署名相同的三封求职信，然后给这位学生写了封回信，约他来面试。结果，这位学生成功地被聘用了。一年后，他做了这位领导的秘书，成为他的得力助手。

这位求职者就是凭借自己出色的表现技巧，抓住了对方的眼球，并取得了成功。

请记住，在任何时候，人们总是喜欢不同于一般的东西，人们将这些东西叫作"个性"。无论是独特的语言和衣着，还是对待事物不同于常人的看法，都能给人较强的刺激。所以我们要学会在最关键的时候表现自己的个性，这是一种非常聪明的做法。

心理学研究表明，人的记忆主要是通过重复的信息刺激实现的。通常情况下，受到第一次信息刺激，5分钟后将遗忘75%以上。只有经过多次信息刺激，才会将一个人或一个事物牢记在心。由此可知，你想抓牢别人的眼球，应该多争取亮相的机会。

英国著名演员约翰娜在刚出道时并没有什么名气，常常没有工作可做，又不知道怎样打开局面。她曾经多次应征试镜，还在电视节目和广告里担任过几个小角色，但还是默默无名，得到片约相当困难。

约翰娜去向一位社会问题专家请教，怎样才能做得更出色？专家建议她，每当得到拍片的机会时，哪怕扮演的是最不重要的角色，也要同主角一起拍几张照片，然后把这些剧照寄给各制片厂及一些导演。

从那时起，约翰娜每当有了工作机会，便主动要求跟主角、知名演员拍几张照片，然后印成10寸的剧照，并且注明所拍电视片的片名、主角姓名和播出的日期、频道，还用大写字母标明

"约翰娜扮演的角色"。约翰娜虽然每年只演几个小角色，但是每次都能得到一些跟大牌明星的合影，这些相片又能复制多份，到处散发，反复给人以刺激，就给人留下了很深的印象，人们牢牢地记住了她。这一来，主动找她签约的制片厂就多起来。

为了进一步增加约翰娜的成功机会，专家鼓励她到图书馆做些研究。每当有人找她商谈拍片的时候，她都会事先到图书馆翻看有关的杂志，看看有没有介绍那个片子的作者、导演、制片人和主角的文章，凡是能够找到的材料，她都仔细阅读，熟悉那些将要上镜的人和幕后的人。这样，她在面试的时候就能谈出较多的想法而显得与众不同了。面试她的人都觉得她有很强的专业水准和很高的悟性，是块做大明星的材料，自然会优先录用她。

无论你在职场打工还是自己当老板，抓住别人的眼球，都是你成功的关键。你让尽可能多的人看见你、听见你、感觉到你，并且喜欢你，那么，你离成功就只有一步之遥了。

## 突出你的每一个亮点

喜欢和信任，有时可以分离。我们经常理智地告诉自己，也告诫别人："知人知面不知心。""看人不要只看外表，要透过现象看本质。"可是感情却跟我们唱反调：那个人的形象好有魅力，我们就会喜欢他，哪怕他并不那么值得信任；那个人外表粗俗形象不佳，我们就会先存三分不悦，哪怕他的人品很好。

人的魅力能从一举一动、一言一行中反映出来，从而让他人得出一个整体印象。那些受欢迎的人，总是善于突出"亮点"、展示最佳形象的人。

如何展示自己的最佳形象呢？

其一，用自信的目光反映你的底蕴。人的内心世界有时可以通过眼睛来表达。在社交场合，人们对某人的最初印象有一大半是根据他的眼睛所传达出来的信息获得的，因为我们在与人接触中，有80%的时间是在看着对方的眼睛。

两个人见面时即使没有开口说话，从目光上就可以判断出谁在心理上占优势。所以在第一次与人见面时要善于有效地运用自己的视线，不要用没有自信的怯生生的目光看人。眼睛可以直视对方，但不要引起对方的不愉快，在异性交往中尤其要注意。

其二，让声音更具魅力。一位业务员在电话中与客户沟通总是达不到预期的目的，后来，他亲自上门拜访了这名客户。一进门，客户便说："真没想到，你本人看上去要比电话中听到的好得多。"原来，他电话中的声音生硬、低沉，让人听了讨厌。

美国声音教练杰弗里·雅克曾说："我们花了很大一部分精力去考虑自己的衣着、外表。但是，人们却更多地通过声音而非衣着来判断我们的形象。"

因此不要败在我们的声音上，可以把自己的声音录在磁带里，然后反复地听，反复地修改，直到认为听上去给人一种自信、友好的感觉，让我们满意为止。

其三，说话要简洁有力。美国的声音教练杰弗里·雅克在全国范围内抽样调查了1000名男女，问他们"哪种声音让你们最讨厌、最反感？"得到的答案是嘀咕、抱怨或唠叨的声音。雅克发现，人们容易通过发音的方式来判断别人。

还有一个研究报告指出：句子越短越容易使人理解。

实际上，句子简短不仅容易使人明白意思，而且能给人一种顺畅、节奏明快的感觉。

说话和写字一样，该断就断，少用连接词，这样会使听者感觉明朗而有理，给人精明能干的印象。

其四，与人交谈尽量多用平常语言。身居高位而平易近人的人，总会受到周围人的欢迎，而官没做多大、架子却端得很大的人，会引起别人的反感；同样，学问没有多深，却喜欢咬文嚼字，会给人"酸"的感觉。著名作家J.马菲曾经提醒别人："尽量不说意义深远、新奇的话语，而以身旁的琐事为话题开端，它是促进人际关系成功的钥匙。"

其五，临别画一个圆满的句号。你可能也有这样的感受，当你刚刚走出客人家的门，就听到对方把门"嘭"的一声重重关上，即使在刚才受到相当热情的接待，也会觉得像被泼了一盆冷水，十分扫兴。大概很多人都有这种体验。也许这只是对方的一时疏忽，但自己却会怀疑人家是否欢迎自己。因此，在临别时，最好注意一下自己的小动作，不要功亏一篑。

俗话说："结果好，一切就好。"在会面结束后，别忘了在临别之时给对方留下一个好印象，给会面画上个圆满的句号。

## 有实力就敢大胆表现

勇猛的老鹰，通常都把它尖利的爪牙露在外面；精明的生意人，首先用漂亮的包装吸引顾客注意。威廉·温特尔说："自我表现是人类天性中最主要的因素。"人类喜欢表现自己就像孔雀喜欢炫耀自己美丽的羽毛一样正常。

有时，人们过于注重谦虚的品质，信奉"酒香不怕巷子深"，把"含而不露"看作一种美德，自己的优点、成绩和才能，自己不能说，要由别人来发现，相信是金子总有发光的那一天；无论有多么渊博的知识，多么惊人的才华，也只能说自己"才疏学浅"。总而言之一句话，不敢炒作自己，要被动地等待伯乐来发现。

但是，"千里马常有，而伯乐不常有"，如果一辈子遇不到一个伯乐，不就一辈子没有出人头地的机会了吗？所以，在这个人人争夺生存空间的社会，你不要指望别人来给你机会，要主动站到台前亮相，然后你才有成功的机会。

很多人虽然腹有诗书，胸藏智计，但是由于受传统思想的束缚，很好的才干被埋没了，等到年迈的时候才发现，此时已经为时过晚了。汉代将军李广很有才干，可他淡泊名利，对自己应当获得的利益没有去全力争取，没有利用合适的时机陈述自己的功劳，一直没有得到朝廷的封赏。因此给后人留下"冯唐易老，李广难封"的抱憾。

韩信初时在刘邦手下做小官。他总希望上面有人发现自己的才干，却没考虑如何表现自己，结果一直怀才不遇、沉沦下僚。他郁郁不乐，满腹惆怅，工作也没有干出什么成绩，更谈不上名气。

一次，对前途灰心丧气的韩信伙同一些人当逃兵，被抓住后，依律当斩。临刑之时，排在韩信前面的13人，都一个接一个地被砍了头。眼看就要轮到韩信了。这时他觉得再不好好表现一下自己，小命可就不保了！于是他高扬起头来，圆睁二目，面对监斩官夏侯婴大声呼喊："汉王不是想争夺天下吗？为什么还要白白地杀掉英雄豪杰之士！"

这句话点中了刘邦的全部政治企图，可谓一语惊人。夏侯婴既感惊讶，又觉得奇怪，不免仔细地打量韩信一番，他发现此人相貌奇伟，仪表堂堂，像个英雄人物，于是将他释放。在交谈中，夏侯婴发现韩信非同一般，确实志大才高，便把他推荐给了刘邦。

从此韩信成为刘邦的得力助手，并成为汉初三杰之一。

假如没有临死前的那一句呼喊，也许韩信早已成为刀下之鬼了，历史又会增加一份遗憾；再假设如果韩信在平常的工作中能够积极地表现自己，充分展现自己的才能，也许早就被重用，也就不会有险些被杀头的事情发生了。

古代的有识之士常把自己比作千里马，当碌碌无为一生后，却埋怨世上的伯乐太少没能发现自己，无奈只得"祗辱于奴隶人之手，骈死于槽枥之间"。我们不禁要问，既然你认为自己是千里马，那么为什么不主动去找伯乐推销自己呢？

"做完蛋糕要记得裱花。有很多做好的蛋糕，因为看起来不够漂亮，所以卖不出去。但是在上面涂满奶油，裱上美丽的花朵，人们自然就会来买。"

除非你打算继续坐冷板凳，蹲在角落里顾影自怜，否则，每当做完自认为圆满的工作后，要记得向老板、同事报告，别怕别人看见你的光亮；当有人来抢夺属于你的功劳时，也要坚决捍卫。

小孙在新公司工作约两个月了，工作一直没有什么进展。一天早晨公司的副总找她刚谈完话，当她回到自己的办公室时，收到了一份传真，传真上说，她花了两个星期争取的一笔业务成交了。她叹了口气，说要是传真早5分钟来就好了，她对副总就有的说了。这时她的同事建议她赶紧去副总办公室报喜。起初她并不愿意，说写个便条就可以了，可是同事说趁热打铁，更能显示你的功劳，不过要假装不经意地提起这个巧合，你最好说："我们刚谈完，我就成交了这笔生意！"

她按着同事的说法做了，结果副总非常高兴，建议她告诉公司的公关部门，好让公司同人知道这笔进账。

霍伊拉说："如果你具有优异的才能，而没有把它表现在外，这就如同把货物藏于仓库的商人，顾客不知道你的货色，如何叫他掏腰包？"

## 用你的整个身体发布友好信息

在与人交往的过程中，你必须将你的整个身体都看作一个信息的载体。你必须意识到，你的一举一动都在说话。假如你善于运用你的身体语言，他人将乐于接纳你，并与你合作。外表、情绪、言辞、语调、眼神、姿态，抓住他人兴趣的能力，这些都是在与人交往时你所能运用的东西，其他人正由此形成关于你的印象。

一个人的外貌对于人本身的确有影响，穿着得体的人给人的印象就是好，它等于在告诉大家："这是一个重要的人物，聪明、成功、可靠。大家可以尊敬、仰慕、信赖他。他自重，我们也尊重他。"反之，一个穿着邋遢的人给人的印象就差，它等于在告诉大家："这是个没什么作为的人，他粗心、没有效率、不重要，他只是一个普通人，不值得特别尊敬他，他习惯不被重视。"

在面容方面，疲倦、憔悴或没刮干净的胡须都会带来严重的负面影响；头发太长或凌乱不堪亦然；衬衫尺寸不合适的衣领或土里土气的领带，均足以损害到你的形象。

要做一个平易近人的人，和别人打交道要轻松自如。也就是说，在别人和你打交道的时候，不要让对方有一种紧张感。一个让别人觉得"很难同他打交道"的人，他在交往中总会遇到很多难以克服的障碍。一个平易近人很好相处、言谈举止都很自然的人，他会营造一种舒适、愉快、友好的氛围。

无论对象是一个人还是一群人，你都必须记住，和他们说话时一定要看着他们。有些人起初说话还看着听众，可没说三句就转移视线，眼瞧窗外，令人觉得别扭。

要善解人意，体贴别人。一个体贴别人的人总是设身处地为别人着想，不让别人紧张、拘束，更不会让别人尴尬难堪。据说，莎士比亚就具有善解人意的神奇能力。在和人交往的过程中，他就像一条变色龙，能根据交往对象的不同特点，随着时间、地点的变化进行应变。

待人接物要落落大方，不卑不亢。一般来说，具备这种素质的人必须具备宽阔的胸怀。因为，那些特别注重别人对自己态度的人，那些害怕别人嫉妒自己的地位和职务的人，那些在生活中处于优势地位的人，是很少对别人态度冷淡的，而且一般也不轻易对别人生气。

要想让别人喜欢你，你必须具备忠诚、正直和具有爱心的基本品质。或许可以说，只要你具备了这一基本品质，其他的各种品质也就自然而然地具备了。

在人际交往中尊重别人的人格是赢得别人喜爱的一个重要因素。人格，对每个人来说都是最重要、最宝贵的。每一个人都有这样一个愿望：那就是使自己的自尊心得到满足，使自己被了解、被尊重、被赏识。一些高明的政治家是精于此道的，为了笼络人心，赢得别人的拥护和支持，他们绝不轻易伤害别人的自尊和感情。

一个人还必须有自我克制的能力，对和自己打交道的人千万不要表现出不耐烦。对某些人，你可能是特别的不喜欢，甚至是特别的讨厌。但是，你不要感情冲动，只要你冷静一点儿，试着多找出一些他的优点及过人之处，你就会惊奇地发现，你不喜欢的那个人竟然会有那么多值得人喜爱的品质，你就会觉得自己没有理由讨厌他。当然，在你对别人有这些新发现的过程中，别人也会发现你的许多可爱的品质。

## 换个法子宣传自己

对有实力的人来说，花钱宣传是出名的一大途径。对实力不足的人来说，省钱为第一要务，那就只能做一点儿"出格"之事，引起人们的强烈注意，让别人免费帮自己宣传。

让别人主动传你之名，无疑是一种效果最佳的炒作方法。但是，你得先制造出一个既让人感兴趣又方便传诵的情节。在宣传自己时，就是要讲出这样一个"好故事"，让它成为人们茶余饭后的谈资和街谈巷议的话题，这样出名就快了。

唐代大诗人陈子昂初到都城长安时，默默无名。他想投附某位名家，却找不到捷径；拿作品给人看，也没人感兴趣。因为人的特点是：抱名人的大腿，对无名之辈不放在心上。这就是陈子昂当时遇到的尴尬。

有一天，陈子昂外出散步，看到一个人在那里卖古琴，要价100万钱。附近的士绅文人都被这把价格昂贵的古琴吸引过来，围着它讨论，却没有还价。一来他们不知道这把琴值不值100万钱；二来他们认不出这是不是一把古琴，万一买了一把假琴，岂不是花钱买笑话？

这时，陈子昂拨开人群走进去，说："这把古琴我要了，就100万钱。"众人都大吃一惊，弄不清这人是慧眼识宝还是个大傻瓜。照理人家漫天要价，他应该就地还价，必可省下不少钱，他为何不还价就买下来？

陈子昂看出别人的心思，便向众人抱拳施了一礼，自我介绍道："我叫陈子昂，现寓居某店。这是一把上好的古琴，音质不同凡响，100万钱不贵。各位如有兴趣，明天请来我的寓所听我弹琴，我一定盛情款待。"

这件事不同寻常，马上哄传开来。第二天，当地的头面人物几乎全来到陈子昂的寓所，想听听这把价值百万的古琴到底能弹出什么调。陈子昂摆出酒宴，请他们一一入席。

酒过三巡，陈子昂捧出那把古琴，说："我陈子昂自幼苦读，满腹诗书，至今没有遇到一个识货的人。我想弹琴品竹，不过是末流之技，哪值得污染各位的耳朵呢！"说着，举起手，将古琴在地上摔得粉碎。在场之人，无不发出惋惜的惊叹声。

这时，陈子昂捧出自己的诗稿印本，一一分发给各人，请他们品评指点。自此，陈子昂名闻全长安，确立了自己在诗坛的地位。

任何人、任何商品或是公司，都以实至名归为佳。如果只有一个虚名却没有实在的内容，那是不能长久的。比如国内曾有一家酒厂，一年花在广告上的钱近亿元，花在技术革新和设备改造上的钱却不过区区数十万元，这显然是务虚不务实。结果呢？由于产品质量与其名声不符，红了两三年就衰落了。

有名有实，才是自我宣传应追求的目标。

第八章

放下姿态

——忍得下小事，才能做得成大事

## 学会推功揽过

李泌在唐代中后期政坛上是一位颇有名气的人物。他侍奉玄宗、肃宗、代宗、德宗4代皇帝，在朝野上下很有影响。

唐德宗时，他担任宰相，西北的少数民族回纥族出于对他的信任，要求与唐朝讲和，并联姻，这可给李泌出了个难题。从安定国家的大局考虑，李泌是主张同回纥恢复友好关系的；可德宗皇帝因早年在回纥人那里受过羞辱，对回纥怀有深仇大恨，坚决拒绝。事情一时僵在那里。正巧在这时，驻守西北边防的将领向朝廷发来告急文书，要求给边防军补充军马，此时的大唐王朝已经空虚得没有这个力量了，唐德宗一筹莫展。

李泌觉得这是一个可以利用的时机，便对德宗说："陛下如果采用我的主张，几年之后，马的价钱会比现在低十倍！"

德宗忙问什么主张，李泌说："臣请陛下与回纥讲和。"

这果然遭到了德宗的拒绝："你别的什么主张我都能接受，只有回纥这事，你再也不要提了，只要我活着，我决不会同他们讲和，我死了之后，子孙后代怎么处理，那就是他们的事了！"

李泌知道，好记仇的德宗皇帝是不会轻易被说服的，如果操之过急，言之过激，不只办不成事情，还会招致皇帝的反感，给自己带来祸殃。他便采取了逐渐渗透的办法，在前后一年多时间里，经过多达15次的陈述利害的谈话，才算将德宗皇帝说通。

　　李泌又出面向回纥族的首领做工作，使他们答应了唐朝的五条要求，并对唐朝皇帝称儿称臣。这样一来，唐德宗既摆脱了困境，又挽回了面子，十分高兴。唐朝与回纥的关系终于得到和解，这完全是由李泌历经艰苦，一手促成的。唐德宗不解地问李泌："回纥人为什么这样听你的话？"

　　李泌恭敬地说："这全都仰仗陛下的威名，我哪有这么大的力量！"

　　听了这样的话，德宗能不高兴，能不更加信任李泌吗？

　　不仅要善于推功，还要善于揽过，两者缺一不可。

　　田叔是西汉初年人，曾经在刘邦的女婿张敖手下为官。一次张敖涉嫌与一桩谋杀皇帝的案子有关，被逮捕进京。刘邦颁下诏书说："有敢随张敖同行的，就要诛灭他的三族！"

　　可田叔不计个人安危，剃光了头发，打扮成一个奴仆模样，随张敖到长安服侍。后来案情查清，与张敖无关，田叔由此以忠爱其主而闻名。

　　汉武帝非常赏识田叔，便派他到鲁国去出任相国。鲁王是景帝的儿子，自恃皇子的特殊身份，骄纵不法，掠取百姓财物。田叔一到任，来告鲁王的多达百余人。田叔不问青红皂白，将带头告状的二十多人各打五十大板，其余的各打二十大板，并怒斥告状的百姓道："鲁王难道不是你们的主子吗？你们怎么敢告自己的主子？"

　　鲁王听了很是惭愧，便将王府的钱财拿出来一些交付田叔，让他去偿还给被抢掠的老百姓。田叔却不受，说道："大王夺取的东西而让老臣去还，这岂不是使大王受恶名而我受美名吗？还是大王自己去偿还吧！"

　　鲁王听了心里美滋滋的，连连夸赞田叔聪明能干，办事周到。

像田叔这样将功劳归于鲁王，将过错留给自己，鲁王怎么会不喜欢他呢？

## 不因小仇坏大事

古人云："人之有德于我也，不可忘也；吾有德于人也，不可不忘也。"别人对我们的帮助，千万不可忘了；反之我们对别人的帮助应该善于忘记。

美国喜剧大师卓别林也有一句名言："我只记着别人对我的好处，忘记了别人对我的坏处。"难怪卓别林深受大家的欢迎，拥有很多知交！

乐于忘记，对自己的心灵是一种有益的呵护。"生气是用别人的过错来惩罚自己"，总是"念念不忘"别人的"坏处"，实际上最受其害的就是自己的心灵，搞得自己痛苦不堪，何必呢？这种人，轻则自我折磨，重则疯狂报复，最后害了别人，也毁灭了自己。

乐于忘记是成大事者的一个特征，既往不咎的人，才可甩掉沉重的包袱，大踏步地前进。乐于忘记，也可理解为"不念旧恶"。人是要有点儿"不念旧恶"的精神，况且在人与人之间，在许多情况下，人们误以为"恶"的，又未必就真的是什么"恶"。退一步说，即使是"恶"吧，对方心存歉意，你不念恶，以礼相待，进而对他格外地表示亲近，也会使为"恶"者感念其诚，改"恶"从善。

《三国志》中有这样一个故事：曹操在统一北方的时候，曾三次南征张绣，第一次失败，第二次获胜，第三次互有胜负，基本上打了个平手。

曹操未能消灭张绣，但张绣也没有足够的能力进攻许都，南边的局势暂时稳定下来。

在南征中，曹操损失了爱子曹昂、心腹战将典韦，虽然胜负未分，仇却结得不小。

后来，曹操接受谋士的建议，先东征吕布，平定了徐州，并打败了袁术。

公元199年，曹操与袁绍在官渡一线对峙。

考虑到袁绍实力强大，曹操认为应该将张绣拉拢过来，共同对付袁绍。至于以前的仇恨，只好抛在一边。

这时袁绍为了对付曹操，也派使者来到穰城，约张绣出兵进攻许都，同时还给张绣的谋士贾诩写了一封亲笔信，以联络感情。

当时袁绍势大，张绣打算帮助袁绍，消灭曹操这个宿敌。这时多亏了贾诩，他当着众人的面对袁绍的使者说："你回去告诉袁本初，他们兄弟之间尚且不能相容，怎能容得下天下国士呢！"

所谓兄弟不能相容，指的是袁绍、袁术兄弟反目成仇、互相攻伐的事。

贾诩冷不丁这么一说，毫无思想准备的张绣不由得大惊失色，脱口而出："您怎么这样说呢？"

但贾诩若无其事，因为他说的是事实。

袁绍的使者只得动身回冀州复命去了。

事后，张绣私下惶恐不安地问贾诩："您这样说，我们今后该怎么办呢？"

贾诩的回答又出乎张绣意外："不如投靠曹公。"

张绣为难地说："袁强而曹弱，我们又同曹操结下了冤仇，去投靠他怎么行呢？"

贾诩不慌不忙地说："将军所说的恰好是我们应当投靠曹公的原因。第一，曹公奉天子以号令天下，名正言顺，从公道出发，我们应当归附于他。第二，袁绍确实强盛，但我们以不多的一点儿兵力去归附他，他肯定不会看重；曹公比较弱小，得到我们这支兵力，他会感到很高兴。第三，凡有志于建立王霸之业的人，肯定不会斤斤计较个人恩怨，目的是要以此向天下人表明他胸怀的博大，我看曹公就是这样一个人。这件事请将军不必再犹疑。"

贾诩说得入情入理，张绣也就不再说什么了。

这年十一月，张绣率部到许都归顺曹操。

曹操果然十分高兴，亲热地拉着张绣的手，为之设宴款待，并立即任命张绣为扬武将军。

曹操还让自己的儿子曹均娶了张绣的女儿，两人做了儿女亲家。

张绣内心十分感激曹操对他的信任，后来每次作战都异常勇敢。

官渡之战，张绣因力战有功，被提升为破羌将军。

在南皮参加击破袁谭的战斗后，封邑被增加到二千户。

曹操对张绣的信任也是始终如一的，给予张绣的封赏总是超过其他将领。后来，张绣跟随曹操北征乌桓，病死于途中。曹操伤悼不已，对他的后人优礼抚恤。

古今中外，大凡成大事者必有大器量，不会以小仇而坏大事。人在世上争名夺利，难免有几个得罪过你的人、损害过你的人，就像你必然也得罪过人、损害过人一样。既然大家都是如此，不如把被人得罪、被人损害的事看作自然，不必太放在心上。难道只有你能得罪人，别人就不能得罪你？难道只有你能损害人，别人就不能损害你？没有这个道理。

有仇必报的人，绝对成不了大器。成大事的人，将团队利益看得高于一切，绝不会以私人恩怨作为决策依据。所以，他们能随时得到朋友，随时得到助力。

## 在忍耐中积累成功的资本

耐心是等待时机成熟的一种成事之道，反之，人在不耐烦时，往往会变得固执己见、粗鲁无礼，而使别人感觉难以相处，更难成大事。当一个人失去耐心的时候，也失去了用理智的头脑去分析事务的能力。所以，做任何事，都要有一份耐心，先打好基础，筹划好步骤，然后再着手行动。

大丈夫就应当能屈能伸，在山穷水尽之时，忍辱负重，守静待时；在柳暗花明之时，持力而为，繁荣人生。

勾践在会稽之战中为吴王夫差所擒，蒙受了常人难以想象的屈辱。被释放后，他不忘会稽山之耻，想要在会稽山建城郭，重立都城，就把这件事情交给范蠡承办。范蠡日察地理，夜观天文，造成了一座新城，团团围住会稽山入内。西北方在卧龙山上立了飞翼楼，示为天门；又在东南方挖了漏石窦，示为地户。外郭长长绵延十数里，却单独留了西北一个豁口，称道"已臣服于吴，不敢壅塞贡献之道"，表现出服软姿态，其实则是为了异日进取姑苏之便。

制度俱备，勾践迁入新都，对范蠡道："我实不德，竟然失国亡家，为吴奴役，如果不是大夫相助，又怎会有今日？"范蠡道："此乃大王之福，非我之功，只要大王时时不忘石室之苦，终有一日越国当兴，吴仇得报。"勾践大喜，封范蠡为相国，又授了大将军，专治军旅；再封文种和计然二人为大司马，辅治国政，尊贤礼士，敬老恤贫。越国上下一片欢呼。

勾践被囚时复仇心切，苦身劳心，夜不倦卧。他命人采了大批柴薪，积成丈高，夜夜睡在上面，不用床褥，又命人悬一苦胆于坐卧之所，饮食起居，必取而尝之。

这还不止，勾践自己每出游，必载饭与羹于后车，遇到年幼的小童，取饭羹哺之，问其姓名。遇耕时，躬身秉耒，夫人自织，与民同苦。7年不收赋税，食不加肉，衣不重彩。

20年后，在勾践如此的忍辱负重、励精图治下，越国渐渐强大起来，有了近乎称霸的资本，于是向吴国大举兴兵复仇。一天夜里，范蠡悄悄带了右军，在离吴营不足十里处伏下；文种又带了左军，溯江而上五六里以待吴兵；勾践自率中军，鼓声震天，强袭吴营。

结果吴国大败，吴王投身烈火自尽。

"卧薪尝胆"的著名故事向来被当作"韬光养晦"的案例来讲，其实这里面也蕴含着欲速则不达的道理。

做人做事，巧遇机会是非常重要的。忍住性情，等待时机成熟再出手才是智者的选择。

当然，忍耐绝不是被动地等待。等待者将成败寄托于所谓"天时"，而不去努力增强实力、制造机会，其结果可能在漫长的等待中逐渐消磨了雄心壮志。忍耐者在忍耐过程中，积极筹集成大事的资本，准备卷土重来的条件。一旦力量足备，即可一举扭转劣势，反败为胜。

## 人要不断充实自己

别忘记不断充实自己，挖一口属于自己的井。昨天的努力就是今天的收获，今天的努力就是未来的希望。岁月不饶人，当年龄大了，挑不动水时，你还会有水喝吗？

　　东吴名将吕蒙，少年时家境贫困，没有条件读书。但他作战英勇，屡立战功。孙权继位后，就提升吕蒙做平北都尉。

　　建安十三年（208），孙权派吕蒙为先锋，亲自攻打黄祖，以报杀父之仇。吕蒙没让孙权失望，他斩了黄祖，胜利回师，被提升为横野中郎将。

　　但吕蒙有个缺陷，他从小没有机会读书，识字不多。带兵镇守一方，每向孙权报告军情时，只能口传，不能书写，很不方便。一天，孙权对吕蒙和蒋钦说："你们从十五六岁开始，一年到头打仗，没有时间读书，现在做了将军，就得多读些书呀。"吕蒙说："忙啊！"孙权说："再忙，有我忙吗？我不是要你做个寻章摘句的老学究，只要你粗略地多看看书，多了解一些以前的事情。"说着给他列出详细的书单：包括《孙子兵法》《六韬》《左传》《国语》《史记》《汉书》等。

　　在孙权的启发和鼓励下，吕蒙开始发奋读书，后来竟达到了博览群书的地步。

　　鲁肃做都督的时候，仍然以老眼光来看待吕蒙，以为吕蒙只是一个文化水平不高的武将。有一次，鲁肃路过吕蒙的驻防地区，同吕蒙谈话。吕蒙问鲁肃："您肩负重任，对相邻的守将关羽，您做了哪些防止突然袭击的部署？"鲁肃说："这个，我还没考虑过！"吕蒙就向鲁肃陈述了吴蜀的形势，提了5点建议。鲁肃听了非常佩服，赞扬吕蒙见识非凡，认为吕蒙已是一个文武双全的人才。鲁肃走到吕蒙跟前，拍拍吕蒙的后背说："真是聪明一世，糊涂一时，吕兄进展如斯，我还蒙在鼓里，先前总以为你只有勇武，不想，听君一席话，茅塞顿开，原来吕兄也是满腹经纶之人，可笑愚弟走了眼。"

　　吕蒙笑笑说："士别三日，理当另眼相看，况且你我之别，远非三日，如何知我有多大变化？今日一叙，老弟你可不能再用老眼光来看我了。"

　　打那以后，鲁肃与吕蒙成了好朋友。不久他又接替鲁肃统率东吴的军队，成为一代名将。

　　吕蒙转型很快，从一介武夫，脱胎换骨为见多识广的将才，靠的就是读书，不断地充电。

　　有人会叹气说，以前在学校的时候也很爱读书，一参加工作就没有时间了。这是不对的。平时再忙，也要读一些好书，比如与自己工作密切相关的书，对为人处事、修养有益的书，能开阔自己眼界的书，等等。此外，一些与工作有关的课程和培训也要多留意，如果有，就抓紧机会向上司申请，即使自费也值。

　　古代有这样一个寓言故事：

　　两个和尚分别住在相邻的两座山上的庙里，这两座山之间有一条河，两个和尚每天都会在同一时间下山去河边挑水，久而久之便成了朋友。

　　不知不觉 5 年过去了，突然有一天左边这座山的和尚没有下山挑水，右边那座山的和尚心想："他大概睡过头了。"没太在意。哪知第二天，左边这座山的和尚还是没有下山挑水。一个星期过去了，还是如此。右边那座山的和尚心想："我的朋友可能生病了，我要过去看望他，看看能帮上什么忙。"等他看到老友之后，大吃一惊，因为他的老友正在庙前打太极拳，一点儿也不像一个星期没喝水的样子。他好奇地问："你已经一个星期没下山挑水了，难道你可以不用喝水了吗？"朋友带他走到庙的后院，指着一口井说："这 5 年来，我每天做完功课后都会抽空挖这口井，即使有时很忙，但能挖多少算多少。如今，终于让我挖出了水，我就不必再下山挑水去了，可以有更多的时间练我喜欢的太极拳了。"

在工作中，即使你的薪水拿得再多，那也只是挑水。别忘记把握下班后的时间不断充实自己，挖一口属于自己的井，培养自己某一方面的实力。昨天的努力就是今天的收获，今天的努力就是未来的希望。

## 耐心等待最佳出手时机

历史经验告诉我们：身处弱势时，要忍住急于求成的心理，不要过早暴露自己，而要凭借良好的外界形势，壮大自己的力量。当然，在保持和发展自己的优势的同时，还要学会装糊涂，尽量掩饰自己的实力，隐忍以行，以退为进。

康熙8岁即位，那时还是个什么都不懂的小孩子。他的父亲顺治帝临死前，命8个顾命大臣辅佐他处理国家大事。鳌拜虽位居四大臣之末，但掌握着兵权，不断扩大自己的势力，而且性情特别凶残霸道，他有权有势，如日中天，皇帝简直成了他的傀儡。

在康熙14岁亲自执政后，鳌拜还是专横地把持着朝政，根本不把皇帝放在眼里。不但小皇帝对他十分痛恨，就连众大臣也是敢怒却不敢言。

康熙想除掉鳌拜，但慑于他的权势，只好先装模作样。他用一切时间学习政治，用一切机会实践政治。同时，他还要装作依然不懂事的样子，傻玩傻闹，绝不让鳌拜看出他的真实想法。

有一次，鳌拜和另一位辅政大臣苏克萨哈发生争执，他诬告苏克萨哈心有异志，应该处死。这时，康熙已经亲政，鳌拜先要向他请示。

康熙知道这是鳌拜诬告，就没有批准。这下可不得了了，鳌拜在朝堂上大吵大嚷，卷着袖子，挥舞拳头，闹得天翻地覆，丝毫不进臣下的礼节，最后，还是擅自把苏克萨哈和他的家属杀了。

从此以后，康熙更是下决心要整顿朝政。为了擒拿鳌拜，他想出一条计策。

康熙在少年侍卫中挑了一群体壮力大的留在宫内，叫他们天天练习扑击、摔跤等拳脚功夫。空闲时，他常常亲自督促他们练功、比武。而且，消息一点儿都没有走露出去。

有一天鳌拜进宫奏事，康熙正在观看少年侍卫练武，只见少年侍卫正在捉对儿演习，一个个生龙活虎，皇帝还在场外指指点点。

康熙看见鳌拜来了，大吃一惊，心想坏了，如果被鳌拜看出破绽，那别说皇位坐不安稳，就连命也要赔进去了。真是福至心灵，他灵机一动，故意站起身走进场去，笑着夸奖这个勇敢，奚落那个功夫不到家，说："来，你和我打一架，看看我的功夫。"表现出一派贪玩的少年形象。

鳌拜一看皇帝如此胡闹，心中暗笑，看来这大清的江山，很快就是我鳌拜的了。鳌拜走近康熙，刚要奏事，康熙却摆摆手说："今天玩得痛快！有事先不要说，等我……"

鳌拜连忙说："皇上，外庭有要事奏告。皇上下次再玩吧。"康熙这才恋恋不舍地和鳌拜进殿去了。

过了一段时间，少年侍卫们的武艺练习得有了长进，鳌拜的疑心也全消除了，这时，康熙决定动手除奸。这天，他借着一件紧急公事，召鳌拜单独进宫。鳌拜哪里有什么防备，骑着马就大摇大摆地进宫来了。

康熙早已站在殿前，一见鳌拜走进殿中，便威武地喝道："把鳌拜拿下！"只听得一阵脚步响，两边拥出一大群少年侍卫，一齐扑向鳌拜。

鳌拜不一会儿就被众少年掀翻在地，捆缚起来，关进大牢。

康熙用隐忍之法，除掉了这个朝廷祸害，显示了康熙少年有为，有勇有谋的皇帝风范。

其实人生的漫漫长路，风云变幻，难免危机四伏，为保全自己，打击对手，还是要做做样子，装装糊涂，麻痹对手，伺机而动才能咸鱼翻身。

喜欢逞一时之勇、图一时之快、不考虑后果的人，应该记住：留得青山在，才有东山再起的资本。

## 低头办事，低声求人

如何谋取胜局？这是一个非常深刻的话题。其中一法是：以柔克刚，以屈代伸。说白了，就是能够低头办事，低声求人。

曾国藩是一位以柔克刚、以屈代伸的高手，从咸丰七年（1857）二月廿九奔丧至家，到咸丰八年（1858）六月初七再度出山，是曾国藩居家的一段时间。在这一年半当中，是曾国藩一生思想、为人处世的重大调整和转折的时刻。这段时光中，他反复而痛苦地回忆、检查自己的前半生。自入仕途，以孔孟为宗旨积极入世，对自身的修养严厉酷冷，一丝不苟；对社会抱有"以天下为己任"的坚定胸怀。持身严谨，奋发向上，关心国事，留心民情，因而赢得君王信任和同僚的尊崇，10年京官春风得意。正是抱有这种信念，以一文官而白手建军、治军，5年来一身正气，两袖清风，出生入死。但是，为什么皇上反而不信任自己？为什么上至枢垣，下至府县，都那么忌恨自己？

为了解决这些问题，他又日夜苦读，重阅《左传》《史记》《汉书》《资治通鉴》，希望能从这些书里找到解决问题的答案。然而，这些书他已读得烂熟了，重新翻阅，只能找到自己过去的思维印迹，并未发现新东西。

在百思不得其解之时，曾国藩试图绕开儒家经典，到道家那里寻求"真经"。为此，他认真阅读了以前看过但并不看重的《道德经》《南华经》等老庄的著述。但曾国藩重读，却为他的立身处世指点了迷津。你看：同样为人处世，孔孟主张直率、诚实，而申韩（申不害、韩非）等法家却主张以强碰强、以硬对硬，老庄则主张以柔克刚、以弱胜强，"天下之至柔，驰骋天下之至坚""江河所以为百谷之王者，以其善下"。下反而是王，弱反而能强，柔则是至刚。用老子的言论对比自己过去的行事，他发觉自己处处直截了当，用的是儒家的至诚和法家的强权，表面上痛快干脆，似乎是强者，结果处处碰壁，实质上是失败，是弱者，到头来弄得上上下下到处是敌人，前前后后处处是障碍。过去也知道"大方无隅""大象无形""大巧若拙"，但一直没有真懂，所以自己的行事恰好是有隅之方，有形之象，似巧实拙。而真正的大方、大象、大巧是无形无象、鬼斧神凿的。

自此之后，曾国藩行动做事，由前时的方正，变为后来的圆通。他自己承认，"昔年自负本领甚大，可屈可伸，可行可藏，又每见人家不是。自从丁巳、戊午大悔大悟之后，乃知自己全无本领，凡事都见得人家几分是处，故自戊午至今九年，与四十岁前迥不相同"。曾国藩这里把家居的两年自称为"大悔大悟"之年，他自认为前后行事"迥不相同"了。

曾国藩大彻大悟后的巨大改变，连他的朋友都有所感受，胡林翼就说他"无复刚方之气"。出山之前，曾国藩对清廷上下的官场习气很是反感，"与官场落落不合，几至到处荆榛"。而再次出山之后"改弦易辙，稍觉相安"。其中原因人多不知，只在他的至亲密友中私下告知他自己学问思想方面的变迁，行为处世方面的变化，曾国藩个人对自己的"大彻大悟"既是痛苦的，又是满意的。苦在被迫放弃了自己前半生的信仰与行为，得意在毕竟发现了作为处世的"真正"秘诀——"大柔非柔，至刚无刚"。

至咸丰八年（1858）六月初七，一度郁郁不得志的曾国藩再次出山，品味了"大柔非柔，以屈求伸"这一处世哲学的妙处。出山后，曾国藩首先去见了骆秉璋和左宗棠，以期取得湘湖实力派人物的理解与支持。

曾国藩到长沙后，主要是遍拜各衙门，连小小的长沙、善化县衙他也亲自造访。堂堂湘军大帅，如此不计前嫌。谦恭有礼的举动，使长沙上下的官场人人都感到再次出山的曾国藩的确像换了个人，既然曾大帅如此谦恭，他们纷纷表示全力支持湘军，消灭"长毛"。经过曾国藩的一番拜访、联络，赢得了湖南省大小官员的好评，他们表示要兵给兵、要勇给勇、要饷供饷。

曾国藩在长沙逗留了十几天，随后乘船又到武昌。在武昌亦如长沙，衙衙拜访、官官恭问，胡林翼自不必说，武昌城里的官员也无不表示对曾国藩的支持，同湖南一样，为湘军供饷供械。随后，曾国藩又与那些阔别一年多的部下见了面，他们商量了下一步的行动方案。计议已定，曾国藩命部队到江西河口集结，自己则去了南昌，拜会江西巡抚耆龄。耆龄深知曾国藩再次出山的来头，主动答应为湘军供应粮草、军饷，这就使湘军基本渡过了军饷难关。

　　总之，曾国藩再次出山，因为能够低头办事、低声求人，所以要人有人、要粮有粮、要兵器有兵器，可谓一路顺风，完全改变了困守地位。

# 第九章 敢于竞争

## ——对手是对你成功的鞭策

## 实力是最棒的台词

有一句话说得好：实力是最棒的台词，行动是最好的语言！

抗战初期的共产党、八路军，条件艰苦，装备低劣，而且由于国民党控制着国内大部分新闻媒体，也没有舆论上的优势。不仅外国人不了解，连很多中国人自己，都不相信这样的政党，这样的军队能够擎起抗日的大旗，能够在抵抗日本帝国主义侵略的斗争中起到中流砥柱的作用。但平型关大捷、百团大战、敌后抗日根据地的开辟，打懵了日本鬼子，也打出了中国人的威风和志气。

这样的行动，最具有说服力。

不知道的人以为是在胡说，但茅台酒能够成为国际名酒，靠的确实不是广告，而是摔出来的。

中国著名的茅台酒第一次被带到巴拿马参加国际博览会时，遭到了意想不到的冷遇。

当时，西方各国的展台抢先占据了显要的位置，摆放了各式各样、包装精美的"香槟""白兰地"等名酒。而中国的茅台酒因为知名度不高，被随意安排到了一个角落里，久久无人问津。

一位被派到博览会的中国工作人员见到评委们和西方酒商不公平的安排，很不服气。但要争取好一点儿的位置，显然不太可能；请参观选购者品尝，又遭到轻蔑的拒绝。在万般无奈的情况下，这位工作人员忽然灵机一动，想出了一条妙计：他拿起一瓶茅台酒，走到展览厅最热闹的地方，假装不小心脱手，把那瓶酒摔在了坚硬的大理石地板上。随着一声脆响，引来了众人的目光，一阵奇香四溢，扑面而来直冲人的鼻孔。来自世界各地的评委和参观选购者纷纷围了上来，个个耸动着鼻子，赞不绝口，七嘴八舌地向中国工作人员询问，是什么酒如此醇香。

"这是我们中国的茅台酒。"中国的工作人员自豪地回答，并把人们领到了角落里的展台前，请大家品尝。

这一下，没有人再拒绝了，人人为之折服。茅台酒名震博览会，被大会评为世界名酒。

这是实力在说话，却胜过了千言万语。

职场中、官场上，常有这样一些人：一天说不了几句话，却能把分管的工作抓得有声有色。出色的行动配上关键时刻关键内容的寥寥数语，不仅赢得了群众，也征服了上司。

可见，表达，不一定全靠语言。

如何用实力说话？

其一，说话的目的在于表现实力。说话在绝大多数情况下是为了表现实力，实现一定的目的，而不是锻炼舌头的灵活性或者是相关的肌肉。

其二，要有实力作保障。没有足够的实力，再高超的语言技能都起不到作用。

其三，行动是实力最好的开场白。身份经常会限制你优势的发挥，此时别忘了用实际行动展示你的实力，那是最好的开场白。

## 让对手小看你的实力

荷马史诗《伊利亚特》中记载了有名的特洛伊战争：联军为

了攻破特洛伊城，费尽心机想出一条计策。两军交战时，联军假装节节败退，仓皇中丢下一个内装精兵的木马。特洛伊人眼见敌军败走，欢声雷动，顺理成章地将木马作为战利品带回城内，是夜，正当特洛伊人庆祝胜利的时候，木马内暗藏的无数精兵一涌而出，杀得特洛伊人张皇失措。城外守候的联军将士一见城内大乱，也立刻向城头进攻，一举占领了特洛伊城。这就是有名的"木马计"。

隐藏自己的真实力量，不仅可以免除"人怕出名猪怕壮"的烦恼，更重要的是能够使对方放松警惕，让你在激烈的竞争中变得轻松。

三国时期，荆州由于其重要的地理位置，成为兵家必争之地。公元217年，鲁肃病死。孙权、刘备联合抗曹的"蜜月期"已经结束。当时关羽镇守荆州，孙权久存夺取荆州之心，只是时机尚未成熟。不久以后，关羽发兵进攻曹操控制的樊城，怕有后患，留下重兵驻守公安、南郡，保卫荆州。孙权手下大将吕蒙认为夺取荆州的时机已到，但因有病在身，就建议孙权派当时毫无名气的青年将领陆逊接替他的位置，驻守陆口。陆逊上任，并不显山露水，定下了与关羽假和好、真备战的策略。他给关羽写去一信，信中极力夸耀关羽，称关羽功高威重，可与晋文公、韩信齐名。自称一介书生，年纪太轻，难担大任，要关羽多加指教。关羽为人骄傲自负，目中无人，读罢陆逊的信，仰天大笑，说道："无虑江东矣。"马上从防守荆州的守军中调出大部人马，一心一意攻打樊城。

陆逊又暗地派人向曹操通风报信，约定双方一起行动，夹击关羽。孙权认定夺取荆州的时机已经成熟，派吕蒙为先锋，向荆州进发。吕蒙将精锐部队埋伏在改装成商船的战舰内，日夜兼程，突然袭击，攻下南郡。关羽得讯，急忙回师，但为时已晚，孙权大军已占领荆州。关羽只得败走麦城。

先是陆逊装成"黄口小儿""文弱书生"，后是吕蒙把精兵隐为商人，即使关羽身经百战，孔武有力，最终都免不了"一失足成千古恨"。

孔子年轻气盛之时，曾受教于老子。老子对孔子说："良贾深藏若虚，君子盛德容貌若愚。"即善于做生意的商人，总是隐藏其宝货，不叫人轻易看见；君子品德高尚，容貌却显得愚笨拙劣。可见，学会隐藏自己的实力，将会使你在激烈的竞争中受益无穷。

古人说得好，"木秀于林，风必摧之"。随意亮自己的家底，会给自己带来无尽的麻烦。

如何保全自己呢？

其一，让对手尊重你的人品，小看你的实力。你可以用省下来的精力把自身完善得更好，让他们无从进攻，让你在竞争中变得轻松。

其二，隐强示弱。嫉妒是仇恨的源泉和种子，到处炫耀自己的实力等于自残。

其三，即使你富可敌国，也不要一次给予别人太多。细水长流般的支持，才是真心实意的帮助，否则，会让人有被施舍的感觉。

其四，用以隐藏实力最好的方式，是让你的外在表现同大多数人一样。当然，矫揉造作般到处哭穷的人，结果反而可能欲盖弥彰。

## 堵住对手的"瓶颈"

有人曾提出过一个"瓶颈理论"。其大意是说，每一个组织，比方说企业，都存在某个最薄弱的地方，就像瓶颈一样，是最细小的地方，人力、物力资源的运转效率，通常取决于"瓶颈"的大小。

无论个人还是组织，"瓶颈"无疑是一个最脆弱的地方。在商场竞争中，如果你瞄准对手的"瓶颈"，或者堵死它，或者比它做得更好，无疑是取胜的捷径。

欧洲休勒特·派克德公司有一套独特的新产品开发程序。它往往并不急于推出新产品，当竞争对手的新产品上市后，它便派人去经销商和用户那里了解他们对新产品的不满之处，以及他们对这种产品有什么期望。根据调查，休勒特·派克德迅速研制出比原产品更完美的产品。这等于是将对手的缺点变成自己的长处。结果，这家公司的产品虽然较迟上市，却比先上市的产品卖得更好。

要想将对手好的方面做得更好，难度极大；要想将对手不好的方面做得更好，相对简单得多。所以这种方法可算是一种竞争取胜的简便方法。世上没有完美的人，也没有完美的公司，这就给弱者提供了战胜强者的机会。假如你的优点比不过人家，就瞄准对方的缺点，攻其薄弱环节。这比在对方优势项目上硬拼实力胜算要大得多。

温迪公司是美国快餐业的后起之秀，当它成立时，美国的快餐市场早已被麦当劳、肯德基等大公司所瓜分。尤其是麦当劳，占市场份额 45%，是快餐业的"大哥大"。

在这种形势下，无论温迪公司怎样改进产品和服务，生意做得仍很吃力。为了竞争图存，温迪公司只能避强就弱，另找财路。它发现，麦当劳的目标市场锁定在少年儿童和低龄青年身上，而美国人口出生率急剧下降，成年人的比率比少年儿童及低龄青年的人口比率高得多。于是，温迪公司把目标市场定位在20岁以上的青壮年消费群体上。这就避开了麦当劳的强项，终于争得了一席之地。

为了扩大战果，温迪公司又有意使汉堡包的肉比麦当劳多出零点几盎司。肉增加了，怎样让消费者知道呢？正面宣传效果不一定好，因为消费者很难为零点几盎司肉放弃吃习惯了的汉堡包。

正在此时，温迪公司得到一个绝好的宣传机会：美国农业部搞了一项正式调查，宣布麦当劳宣传的含有4盎司肉的汉堡包的含肉量其实从未超过3盎司。美国消费者的维权意识极强，麦当劳缺斤短两的行为在社会上引起很大反响。温迪公司马上抓住麦当劳这个漏洞，投入大量广告费用，借攻击麦当劳缺斤短两来宣传自己做生意厚道。

经过精心策划，温迪公司让音色独特的女影星克拉拉扮演一个"美貌挑剔的老太太"作为自己的形象代言人，以便与麦当劳的"麦克唐纳叔叔"对抗，并拍出了一个十分有趣的广告片。

广告片是这样的：一个较真、好斗而貌美的老太太，面对桌子上一只硕大无比的汉堡包眉飞色舞、笑逐颜开。她满心欢喜地撕开面包，发现中间夹着的牛肉却只有指甲盖那么大。她惊讶、好奇，盯着汉堡包左看右看，终于明白这个外表好看的汉堡包原来是个骗局。她恼怒地嚷道："牛肉在哪儿？"

由于克拉拉表演得惟妙惟肖，观众百看不厌。每次看到"牛肉在哪儿"时都不禁开怀大笑。大笑之余，忍不住想起"麦克唐纳叔叔"的短斤缺两，从而反衬了温迪多零点几盎司肉量的诚实可贵。

这则广告极为成功，以致"牛肉在哪儿"竟成了虚假产品的代名词。它还被评为国际广告的"经典作品"。自此，温迪公司的美誉度大增，生意兴隆，一举成为美国第三大快餐公司。

老虎也有疏于防范的时候，再强大的对手也有顾不到的弱项，你只要留心，一定能从对手的弱处找到赚钱的机会。

## 不给对手可乘之机

当你试图寻找对方的弱点下手时，要知道，对手也在设法寻找你的弱点，随时准备给予致命一击。当你跟某个竞争对手较量的时候，尤其要提防"鹬蚌相争，渔翁得利"，或者"螳螂捕蝉，黄雀在后"。

在一条街上，有三家绸缎店，相互竞争很激烈。在淡季，周记绸缎店为打开销路，挂出"蚀本甩卖"的牌子，降价促销。对面李记绸缎店不甘示弱，也低价促销。旁边王记绸缎店不甘落后，也跟风而上。

周记为了盖住李、王两家，再次加大折扣。这下把李记惹火了，心想：你小子不守行规，难道想搞垮我吗？我倒要看看谁搞垮谁。于是他打折的幅度比周记更大。周记不服气，再次降价。周、李两家相互降价，王记也被迫攀比。结果，这场价格战演变成了真正的蚀本甩卖。

半个月后，王记宣布关门。周、李两家都想：只剩一家了，再加把劲儿把对方摆平，以后好吃独食。于是双方瞪圆了眼，狠命杀价。由于两家的价格确实便宜，每天顾客盈门，许多人甚至成匹购买。

等到两家拼得筋疲力尽时，他们惊奇地发现，已关门的王记又开业了。原来，周、李两家的绸缎大部分是他暗中派人买走了。周、李两家因损失惨重，一家被迫关门，一家成了王记的分号。

任何一家公司都有漏洞，这就为对手提供了打败自己的机会。作为商人，想做到完美无缺是不可能的，重要的是知道自己的优势和短处在哪里，在发挥优势的同时，防止短处出问题。这样就不会给对手留下可乘之机。

## 与对手结为盟友

在商场中，所谓朋友或对手是就利益得失而言的。如果对方不利于自己的利益，就是对手；如果有利于自己的利益，就成了朋友。作为商人，最聪明的办法不是打败对手，而是让对手变成能给自己带来利益的人。

美国钢铁大王卡内基非常善于策略性地处理人际关系。有一次，他为了竞标太平洋铁路公司的卧车合约，与老对手布尔门铁路公司较上了劲。双方志在必得，不断火并价格。照这样下去，将来不论谁争得生意，都赚不到钱。

卡内基明白，这已经不是商业竞争，而是意气之争，结果对谁都没好处。他认为必须改变做法。

有一天，卡内基在路上偶然与布尔门相遇。布尔门用敌意的眼光瞟了他一眼，准备走开。卡内基却主动迎上去，笑容满面地打招呼，他说："我们能否换一种方式考虑问题，而不是像现在这样互相伤害？"卡尔门也认为这种两败俱伤的做法并不理智，他问卡内基是否有什么新想法。

卡内基说，与其在无利可图的情况下独占生意，不如携起手来共同赢利。他还建议，双方合股成立一家新公司，一起承接太平洋铁路公司的生意。

布尔门是个爱面子的人，从来不愿在别人的名义下做事。他问："如果我们合作的话，新公司的名称叫什么？"

卡内基一向认为，作为商人，当以求利为本，不能务虚名。何况商场以强者为尊，利来而名自至，用不着争一时之名。他说："公司的名称，当然是'布尔门卧车公司'啦！"

布尔门顿时心动。很快，两人达成了合作协议，并获得太平洋铁路公司的合约。在这笔生意中，他俩都大获其利。

在商场中，有一种极高明的合作方式：竞争式合作。双方看似水火不相容，瞪圆眼睛火并，目的却不是杀垮对方，而是相互激发，相互利用，相互成长，以便共同做大市场，共同占领市场。比如世界两大名牌饮料可口可乐与百事可乐，双方斗了多年，从国内打到国外，从20世纪打到21世纪，却谁也没有斗垮谁，双方的实力反而越来越壮大。只不过，"混龙闹海，鱼虾遭殃"，相当多的小牌饮料在它们的火并中失去市场，甚至销声匿迹了。

很显然，这种"竞争式合作"比传统的"互损式竞争"更具智慧，效果也更好，正日益被那些有远见的大商人所重视和应用。

在商场中，对手不是仇人，双方不是非成即败、非存即亡的关系。商场竞争如同拳台竞技，双方有胜有败，打得越激烈，门票越好卖。若是有谁打遍天下无敌手，没有任何悬念了，他将失去比赛机会。商场也是这样，商人依赖对手的存在而存在。没有对手了，意味着这种产品就要被淘汰了。所以，商人不要总是思考如何将坏结果强加给对手，更要考虑如何从对手那里得到好处。

## 跟对方握手言和

在军事教科书中，"不战而屈人之兵"历来被奉为上策。那么，比"不战屈人"更高级的策略是什么呢？那就是把敌人变成朋友。因为这种策略不仅能永绝后患，反而能使自己获得助力。

墨顿先生在一家百货公司买了一套西装，结果这套西装的上衣褪色，弄脏了他的衬衫领子。

他再次来到这家百货公司，找到那位店员，表示要退货。店员说："这种西装我们卖出了好几千件，从来没有人要求退货呢！"

墨顿先生很生气。听店员的口气，好像他喜欢惹是生非似的。

这时，第二位店员插话说："所有深色的西装，因为颜色的关系，开始的时候会褪一点儿颜色，这是没有办法的。这种价钱的西装就是这样。"

"什么？你是说我买的是低级货！"墨顿先生大为光火。

这时，服装部的经理走过来了，说："对不起！既然您对我们的服装不满意，肯定是有道理的。"他又对两位店员说："我们卖给顾客的商品，必须让我们的顾客感到100%的满意。假如顾客不满意，我们就应该设法让他满意。"

墨顿先生的火气平息下来，说："我只要一个公正的回答：这种情形是不是暂时的？有没有什么补救的办法？"

经理建议墨顿先生再穿一个星期试试看，"如果那时候你还不满意，我们给你换一套满意的衣服。"墨顿先生满意地走出了那家商店。一星期后，没有什么问题发生，他没有去退货，反而增强了对那家百货店的信心，成了该店的忠实顾客。

兵法上讲，不战而屈人之兵是为上策。在电视里的商战谈判中，胜利的一方总是有咄咄逼人的气势、滔滔不绝的口才。这就给人造成一定的错觉，认为只有咄咄逼人、语言像炮弹一样的人才是英雄，才能制服对手。但事实上，真正征服对手获得成功的技巧往往是认真、耐心地听他的诉说。只有这样，才能理解对方的要求，进而巧妙地控制他的心。

第十章

能屈能伸

——拿得起放得下，懂得变通才是做事之法

## 学会在压力下生活

在美国麻省理工学院曾经进行了一个很有意思的实验。一实验人员用很多铁圈将一个小南瓜整个箍住，以观察当南瓜逐渐长大时，对这个铁圈产生的压力有多大。最初他们估计南瓜最大能够承受 500 磅的压力。

在实验的第一个月，南瓜承受了 500 磅的压力；实验到第二个月时，这个南瓜承受了 1500 磅的压力；当它承受到 2000 磅的压力时，研究人员必须对铁圈加固，以免南瓜将铁圈撑开，最后，整个南瓜承受了超过 5000 磅的压力后瓜皮才破裂。他们打开南瓜，发现它已经无法再食用，因为它的中间充满了坚韧牢固的层层纤维；为了吸收充足的养分，以便于突破限制它生长的铁圈，它所有的根往不同的方向全方位地伸展，直到控制了整个花园的土壤与资源。

由南瓜的生长想到人生，我们对于自己能够变得多么坚强常常毫无概念！假如南瓜能够承受如此巨大的压力，那么人类在相同的环境下又能承受多少呢？

在许多情况下，我们有许多人不如南瓜。尽管有比南瓜更坚强的承受力，但他们没有承受的勇气，甚至有时候压力还没有加到他们身上时，他们就已经趴下了。他们怀疑自己的能力，不敢与压力抗衡，因为现实中有许多被困难、挫折、失败压垮的人。

要知道，南瓜每一次承受压力的增长不也都使人类挠头吗？

有压力很正常，被压力压垮则不正常。

压力并非总是件坏事，比如说，当你在一大群听众面前演讲的时候，你会感到压力，你心跳加快，呼吸急促，还感到胃部痉挛。但同时，你也对这种兴奋感到乐在其中，而且对你演讲这回事还很渴望，因为由此带来的压力给你动力。在考试的时候，适度的紧张又促进肾上腺素的分泌，这也许会使应付者受益匪浅；但是，如果过度紧张，造成了肾上腺素分泌过多，那么产生的效果就会恰好相反。

在美国，有人曾做过一项研究，调查了56个工头的工作，发现他们在8小时时间里平均要有583项活动，这就是每隔48秒就得采取一个行动，这个调查表明，他们总是一刻不停地在干着什么。另外的研究也证明了这一点。在英国的160位经理都发现，每隔两天，他们才会有半小时左右不受任何事或人打扰的时间。所有这方面的研究都显示，主管们从这个问题跳到那个问题，对当时需要做出种种反应，一点也不得空，而一半以上的管理行为持续不到9分钟。

你要怎么做才能避免这种情况呢？

在你知道一整天都得在持续的快节奏下工作之后，你就得计划着让自己休息轻松一下，比如，每隔一个半小时，就休息5至10分钟，什么也别干，坐着想些事，放松、深呼吸、伸伸腿、喝杯茶或咖啡。别老是让你自己被人推挤着往前走。

压力也来自你对那些也许永远也不会出现的问题的担心，比如说，有人会在乘飞机之前紧张至极，害怕飞机会坠毁。对待因担心这些也许永不会出现的事而产生的压力，最要紧的就是分析一下这些问题，看它们会在什么样的情况下出现，你碰上这种事的概率是多少？有避免之法吗？如果你认为的事概率几乎等于零的话，还有什么可担心的呢？

## 创造奇迹要敢担风险

天下美事，没有轻轻松松能获得的，有时甚至需要鼓足勇气，从火中取栗，从虎口拔牙。所以古人说：富贵险中求。要取得远远超出一般的业绩，需要创造几个奇迹。所谓奇迹，就是普通人看来不可能完成之事，其中必然包含着很大的风险。只有冒着风险，奋勇向前，才有可能创造奇迹。

王永庆创办台塑之初，由于公司生产的塑胶粉价格太高，居然一斤也卖不出去，全部积压在库。原来，台塑建厂时，计划月产100吨，预计每吨生产成本在800美元左右，而当时的国际行情价是每吨1000美元，有利可图。但是，当台塑建成投产时，国际行情价已跌到800美元以下，台塑的售价远远高于市场价，当然卖不出去。

为了降低成本，王永庆决定扩大生产规模，提高产量。

在产品严重积压时扩大生产，实属冒险。但王永庆认为，与其坐以待毙，不如冒险一搏。

1958年，台塑完成了第一次扩建工程，使月产量提高到200吨。然而，在台塑增加产量的同时，日本、欧洲的同类厂家也在成倍增加产量，成本降幅比台塑更大，国际行情价持续下跌。如此一来，台塑的产品价格还是没有市场竞争力。

怎么办？王永庆决定继续增加产量。不过，应该增产多少呢？如果一点一点往上加，始终落在别人后面，显然不能改变被动局面。

为此，王永庆召集公司高层干部以及外国顾问共商对策。会上，有人提议将月产量增加到 400 吨；外国顾问则提议增加到 600 吨。王永庆大胆决定：增加到 1200 吨。

从月产 200 吨猛然增加到 1200 吨，未免太过惊人，与会诸人没有一个同意。外国顾问说："要进行大规模的扩建，设备就得全部更新。虽然提高到 1200 吨，成本会大大降低，但风险也随之增大。因此，600 吨是一个比较合理而且保险的数字。"他的意见得到大多数人认同。

但是，王永庆坚持认为："我们的仓库里，积压产品堆积如山，究其原因是价格太高。现在，日本的塑胶厂月产已达到 5000 吨，如果我们只是小改造，成本下不来，结果只有死路一条。我们现在是骑在老虎背上，如果掉下来，后果不堪设想。只有竭尽全力，将老虎彻底征服！"

最终，王永庆的胆识与气魄折服了所有人，他们都同意增产到 1200 吨，跟市场搏一搏。

当台塑的月产量激增至 1200 吨后，成本果然大幅度降低，终于具备了争胜市场的条件。此后，台塑产品不但垄断了中国台湾岛内市场，并逐渐在国际市场上获得领先优势，终成霸业。

兵法云：置之死地而后生。在处于绝对劣势、必败无疑的情况下，唯有冒险取胜。当年女英雄冯婉贞在抗击八国联军时，说："与其坐而待亡，孰若起而拯之？"结果她硬是带着一群手持大刀长矛的乡民打败了荷枪实弹的敌人。运用这一战术，需要极大的勇气，而且这是不得已而为之的办法，不宜轻易使用。

## 输得起才赢得起

一个人在创业伊始、未成气候时，观念未臻成熟，能力未经锻炼，经验未经磨砺，品格未经考验，总之，在各方面都有一定缺陷。他自己并不能意识到这是缺陷，可能还想当然地把自己的不足当成优点，把别人的长处视为不足。所谓"不知己，不知彼，每战必殆"，当他对自己、对别人都没有清醒的认识时，一开始肯定事事不顺。

但是，如果他不怕输，又有不达目的誓不罢休的决心，继续闯荡，在挫折中发现并修正自己的缺陷，那么，他终将获得成大事的能力，并干出一番不凡的事业。

麦西是一个渔民的儿子。19 岁时，他跑到波士顿碰运气，糊里糊涂地干了一年，一事无成。后来，他结识了荷顿，两人合伙开了一家布店，生意还不错。不久后，麦西同荷顿的妹妹相爱了，却遭到荷顿的激烈反对。荷顿认为，麦西没有什么能耐，却自以为是，将来肯定不会有出息，他才不愿妹妹跟这个人结婚呢！所以，他以中断合作威胁麦西不要纠缠自己的妹妹。麦西要么放弃爱情，要么放弃生意。结果，他毫不犹豫地选择了"爱美人不爱江山"。

麦西跟荷顿的妹妹结婚后，自己开了一家小店。他不承认荷顿对自己的评价，并下决心一定要干出点名堂来证明自己。他的小店经营针线、纽扣之类小商品。他以为这些东西家家户户用得上，生意一定兴旺。谁知实际情况正好相反。因为针线之类消耗量太小，人家买一包能用一年，利润又低，能赚什么钱？过了没多久，他被迫放弃了这项赔本买卖。

接着，麦西又开了一家布店。当时布匹、服装是热门商品，麦西以前又有过合作开布店的经验，他以为干起来一定很顺手。但实际上，以前布店的经营主要是荷顿拿主意，他的经验有限，要不然为什么荷顿认为他没能耐呢！麦西的生意很一般，赚不到什么钱。这时，美国西部正盛行淘金热，麦西索性关掉店铺，去加利福尼亚寻找暴发的机会。到了这里他才发现很难搞到金子，在争地盘过程中还有送命的危险。于是他放弃淘金的打算，在旧金山开了一家小店。

麦西发现一种淘金用的平底锅很好卖，他就大量购进，并以低于别人一成的价格出售。淘金者纷纷拥来购买，麦西实实在在赚了一笔钱，还从中获得两条重要经验：抓住顾客的迫切需求；薄利多销。

一年后，麦西觉得自己对经营之道摸索得差不多了，毅然把旧金山的店铺转让出去，带着一大笔资金回到麻州，在哈佛山开起一家布店。麦西在经营上采取了许多措施，一是大做广告；二是按季节时令推出新式热门货；三是增加商品种类；四是明码标价。

但是，麦西的布店最后还是失败了，原因是哈佛山人口不多，市场空间太小，他那些做大生意的经营手法，用到这里根本是浪费，不过是花钱买教训而已！从这次失败中，他又得到一个教训：一种好的经营方法，不是百用百灵的妙药，还要和具体环境配合才行。只是这个教训过于昂贵，他差点把老本赔光，生意没法做下去了。

这时，当年不愿让妹妹嫁给他的荷顿主动找上门来，想跟他合伙做生意。荷顿以前认为麦西没能耐，但他没想到这个小伙子如此有毅力，能在商场折腾这么多年。根据荷顿的经验，一个有毅力的人，折腾到后来，无论成败，自然就有能耐了。这是他希望跟麦西合作的原因。他表示，资金由他出，只需麦西出力就行。

麦西对自己的能耐也很有自信，他表示想到纽约去做大生意，办一家最大最好的商店。荷顿欣然同意。这样，麦西来到纽约，开设了他们的第一家百货公司。十年之后，麦西的百货公司几乎占了半条街。现在，麦西创办的公司已成为世界上最大的百货公司之一。

做生意是投资不是赌博。赌博赔光就没有了，做生意赔光了还有经验教训。只要不怕输，继续折腾，终究能干出大名堂。在商场中，输得起才赢得起。有大本钱的人自然输得起，赔一百万，跟牛身上掉下一根毛似的，这种人是不用怕输的。但是，本钱不足的人也并非输不起。对一个初创业的年轻人来说，投资的主要是时间、智力和体力。白赔时间当然可惜，智力和体力却是越用越多，输不掉。想通了这个问题，就没有什么人输不起了。

## 跌倒了不要空手爬起来

丹麦的一名大学生，有一次到美国旅游。他先到华盛顿，下榻在威勒饭店，住宿费已经预付。上衣的口袋放着到芝加哥的机票，裤袋里的钱包放着护照和现金。准备就寝时，他发现钱包不翼而飞，于是他立刻下楼告诉旅馆的经理。

"我们会尽力寻找。"经理说。

第二天早上，他的钱包仍然不见踪影。他只身在异乡，手足无措。打电话向芝加哥的朋友求援？到使馆报告遗失护照？呆坐在警察局等待消息？

突然，他告诉自己："我要看看华盛顿。我可能没有机会再来，今天非常宝贵。毕竟，我还有今天晚上到芝加哥的机票，还有很多时间处理钱和护照的问题。我可以散步，现在是愉快的时刻，我还是我，和昨天丢掉钱包之前并没有两样。来到美国，应该快乐起来，享受大都市的一天。不要把时间浪费在丢掉钱包的不愉快之中。"

他开始徒步旅游，参观白宫和博物馆，爬上华盛顿纪念碑。虽然许多想看的地方，他没有看到，但所到之处，他都尽情畅游了一番。

回到丹麦之后，他说美国之行最难忘的回忆是徒步畅游华盛顿。五天之后，华盛顿警局找到他的皮包和护照，并寄给他。

许多人一陷入困境，就悲观失望，并给自己施加很重的压力，其实，应该告诉自己，困境是另一种希望的开始，它往往预示着明天的好运气。因此，你应该主动给自己减压。

只要放松自己，告诉自己希望是无所不在的，再大的困难也会变得渺小，困境自然不会变成阻碍，而是又一次成功的希望。

人生中有很多障碍或苦难，同时所有的苦难都藏匿着成长和发展的种子。但能够发现这些种子，并好好培养出来的人，往往只有少数。这些人到底是怎样的人呢？

第一是有决心要克服苦难的人。没有这种决心的话，不管再怎么说"苦难才是机会"，也只会变成以另一种苦难结束的悲剧。

第二是能够认为苦难才是机会的人。没有这种想法，苦难会带来更多的苦难。

碰到危机时，一部分人会陷入恐慌状态，另一部分人反而会利用这个机会取得成功。这种差别才是改善人生的决定性的因素。

我们应记住，不管怎样不利的条件，只要我们能正确处理，都可能把它转变为有利的条件。

在欢喜状态时，人们大都不会自我反省，也没有上进心。相反地，在苦恼或挫折面前，倒经常会进行自我反省，因此反而有得到真正的幸福和欢乐的机会。

## 为结果哭泣不如改善结果

以前流行过一句话：莫斯科不相信眼泪。其实哪儿都不相信眼泪，又岂止莫斯科！

当坏事已经降临，悔恨、抱怨、痛苦，都没有建设性的效果。唯有从事情变坏的原因着手，设法修正它，以免事情变得更坏和同样的坏事再一次发生。这才是有建设意义的做法。

俗话说："人没有被山绊倒的，只有被石头绊倒的。"生活中的失败，多数是因为一些细小环节出了问题，并非不可补救。也许只需改变某些做法，结果就会发生令人惊喜的变化。

"世界第一 CEO"杰克·韦尔奇的妈妈曾这样告诫儿子："假如你不知道应该怎样失败，你就不知道应该怎样成功。"意思是说，失败并不可怕，但要输得明明白白。这句话让杰克·韦尔奇受益一生。

任何一件事都是由许多要素构成的，全部做对或全部做错的情况极少。所谓失败，通常只是某些应该做好的事情没有做好，并不是一无是处。只要搞清哪些事情没有做好，下次加以改进，同样的失败就不会再发生了。如果确实是因为能力不足所致，也能以比较平静的心情接受失败的结果，不会因懊恼而损害自己的心灵。

## 坏事中也有可以利用的机会

一件坏事所能造成的损失通常没有人们想象的那么大，由于人们痛恨坏事，恨不得离它越远越好，急于抛弃它，以致把其中许多带来好处的方面一齐抛弃了，得到的是最坏的结果。

平庸的商人只能从好事中赚钱，优秀的商人从坏事中也能赚到钱。这是两种不同的境界。

有一家厂商卖了一台有质量问题的汽车给一个顾客。顾客投诉时，厂商却认为产品质量没有问题，置之不理，结果引起一场官司。这场官司被新闻界炒得沸沸扬扬，厂商的销售额因此急剧下降。因为公众普遍认为它缺乏负责任的态度。原本只是一辆汽车的问题，最后却影响到很多汽车的销售，这不是从坏事中得到了最坏的结果吗？

聪明的人永远不会做这种最坏的选择，他们知道怎样从坏事中获益。比如，他们也会遇到质量问题，处理方法却大不相同。

1988 年，南京发生了一起电冰箱爆炸事件，出事的是沙市电冰箱总厂生产的"沙松"牌冰箱。电冰箱居然会爆炸，这在全国尚属首例。此事见诸报端后，引起众多冰箱用户的惊恐。

沙市电冰箱总厂获此信息，火速成立了一个由总工程师、日本技术专家等组成的调查小组，奔赴南京。他们本着负责任的态度，通知新闻媒体，允许媒体现场跟踪报道，向市民反映真实情况。

到了出事现场，日本专家对爆炸冰箱进行检查，发现压缩机工作正常，制冷系统工作正常。很显然，爆炸跟冰箱本身无关，因为冰箱的壳体是不可能爆炸的。

厂方代表问事主在冰箱里存放了什么物品，但事主拒不回答，只是要求赔偿一台新的冰箱。为了尽快弄清真相，厂方同意无论什么原因引起爆炸，都赔给他一台冰箱。这样事主才承认，自己在冰箱中存放了易燃易爆的丁烷气瓶。至此，事情真相大白。沙市冰箱总厂虽然为此事耗费了大量人力物力，但这种负责的态度经多家媒体报道后，知名度和美誉度大大提高。它的产品销售也迅速看涨。

任何报废的物品都有残存的价值，任何坏事中都有可以利用的机会。就像用一块朽木能雕成一个艺术品一样，你甚至能发掘出比坏事本身更大的价值。这当然需要一点独具匠心的运作手段。

高明的商人也是利用坏事的专家，即使从损失金钱这种切肤之痛的事情中，他们也能发掘出赚到更多金钱的机会。这正是他们能在任何环境条件下都能致富的原因。

好事或坏事，原本没有明显的界线，它们最后带来何种结果，全看当事人的手腕、魄力。从好事中获益，那是傻瓜也会干的事，可惜天下哪有这么多好事？因此，一个人的成功，往往取决于他有没有将坏事变成好事的能力。

## 局势不利，不妨暂时妥协

"妥协"就其词义来说，是用让步的方法避免冲突或争执。从词性上看，妥协并无褒贬之分。近日得闲，翻阅史传、小说，顿生感悟：原来，暂时的或者说必要的妥协，乃是人生一大策略。

袁崇焕是明末著名军事家，官至兵部尚书。他屡次击退清军的进攻，战功卓著，结果却是含冤被杀。小说中说，辽东战役时袁崇焕曾想以暂时的妥协换取准备的时间。他认为，当军事上的准备没有充分之时，暂时与外敌议和以争取时间，历史上不乏先例。汉高祖刘邦曾与匈奴议和，争取时间来恢复、蓄养国力、兵力，等到汉武帝强盛时才大举反击；唐太宗李世民曾代父皇李渊做主，与突厥议和，等到兵马齐备，军队训练有素时，才派李靖北伐，大杀突厥犯敌。（顺便提及，二战史上，外国政治家、军事家因某种需要而暂时妥协者也有实例。）同是妥协议和，秦桧与前金的议和，同诸葛亮与孙权周瑜的议和，有着天壤之别，前者是屈膝投降，而后者是暂时退让，这种妥协是为将来的进攻做策略上的准备，不可同日而语。然而，袁崇焕当时委曲求全的妥协策略，让人难以理解，其为社稷计忍辱负重、行举世嫌疑之事，实属不易，此不多论。

的确，有进攻必有退守，有冲突也应有妥协。大至军国之重，小至家务琐屑之争，带兵打仗，为官从政，做人处世，必要的妥协往往是不可少的。

小不忍，则乱大谋。对于一个血气方刚的人来说，隐忍、妥协有时并不意味着胆小、怯懦。含辱妥协，既要战胜自我，消除受辱的复仇心理，又要战胜别人，不顾世俗的猜疑、歧视，这又何尝不是一种勇敢呢！

暂时的妥协，必要的妥协，的确是一种重要的为政之道、军事之道、人生之道。大道通了，至于邻里纠纷、兄弟失和、夫妻斗嘴之类的日常矛盾，便不难用"妥协"来化解了。学会妥协，学会放弃，实则是人生一大课题。

隋朝的时候，隋炀帝十分残暴，各地农民起义风起云涌，隋朝的许多官员也纷纷倒戈，转向农民起义军，因此，隋炀帝的疑心很重，对朝中大臣，尤其是外藩重臣，更是易起疑心。唐国公李渊（即唐太祖）曾多次担任中央和地方官，所到之处，有目的地结交当地的英雄豪杰，多方树立恩德，因而声望很高，许多人都来归附。这样，大家都替他担心，怕遭到隋炀帝的猜忌。

正在这时，隋炀帝下诏让李渊到他的行宫去晋见。李渊因病未能前往，隋炀帝很不高兴，多少有点猜疑之心。当时，李渊的外甥女王氏是隋炀帝的妃子，隋炀帝向她问起李渊未来朝见的原因，王氏回答说是因为病了，隋炀帝又问道："会死吗？"

王氏把这消息传给了李渊，李渊更加谨慎起来，他知道隋炀帝对自己起疑心了，但过早起事又力量不足，只好低头隐忍，等待时机。于是，他一面向隋炀帝表示忠心臣服之意，一面故意广纳贿赂，败坏自己的名声，整天沉湎于声色犬马之中。此举颇见效果，隋炀帝放松了对他的警惕。试想，如果当初李渊不主动低头，或者头低得稍微有点勉强，很可能就被正猜疑他的隋炀帝杨广除掉了，哪里还会有后来的太原起兵和大唐帝国的建立？

妥协是在不利形势下所实行的一种让步政策。斗争处于劣势时，对方往往提出无理要求，我们只好暂时让步，满足其要求，以待危机过去，再解决问题。

这样做有什么好处呢？

一是可以避免时间、精力等"资源"的无效投入。在"胜利"不可得，而"资源"消耗殆尽日渐成为可能时，妥协可以立即停止消耗，使自己有喘息、充实力量的机会。

二是可以获得暂时的和平，来扭转对你不利的形势。我们之所以处于劣势，最大的原因是实力不足，或者内政、外交方面出了问题。无论提升实力还是解决问题，都需要时间。用妥协换来"和平"，你便可以利用这段时间来引导"敌我"态势的转变。

三是可以维持自己最起码的"存在"。妥协往往要付出相当的代价，但却换得"存在"。俗话说，"留得青山在，不怕没柴烧"。存在是一切的根本，因为没有存在，就没有明天，没有未来。也许这种附带条件的妥协对你不公平，让你感到屈辱，但用屈辱换得存在，换得希望，相信也是值得的。

妥协有时候会被认为是屈服、是软弱、是"投降"，而事实上，妥协是一种非常务实、通权达变的智慧，既是转危为安的战术，也是图谋远举的战略。所以，古今智者都懂得在必要时向别人妥协。毕竟人生成功靠的是理性，而不是意气。

## 打得赢就打，打不赢就走

《易经》说："淹湿了尾巴，遗憾痛惜。"意思是说，凡事要慎其始善其终，不要事后后悔。

《易经》又说："打得赢就打，打不赢就走。"除非万不得已，没有哪一个英勇善战的将军明知自己必败，却顽固抵抗到底，直至全军覆没。"三十六计走为上"，面对强大的对手，没有必要死拼硬打，做无谓的牺牲。如果逞强好胜，进行一场不可能获胜的战斗，日后可能懊悔莫及，甚至连后悔的机会也没有了。在打不赢时，应该通过暂时的退却，为日后反攻创造条件。

当然，所谓"走为上"，不是一遇到挑战就逃跑。退却不等于一触即溃。我们通常说"打得赢就打，打不赢就走"，是权衡胜负之机后的一种理智决策。打得赢或打不赢，是有客观原因的。受客观条件限制，没有获胜机会，就不如理智退却。

三国时，诸葛亮北出祁山，一战打败曹真。诸将要求乘胜追击，诸葛亮却急忙下令全军拔寨而退。长史杨仪不明其中原因，来问诸葛亮说："目前我军大胜，挫败魏军锐气，为什么要退兵呢？"

诸葛亮解释说："我军粮草短缺,利在速战速决。曹真初战失利,据险固守,这对我们很不利。倘若魏军出奇兵切断我军粮道,我们就难以安然撤回了。因此,我们要乘曹真刚败,不敢轻易出击的时机,出其不意的退兵。"

于是,蜀军将士立即撤退。等曹真得知这一情报时,诸葛亮已经撤退两天了。

这是"打得赢就打,打不赢就走"的典型实例。假如诸葛亮无视粮草短缺等问题,没有在打完一个胜仗后及时撤退,就将面临魏军的全力反击。一旦退路被切断,蜀军进退失据,就有可能陷入灭顶之灾。

有人也许会提出疑问:既然打了胜仗都只能选择退兵,当初何必出兵呢?岂不是与"打得赢就打"的精神相违背?从军事角度来说,似乎是这样,但从政治角度来说,诸葛亮的策略仍然是"打得赢就打,打不赢就走"。

为什么呢?当时蜀魏两国的力量过于悬殊,诸葛亮纵有天大的本领,也很难赢得全局上的成功。但是,蜀国以汉朝正统自命,讨伐魏国是必然的任务,否则不足以集结民心。一旦失了民心,强大的魏国可能反过来讨伐弱小的蜀国,到那时,局面就无法收场。诸葛亮审时度势,明白从全局来看,是打不赢的;但从局部来说,却能集中优势兵力打赢几个小仗。所以他每次出岐山,无论打了胜仗还是打了败仗,都立即退兵,而不恋战贪胜。这正是"打得赢就打,打不赢就走"这一策略的灵活运用。由于诸葛亮善于把握进退的时机,采取积极的攻守态势,蜀军始终处于主动地位。

后来接替诸葛亮的姜维就有点不知进退了,不管能否打赢都要进兵，打了胜仗坚决不退，一直要让人打得大败而归。结果不但于事无补，反而将蜀国的实力消耗殆尽。这正好违反了"打得赢就打，打不赢就走"这一原理。

姜维为什么会犯这种错误呢？其原因并非他不懂得"打得赢就打，打不赢就走"，而是他搞不清究竟"打得赢"还是"打不赢"，那他就无法判断什么时候该打、什么时候该走了。这正是我们很多人面临的难题。

如何判断"打得赢"还是"打不赢"呢？有位退休的将军说，他从不打没有把握的仗。他判断有无把握是建立在五个基础上面的。

一是对敌情的了解。包括实力大小、武器装备、对方统帅的性格等。

二是对己方实力的了解。

三是知道自己怎么做。也就是在知己知彼后，知道如何以己之长攻敌之短，打赢这场仗。

四是理智决策。若是己方实力不足，又找不到制胜之方，就选择退却，不打无把握之仗。

五是对自己有信心。在打不赢也不能走时，要相信自己能创造奇迹，全力以赴，凭勇气取胜。

以上五条，对我们很有借鉴作用。只要悟其神髓，我们也可以做到不办无把握之事。

总之，对一个想成大事的人来说，绝不可执着于一时成败荣辱，而要采取灵活变通之策，有希望获胜时，就及时抓住机会；时机不利时，就理智地从不可能打赢的战场上撤退。